中國近代史上的關鍵人物（下）

《新校本》

蘇同炳・著

目次

第一章

同治與光緒

清德宗（光緒）

醇親王奕譞之子，秉性柔弱溫馴，易於駕馭牢籠。但其思想高潔，並不是一個碌碌保位，不思建樹之人。當他有機會親政後，適逢外患日亟，國勢阽危，更亟亟思在政治、外交等方面有所興革，以挽救國家情勢的危機，乃開啟了此後一連串的變局。

清穆宗（同治）

一個桀傲不馴、倔強恣肆、紈絝不學的少年皇帝，以年幼時備受壓制束縛的嚴重管制很是反感，一旦大權在握便不顧一切的隨心所欲，恣意行事，因風流病而致早夭，也使清政府的後來發展走向另一種不幸的局面。

同治與光緒，是滿清皇朝入主中國以後，在位的第八、九兩個皇帝，在歷史上被稱為清穆宗與清德宗；同治與光緒，乃是他們在位時所用的年號。

凡是對中國歷史稍有瞭解的人，大都會有這麼一個感覺——歷朝開國的皇帝，活的年壽都很長，中葉以後在位的皇帝，享壽漸短，而到了這個皇朝的末世，就都是大小不等的孩子在那裏做皇帝了。以清朝為例，開國的「太祖武皇帝」努兒哈赤享年六十以上，繼位的「太宗文皇帝」皇太極死於征戰辛勞。入關的世祖皇帝順治雖因出天花而享年只有二十四，而繼立的康熙卻因在即位之前曾經出痘之故而壽至七十。之後，乾隆皇帝更活到八十四歲，乾隆的兒子嘉慶、嘉慶的兒子道光，也都壽逾六十。道光的兒子咸豐只活到三十一歲，咸豐的兒子就是同治，年才十九，便死於不明不白的風流病。同治無子，由堂弟光緒繼立，即位時只有四歲，在位雖有三十四年，總共亦只活到三十八歲。光緒亦無子，由姪兒宣統嗣位，即位時只有三歲，三年之後，大清皇朝就宣告結束了。這是一個極明白的例證，足可說明皇帝年齡的減退，與國運之隆衰有著息息相關的關係。因為，在位皇帝的年齡與他們的智能如果都能臻於成熟，這個皇朝的施政舉措必不致顛倒錯亂。如果換了小孩子來做皇帝，他自己既不能真正行使其應有的權力，勢必要使權力落於旁人之手，設若舉措不當，或是遲疑瞻顧，難做委決，更勢必要使國家與社會陷入動亂不安的杌隉之境。清朝末年的情勢，便是如此。歷朝皇帝的年齡，為什麼會由開國皇帝之克享大年，漸減至亡國時之童稚在位呢？這不但與帝王之家的生活環境有關，也與他們所負擔的精神壓力與生理能力有關。

大致而言，開國的皇帝大抵由下層社會崛起，不但瞭解民間之疾苦，也因他自己歷盡艱辛而百戰以得帝位之故，深知創業艱難，所以即使已做了皇帝，也還是兢兢業業地小心守持，惟恐失墜。所以，不但他們的凡百舉措都能顧到萬民百姓的願望，即使他們的生活與嗜欲，也謹慎約束，惟恐放縱。繼位之君，目睹他們的父兄在艱難困苦的環境下創業興家，自顧守成不易，也總還能克遵遺訓，黽勉從事於紹守先業。此所以在歷代開國之初，大都能有一段政治清明的太平盛世，而在位的皇帝們也少有失德之行，因此都能活到中壽以上。然而，人們總不免「生於憂患而死於安樂」，帝王之家的富貴逸樂，容易挫折人的奮鬥志氣，順遂的生活環境更使人習於怠惰，不肯勉力向學，於是乃使皇子皇孫們容易流為紈袴不學。富貴人家的子弟紈袴不學，充其量不過敗家而已；帝王之家的皇子皇孫們如果也是紈袴不學，一旦他們登天位而君臨萬方，那後果就十分嚴重了。明朝後期的皇帝，特多紈袴不學之人。如明光宗，繼立不過一月，就因縱欲過度而死。光宗的兒子熹宗，年號天啟，少不讀書，又偏偏好做木匠，把國家大事都交付給了太監魏忠賢去全權處理，於是搞得一片烏煙瘴氣，而明朝的國脈也因而遭斲喪殆盡。

清朝的咸豐皇帝因酒色自戕而促壽早殞，把一片江山留給了他的寡婦、孤兒去執掌。雖然慈禧太后號稱精明強幹，然而婦人的見識終究有限，她的權力欲望又使得有才能的大臣無法充分發揮其能力，而同治又恰恰是一個佻㒓紈袴的無識少年。於是，同治與光緒在位之時，雖被史家美稱為「同光中興」，實際上則清朝的國運自此每下愈況，一天天地走向衰敗沒落之道路。追源禍始，固由於女主當權，朝政不綱之故，而同治之紈袴不學，又復少年夭折，亦當為造成這種情形的重要原因之一。此所以說，皇帝的年齡愈來愈小，對於一個朝代與一個國家的命運，絕對不是好兆頭。

清朝的文宗顯皇帝年號咸豐，在位只十一年，死時只三十一歲。咸豐只一子，名載淳，六歲即位，是即後來的穆宗同治帝。同治幼年即位，兩宮皇太后垂簾聽政，國家大事由恭親王奕訢盡心輔佐。同治初年之所以政治事新，便是由於皇太后與恭親王之間的上下一心，宮府協和之故。但因慈禧太后旋即對恭親王發生不滿，恭王的權力被裁抑，宮廷對恭王的信賴也打了很大的折扣，因此政權握於太后，恭王事多掣肘，不免遇事多存顧忌觀望。但慈禧對恭王的裁抑，多少還因慈安在位之故而不能不有所顧忌，而且慈禧亦自知政治經驗不足，諸事有賴恭王的支持合作，所以恭王多少總還能舒展他的抱負。而自同治十二年皇帝親政之後，政權歸於十八歲的少年皇帝。由於他的淺躁無識及剛烈專斷，遂因重修圓明園的問題而遷怒恭王，至於降旨將之罷黜，充分顯示出君主專制時代的暴君面目。像這樣一個紈袴不學而專斷自恣的少年皇帝。如果不是因風流病而致早夭的話，清末政局的演變，將會是何種模樣？實在不可想像。但是，由於同治的早夭而導致慈禧之選立幼君，以便利她自己的大權獨攬，又開啟了光緒一朝母后專政的惡劣影響。是則同治之紈袴與早夭，所關係於清末政局之演變者，實在可說是至深至遠。而清代歷史上竟會出現這樣一個佻達無行的少年皇帝，亦可說是滿清皇朝的大不幸。

同治即位之初，年只六歲，凡事聽命太后，自然談不上對國家社會有何實質上的影響。但是他在此時雖尚未對國家社會發生任何實質上的影響，此後的影響卻已種因於他未曾親政以前的教育時期。這一層，應當是我們所不可忽視的。

惲毓鼎《崇陵傳信錄》說：

> 兩宮之垂簾也，帝中坐，後蔽以紗幕，孝貞、孝欽左右對面坐。孝貞既崩，孝欽獨坐於後。至戊戌訓政，則太后與上並坐，若二君焉。

這書中所說的「垂簾聽政」與「訓政」時期皇太后座次的變化，雖是光緒時的情況，但同治在位時兩宮垂簾聽政，皇太后與皇帝的座次情形，亦復如此，正可藉此作為當時事實的說明。兩宮垂簾聽政，政權握於太后，小皇帝雖高踞帝座，而凡百政事之可否，恭王所請示者為太后，決定可否者亦為太后，小皇帝不過在形式上算是臨朝聽政，聊備一格而已。

清朝的皇帝，在歷代以來的皇帝中應可說是最勤於政事的。他們不但日日召見軍機大臣，對於內外臣工的奏章文牘，亦復一一躬親批閱，從不苟安偷閒。同治初年，皇帝的年齡太小，勤政是太后的事，與同治當然無關。但此時的小皇帝雖不必勤政，而臨朝與召見軍機，小皇帝都必須正襟危坐地端坐於皇帝寶座之上，即使對王大臣們叩頭奏對之事一概不懂，亦仍不能稍微放肆隨便，以免有失「人君」之儀度。臨朝聽政之外，小皇帝仍須每日按時至慈安、慈禧兩太后所居宮中問安侍膳，隨時聽候皇太后查問功課。而每日半天所定的功課，更是無法偷閒。所以，皇帝的地位雖然崇高，在當時這位六歲小皇帝的心目中，卻似乎並無可貴之處。丁國鈞所撰的《荷香館瑣言》中有一條說：

> 毅皇帝嘗與翁師傅言，自謂當差勞苦。蓋每日須至太后前問安侍膳，太后召見臣工必同臨朝，又須至弘德殿讀書也。

同治的廟號是穆宗毅皇帝，所以「毅帝」即是穆宗；「翁師傅」，則指翁同龢而言。翁同龢做過同治、光緒兩個皇帝的師傅，他所說的話，當然有根據。而據此云云，同治雖做皇帝，卻自視為「當差」。此話的意思很明白——雖做皇帝，卻全無自由行使個人意志的權利，事事受人牽掣擺布，做得不對，還得接受訓斥，這種被動式的「做皇帝」，非「當差」而何？

同治視做皇帝為「當差」的想法，可以顯示出他內心中的幾點意念：第一，他覺得這種生活太苦惱，沒有趣味，因此可能在他幼小的心靈中萌生反叛的思想。第二，他當然知道做皇帝享有至高無上的威權，而如今他這至高無上的皇帝卻須日日承受母后的訓誨與師傅們的教督，皇權雖尊，全無行使之地。到了有朝一日他可以自由行使其皇權的時候，這種壓抑已久的不滿心理，可能就會使他變得恣肆放縱，以補償他在此一時期所受到的壓迫。第三，太后的起居燕寢，與皇帝所住的乾清宮不在一起；師傅們又只是在讀書時才入宮隨侍，平時並不見面。在這種制度規定之下，圍繞在小皇帝四周一起生活的，事實上只是擔任侍奉奔走之役的太監。太監們為了巴結皇帝，可以想出各種各樣的花樣來投其所好，當然也會教導他懂得皇帝的權威至高無上，即使讀書偷懶，一樣不妨礙他的皇帝地位。這樣就會使小皇帝在積勞無味的生活中學會如何逃避的方法，從而使王公大臣們為他所設計的教育內容變得無效。有這三種可能的發展，我們對於同治皇帝的將來，便不能存有太樂觀的看法。

依照清康熙以來所定的成規，在位的皇帝不預立太子。這是因為康熙一朝的爭儲案所引起的反動，至以後乃形成了習慣法。在不預立皇太子的規定之下，被指定繼承皇位之人，通常是由皇帝預先寫下詔書二份，一份緘藏於乾清宮正大光明殿的匾額之後，一份藏於皇帝隨身所帶的小金盒內。到了皇帝臨崩之時，取出金盒交付顧命大臣，再由顧命大臣將金盒中的詔書與藏於正大光明殿匾額後的詔書兩相比對，知道某某皇子即是指定的繼立之人，於是便以先帝遺命為名，奉之為皇帝。

這種做法有幾樣好處：第一，既不預先宣示某人為太子，則此一選定之人倘因行為表現不佳而需要更換，便不必經過廢立的手續。第二，沒有太子之名，便可避免太子及其兄弟之間的朋黨傾陷。第三，在沒有正式繼立為帝之前，每一皇子都有繼立為君的希望，因此便不得不在學問品行方面努力砥礪進修，以博取乃父的好感。這第三樣的好處最足以誘致皇子之敦品向學，所以清朝自雍正、乾隆以降，皇子的教育都很成功，不像明朝以前的皇子皇孫們十九都是紈袴不學之徒。根據清朝相傳的美談，皇子及齡以後至上書房讀書，由指定的翰林官充為師傅，除了年節放假，這些受讀的皇子們未明即起，由隨待的小太監們提著燈籠引導他們到上書房去讀書，比起一般富貴人家的子弟還要勤謹努力。皇子們能努力讀書，即是意味著未來的皇帝必能有良好的教育，造福於社稷民生者甚大。但這種良好的制度，到咸豐以後就中斷了。原因是咸豐死得太早，同治六歲即位，所受的教育不能與前此的皇子教育相比，其效果當然要因此而大打折扣。

皇帝所受的教育，與皇子的教育有何不同？最顯著的不同之處，是前者已經做了皇帝，後者則尚必須經過極大的努力，方有登上皇帝寶座的希望，而此一希望正是有賴讀書進德等等努力方能達到的。由於這種顯著不同而產生的顯著歧異是，做了皇帝之後再讀書，用不用功都不要緊；如果是未繼承大位之前的皇子，那就非用功讀書以求有所表現不可。既然是做了皇帝之後再讀書，用不用功都不要緊，那麼，能夠用功讀書的小皇帝就少見了。以同治與光緒這兩個小皇帝而言，同治不用功而光緒用功，就可看出二人性格的歧異之處——同治倔強而有個性，光緒則易受人影響而較有責任感。專制時代的皇帝，是國家的實際統治者，皇帝的個性自必影響到國家的前途。由此一前提來窺測滿清皇朝的未來命運，正好若合符節。

同治登位之初，兩宮皇太后以懿旨特派醇郡王奕譞等人教習皇帝的蒙古文及騎射，愛仁教習滿文，恭親王奕訢稽查弘德殿一切事務，惠親王綿愉常川駐弘德殿照料一切。這弘德殿，就是同治後來的讀書上學之處。到了同治元年，兩宮太后指定祁嶲藻及翁心存為皇帝的師傅，正式開始了皇帝的教育。當時由恭王奕訢奏准實施的日常作息時間及功課內容，據吳相湘先生《晚清宮廷實紀》一書所說，大致如下：

一、每日皇帝至書房，擬照上書房之規矩，先拉弓，次習蒙古語，讀清書，然後讀漢書（所謂清書，即滿文所寫之書；漢書，即漢文所寫之書）。

二、皇帝入學時刻，現經皇太后欽定，每日俟召見引見後至書房。現係半書房，於下書房後傳晚膳；將來整功課，即在書房傳晚膳。

三、現在皇帝甫入書房，係半功課；於八歲時，擬改整功課。

四、誦讀與討論，二者不可偏廢。皇帝讀書之暇，總宜與師傅隨時討論，以古證今，屏除虛儀，務求實際。切勿誦聲甫輟，旋即退息。

五、每逢慈安、慈禧兩太后及皇帝萬壽聖節，均於正日及前後各一日不入學。
六、年終自綵服日至次年初五日，不入學。
七、正月十三日至十六日，不入學。
八、弘德殿搭、拆天棚，及端午、中秋，均一日不入學。
九、每遇祭祀大典日，撤去拉弓及滿、蒙文，仍酌減漢書。
十、皇帝親祭壇廟日不入學。
十一、自初伏至處暑日，均半功課。
十二、現在皇帝尚在沖齡，只習拉弓。二三年後即應習步射，十歲後即應習打槍，以重根本舊俗。
十三、為重功課計，擬請懿旨嚴飭皇帝，於駕幸紫光閣習打槍時，不得各處遊覽。打槍畢，稍坐即還宮。
十四、騎馬一事，必須自幼學，方臻嫻習。擬自入學後，每隔五日，於下書房後即在宮中長街學習騎馬，令是日教讀清書之御前大臣一人壓馬，大臣三四人進內教習。祁寒、盛暑、風雨之日，均擬停。
十五、學習步射時，擬請由御前大臣及乾清門侍衛派出數人隨同較射，以資觀摩。

看了上面所列舉的十五條功課內容及作息時間，可知當時規定須由小皇帝學習的功課，內容甚多，其中計有蒙古語、滿文、漢文、拉弓、射箭、打槍、騎馬等。而「讀漢書」則包括讀經史及作文、作詩、寫字等項，在各種功課中最為吃重而難學。至於一年中可以放假不上學的日子，只有年假、燈節、壽誕、端節、中秋等三十餘日，及暑期中的半假四十餘日，如此而已。以現代小學生的學業標準而言，如此繁重的功課及長時間的學習，大概可以與受盡惡性補習折磨的某些私立小學學生相比擬。即使如此，私立小學學生在課業之外並無其他精神負擔，而當時的小皇帝同治則在繁重的功課之外，仍須未明即起，辨色視朝，問安侍膳，恪盡孝道，以一身而兼任皇帝、兒子、學生等三種角色，而這種種角色又沒有一種是出於他自己所願意扮演的。於是，我們彷彿看到一個被人操縱提掣的線傀儡，在舞臺上忙碌地上下進出，整天得不到空閒與自由。這在六歲小皇帝的幼稚心靈中，當然不會有好印象的吧！

由六歲以至十歲，還不過現代國民小學的中年級程度，小皇帝的課業，由「半功課」進入了「整功聽，負擔更重，空閒更少。而十歲左右的兒童，正是好活動而耽於遊戲的年齡，如今硬要將他像成人一般地施以繁重訓練，所苦自必更甚。雖然我們在這方面尚缺乏實際的資料可以作為研究討論的佐證，但由他在成童以後的入學情形見之，太后與師傅們所希望於小皇帝的，事實上恐未能達到。《翁同龢日記》有同治皇帝十六歲時的讀書情況數則可以參看，摘錄如下：

> 同治十年正月初七日。晨讀懋勤殿。因極陳光陰可惜，當求日進之方。上頷之而已。
>
> 二十二日。照常入，讀尚可，已初一（刻）退。生書五刻，熟書六刻，講《書經》三刻。午初二（刻）來，午正二（刻）入，看摺二刻，多講《明史》及經，共三刻。古文詩三刻，寫字一刻。
>
> 二十四日。讀甚倦，仍如去年也。
>
> 二十五日。讀稍振，已初二退。午初一來，午正二入。看摺時精神極散，雖竭力鼓舞，終倦於思索，奈何？餘亦草草。
>
> 二十九日。讀生書猶可，餘則倦不可支，且有嬉笑。滿書極吃力，講摺尤不著力，真無可如何也。減去功課，申初一始退。

三十日。講摺仍嬉笑，不解其故。餘忙促。申初一散。

二月初一日。讀滿文甚遲。辰正三始入，讀生書畢。巳初一即還宮用膳。巳正二來，減去看摺、講《書經》及熟書二號，未正一刻匆匆退。

初四日。晨讀生書尚好，熟書數號後忽爾發澀，遂不能倍誦。巳初二退，午初來，午正一入。再倍前所未畢書，益支離。直至未初二刻倍畢，減去講史及論數語，尚到申初一刻。

初五日，倍書極慢，講摺又倦，畢已未初三刻，遂減去《大學衍義》、《明史》未講。申初一始散，猶匆促也。

初六日。晨讀尚好，講摺又極難，講《大學衍義》時亦神情不屬，不免動聲色。數日來，無精神時則倦，有精神則嬉笑，難於著力，奈何？

初八日。課題〈重農貴粟〉，文思極澀，初稿幾無一字可留，且虛字亦不順。及逐字拆開講過，仍湊拍而成，數數未畢。遂作詩，亦不佳。如此光景，奈何奈何？

十三日。軍機見時，兩宮詢書房工課，並以上不能辨字體為言，有譙責之意。

十五日。晨讀尚好。諸事甚不切實，神氣極不聚也。

二十日。晨讀極澀，總振不起，不過對付時刻而已。滿書甚好，而漢書則又毫無神采，且多嬉笑，直是無可如何！

二十七日。兩宮諭問書房功課極細，有「不過磨工夫」，「見書即怕」，及「認字不清」，「以後須字字斟酌，看摺奏要緊」，等話。

以同治十年正、二月兩月皇帝上學之情形做一抽樣檢查，所得結果略如上述。從上面這些文字紀錄中可以看出，當時的同治皇帝雖然年已十六，而且讀書已有十年，仍然是文理欠通、辨字不清、見書就怕、精神散漫的紈袴公子模樣。十六歲時的光景如此，十五歲以前亦可想見。由此可見，這位尊貴無比的皇帝學生，雖然有狀元宰相為其教師，而且也竭盡誘導之能事，仍然是言者諄諄而聽者藐藐，整天打疊不起精神來上學。即使來了，也是勉強敷衍，直等把時間消磨夠了，便即放學回宮，好去自尋樂趣。少年人總是愛好遊戲玩樂的；剝奪了他們的遊戲玩樂時間，而一定要他們過成人般的生活，容易造成兩種結果：一種結果是心靈的發育受到阻礙，有未老先衰之危險；一種結果是造成兒童對教育的反感，由其內心產生抗拒的力量。同治皇帝的情況應屬後一種，所以這種強迫教育不但不曾把他教好，反而更加強他的倔強與恣肆性格，這在他長大成人以後的行為中便看得出來。

同治一朝的皇太后垂簾聽政，始於同治登基之時，迄於同治十三年皇帝親政。自皇帝親政以後，太后退養深宮，小皇帝也正式成了大清帝國的最高主宰。不久，便爆發了一件政壇大事，其原因便是由於他以皇帝之尊，必欲行使其權力意旨，而遭受到朝中群臣的普遍反對，因此一意孤行，必欲貫徹到底之故。是即同治十三年七月，皇帝降旨黜恭王為庶人，革去一切差使，翌日又降旨盡革惇王、醇王、景壽、奕劻、文祥、寶鋆、沈桂芬、李鴻藻等一班王公大臣之事。

同治親政，事在同治十二年之春間。先期又冊立后妃，舉行大婚。到了同治十二年正月親政告成，慈禧太后對於她自己十一年來的豐功偉績感到躊躇滿志，很想在歸政之後，能有一處華麗宏偉的園苑，為其燕居遊息之地。左右近倖窺知太后的此一意向，遂乘機勸導皇帝興修園苑，以為承歡孝養之計。至於這班左右近倖的真正目的，則在藉此大興土木，以便利他們自己的營私圖利。同治皇帝素好嬉遊，有此正大題目可為藉口，自然大為贊成。當時所選定的興建目標，乃是重修咸豐五年毀於英、法聯軍之役的園明園。同治十二年九月，皇帝以頤養太后為名，正式降旨興修圓明園。故宮藏有同治為此事所降的硃諭原文，中云：

> 朕念兩宮皇太后垂簾聽政十一年以來，朝乾夕惕，倍極勤勞，勵精以綜萬幾，虛懷以納輿論，聖德聰明，光明四被，遂致海宇昇平之盛世。自本年正月二十六日朕親理朝政以來，無日不以感戴慈恩為念。朕嘗觀養心殿書籍之中，有世宗憲皇帝御製《圓明園四十景詩集》一部，因念及圓明園本為列祖列宗臨幸駐蹕聽政之地，自御極以來，未奉兩宮皇太后在園居住，予心實有未安，日以復回舊制為念……

這一道硃諭，抬出了圓明園本是清代列帝駐蹕聽政之地的理由，以修復圓明園頤養太后為「回復舊制」，「庶可上娛兩宮皇太后之聖心，下盡朕心之微忱」，題目極為光明正大。無如中國在經歷了二十餘年的內憂外患之後，大亂初平，瘡痍未復，修復圓明園的工程須銀一千萬兩以上，如此鉅款，何從籌措？所以，不但御史、言官等紛紛上疏諫阻，師傅李鴻藻及翰林院侍講學士李文田等亦以此為言。而同治一切不顧，反時時召見內務府大臣貴寶，指示各處園工的做法。同治之必欲興修圓明園，是否果如所說，只為了頤養太后的孝思？事實殊不盡然。因為，圓明園不但擅水木庭園之勝，而且皇帝的園居生活遠較宮中為自由不拘，所以清朝自康熙以至咸豐諸帝，皆樂於居園而不樂居宮。同治藉頤養之名修園，名為盡孝，亦有自便之意。所以，一經定議之後，便不顧一切反對諫阻，必欲貫徹其意旨。無如茲事體大，而且所費太多，不但朝臣不肯苟且贊成，身為當國輔相的懿親重臣如恭王等尤其要一力反對，於是激起了一場皇帝與大臣間的爭執，而首當其衝者則是恭親王奕訢。

奕訢於咸豐十年「辛酉政變」幫助慈禧奪得政權以後，一直以皇帝親叔的身份在做領軍機的首席軍機大臣，執掌國柄，並且深得兩宮皇太后的倚信。雖然中間一度亦因與慈禧有小摩擦而被削去「議政王」的榮銜，名位較前稍遜，然而他畢竟仍是當國柄政的親王，處此大事，他理應據理諫諍。所以，他在御史沈淮、師傅李鴻藻、侍講學士李文田等先後奏請停修園工被斥之後，也上了一個奏摺，歷舉開國以來諸帝之創業艱難，以說明守成之不易，除堅請速停園工外，並逐條指陳同治親政以後的種種疏失，請求皇帝「及時定志」，以「用濟艱危」，詞意極為危切。據清人吳汝綸所撰的日記說，當時恭王既草此疏，為恐同治不願細閱，故又請求召見軍機王大臣，以便當面遞陳。初請不許，再三請，始於七月十八日召見軍機全班及御前王大臣。同治首閱奏疏，未數行，便說：「我停工如何？爾等尚有何嘵舌？」恭王說：「臣所奏尚多，不止停工一事，容臣宣誦。」因於靴中取出摺稿，逐條講讀，反覆陳說。同治大怒，曰：「此位讓爾何如？」軍機大臣文祥素懷忠義，又年高體弱，聞此語伏地一慟，喘息幾絕，乃命先扶出。醇王奕譞繼復泣諫。至「微行」一條，皇帝堅問：「何從傳聞？」醇王指實時地，乃怫然語塞。但即使如此，對於園工一事，皇帝仍堅持係為「承歡太后」之故，不敢自擅，需要轉奏兩宮皇太后決定。這一場激烈的廷爭，總算暫時停息下來。但此只是表面上的靜止，暗中的政潮，正復洶湧澎湃，有待以後的發作。果然，到了第十天，更嚴重的爭執又發生了。

七月十八日的軍機及御前大臣面奏廷爭，曾經說到同治身為皇帝，不當微行私出。當時同治嚴厲詰責奕譞，一定要他說出從何聽聞。經醇王指實時地而止。回宮以後，同治反覆思忖，想不通他當時與宮中小太監們微服私出，為何會被醇王等人知悉，決定要查明此事的原委。所以，到了這月的二十七日，皇帝再召醇王，欲再詳細查詢。適奕譞赴南苑驗砲，不在，遂改召恭王細問。恭王無可抵賴，只好老實說出是聞自「臣子載澂」。有此一言，便決定了同治要借事重責恭王父子的用心。按，恭王之子載澂亦與同治一樣地乃是紈袴不學之徒。二人因年齡及習性相近之故，最為投緣，時常同服黑色之衣，微行於街坊間。其後且與翰林院侍讀王慶祺沆瀣一氣，同在內城之私娼館尋歡作樂，其事固已數數。恭王因其子不肖而屢加訓責，究出與皇帝一同微行之事，乃在諫諍時言及之，不料乃因此而大遭同治之忌。《清朝野史大觀》載有恭王勸皇帝勿微行之事，且以皇第好著黑衣為非祖制。同治即曰：「朕此衣同載澂一色，爾乃不誡載澂，而來諫朕。」遂命王退，而召軍機大臣文祥入，授詔令殺恭王云云。此事雖出自野史傳聞，事實上，亦頗有若干部分合於史實，不過所謂殺王之詔並無其事而已。《翁同龢日記》中亦有關於這方面的記載，說：

> 二十九日，晴熱。辰入，聞有軍機御前合起，已下矣仍上。午初一刻，忽傳旨添臣龢起。午初三刻，隨諸公入對。上首責臣：「因何不言（指園工事）？對曰：「此月中到書房才七日，而六日作詩論，無暇言及。」今蒙詢及，即將江南民間所傳一一詳述，並以人心渙散為言，語甚多，上頷之。其餘大略詬責言官，及與恭、醇兩王往復辯難，且有「離間母子，把持政事」之語，兩王叩頭申辯不已。臣龢進曰：「今日事須有歸宿，請聖意先定，諸臣始得承旨。」上曰：「待十年或二十年，四海平定，庫項充裕時，園工可許再舉乎？」則皆曰：「如天之福，彼時必當興修。」遂令停園工，修三海而退。至軍機處擬旨，遞後留覽。申初，硃諭一道封下，交文祥等四人，余等即退出。微聞數恭邸之失，革去親王世襲，及伊子載澂貝勒也。

同治因興修圓明園遭遇到的阻撓力量太大，而遷怒及於反對之人，已對恭王懷恨在心；今更因載澂洩漏其行藏之故而併恨恭王父子，於是恭王的兩罪俱發。這一道降旨革去恭王世爵的硃諭，據說原有如下的語句：

> 恭親王諸事跋扈，離間母子，欺朕年幼，奸弊百出，目無君上，天良何在？著革去一切差使，降為庶人，交宗人府嚴行管束。

旋因軍機大臣文祥不肯奉旨，再三請見，請改，均不許，最後始另頒一旨，將恭王革去親王世襲，降為郡王，載澂亦革去貝勒。翌日又降一旨，將御前大臣惇王奕誴、醇王奕譞、科爾沁博多勒噶台親王伯訥彥謨祜、額駙景壽、貝勒奕劻，及軍機大臣恭王奕訢、文祥、寶鋆、沈桂芬、李鴻藻等十人一併革去職務，指為「朋比謀為不軌」，將召集六部九卿等朝臣宣諭之。事情鬧到這一地步，為兩宮皇太后所聞悉，急御弘德殿召諸臣慰諭，謂：「十年以來，無恭王何以有今日？皇帝少未更事，昨諭著即撤銷。」即日明發上諭，仍復恭王父子所革爵職，而結束了同治的此一鬧劇。但此一鬧劇雖因兩宮皇太后的干預而中止，其因此事而顯示出來的同治個性，則已極為明白。由此不難使我們知道，在幼年時代備受壓制束縛的此一少年皇帝，久已不滿他當年所受的嚴格管制，一旦大權在手，便要不顧一切地隨心所欲，恣意行事。即使如恭王之擁戴翊贊，立有大功大勳之人，倘若少有拂意，一樣黜革不誤。這種無理性的威嚴與憤怒，即便不是狂妄，亦應視之為倔強恣肆、桀驁不馴。宮廷教育所培養出來的少年皇帝個性如此，對於國家社會究竟是禍是福？已經不問可知。更因他表現在對於婚姻不滿一事上的反對態度亦復如此倔強恣肆、桀驁不馴，不但因此而斷送了他自己的寶貴生命，也使滿清政府的後來發展走向另一種不幸的結局。然則，同治個人性格在清代歷史上所造成的影響，實在也太大了。

同治皇帝如何因婚姻不滿而走向極端的反對態度？這事應當先從他的婚姻狀況說起。《清朝野史大觀》記同治冊立皇后之前情形說：

> 穆宗之將立后也，於同治十一年召滿、漢諸大臣女入宮備選。慈禧獨喜侍郎鳳秀女，欲以中宮處之。鳳女雖艷絕儕輩，然舉止殊輕佻，慈安后及穆宗皆不之喜。侍郎崇綺女年稍稚於鳳女，貌亦較遜，而雍容端雅，望而知為有德量者。慈安后深喜之，密詢穆宗：「於二人中意安

屬？」亦以崇女對，冊立中宮之議遂定，即孝哲毅皇后也。鳳秀女乃封為慧妃。穆宗成婚後，見后氣度端凝，不苟言笑，始終敬禮之。宮中無事，嘗舉唐詩問后，則背誦如流，心益喜。故伉儷綦篤，而燕居時曾無褻容狎語。慈禧后以其子之敬禮后也，益憤怒，每值后入見，從未假以辭色，浸而母子間亦乖違矣。後乃謂穆宗曰：「慧妃賢明，宜加眷遇。皇后年少，未嫻禮節，皇帝毋輒至宮中，致妨政務。」且陰使內監時時監視之。穆宗大不懌，於是終歲獨宿乾清宮。

同治大婚，是十一年秋間的事。到了第二年的正月，兩宮皇太后隨即歸政。皇帝既然親政，太后對於宮闈以外的事，知道得就比較少，而皇帝也就可以憑藉他的威權，自行其是，無須再事事稟命而行。慈禧干預皇帝的婚姻生活，其結果是使得同治憤而「終歲獨宿乾清宮」。假如同治真的是終年獨宿於乾清宮中，當然不會發生意外之事。問題在於同治本是一個紈袴惡少之類的人物，又當血氣方盛之年，不但左右近習時有勾引，他所交結的載澂、王慶祺等人更會帶著他去尋找未嘗聞睹的異常樂趣。於是，獨宿乾清宮中的皇帝時時背著人溜出宮禁，微服私行於娼寮、酒館之中探勝尋幽去了。北京乃輦轂之地，城市繁昌而聲色甚盛，如果要想在這方面滿足他的好奇之心，當然極其容易。但是著名的娼寮、妓館多有內務府官吏的蹤跡，皇帝如私自前去，必定會被發現，於是他只好到內城的私窠子去光顧取樂。這些地方的往來人物極濫，最容易傳染性病，不久就使光顧其間的少年皇帝也染上了梅毒。《清朝野史大觀》記敘此事，其言極妙，曰：

久之毒發，始猶不覺，繼而見於面，盎於背，傳太醫院治之。太醫一見大驚，知為淫毒而不敢言，反請命慈禧：「是何病症？」慈禧傳旨曰：「恐天花耳。」遂以治痘藥治之，不效。帝躁怒，罵曰：「我非患天花，何得以天花治？」太醫奏曰：「太后命也。」帝乃不言，恨恨而已。

皇帝患梅毒，初聽似乎駭人聽聞，事實上則是勢有必至，只是自皇帝以至太后都不曾有此經驗，不知此病如治療不當，必將致人死命而已。太醫知為梅毒而不敢言，是因為據實說了恐將遭受嚴譴，所以只好以請命太后之法諉卸責任。而太后既然不知梅毒為何物，當然只好從「或是天花」方面去猜測，因為同治從未出痘，而所患梅毒又看似天花也。於是，梅毒被當作天花來醫，於是，送掉了同治皇帝的一條性命。

清代官修的史書，以及為官方人物所作的筆記、日記之類，無不稱同治死於天花。這是由於他們的立場使然，不能不作如此之說。否則，不但攸關皇帝的顏面，也無法對同治之死作合理的交代——把梅毒當作天花來治，終於將皇帝醫死，這豈不是天大的笑話嗎？所以，如果要從官書或官方人物的有關紀錄中去查尋同治的真正死因，無疑乃是緣木求魚之事。但野史無憑，僅據野史的傳聞，亦不能使人絕對相信同治死於風流病。折中之道，似乎應當先從當時人的目見紀錄中去探討其間的真相，然後再做判斷。在這一方面，《翁同龢日記》中所記的同治患病的情形，就成了有價值的參考資料。

同治之病，始於十三年之十月。《翁同龢日記》十月三十日的記事，有「連日聖體違和，預備召見者皆撤」語，可知其發病時間就在十月下旬，到了十一月的初一，又有「聖體發疹嚮安」之語。初二，「聞傳蟒袍補褂，聖躬有天花之喜」云。大概野史所說，定同治之病為天花的時間，就在此時了。既經太醫診斷定為天花，自然就照天花的成法開方服藥了。但遷延到了十一月的中旬以後，「天花」所結的瘡痂，已漸脫落，而不似天花症狀的其他病徵，反漸趨嚴重，「天花」之說，顯然有了問題。今按《翁同龢日記》所述同治病情，逐日摘記其重要內容如後：

十一月十八日。昨日卯時脈案云：「脈息浮數，痂落七成，肉色紅潤。惟遺洩赤濁，腰疼腿痠筋攣，係毒熱內擾所致。」

十九日。看昨日方，脈案云：「痂已落，洩漸止，而頭眩發熱，腰腿重疼，便秘筋攣腎虛，係停食感寒所致。」

二十日。看昨日方，按云：「頭眩發熱，均惟餘毒乘虛襲入筋絡。腰間腫疼，坐癰流膿，項脖臂膝皆有潰爛處。藥用保元化毒法，仍以膏散敷之。」

二十一日。看昨日方：「痘痂已落，而餘毒在腰，重疼漫腫流汁。脖項手膝亦成痘癰，煩躁少寐。」

二十三日。照常入，看昨日方，按云：「潰處漸紅，膿漿漸起，氣血兩虧，不能安寐。」並晤太醫李竹軒、莊某於內務府坐處，據云：「脈息皆弱而無力，腰間腫處兩孔皆流膿，亦流腥水，而根盤甚大，漸流向脊，外潰則口甚大，內潰則不可言。意甚為難。」

「天花」的「餘毒」何以會在腰部作一大癰？又由二孔中流出腥穢膿汁，猶且有內潰、外潰之虞？由主治太醫之「不可言」與「意甚為難」之中，當可依稀想像得到，主治的太醫當時必定已經知道，梅毒潰爛的情形到此地步，如果仍舊要照治天花的辦法，用不痛不癢的「保元化毒法」來治療，後果必然十分嚴重。但治天花只能用此辦法，否則便無以自圓其說，其躊躇無計的「為難」之處，正在這裏。後來的發展亦正是如此，治天花的「保元化毒法」抑制不了梅毒的急速潰爛，不但腰部毒癰旋即迅速深入擴大，而且四處蔓延及於內臟及口頰，終致處處潰爛，成為不治之症。再抄幾段《翁同龢日記》中的記述於後，藉以覘知其實際情形。

十一月二十日。至奏事處，適太醫莊守和在彼。詢以兩日光景，則云：「腰間潰處如椀，其口在邊上，揭膏藥則汁如箭激。丑刻如此，卯刻復揭，又流半盅。前進溫補，並未見效，而口渴嘈雜作嘔，萬一陽氣過旺，陰液不生，誰執其咎？今日改用涼潤法，但求守住徐看，實無把握。」詢以「人蔘當用？」則曰：「數日前曾議及，恐風聲過大，且非兩宮聖意。」詢以今日所用厚朴、竹茹，則云：「停滯不化，稍稍推盪之。」語甚多，大略多游詞也。

二十五日。傳諸臣皆入，上側臥，御醫揭膏藥擠膿，膿已半盅，色白，比前稍稠而氣腥。漫腫一片，腰以下皆平，色微紫，視之可駭。

十二月初二日。見昨方，按云：「脈弦數，腰間漿少而濃，口紅知痛。牙齗黑腫，口氣腥甚，頰腫稍減而未淨，大便頻數，所下黑粘而臭。……與軍機御前內務府同召見，上臥甫醒，近至榻前細細瞻仰，則兩頰腫甚，唇鼓色紅，虛火滿面，目光卻好。逡巡而退。再遇御醫，問：「究竟如何？」則云：「所下盡是餘毒，口糜又慮成走馬疳。溫補斷不可進，只有如昨法，大致日有效驗矣。」

初三日。細看昨卯刻方，按云：「諸症皆平，腰間紅活而牙齗黑爛，下利黑粘，係胃火鬱滯，必須清利，不能止塞。」云云。酉刻一方，則稱腮腫漸平，牙糜爛稍減，惟腫猶未淨，糜黑猶未退，係陽元火炎，猶有餘熱。

初四日。見昨日酉刻方。按云：「牙腫略消，諸處及腰間膿漿尚可。惟上唇連左頰腫硬，有作膿之勢。口氣甚臭，胸滿脇脹，食少舌乾，毒火上亢，藥用補氣化毒。……此時火在上焦，原難議進溫補。惟毒熱如此，牙癰欲潰，胃不納穀，極可慮也。」

初五日。昨方按云：「上唇腫木，腮紅腫，硬處揭破傷皮，不能成膿，但流血水，勢將穿腮。牙齦糜黑，口氣作臭，毒熱內攻，食少寐減。」藥照昨方稍有加減，酉刻亦然。聞今日按內有「神氣漸衰、精神恍惚」等語。榮仲華亦來，語於庭中。據李德立稱：「勢恐內陷。」云云。

情勢發展至此，同治身上的「毒」患，已經完全打垮了他身體內部的抵抗力量，所以不但糜爛及於口頰，而且腮部腫塊不能成膿，只流血水。何況他連日以來食少不寐，氣血兩衰，顯然他的精力已經無法再與病毒相周旋了。果然，就在十二月初五的酉刻，內監急召翁同龢隨軍機及御前諸王大臣同入，皇帝的牙關已閉，雙目亦瞑，扶坐探視，則已回天乏術了。自發病至此，前後歷時約四十天，要說他死於天花，顯然與天花的症象不符。

為了希望能明瞭同治究竟因何病致死，筆者亦曾仔細研究翁同龢的日記內容，結果只能得到此可疑的結論。翁同龢身為帝師，對於道路流傳之言，自然不敢輕易筆之於書，尤其是皇帝之得病身死，事關「聖德」，更不敢以耳代目。但是，他即使如此謹慎小心，我們仍可從他的記述內容中確定同治所患必非天花。既非天花，則他之所以致死，當然與傳說之「性病」有關了。這一層疑問，日前恰遇博聞多識的老北平唐魯孫前輩，談及之下，承唐先生見告，抗戰以前他在北平居住時，曾經結識一位清朝的太醫張午橋，此人當年不但曾充光緒朝的太醫院院判，而且還曾為同治皇帝醫過病。據這位張太醫所說，同治病時，許多太醫都只說是天花，只有他所開的藥方斷為梅毒。及後同治因梅毒身死，慈禧太后才知道其他的太醫都看不出真正的病因，只有張某所診斷的病情不錯，因此屢加陞擢，終於陞至院判之職。光緒末年，慈禧太后與光緒皇帝兩人在前後兩天中先後崩逝，外間傳說，頗以為光緒之死因可疑。而據他所知，光緒之死，確係由於中毒，指授之人，即係慈禧。唐先生的見聞，足以大開茅塞。關於光緒之死，筆者亦曾引據了各種資料斷為中毒，得此旁證，愈益增加筆者之信心。

張某所說光緒之死因既屬不虛，然則他說同治死於梅毒，自然亦信而有徵的了。自經唐先生破我疑團，因此筆者就敢於下此結論，認定同治之死，確係由於梅毒無疑。此事官書雖然諱莫如深，但《德宗實錄》中卻有如下一些記載，亦可以作為此一疑案的旁證。引敘如下：

一、同治十三年十二月辛巳（十二日），諭內閣：「御史陳彝奏〈儒臣品誼有虧，據實參劾〉一摺。翰林院侍講王慶祺，於同治九年伊父王祖培在江西途次病故，該員赴贛州見喪後，並不迅速扶柩回籍，輒即前往廣東，經該省大吏助以川資，實屬忘親嗜利。又上年為河南考官，出闈後微服治遊。似此素行有虧，亟應從嚴懲辦。王慶祺著即行革職，永不敘用，以肅官方。」

二、同治十三年十二月辛卯（二十二日），諭內閣：「朕欽奉兩宮皇太后懿旨，御史吳鴻恩奏〈遵旨陳言〉一摺，所稱「養君德、結人心、持公論」各條，均有可採。皇帝尚在沖齡，養正之功，端宜講求。所有左右近侍，止宜老成質樸數人，凡年少輕佻者，概不准其服役，庶幾始基克正，君德日隆。……」

三、同治十三年十二月甲午（二十五日）諭內閣：「朕欽奉兩宮皇太后懿旨，我朝列聖家法相承，整飭宦寺，綱紀至嚴。乃近來太監中竟有膽大妄為、不安本分，甚或遇事招搖，與內務府官員因緣為奸，種種營私舞弊，實堪痛恨。所有情罪尤重之總管太監張得喜、孟忠吉，頂戴太監周增壽，均著即行斥革，發往黑龍江給官兵為奴，遇赦不赦。頂戴太監梁吉慶、王得喜，著一併斥革，與太監任延壽、薛進壽，均著敬事房從重板責，交總館內務府大臣發往吳甸鍘草，以示懲儆。……」

這三條記載，乍看似與同治之死無關，其實則所懲辦者均是當時陪侍及引導皇帝私出微行之人，不過因顏面攸關，不肯明白聲言其引誘皇帝私出微行，以致傳染淫瘡致死的真正罪名，所以才借事黜革，以正厥辜。試將第二條所記御史吳鴻恩奏請整肅皇帝左右近侍，不准年少輕佻者在旁供役，而隨即將張得喜、孟忠吉、周增壽等太監從嚴懲辦的情形連在一起，更可知道這些人其實正是同治左右的得寵太監，不但年少輕佻，而且善於趨奉，能得皇帝之歡心，事後檢討，方知禍由此起，於是才作亡羊補牢之計，然而已無補於同治之因傳染風流病而死了。

張得喜、孟忠吉等人之被譴發至黑龍江，據說其中頗有遭遇極酷的，蓋即與其引導同治微行之事有關。柴萼所撰《梵天廬叢錄》，卷六「陳國瑞軼事」中一條云：

> 陳復改戍黑龍江，將軍遇之頗優。逮穆宗以惡疾崩，凡太監為所孌倖者，均獲罪有差，重者刑至死，輕者亦發黑龍江，給披甲為奴。故事，給披甲為奴，乃發予充軍者執役也。各太監出入宮闈，且為孌倖，豈能操作？故均各挾巨貲為行賄計。蓋得其為奴者，予取予求，莫敢或吝，否則任意驅使鞭撻，無可如何也。將軍以一監予陳，監聞陳性暴悍，栗栗危懼，未見即先呈鉅金為壽。陳怒斥之曰：「老子的皇上被他們弄死了，老子要替皇上報仇，要他的錢幹甚？」卻鉅金不受。及監既來，即令人褫其衣，痛鞭之，且數之曰：「八大胡同逛得好麼？」如是日令鞭一次，著為例。監急在將軍處設法，改歸他人，始已。

這一條記事明明說到同治之死是由於「惡疾」，而陳國瑞之所以要將發往黑龍江的近侍太監痛加鞭責，乃是因為他們陪了皇帝去逛窯子之故。然則，同治之死於風流病，在當時必是人所共知之事，只因官書無徵，纔需要從各種相關資料去探索查究。現在我們既已弄明白了事實的真相，對於同治的反常行為，除了慨嘆他婚姻生活之不幸及生母慈禧之無理干涉以外，對於宮廷教有之失敗，自然也應深致嘆息。自古以來，亦有小皇帝在登基以後再由師傅們施予教育的前例，但從來未見教成一個有作為而有建樹的事例，可見皇帝之不容易被教育成功。同治的課業負擔如此繁重而緊迫，他的個性又如此倔強而偏執，由此而造成他在親政之後過度放縱，更說明了強迫性教育之不宜施於個性倔強之人。至於因此而造成的歷史性影響，對滿清皇朝的國運及中國的前途，自然更為深遠。

同治死時，才十九歲，沒有兒子，這就使得滿清皇朝統治下的中國，面臨一個重大的轉變關鍵。同治無子，兩宮皇太后勢必要從皇室中擇立一人為嗣皇帝，以延續滿清皇朝的統治。假如擇立之人英明幹練，滿清皇朝的積弱之勢也許不久便可得到改善，中國的國運亦可由此而步入康莊大道。如果所立非人，當然一切的情形都會朝向相反的趨勢發展。這是一個面臨歧路的關鍵性時刻，何去何從，端賴兩宮皇太后的抉擇。很使人意想不到的，當時所出現的情況，竟是上述兩種可能以外的第三種，第三種情況是什麼呢？那就是出自慈禧太后一手安排，迎立四歲的幼帝為嗣君，而再度由皇太后垂簾聽政，以便由慈禧繼續執掌統治中國之權。這就決定了光緒一朝政局動盪而國脈危如一線的杌隉情勢，其時間長達三十餘年，其影響及於近代中國的命運者至深至鉅。由此可知，因同治之死所面臨的關鍵性變化，在歷史上所造成的影響是何等巨大。

同治十三年十二月初五日皇帝駕崩，兩宮皇太后隨即召開御前會議，與王大臣商議擇立嗣君的問題。翁同龢是參與會議者之一，他的日記中明白記述慈禧太后此時所表現的態度，足可使我們窺知其中心的意圖。日記云：

> 戌刻，太后召諸臣入，諭云：「此後垂簾如何？」樞臣中有言：「宗社為重，請擇賢而立。」然後懇乞垂簾。諭曰：「文宗無次子，今遭此變，如承嗣年長者，實不願，須幼者乃可教育。

現在一語即定，永無更移，我二人同心，汝等敬聽。」則即宣曰：「某。」維時醇郡王驚遽敬唯，碰頭痛哭，昏迷伏地，掖之不能起。諸臣承懿旨後，即下，至軍機處擬旨。潘伯寅意，必宜明書為文宗嗣。余意必宜書為嗣皇帝，庶不負大行付託。遂參用兩人說定議。亥正請見，面遞旨意，太后哭而應之，遂退。方入見時，戈什愛班奏迎嗣皇帝禮節，大略蟒袍補服入大清門，從正路入乾清宮，至養心殿謁見兩宮，方於後殿成服。允之。遣御前大臣及孚郡王等以暖輿往迎。寅正一刻，聞呼門，則籠燭數枝，入百門矣。余等通夜不寐，五鼓出，回寓檢點物件，馳信出城。

這一段記事明白說出，御前會議時慈禧主張立幼主，又親口提出醇王奕譞之長子載湉為其意中之人選，群臣別無異議，遂成定局。慈禧為什麼要反對擇立年長之皇子入繼為君？這一點，似與其內在意識中之安全感與權力欲望有關。說到這裏，我們又需要將明朝歷史上與此相似的一件往事，提出來作一比較。

明朝的武宗皇帝，年號正德，乃孝宗之子，十五歲即帝位，性好槃遊逸樂，所傳微行軼事極多。他死於三十一歲，沒有兒子。凡此種種，都與清朝的同治皇帝頗為相似。當明武宗在豹房晏駕時，皇太后張氏召集首輔大學士楊廷和等人商議皇位的繼承問題。楊廷和以為，皇帝無子，而孝宗別無次子，依倫序，當迎立孝宗親弟興獻王祐杬之子，興王厚熜為帝。皇太后張氏同意了楊廷和的意見，當即以皇帝遺詔的名義說明此意，遣大學士梁儲、定國公徐光祚等，賫詔前往湖北安陸，將厚熜迎回京師，立為皇帝，是為明世宗。但厚熜雖因張太后之善意贊同而得立為帝，他對張太后卻並無好感。即位之後，首先聲明他是繼孝宗為帝，並非承嗣武宗所遺的天下。其後即援「父以子貴」之義，欲尊其父興獻王為帝，而稱孝宗為伯。這就是明代歷史上有名的「大禮議」。擾攘甚久之後，方才決定追尊其父為興獻帝，尊封母妃蔣氏為興獻太后，而尊張太后為皇伯母。等到這位興獻太后亦由安陸來京之後，由於禮數的問題，與伯母皇太后發生了不愉快的爭執，厚熜就拿出了皇帝的威權，借事將張太后之弟張延齡下獄論死。張太后窘迫無計，多方請求，亦不獲允許。不久，另一弟張鶴齡亦被逮下詔獄，張太后至於穿了破衣到皇帝宮前席藁請罪，哀求厚熜不要殺延齡、鶴齡兄弟，而厚熜竟漠然無動於衷。其後，張太后以憂憤致死，而張延齡仍然被殺，張鶴齡亦瘐死獄中，張氏竟至破家。張延齡與張鶴齡兄弟之死，雖說是由於他們作惡太多，咎由自取，而當張太后為兄弟祈乞免死而向世宗苦苦哀求時，世宗竟然毫不顧念張太后的援立之功，其冷漠絕情之處，也實在使人覺得太寒心了。當明武宗崩駕時，應由何人繼立為帝，權在太后。假如張太后不允厚熜入嗣，厚熜就不可能登上皇帝寶座。然而，他後來卻毫不感恩，豈不令人感覺意外？慈禧之不願迎立長君，是否亦有恐蹈張太后覆轍之顧慮呢？

清文宗乃宣宗道光皇帝的第四子，名奕詝。道光共有九個兒子，除二子奕綱、奕繼早卒無嗣外，長子奕緯、五子奕誴、六子奕訢、七子奕譞、八子奕詥、九子奕譓俱有子，奕緯一系在同治死時且已有孫。「國有長君，社稷之福」，慈禧太后如果為了國家及宗社著想，此時應在奕緯、奕誴等人的諸子中擇其賢者，立為皇帝，使民生有賴，國社有託，這才是正當的舉措。如果說，繼立之人應該作為同治的嗣子，不能在同治的兄弟輩中去選擇，則奕緯的長孫溥倫亦是很理想的人選。但慈禧既不肯在同治的兄弟輩中擇立賢長，又不肯在奕緯一系中擇立一人作為同治的嗣子，偏要以奕譞長子年方四歲的載湉入繼，顯然只是她個人的私心，全不顧及宗社大計及承嗣的倫序。

由翁同龢所記，同治崩逝之日，皇太后召開御前會議時的情形可以知道，慈禧心中早就有了垂簾聽政的打算。所謂「垂簾聽政」，名義上雖有一個小皇帝在做幌子，其實是由慈禧獨攬政柄，做著大清帝國事實上的主宰。慈禧既有此強烈的權力慾望，自不願政權落入他人之手，更何況還有明世宗與張太后的往事可鑑。此所以「立長」之說不能行。但「立幼」亦不能迎立溥倫，原因是溥倫乃是同治之姪輩，如以溥倫為君，慈禧的身份便由皇太后升格成為太皇太后，不便以垂簾之名把持政權了。所以，立幼雖是慈禧心中所想，溥倫則非所宜。為了兼顧這兩方面的情勢，載湉實為最理想之人物。何則？這可以舉出幾種理由來說明：第一，載湉與同治同一行輩，不妨礙慈禧繼續做她的皇太后。第二，載湉之母，乃醇王的嫡福晉，亦即慈禧的親妹，以親誼而言，載湉不但係咸豐之姪，亦係慈禧之姨姪，關係較他人尤為密切。有此雙重親誼，對於奕譞及載湉之駕馭，自較他人為易。至於第三種可能的理由，應當是慈禧與其妹往來密切之故，對於年甫四歲的載湉必定深有瞭解，知其賦性柔弱溫馴，便於控制，故而樂於援引。這三種有利因素的考慮，決定了光緒入繼為帝的事實。也決定了清代中國以後三十餘年的演變方向。

雖說光緒之得立，完全是由於慈禧個人的權力欲望所致，但如再進一步探討這種情勢之所以出現，則發生在咸豐十年的「辛酉政變」，實為此事的禍胎。咸豐十年的「辛酉政變」，由於恭王奕訢的個人恩怨，使慈禧太后得以皇太后的身份垂廉聽政，由此開創了清代歷史上的一大變局——女主臨朝而國事蜩螗。同治親政，本已可結束這種不正常的政治情勢，然而同治之早夭與慈禧之私心，又使這種不適當的局面再度得到出現的機會，於是種下了光緒一朝的悲慘境遇。如果同治一朝不曾出現垂簾聽政的變局，同治身死之後的政局演變，當然不致如後來的模樣。追源禍始，慈禧之貪戀權勢固是禍國之本，恭王奕訢之作俑於先，亦當為此後的情勢負絕大的責任。

載湉，即是後來的德宗皇帝，年號光緒，在位三十四年。光緒即位之初，年方四歲，童稚愚騃，不識人事。要希望他在及齡以後能夠親裁庶政，當然需要施予教育。這也就是《翁同龢日記》中所曾記述，慈禧太后所說的話：「如承嗣年長者，實不願，須幼者乃可教育。」所謂「須幼者乃可教育」，其實乃有另一種意義——幼兒性向未定，可以依照她所希望的形式加以塑造。話雖如此說，同治亦是在六歲時施予宮廷教育，依照皇家所定的模式塑造出來的。其結果乃是個性倔強、行為專斷，並不如一般所想之溫柔敦厚、勤政好學。然則，宮廷教育並不能造成理想的皇帝之材，慈禧對光緒又當存有何種預期目標呢？就光緒後來之行為表現看，其性格溫馴，習慣於接受父母之訓誨，乃是一個比較容易驅使駕馭之人，以慈禧之能力，加上長時間之陶鎔範鑄，當不虞其桀驁不馴，有如其親子同治。此所以同治與光緒的教育內容彼此雖無差異，而同治與光緒二人之教育結果，則大不相同。關於這一方面，可以從諸家記述所說，光緒的性格與行事中得到證實。

柴萼《梵天廬叢錄》「德宗遺事」中一則云：

> 光緒初，德宗典學，慈禧太后詔授常熟翁尚書、壽州孫文正公為師傅，在毓慶宮行走。兩公德器粹然，為海內儒宗。常熟研求金石之學，尤工八法，既為帝師，盡心啟沃。德宗聰慧，而尊師勤學，不好嬉戲，雖在沖齡，已如成人。光緒庚寅，德宗年力既富，太后命之批答章奏，多合機宜，由是歸政之意遂決。德宗於萬幾之暇，悉發內府珍秘，殫精探討，學識益進。而操觚為文，嚴重有法度，蓋得力於金石之學為多。

同治六歲入學，翁同龢亦曾為其師傅多年。而至十六歲時，猶是文理欠通，辨字不清，見書就怕，精神散漫的紈袴少年；以與光緒之學識閎通情形相比，可知煩悶枯燥而十分可厭的宮廷教育，在同治身上全未收到教育效果，而在光緒身上則大有效驗。同樣的教育方式，同樣的教育內容，充任師傅之人又無大差異，何以所得的結果如此顯著不同？很顯然地，便是由於同治、光緒二人的氣質與性格有異了。同治的性格倔強，不樂接受硬性的管束，所以其讀書始終只是敷衍塞責，終且對嚴格而枯燥的宮廷生活表示極大的反動。至於光緒，則性格柔懦而易於塑造，所以他所接受的教育內容雖然同樣的煩燥可厭，卻仍能耐心接受。不過，這也養成了他慣於服從太后嚴命的畏懼性格，遇事不敢與慈禧抗違。這樣，對於國家命運的影響，就太大了。

惲毓鼎《崇陵傳信錄》說：

「上幼畏雷聲，雖在書房，必投身翁師傅懷中。」「性寬厚，侍臣或偶失儀，不究也。」

又說：

「上天表靜穆，廣顙豐下，於法當壽。」「畏太后甚。上本口吃，遇責問，益戰慄不能發語。」

這兩段紀錄，說明了光緒的膽量本來很小，經過慈禧太后慣以嚴酷手段壓制之後，變得愈畏懼太后，至於口吃不能發語。凡此，更足以說明光緒之天性柔懦，易於駕馭牢籠，正是慈禧為便於攬權自恣而願意立之為皇帝的人。

但光緒的性格雖然柔懦，其思想則甚為高尚純潔，並不是一個碌碌保位、不思有所建樹之人。尤其是在光緒十五年慈禧太后宣布「歸政」，光緒有機會自親大政之後，適逢外患日亟，國勢阽危，更亟亟思在政治、外交等方面有所興革，以挽救國家情勢的積危、積弱，於是乃開啟了此後一連串的變局。

光緒的「親政大典」，在光緒十五年的二月間舉行。親政大典完了以後，皇太后在理論上已經交出政柄，不再過問國家大事了。然而，這不過是表面的文章，事實上是慈禧對政權尚有戀棧之心，名為歸政，卻仍留下一條尾巴，是即規定光緒每日所閱的章奏都需在事後封送頤和園，以備太后閱看，與二品以上的大員黜陟，都須詣頤和園請示太后決定，皇帝不得自專。這就等於縛住了光緒的左右兩手，使之不能自由行動，所以名為歸政，實際仍居幕後操縱。慈禧之所以要這樣做，意思十分明顯，一是要把持政柄，二是對光緒不能完全放心。

但慈禧當年在同治親政時並未留此尾巴，顯然由於她深知同治的個性倔強而剛烈，既已親政，沒有理由再做此不合理的干涉。而光緒的性格柔懦，久已習慣對慈禧絕對馴服，既不虞其反抗，自無妨藉此充分滿足她自己的攬權之心。但這樣的做法顯然十分不對——第一是使得朝中大臣知道政柄操於慈禧，對於光緒的旨意可以無須絕對遵從；第二是此舉勢將增加宮廷中爭奪權力而起的摩擦。前者的不良後果，在光緒二十四年的「百日維新」中表現得極為明白；至於後者，亦有清楚的事實可見。

據野史相傳，慈禧攬柄的後期，漸通賄路。王照《方家園雜詠紀事詩》說：

> 慈禧賣各色肥缺，以為常事，珍妃曾一效之，遂立敗。然牆茨之言，惟珍、瑾無之耳。凡太后所賣之缺，分為數類：一、粵、閩海、淮、崇文門、張家口、殺虎口、山海關各監督，寧、蘇、杭各織造，此皆專為應賣之品，可以明掛招牌者也。一、各省三品以上大員。此為帝心簡在，公私不易分晰也。一、學政主考。此乃清貴之官，似不至有此卑鄙。實因考差例不發榜，然心簡所在，必有御筆暗記之名單，則近侍窺及，得以出而招搖，久之而風氣自然敗壞，翰林官與閹人遂成密切之地位。此奇怪之現象，實始於慈禧。一、道府內放之缺，遇有素稱肥缺者，部中書吏，將應開列請簡之名，贈與太監而招搖之，多為撞木鐘，非真太后出賣也。至宣統年則外省出應外補之缺，忽由內放，攝政破壞祖法，竟過於慈禧，然亦由於女謁，實亦慈禧之遺毒也。

由於慈禧太后柄政時有這許多賣官鬻爵的前例，在她歸政之後，光緒的寵妃珍他他拉氏也很想尤而效之，以為營私聚斂之計，卻不料因此而大遭慈禧之忌。珍妃通賄，最具體的是魯伯陽放上海海關道之事。《清朝野史大觀》記魯伯陽以通賄得放上海道之事，說：

> 清光緒朝，滬道聶緝槼升某省臬司。次日，樞臣入見，袖關道記名單以進，請德宗簡員補授。帝閱之無言，忽出白紙條寸許，署「魯伯陽」三字，蹙額授樞臣，俾詳查其籍貫履歷。諸臣奉旨，退至軍機處，遍檢各種道府存記名單，並無其人，即持以覆命。帝猶欲召吏、戶兩部堂查詢其出處。諸臣徐悟其故，乃頓首曰：「果知此人可用，即逕行簡放可也；必欲確查出處，恐吏、戶兩部亦無籍可稽耳。」上凝思良久，乃太息而授之。魯奉旨南下，時劉坤一方督兩江，知其所由來，固靳之，終不令赴任。數月後借事劾罷之，奉旨開缺。聞魯於此缺，先後運動費耗去七十餘萬，竟未得一日履任，因憤而入山，著道士服不復出。

《清朝野史大觀》記述此事，以為魯伯陽乃通賄醇王福晉，亦即慈禧之妹，故能得此美缺。而據胡思敬《國聞備乘》卷一，則云：「魯伯陽進四萬金於珍妃，珍妃言於德宗，遂簡任上海道。江督劉坤一知其事，伯陽蒞任不一月，即劾罷之。」惲毓鼎撰《崇陵傳信錄》，亦以為此是魯伯陽通賄德宗宮禁而得。然則，魯伯陽之簡放上海道，應當確是珍妃得賄之結果了，珍妃後來因此事敗露而遭慈禧之責辱，降為貴人。黃濬《花隨人聖盦摭憶》記此，謂：

> 珍妃初得罪之由，實不勝太監婪索，奔訴那拉后。太監恨之，因悉舉發魯伯陽等事，以有乙未十月之譴。

乙未，是光緒二十一年。甲午則為二十年。此年十月，珍妃降貴人，黃濬所記頗有錯誤，因為此事的發生時間在二十年甲午，而非二十一年乙未也。《翁同龢日記》中曾記其降謫緣由，云：

光緒二十年十月二十九日，太后召見樞臣於儀鸞殿，次及宮闈事，謂瑾、珍二妃有祈請干預事，降為貴人。臣再請緩辦，不允。是日上未在坐，因請問：「上知之否？」諭云：「皇帝意正爾。」

這些記載很明顯地說明了珍妃之被責降，是由於她膽敢收受賄賂，囑託關說。但珍妃之敢於通賄，事實上是得於慈禧之啟發。慈禧柄政時可以公然賣官鬻爵，珍妃通賄，則須責降，這不是分明在告訴人說，賣官鬻爵，乃慈禧獨有之權利，不容他人侵犯嗎？名雖歸政，事實上仍動輒干涉，一柄兩操，自然容易引起這樣的糾紛。但珍妃之遭責降，通賄以外，尚存有其他的因素，是即光緒夫妻與妻妾之間的感情糾紛是也。偏偏光緒的皇后又是慈禧的內姪女，遇事常作左右袒，於是，因感情方面的不愉快，藉權力方面的爭執而故予重責，珍妃乃因之而大觸楣頭。其影響所及，則不但是宮廷中的感情關係，更牽涉到整個國家的政治事務。

關於光緒皇帝家庭間的感情糾紛，應當先從他的婚姻情形說起。光緒大婚，在光緒十五年之正月，皇后葉赫那拉氏，乃副都統桂祥之女，慈禧之姪女；嬪二人，均侍郎長敘之女，長為瑾嬪，次為珍嬪，光緒二十年進位為妃。此一后兩妃之選婚情形，《花隨人聖盦摭憶》中曾有詳細的記述，引錄如下：

光緒十三年冬，西后為德宗選后，在保和殿召備選之各大臣女進內，依次排列。與選者五人。首列那拉氏，都統桂祥女，慈禧之姪女也；次為江西巡撫德馨之二女，末列為禮部左侍郎長敘

> 之二女。當時太后上坐，德宗侍立，榮壽固倫公主及福晉、命婦立於座後。前設小長棹一，上置鑲玉如意一柄，紅繡花荷包二對，為定選證物。清例：選后中者，以如意予之；選妃中者，以荷包予之。西后手指諸女，語德宗曰：「皇帝，誰堪中選，汝自裁之，合意者即授以如意可也。」言時，即將如意授與德宗。德宗對曰：「此大事，當由皇爸爸主之（原註：據宮監謂，當時稱謂如此），臣不能自主。」太后堅令其自選，德宗乃持如意趨德馨女前，方欲授之，太后大聲曰：「皇帝！」並以口暗示其首列者。德宗愕然，既乃悟其意，不得已，乃將如意授其姪女焉。太后以德宗意在德馨女，即選入妃嬪，亦必有奪寵之憂，遂不容其續選，匆匆命公主各授荷包一對與末列二女，此珍妃姐妹之所以獲選也。嗣後德宗偏寵珍妃，與隆裕感情日惡，其端實肇於此。以上皆宮監唐冠卿所言，蓋深知其內事者，其人至今或尚存也。庚子拳匪時，守西陵貝子奕謨告逃難西陵之齊令辰曰：「我有兩語，賅括十年之事。因夫妻反目而母子不和，因母子不和而載漪謀篡。」謨貝子為清宣宗胞姪，其言如此。合上宮監言觀之，晚清宮廷之內幕，可以概見。清之當亡，固有必然，而其演於外者，為新舊之爭、和戰之爭，鬱於內者，為夫妻之釁、母子之釁，此四者庶可以賅之矣。

太后干涉光緒的婚事，頗可以使我們聯想到同治選婚時的情形，亦頗與此彷彿。只是當時尚有慈安太后在，慈安與同治之所見略同，慈禧無法迫使同治一定要接受她的主張，所以同治選立了慈禧所不喜的崇綺之女。其結果則因慈禧之干涉而使同治對他的家庭生活發生反感，走向尋花問柳的荒唐道路，終於使皇帝死於風流病，而大清帝國的國運亦出現了太后再度垂簾聽政的變局。現在，慈禧太后又來干涉光緒的婚姻了。由於此時已沒有慈安太后的阻礙，她乾脆在選立時示意光緒，必須立桂祥之女為后。光緒久已習慣接受慈禧的命令，至此自不敢抗違。但光緒在行動上雖不敢不服從慈禧的命令，在此後的婚姻生活上卻永遠無法建立起對皇后的感情。皇后到太后面前去哭訴，慈禧遷怒及於瑾、珍二妃，因此才借事責罰珍妃，而導致了慈禧與光緒之間的不睦。奕謨說：「因夫妻反目而母子不和，因母子不和而載漪謀篡。」兩語賅括，可說極為扼要。然而，光緒一朝之國家大變，也在這種情況之下預伏了禍根。

胡思敬《國聞備乘》卷一云：

德宗既由藩邸入承大統，孝欽偏厚母家，援立其兄桂祥女為后。后長德宗二歲，貌不甚揚。長敘二女同時入宮為貴妃，珍妃工翰墨，善棋，德宗尤寵愛之，與皇后不甚親睦。二妃屢受孝欽鞭責，訴之上，上勿敢言，由是母子、夫婦之間微有隙。

光緒因夫婦感情不睦而招來慈禧之不快，致有二妃被責罰之事，這尚是母子不和之前奏。其繼續發展，則因光緒所嚮用之長麟、汪鳴鑾、文廷式、志銳等人，多主張皇帝應當自操政柄，亟圖振起，如再泄沓因循，勢將有亡國之憂。慈禧偵知其事，以為光緒將不利於己，將長麟、汪鳴鑾、文廷式諸人先後斥逐；帝后之間，遂勢同水火。柴萼《梵天廬叢錄》云：

有清晚近諸帝，多荒淫無道，德宗則不然。析理頗清，持躬甚謹，見國中萎靡偷安，日思振作，以見抑於太后，故鬱鬱不獲伸其志。甲午、乙未之交，德宗頗信用長麟、汪鳴鑾言，一日三遷，由散秩而洊至卿貳，召對無虛日。二人均書生，宣室密陳，卒以出言不慎，為太后之太監所詗知。而長麟實妄人，揚言當唆百官上表，請太后外居熱河，帝獨專政。太監以譖於太后之前，遂立罷二人職，諭旨中有「跡近離間，永不敘用」語。嗣是母子之間猜疑更甚，而德宗之一舉一動，無不在太后關注中矣。

又，費行簡撰《近代名人小傳》云：

> 乙未春，諭旨以侍郎汪鳴鑾、長麟，於召見時肆意妄言，語涉離間，皆褫職永不敘用。蓋日戰方已，帝憂惕將圖自強，而阻於孝欽。二人為帝言：「帝入繼文宗，惟當母嫡后，孝欽猶其庶母，非所當敬。」適為后奄聞，歸以告后，怒甚，欲予駢誅。帝為覆掩，乃從薄譴。

汪鳴鑾、長麟以主張光緒當自操政柄而為慈禧所逐，至於文廷式與志銳，則因與瑾、珍二妃有關之故，更為慈禧所惡，其同遭譴謫，自更在意中。

據野史相傳，文廷式當年曾在長敘家中授讀，瑾、珍二妃及其兄志銳，均與之相契。及二人入宮，屢在光緒前言及文廷式之才學，遂得以翰林大考第一名超擢侍讀學士，寖寖嚮用。遼東事起，文廷式合朝臣聯銜上疏請起用恭王主軍國事，慈禧雖因劫於眾議，而不得已用之，然由此深惡廷式。至翌年，珍妃因通賄事被責，太監又搆蜚語，謂廷式與二妃有連，遂因御史楊崇伊之劾奏，將文廷式革職驅逐，永不敘用，志銳則遠謫烏里雅蘇臺。黃濬《花隨人聖盦摭憶》記此云：

> 以余所聞，道希（即文廷式）被革，出於那拉后授意。其時后與帝不相容，已如水火，道希在當日，則於外交、內政已極有主張，西后必去之心，躍然愈急，論者乃以大考通關節事並誣其才，非知言也。大抵清流黨以後，所謂名士，意氣皆凌厲無前，前之張繩庵以此遭忌，後之文芸閣亦然。

將以上各種記述綜合起來看，光緒在十九歲以後雖然名為親政，實際上則處處受慈禧之牽掣，時時受慈禧之監視，並不能暢行所欲，自裁大政。在這種情形之下，猶復引用康有為、梁啟超等一班維新黨人物，希圖革新庶政，奮發圖強，當然更不免要招致后黨人物之反對與慈禧之干涉了。胡思敬曾說：「同光以來，內外重臣，皆孝欽所親拔，德宗雖親政，實未敢私用一人，其勢固已孤矣。丙申逐長麟、嗚鑾，丁酉逐廷式、志銳，戊戌逐同龢，德宗羽翼，已盡為孝欽所剪。有為敗，孝欽手無一兵，潛至宮中，制德宗如孤雛，居之瀛臺，在廷諸臣，無敢為德宗進一言。〉（《國聞備乘》卷四）寥寥數語，清楚明白地說明了當時的情勢。然則，「戊戌維新」時即使沒有袁世凱的告變，光緒也必定無法能有作為。因為兵權與政權盡在慈禧的親信大臣之手，光緒孤掌難鳴，雖有新黨人物為之參謀籌畫，而亦都是一些無拳無勇的少年之人，空有血性，卻無權力，如之何能藉以抵抗慈禧與后黨人物的合力反擊呢？所以，「戊戌維新」之必然失敗，正由於政權操於慈禧，而光緒只是居於虛位之故。至於慈禧之所以要反對新政，則亦與她的權力欲望有關。

王照《方家園雜詠紀事詩》第三首云：

內政何須召外兵？從來打草致蛇驚。詖詞已闢臧三耳，豈料乘機起項城。

此詩下有原作者之註，云：

戊戌之變，外人或誤會為慈禧反對變法，其實慈禧但知權力，絕無政見，純為家務之爭。故以余個人之見，若奉之以主張變法之名，使得公然出頭，則皇上之志，可由屈而得伸，久而頑固大臣皆無能為也。此策曾於余之第一奏摺顯揭之，亦屢向南海（即康有為）勸以此旨。而南海為張蔭桓所蔽，堅執扶此抑彼之策，以那拉氏為萬不可造就之物。在袁氏奉詔來京之十日前，南海託徐子靜（即徐致靖）、譚復生（即譚嗣同）、徐瑩甫（即徐致靖之次子仁鏡），分兩次勸余往聶功亭（即聶士成）處，先徵同意，然後召其入覲，且許聶以總督直隸。余始終堅辭，曾有「王小航不做范睢」語。迨至召袁之詔下，霹靂一聲，明是掩耳盜鈴，敗局已定矣。世人或議世凱負心，殊不知即召聶、召董（即董福祥），亦無不敗。倘余往聶處，則洩漏愈速。余知之稔，故決不為也。

王照所說的「召袁」、「召聶」、「召董」，指政變發生前康、梁等人密謀宣召有兵權之人，用其兵以為廢黜慈禧之計，殊不知此正犯慈禧之大忌。所以，風聲一露，不待袁世凱告密，后黨人物早已有所防備，而袁世凱知道事必不成，反向直隸總督榮祿告密。於是，新黨人物的一切動作俱為慈禧所悉，而政變亦終於發作了。由此看來，王照的說法，實在很有道理——「維新變法」，推慈禧為名義上的主持者，慈禧知道自己的權力不致受損，就不致立於反對方面，頑固守舊份子無法抬出慈禧來與變法運動對抗，光緒亦就不致失敗。這雖然只是後見之明，但王照在當時既然已有此議，而康有為等人必不肯信，則王照的建議，真還可以說是「前知」了。由此可見，維新之失敗原因凡三：一是舊黨人物之反對，二是帝后之間所存的嫌隙，三是光緒不知彌縫他與慈禧之間的敵視態度，反欲以召兵入衛的方式迫使舊黨與慈禧合而為敵，於是乃致一敗塗地。一場關係國家前途極為重大的變法運動，竟因家庭間的權力鬥爭而致徹底破壞，而其禍機之起，又只是一些細微的感情糾紛，說起來實在太使人覺得遺憾了。

政變發生的經過，已有很多專門著述詳細論列，這裏可以無須多贅。只因惲毓鼎《崇陵傳信錄》的記述極為簡明而生動，所以抄錄一段在下面，以便利本文的敘述。惲文說：

> 會上特擢譚嗣同、楊銳、劉光第、林旭參贊軍機事，專理新政，時謂之「四貴」，樞府咸側目。譚、楊憤上之受制，頗有不平語。上手詔答之，大略謂：「頑固守舊大臣，朕固無如之何，然卿曹宜調處其間，使國可富強，大臣不掣肘，而朕又上不失慈母之意。否則朕位且不保，何有於國？」於是，蜚語寖聞西朝。御史楊崇伊、龐鴻書揣知太后意，潛謀之慶親王奕劻，密疏告變，請太后再臨朝，袖疏付奕劻轉達頤和園。八月初四日黎明，上詣宮門請安，太后已由間道入西直門，車駕倉皇而返。太后直抵上寢宮，盡括章疏，攜之去，召上怒詰曰：「我撫養汝二十餘年，乃聽小人之言謀我乎？」上戰慄不發一語，良久，囁嚅曰：「我無此意。」太后唾之曰：「癡兒，今日無我，明日安有汝乎？」遂傳懿旨，以「上病不能理萬幾」為詞，臨朝訓政。凡上所興革，悉反之。

這一段話敘述慈禧之發動政變，就如《國聞備乘》所說的：「孝欽手無一兵，潛入宮中，制德宗如孤雛。」慈禧之鷙悍狠準，反襯出光緒之荏弱無能，雙方的力量如此不敵，維新運動之必然失敗，與光緒之必遭不幸，自然不會使人覺得意外。到此為止，剩下的問題，便是如何處置這個膽敢「背叛」慈禧的皇帝了。

慈禧以光緒之意欲自持政柄為對她的「背叛」行為，那是因為她向來視大清朝的天下為她自己所有之物，光緒雖是皇帝，亦只不過是她自己所搬出來作為傀儡的幌子。所以，光緒欲行使皇帝的統治天下之權，在慈禧看來，便是對她的「叛逆」。對付叛逆的辦法自然非常容易，殺掉或廢掉，都不是難辦的事。但因光緒久已是中國臣民心目中的皇帝，真的要將他殺掉或廢掉，實行起來倒也頗不簡單；因為這必須對輿論與清議有所交代，皇帝之死是由於什麼疾病？如果被廢，則他的廢黜原因又是什麼？

所以，為了要將光緒從皇帝的寶座上搬下來，慈禧也還得為製造證據與理由，而費上一番手腳。惲毓鼎《崇陵傳信錄》云：

八月以後，內外藉藉，謂將有桐宮之舉。每日造脈案藥方，傳示各衙門，人心恟懼。於是，候選知府經元善在上海聯合海外僑民，公電西朝，請保護聖躬。雖奉嚴旨名捕元善，而非常之謀竟寢。

又，王照《方家園雜詠紀事詩》註云：

戊戌八月變後，太后即擬廢立。宣言上病將不起，令太醫捏造脈案，遍示內外各官署，並送東交民巷各國使館。各使首偵知其意，會議薦西醫入診，拒之不可。榮祿兼掌外務，自知弄巧成拙。

「桐宮」，乃是商朝的伊尹當年廢放其主太甲的地方；所以，一提到桐宮的典故，其意思就是要廢放皇帝了。由上所述的兩條記事，可知慈禧在「戊戌政變」以後，頗有意置光緒於死地，所以先命醫官假造脈案宣示中外，以製造空氣，使人相信光緒患病沉重，一俟時機成熟，即可公行廢立，而光緒之命不保矣。但因這樣的做法太過明顯，在為人窺破底蘊後便無法再行此鬼蜮伎倆，於是又翻然變計，擇定端郡王載漪之子溥儁為繼任人選，不再假裝光緒之病，而只實行廢黜光緒，另立溥儁為帝。卻不料這一打算亦遭逢到意想不到的阻力，於是乃使慈禧老羞成怒，另醞釀出另一場更大的政治風暴。

惲毓鼎《崇陵傳信錄》：

次年己亥，上春秋二十有九矣。時承恩公崇綺（即穆宗同治后之父）久廢在私第，大學士徐桐覬政地綦切，尚書啟秀在樞廷與徐殊洽，咸思邀定策功。而大學士榮祿居次輔，雖在親王下，最為孝欽所親信，言無不從，大權實歸之。三公者，日夕密謀，相約造榮第，說以伊、霍之事。崇、徐密具疏章，要榮具名，同奏永寧宮。十一月二十八日，啟朝退，先詣榮，達二公意。榮大驚，佯依違其詞，速啟去，戒閽者毋納客，二公至，閽者辭焉。次日朝罷，榮相請獨對，問太后曰：「傳聞將有廢立一事，信乎？」太后曰：「無有也，事果可行乎？」榮曰：「太后行之，誰敢謂其不可者？顧上罪不明，外國公使將起而干涉，此不可不慎也。」太后曰：「事且露，奈何？」榮曰：「無妨也，上春秋已盛，無皇子，不如擇宗室近支子建為大阿哥，為上嗣，兼祧穆宗，育之宮中，徐篡大統。則此舉為有名矣。」太后沉吟久之曰：「汝言是也。」遂於二十四日召集近支王公貝勒、御前大臣、內務府大臣、南、上兩書房翰林、部院尚書於儀鸞殿。上下驚傳將廢立，內廷蘇拉且倡言曰：「今日換皇上矣！」迨詔下，乃立溥儁為大阿哥也。

溥儁者，宣廟之曾孫，惇慎親王之孫，父為端郡王載漪。其時恭親王溥偉、貝子溥倫依倫次皆可當璧，而載漪平日得太后歡心，故立其子，年十五矣，入居阿哥所。闢弘德殿，命崇綺充師傅。召陝西陝安道高慶恩入京，與翰林院侍讀寶豐、崇壽俱授讀，命徐桐照料弘德殿。徐相是日適考校八旗官學，遽以「使之主祭而百神享之，使之主事而事治，百姓安之」命題，蓋隱寓推戴之意云。

清語稱皇子為「阿哥」，載漪的兒子溥儁立為大阿哥，隱然具有皇太子的身份。假如載漪有耐心等候，稍假時日，只須如光緒三十四年光緒皇帝暴崩那樣地略施小計，溥儁便可安然坐上皇帝寶座。無如載漪卻沒有這份耐心，他要設法煽動慈禧太后早行廢立，而慈禧太后也在他的撥弄之下墮其彀中，這就是義和團之亂的釀成原因。

趙鳳昌《惜陰老人筆記》云：

戊戌以後，立大阿哥以前，西后急欲行廢立。己亥，合肥（即李鴻章）在大學士任，一日法使訪詢：「果有此事否？外國視一國君主無端廢立，決難承認。」午後，榮祿往訪，傳西后意旨，欲探外使口氣，合肥即以今晨法使言述之。同時，榮祿密電探江督劉新寧（即劉坤一），劉覆電有：「君臣之義久定，中外之口難防。」李既不能助，劉又有違言，事即難舉，不得已而先立大阿哥。

據此云云，則戊戌以後光緒之所以能保全帝位，一方面由於劉坤一之反對，另一方面亦因為外國公使之干涉。至於經元善在上電請求保護光緒之後，慈禧曾降旨指名嚴捕，亦因經元善匿居澳門砲臺，得外國人的勢力保護之故，竟不能將他逮捕歸案，尤其使慈禧氣憤不堪。這許多事情湊合在一起，使端王載漪引進義和團來發動仇洋運動的計畫，得以實現。《崇陵傳信錄》論此，云：

義和團之為邪教，即八卦、白蓮之支與流裔，勞玉初京卿考證最詳。顧朝廷所以信之者，意固別有所在——邵陵、高貴之舉，兩年中未嘗稍釋，特忌東西鄰責言，未敢倉卒行，載漪又急欲其子

> 得天位，計非藉兵力懾使臣，固難得志也。義和團適起，詭言能避火器，以仇教為名，載漪等遂利用之以發大難。故雖廷臣據理力爭，謂邪術不足信，兵端未可開，皆隔靴搔癢之談也。

「邵陵」與「高貴」，都是三國時曹魏被廢的皇帝。「邵陵」，指邵陵厲公曹芳；「高貴」，指高貴鄉公曹髦。前者為司馬師所廢，後者為司馬昭所殺。慈禧欲廢光緒而畏外國使臣之干涉，適義和團有扶清滅洋及不畏洋槍大砲之說，於是慈禧的膽氣大壯，打算用義和團來先滅洋人，再廢皇帝。於是乃出現了庚子、辛丑年那一場滔天大禍，洋人未滅，而自己遭殃。惲毓鼎說：「甲午之喪師，戊戌之政變，己亥之建儲，庚子之義和團，名雖四事，實一貫相生，必知此而後可論十年之朝局。」再明白一點，我們甚至更可以說，凡此變局，事實上都因慈禧與光緒間之嫌隙而起，其肇端者則為慈禧，亦無不可。然則，慈禧太后之因攬持權力而成為晚清中國的禍胎，其事實也是十分明白的了。

自從「戊戌政變」，光緒被囚禁瀛臺之後，朝政大權，盡出自慈禧之意旨，光緒雖然暫時尚能保持他的皇帝名義，卻已變成了真正的傀儡皇帝，大小事情一切都不由他作主，備位而已。雖然如此，當「庚子拳亂」，北京不守，太后挈皇帝倉皇西奔之後，慈禧自己亦知道，這一場滔天大禍，都由她攘奪光緒之政權而起，為了平息天下人民的怨憤，也曾在表面上頒一詔書，表示願意變法圖強，與民更始之意。這一詔書頒於光緒二十六年十二月，頒詔之人當然是名義上的皇帝——光緒。但其措詞卻十分可笑，抄錄一段如下：

> 世有萬古不易之常經，無一成不變之治法。窮變通久，見於大《易》。損益可知，見於《論語》。蓋不易者三綱五常，昭然如日星之照世，而可變者令甲令乙，不妨如琴瑟之改弦。伊古以來，代有興革，即我朝列祖列宗，因時立制，屢有異同。大抵法積則敝，法敝則更，要歸於

強國利民而已。自播遷以來，皇太后宵旰焦勞，朕尤痛自刻責，深念近數十年積習相仍，因循粉飾，以致成此大釁。現正議和，一切政事，尤須切實整頓，以期漸圖富強。懿訓以為取外國之長，仍可補中國之短，懲前事之失，乃可作後事之師。自丁戊以還，偽辯縱橫，妄分新舊，康逆之禍，殆更甚於紅禍。殊不知康逆之談新法，乃亂法也，非變法也。該逆等乘朕躬不豫，潛圖不軌，朕籲懇皇太后訓政，乃拯朕於瀕危，而鋤奸於一旦。實則剪除亂逆，皇太后何嘗不許更新？損益科條，朕何嘗概行除舊。執中以御，母子一心，臣民共見。

這一道詔書，不但將主張變法圖強的美意歸於慈禧，並且斥康、梁之的變法為「亂法」而非「變法」，其目的不過在離間宮廷，謀危社稷。照此說法，慈禧倒是主張變法圖強之人，而拳變之來，反是由於光緒在位數十年來的政治積弊所造成，其責任全在光緒了。這種強顏回護、諉過他人的詔書，明是慈禧所授意，卻要以光緒的名義頒發，等於要光緒在全國臣民之前自承為罪人，自責自罵而自打嘴巴，又不管其事理上是否能說得通，看了實在教人莫名其妙。想不到光緒之頻年未廢，留到如今還有這一項用途——可以為慈禧文過飾非，做替罪之羔羊。事理之出人意想，恐怕沒有比此更甚的吧！不過，據說慈禧在這一段時間內確實也很感到內疚，所以對光緒的鈐制與約束也比較放寬，而監控多年稍得自由的傀儡皇帝，居然也能稍有表現，說來似乎頗為奇特。這可以舉出兩件事實來作為例證。

一是惲毓鼎的《崇陵傳信錄》所說，辛丑和議既成，太后與皇帝自西安回鑾，駕至保定，詔旨詢問禮部：「回京後謁祭宗廟，當用何服色？」祠祭司司官議用素服以示待罪之意，而尚書徐郙則主張用吉服。光緒閱奏發怒，「擲諸地。乃改常服行事，樂設而不作」。由這一事例，說明了在「庚子拳亂」以來，光緒在某些政事上似乎已可稍微表示其個人意見，不致成為十足的傀儡。

二是署名「酬鳴」所撰的《書庚子國變記後》，引拳亂時扈從帝后西狩的某隨駕官員所說：「至太原，帝稍舒。一日，召載漪、剛毅痛呵，欲正其罪。西后云：「我先發，敵將更要其重者。」帝曰……「論國法，彼罪不赦，烏論敵如何？」漪等顙亟稽。時王文韶同入，西后曰：「王文韶老臣，更事久，且帝所信，爾謂如何？」文韶知旨，婉解之。帝退，猶聞咨嗟聲。漪等出，步猶慄慄也。未幾，剛毅恚而死。」載漪和剛毅召拳速禍，同是拳亂之禍首。但二人深得慈禧之寵信，拳禍始起時，更是氣燄萬丈，紅極一時，想不到在這時卻會被他們視為傀儡的皇帝痛加斥責，甚至要將他們繩以國法，雖慈禧亦無法為之保護，真是「情何以堪」？載漪、剛毅猶為光緒所痛斥，則光緒之能夠稍為「發舒」，當然亦應是事實。

不過，光緒即使因慈禧之鈐制稍寬而稍能發舒，恐亦只是容他稍微表示意見而已，如果真欲有所行動，慈禧必不容他脫出控制能及的範圍。這也可以舉出兩項事實為證：一是酬鳴所撰的《書庚子國變記後》所說：

> 已定議再西，帝尤憤。抵潼關，帝云：「我能往，寇奚不能？即入蜀無益。太后老，宜避西安，朕擬獨歸。否則兵不解，禍終及之。」西后以下咸相顧有難色，顧無以折帝詞，會晚而罷。翌晨，乃聞扈從士嘈雜戒行，聲砲，駕竟西矣。帝首途，淚猶溢目也。某官又聞某黃門云，聯軍之砲擊宮城也，帝冠服欲往使館。西后亟止之。帝曰：「彼軍法文明，朕往，必無害，且可議款。」西后以為狂發，疾引之行。

這一段記述兩次提到光緒欲自赴聯軍營中議和，但為慈禧所阻，挈而俱西。這一點，王照所撰的《方家園雜詠紀事詩》中也有類似的記述。其第七詩云：

胡騎原來識代宗，共欽中國有英雄。早教撥霧青天見，單騎何勞郭令公？

其下注云：

太后之將奔也，皇上求之曰：「無須出走，外人皆友邦，其兵來討拳匪，對我國家非有惡意。臣請自往東交民巷向各國使臣面談，必無事矣。」太后不許。上還宮，著朝服，欲自赴使館。小閹奔告太后，太后自來，命褫去朝服，僅留給一洋布衫，嚴禁出戶，旋即牽之出狩矣。鑾輿出德勝門，暮駐貫市李家。明日至昌平，遇岑春煊以甘肅馬隊來迎。上求春煊分護太后西巡，上自回京議和。春煊仰體太后之意，佯不敢任。於是西狩之局遂定，而中外之交涉擴大矣。

又，第九詩云：

召亂人知是牝雞，來蘇我后正同徯。將軍手把黃金印，不許回鑾願向西。

其下注云：

駐蹕太原多日，上仍求獨歸議和，太后及諸臣堅持不放。其實，是時早歸，賠款之數可少，而外人所索保險之各種條件，皆可因倚賴聖明而無須提出，公論昭然。懷、愍、徽、欽之禍，萬不容擬議，其理至顯。而諸人因識見腐陋，不知此者十之九，明知而佯為不知者十之一。此十之一，則為太后、榮（祿）、王（文韶）、岑（春煊）諸人也。時岑幕中有張鳴岐者，年少銳敏，力勸奉皇上回京，收此大功。岑詞窮而不語。蓋岑春煊奸人之雄，不論是非，專視多助者而助之，且素以夤緣太監得慈眷，至是因力主幸陝，得陞陝撫，與袁世凱寵遇不相上下。高歡、宇文泰分道揚鑣，非偶然也。

兩書的記載並同，可知光緒當北京危急及由太原西行時，確有自與聯軍議和之意，只是為慈禧所阻，無法遂行其意圖而已。慈禧不願光緒自與聯軍議和，自然是深怕光緒脫出其掌握後即無法控制。屆時如果各國公使尊之為中國的真正元首，事事與光緒直接交涉，則慈禧所憑藉以號令天下的本錢便告落空，而此毋寧正是她最恐懼的事實，如何可以容許其實現？因此，她與她所親信的榮祿等人，明知光緒出與聯軍議和，必可減輕聯軍的要挾勒索，減輕國家人民所受的禍害，亦因基於個人利害之故而絕不容許。「庚子拳亂」後李鴻章與各國商定和約，各國以中國政府仇外態度無絲毫轉變為理由，百端要索，多方勒逼，終於使中國所需要提出的賠償費，高達天文數目，國家人民所遭受的損害，積數十年而不能翻身。假如光緒當時能親出與聯軍議和，各國的態度絕不致如此惡劣，當然可以因此而大為減輕國家的損失。由此而言，慈禧因權力欲望而不肯放棄對光緒的控制，因不肯放棄對光緒的控制而寧願使國家人民所遭受的損失因此而大為增加，在她亦毫無顧惜。光緒與慈禧間的嫌隙，其間接影響如此之大，誠然使人慨嘆！

光緒無法擺脫慈禧對他的控制，慈禧就可以挾持光緒的形式，始終做著大清帝國的最高主宰。富貴榮華，奢侈浪費，極盡人生之享樂。雖然如此，她對於光緒還要多方凌迫虐待，使他過著無法忍受的痛苦生活，其用心何居？實在使人無法瞭解。清代野史記有很多光緒被慈禧虐遇的資料，一一臚舉，無慮數十條之多，當然不可能逐一抄錄。就中以《清朝野史大觀》中的：「寇太監述聞」一條，所敘比較概括，讀之可以概見其餘，所以將它抄錄在後面：

奏事處太監寇連材，侍西后久，頗得力，太后深倚之，因派令伺候皇上，實則使之監督行止，偵探近事也。詎寇有義烈氣，見皇上之無權也，憤甚。一日，長跪太后前，極言皇上英明，請太后勿掣其肘。又言國帑空虛，民力凋敝，請太后節省費用，罷頤和園工程。西后大怒，立杖殺之。據寇云：「中國四百兆人，境遇最苦者無如皇上。自五歲起，無人親愛，雖醇邸福晉，亦不許見面。每日必至西后前請安，不命起，不敢起。少不如意，罰令長跪。一見即疾言厲色。積威既久，皇上膽為之破，如對獅虎，戰戰兢兢。日三膳，饌雖十餘，然離御座遠者半臭腐，近御座之饌，即不臭腐，亦久熟乾冷，不堪下箸。以故皇上每食恆不飽。有時欲令膳房易一適口品，管膳者必面奏西后，西后輒以儉德為責。至那拉后窮奢極欲，揮金如土。頤和園工程一年不停，陸則鐵路，水則火輪舟。每夕數百盞電燈照耀達旦，遠望如琉璃世界。即電燈一項，每夕須六百金。膳品，北洋大臣時晉海味，南方鮮果，西后身邊使女反得染指，皇上不能。其伶仃孤苦，醇邸福晉言及，輒暗中流淚。

寇連材因進諫而遭慈禧杖殺，事在光緒之二十一年，「戊戌政變」發生之前。據此云云，則即使政變未曾發生，慈禧之對待光緒已極嚴酷。洎政變發生，慈禧視光緒如仇敵，無怪乎種種不堪的虐待與禁制都要一一出現了。光緒自小受慈禧之嚴威酷遇，以致養成了他對慈禧之畏懼習慣，其後來之不敢萌生反抗之念，未始不是由此所造成。這是不是慈禧所有意安排的教育方式？不知道。若以慈禧之攬權欲望及後來之行事而言，則事實正有此可能。但她在當年又何以不能以此來訓練她自己的兒子同治呢？推想起來，亦自有故。這是因為同治的個性遠較光緒為倔強，倔強的個性不能過分摧折，即摧折亦未必便能陶鑄成自己所希望的範型，此是理由之一。理由之二，則因其時尚有慈安太后在。同治雖為慈禧所出，但自幼即喜親近慈安。慈安在名份上是嫡母，同治親嫡母而不親生母，慈禧雖狠毒，對此卻無奈何。到了光緒入宮教養時，一切條件均與此相反，於是光緒苦矣！

自「戊戌政變」以後，皇帝變成階下之囚，不但行動不得自由，其所遇亦更苦。野史傳聞，有所謂打落牙齒而不准醫治，以致痛苦不堪之說；又有故意賜茶、賜食，使之脹飽不堪，而慈禧及其近侍閹人反引為笑樂之說，不勝枚舉。雖傳說紛耘，其間究多附會揣測之談，不可盡信。光緒時曾任監察御史的蜀人高樹，曾撰《金鑾瑣記》一書，以其見聞所及隨事筆記，語氣和平，敘事平實中肯，頗有掌故價值。摘錄數條於後，以見一斑。

《金鑾瑣記》中所寫的掌故，均為史詩式，每事一詩，後附註記，讀之頗饒興趣。其中一首云：

> 朝罷歸來撤御僑，湖邊老屋冷蕭蕭。神龍或挾風雲遁，權用瀛臺作水牢。

其下注云：

> 民間言光緒皇帝坐水牢，余甚疑之。近年往湖邊瞻仰，湖邊老屋數間，破檻當潮，虛窗待月，風騷騷而樹急，波淼淼而雲愁。行人指橋之中有機關轉捩，朝罷歸來，忽然橋斷，誠與水牢無其異云。

又一首云：

鬱壘神荼列隊圍，語傳青鳥怕讒誹。軒皇久厭人間世，一旦騎龍下殿飛。

其下注云：

自寇太監杖斃，皇上左右皆易之。聞有一日皇上逃出西苑門，太監多人扭御髮辮拉入。山人乾清門繳還硃批，遇皇上便衣步行墀下。山人避入南書房窺覘，見皇上仰首向天而望，又行至乾清門，太監十餘人攔阻去路。皇上由橋洞穿出，升東階，坐轎入東巷，左右前後圍隨有百人，不能逃也。

又一首云：

非無火棗與水桃，頤養還須判逸勞。王母何嘗添白髮？聖躬脜瘦似唐堯。

其下注云：

太后無一莖白髮，是善養；德宗脜瘦，是太勞。

這幾首詩，以皮裏陽秋的筆調，反映出光緒境遇之酷與慈禧自奉之奢靡逸樂，雖著墨無多，而頰上三毫如見。歷史學家多承認光緒是歷史上最苦命的皇帝，而誰孰為之？孰令致之？說來怎不使人浩嘆！

慈禧對待光緒一項最狠毒行為，見於拳亂西行之途中。王照所撰的《方家園雜詠紀事詩》中，有一首云：

辛苦揮戈盼日中，談言微中狄梁公。那知陰蓄滔天勢，禍水橫流漢火終。

其下注云：

自溥儁入宮，宮中諸人心目中，皆以儁為宗主，視上如贅旒。而儁性驕，謂上為瘋為傻，昌言無忌，上佯若不聞。及西巡，所至，太后皆命儁與隆裕同室，意因上性剛烈，可以挫辱致死。而上知其意，始終以呆癡應之。

由此可知，慈禧欲致死光緒之心，自「戊戌政變」至此，始終未變。其間雖一度曾因良心發現，而稍予光緒以發舒身心的機會，時間亦不會很久。而光緒在慈禧這種處心積慮的凌虐迫害之下，居然能假癡假呆地維持了十餘年之久，其毅力亦實在很使人覺得驚異。光緒為什麼要在這種常人所不堪的處境之下，忍辱偷生至十餘年之久？這大概亦有兩種原因：第一是他所秉承於父母的倫理觀念與師傅的訓誨，相信為人子者當敬事父母而恪盡孝行，父母即有失德，子女仍不可有抗逆顏行之舉。所以，他認為「逆來順受」並非可恥之事，無論慈禧對他如何惡意凌虐，他都需要無言忍受。第二是他知道慈禧的年事已高，七十幾歲的老婦人，即使保養得好，畢竟總是老年人了，稍有不慎，隨時可以發生變故。而光緒此時，不過三十餘歲。只要他能忍辱偷生地等到慈禧嚥氣，他就可以順理成章地收回皇帝的大權，屆時不但可以自由發舒其政治抱負，即是平日所受的無窮怨氣，亦可一朝而掃除淨盡。但是，他的這種忍耐、等待的堅毅精神，卻逃不過慈禧的耳目。光緒三十四年十月，慈禧病泄痢，數日不能起。有人在慈禧跟前進讒，說，皇帝知道太后病重，面有喜色。慈禧聽了大怒，說：「我不能先爾死！」語見惲毓鼎《崇陵傳信錄》。由於慈禧有過這怒氣沖沖的狠話，果然，就在慈禧病死之前一天，光緒亦不明不白地「龍馭上賓」了。皇帝與太后在先後兩天之內接連死亡，其中的疑竇實在大大。因此，光緒之死，也成了清宮中的一重疑案，至今仍是傳說紛紜，莫衷一是。

對於這個問題，筆者前此曾撰〈光緒皇帝之死〉一文，登在《大華晚報》的《淡水河》副刊，其後又收入拙作《閻羅包老與張龍趙虎》一書內。此文討論光緒的死因，頗為詳盡，本可不必在此多贅。但因近來筆者對此頗有新的發現，覺得前此的觀點並不十分正確。為了明白事理的真相，及使本文的讀者對此能有完整的瞭解，所以必須重新在這裏交代一番，一則便於文章的敘述，使文意不致中斷，再則修正自己的不正確觀念。

惲毓鼎《崇陵傳信錄》：

德宗天表靜穆，廣顙豐下，於法當壽。穎悟好學，有以聖學叩翁師傅者，則以魯鈍對，蓋知太后忌之，不敢質言也。上素儉，衣皆經澣濯縫紉，聲色狗馬之好，泊如也。孝欽嗜梨園曲，上不能不預；或傳上善撾鼓，事亦無徵。畏太后甚，上本口吃，遇責問，益戰慄不能發語。歸自西安，尤養晦不問事，寄位而已。左右侍奄，俱易以長信心腹，上枯坐無聊，日盤辟一室中。戊申秋，突傳聖躬不豫，徵京外名醫雜治之。請脈時，上以雙手仰置御案，默不出一言，別紙書病狀，陳案間。或有所問，輒大怒；或指為虛損，則尤怒。入診者僉云：「六脈平和，無病也。」

「戊申」即光緒三十四年，光緒時年三十八歲。光緒無病而慈禧指為有病，至於降旨徵集京外名醫「雜治」之，其動機是否亦如「戊戌變法」之後，光緒初被幽禁於瀛臺，慈禧有意藉此致其死命的情形一般，實在非常使人懷疑。當時曾為光緒治病的醫生中，有一人名「力鈞」，字軒舉，福建人。從力鈞為光緒治病的情形中，我們可以看出光緒此時究竟害了什麼病。

陳聲暨編《侯官陳石遺先生年譜》中，有力鈞的一段資料，說：

> 軒舉名鈞，永福人，己丑舉人，號醫隱，官農工部郎中，能醫。慶邸薦供奉內廷，醫西后屢效，賞賚優渥，加四品銜。德宗亦命診病。有間，后怒曰：「力鈞胡尚不死？」而外間則以為力鈞將為后藥死德宗也。軒舉丈危懼無以為計。先母病中聞之，謂家君曰：「軒舉，君熟人，何忍坐視，不惎之稱疾？」軒舉丈乃以雞血滴唾壺，偽稱咯血。內廷遣太監來驗而信，乃免。

與此可以參看的，是林紓所撰的《力醫隱六十壽・序》，云：

> 泚筆為文，不能無感於涵元舊事也。涵元者，瀛臺寢殿，德宗駐蹕地也。醫隱奉東朝懿旨，拜覲於樂壽堂，診服署方，大稱旨。賜羹、賜錦緞、賜克食、寵賚隆渥。一日，趨近輦道，崇陵駕至，醫隱斂避不及，長跪道側。崇陵曰：「力鈞，若供奉禁中，朕知若之深於醫也。」醫隱頓首謝。越月，手敕召力鈞。既朝涵元殿，力請屏藥弗御，調護得宜，聖躬當日健，稍陳服食數事。既退直，東朝之賜立止，巨璫相見，悉反恆狀。供奉三月，引疾歸，遂絕朝請，則日治田於南苑矣。國變後，與余同寓析津，出所錄《崇陵硃書脈案》一卷，言外皆含幽鬱之氣，彼此愴喟。醫隱珍秘此卷，不以示人也。

上文所說的「東朝」，指慈禧；「崇陵」，則指光緒。照上面所說的情形看，光緒當時實無疾病，否則力鈞何以勸他「屏藥弗御」，只須「調護得宜」，「聖躬」便可「日健」呢？然而此卻不是慈禧所樂見之事，所以一聽說力鈞為光緒診病有效，便痛加詈斥，而力鈞亦不得不藉病引退了。此時慈禧身體尚健，雖有致死光緒之心，尚未亟亟付之實行。及至慈禧自己患病之後，這情形就逐漸不對了。《崇陵傳信錄》云：

十月初十日，上率百僚晨賀太后萬壽。起居注官應侍班，先集於來薰風門外。上步行自南海來，入德昌門。門鑰未闔，侍班官窺見上正扶奄肩，以兩足起落作勢，舒筋骨，為拜跪計。須臾，忽奉懿旨：「皇帝以病在床，免率百官行禮，輟侍班。」上聞之大慟。時太后病洩瀉數日矣。有譖上者，謂帝聞太后病，有喜色。太后怒曰：「我不能先爾死。」十六日，尚書浦良自東陵覆命，直隸提學使傅增湘陛辭，太后就上於瀛臺，猶召二臣入見，數語而止。太后神殊憊，顏黯淡。十八日，慶親王奕劻奉太后命，往普陀峪視壽宮，二十一日始覆命，或曰有意出之。十九日，禁門增兵衛，譏出入，伺察非常，諸奄出東華門淨髮，昌言：「駕崩矣。」次日寂無聞。午後，傳宮中教養醇王監國之諭。二十一日，皇后始省上於寢宮，不知何時氣絕矣。哭而出，奔告太后，長嘆而已。以吉祥轎舁帝屍出西苑門，入西華門，皇后被髮，群奄執香，哭隨之。甫至乾清宮，有侍奄馳告太后病危，皇后率諸奄踉蹌回西苑。李蓮英睹帝屍委殿中，意良不忍，語小奄曰：「盍先殮乎？」乃草草舉而納諸梓宮。時禮臣持殮祭儀注入東華門，門者拒不納，迨回部具文書來，乃入乾清門，則殮事久畢矣。

這一段記述有可注意之點二：第一是慈禧在十月初十日壽誕時已不適，乃不因太后有病免賀，反藉口「皇帝臥病在床」，免其朝賀。第二，十月十九日群奄出東華門淨髮，已昌言皇帝「駕崩矣」。至十月二十日，慈禧諭令醇王監國。二十一日，皇后往視光緒，則已「不知何時氣絕矣」。同日，慈禧亦死。有此重大疑竇，乃使人懷疑光緒之死，實係慈禧之預先安排，其死因更疑不能明。假如光緒之死期果如清代官書所說，是死於十月二十日，何以在十月十九日那一天，太監們就敢公然宣言「駕崩」呢？《清稗類鈔》「兩宮先後升遐」一條亦說：

光緒戊申十月十九日，迎醇王載灃之子入宮。時孝欽后已病篤，尚召至床前。明日，德宗賓天，樞臣草遺詔，孝欽扶病披閱。又明日，孝欽上仙。蓋兩宮升遐，相去僅二（一）日耳。

光緒之有病、無病不能明，而慈禧在將死之前，即為光緒預立嗣君，又決定以醇王監國，及以皇后為皇太后，則慈禧必然已自知不起，光緒亦已不可能不死。光緒死於非命之說，其原因在此。而反觀當時醫者所傳的光緒病況，則光緒之死，其可疑之處乃更多。

高拜石撰《古春風樓瑣記》有〈誰是毒殺光緒帝的兇手〉一文，引述其時為光緒治病的醫生杜鍾駿所撰《德宗請脈記》，敘光緒於此年七月患病以至十月二十日駕崩的前後情形甚詳。據杜書所說，杜鍾駿於七月中開始為光緒診病時，光緒確實有病，且其病在「積虛已久」，「非二百劑不能見效」。遂以「二至丸」及「歸芍六君湯」為主，擬方呈進。至八月，一太監向杜誇讚其脈理甚好，說：「太醫開的方子，萬歲爺往往不吃，你的方子可吃了三劑。」其後光緒的病情漸變，由腹脹而變為便溏、遺精，及腰痠腿軟。由於所用醫生多至六人，寒溫雜進，攻補互用，杜的意見未被重視，病情日見沉重。至十月初十日，慈禧太后萬壽，御儀鑾殿受賀。翌日召見軍機，謂：「皇帝的病，越來越重，頭班用的藥，完全沒有效果。」云云。至十月十六日，光緒猶召見臣下。十七日夜間，內務府忽派人傳知皇帝病重，催醫診脈。急至內務府，另一醫生周景燾已診畢退出，謂皇帝病重。杜由內務府大臣增崇領至瀛臺，為光緒把脈。退出後至軍機處擬方，脈案中有「實實虛虛，恐有猝脫」語。內務府大臣繼祿謂如此寫法恐不妥，杜云：「不照這樣寫，若變出非常，實難負此責任。」繼祿將此情稟報軍機大臣，醇王載灃對張之洞說：「脈案不必寫，我們知道就好。」至十九日，宮中電話頻傳，促內務府預備皇帝賓天儀式。二十日，由早晨候至中午，始有太監二人來傳診脈。至瀛臺，光緒方合眼靜臥，按脈時瞿然驚醒，口耳鼻一時俱動，似為肝風之象。回至軍機處，杜對繼祿、增崇等人說：「皇帝一定不能度過今晚，不必開方了。」繼祿等堅持要開方，遂寫「危在旦夕，擬生脈散」等數語而退。其日申時，光緒即告崩駕，云。

前述杜鍾駿撰《德宗請脈記》，筆者未見原書。而據高拜石先生說，此書印刷精美，每版十一行，每行十七字，遇「皇太后」及「皇上」等字，均抬頭書寫，可見下筆時尚在清室遜位前，出版則在清亡之後，「其史料價值較高」。高翁以為此書乃清亡以前所寫，於清亡以後印行出版，其說當或可信；但若以此書乃杜鍾駿所寫，而杜曾在光緒死前為之診病，其史料價值便因之而「較高」，筆者之意，殊不為然。因為，當時為光緒診病之醫生凡六人，其中的周景濂（杜書訛為周景燾），亦曾對當時情形有所敘述。比對二說之同異，當可知杜鍾駿在《德宗請脈記》一書中所寫的，究有多少可資採信的價值。

《東方雜誌》第九卷十二期，載有署名「谷虛」所寫的〈清宮瑣記〉一文，其中有周景濂所說的光緒賓天情形，錄之如下：

> 太后以帝疾，召醫診視。向例，諸醫入內時，須先集議，應用何項藥物，亦必先為擬出，以期診視大略相同，初不計方藥對症否也。太醫周景濂君與余最善，常侍帝。據云，帝原無大症，諸醫皆以平和劑進之。且云，在宮內最慘之役，即景帝崩時。當景帝未崩前數日，予即得景帝駕崩之耗，其所宣布之日期，實非確期也。據云，在宮侍帝疾時，共有六人，死其二，其餘諸醫，日僅得一食，因餓失血者又凡三人，請假亦不得出。當景帝賓天之日晨，內監召太醫入，只周君與陳君二人膝行而進。帝在東床臥，以手召周醫而前，瞠目指口者四。蓋此時內監只有一人，而宮中器物，皆被宮人偷竊殆盡，只餘一玉鼎。周知帝欲得飲食，然無處尋覓，且周君已兩日未食，吐血皆納諸袖中，徬徨無以為計。旋見帝轉側，吐血盈床，跪近視之，無少聲息。近午，醇親王到，問帝狀。周醫以「當是駕崩」對。醇王以懷鏡接近帝嘴，見無噓器，即匆匆去。旋報皇后至，兩醫匿於階下，聞哭聲。旋有內監十餘人到，人聲漸雜，周君及陳君始得出宮。迨出宮外，見街市賣食物者，即就地而食，曰：「此是天堂也。」而街市貿易如常，並未聞有人談及帝崩消息，始知其事尚在秘密也。

《清宮瑣記》的作者谷虛，前清時曾當差於內務府，所知宮廷掌故甚多。據他本人所說，這些掌故，「或由目睹，或由傳聞，類皆事實，非如外間捕風捉影妄逞奇談者可比。清廷改革後，市上所售清廷稗史及清后穢史等書，皆情節離奇，謬妄特甚，於事實皆大相違背。蓋所傳皆臆度之詞，並無其事，不勝其駁正」，故將所知之事筆錄為文，以為糾謬闢妄之用。果如所說，則谷虛之撰此文，當沒有蓄意揑造史責，以淆亂視聽之目的，所說理應可信。試將《清宮瑣記》中所述有關光緒幽禁生活及慈禧臨終擇立溥儀等等情形，與其他書籍比勘，大致翔實可信，則所記光緒賓天情形，應當亦為事實。以此文與杜鍾駿的《德宗請脈記》比較，便可知道杜書顯多不實之處。

杜鍾駿說，他為光緒診病，最初所見的情形是：「左邊尺脈弱，右邊關脈弦。左尺弱為先天腎水不足，右關弦為後天脾土不調」，所以其症為「積虛已久」，「非二百劑不能見效」。此說不但與力鈞勸光緒「屏藥弗御」，「調衛得宜，聖躬當日健」，及惲毓鼎所說，「入診者僉去，六脈平和，無病也」的情形不符，而且與周景濂所說「帝原無大症」的情形，也對不上榫。若說杜鍾駿當時乃是為光緒診病之人，則同時為光緒診病的力鈞與周景濂，何以又與杜鍾駿所說大不一樣呢？何況撰《崇陵傳信錄》的惲毓鼎，乃是隨侍皇帝的「起居注官」，地位接近光緒，所知又最為詳悉呢？據此可知，杜鍾駿的《德宗請脈記》一書，是否有揑造史實及涉嫌為致死光緒之人洗脫罪名的可能，十分可疑。

再則，杜鍾駿的書中並說，光緒在十月十一日慈禧壽誕以後，已有病勢「越來越壞」之說。至十七日，更因虛極而有「猝脫」之虞。至二十日入診，口耳鼻一時俱動，似為肝風之象，顯已危在旦夕。至其日晚間，光緒果然崩駕，云云。按，清代官書稱光緒死於十月二十日之晚間，此書為其作證，可以證明官書所說不虛。但其中顯然亦有兩點與他書不符：一是惲毓鼎的《崇陵傳信錄》所說，十月十九日，「禁門增兵衛，譏出入，伺察非常。諸奄出東華門淨髮，昌言駕崩矣」。宮門增加兵衛而森嚴戒備，是表示宮中此時已出大事；而太監們群出東華門淨髮，「昌言駕崩矣」，更顯示此時所出的大事是皇帝已死。既然在十月十九日那天就已傳言皇帝駕崩，二十日何以仍須傳醫入診？二是谷虛所撰《清宮瑣記》引敘醫生周景濂的話說，早在十二月二十日官方所宣布的光緒死亡日期之前，他就得到光緒駕崩的消息，「其所宣布之日期，實非確期」。據周景濂所說光緒臨死前之情形，光緒之死，乃是由於饑餓吐血，並非所謂「肝風」「猝脫」。這兩點與杜書所說出入更大。如杜說可信，則惲毓鼎與周景濂所說應皆屬於虛構；但如惲、周二人所說屬實，亦當是杜說出於虛構了。究竟何說可信，尚須以他書證之。

簡又文先生曾於民國二十五年蒐集到一項文字紀錄，名為《診治光緒皇帝秘記》，乃是廣東番禺籍的西醫屈桂庭所撰，追述他在光緒三十四年充任北洋醫學堂醫官時，曾因慶王奕劻之奏薦，入宮為光緒診病之情形。此文登載於民國二十五年所出版的《逸經》雜誌第二十九期，所記頗可用來作為以上諸說的比較參考。錄之如下：

> 時太后與皇帝均在西山頤和園。十四日清晨，慶王帶引余覲見太后及帝於正大光明殿，光緒正面坐，太后坐其側。太后問余：「如何診法？」余答：「按西醫規矩，要寬衣露體，且聽且看。」太后許可，余即對光緒施用望、聞、問、切的診視工作。余細察其病徵有：常患遺洩，頭痛，發熱，脊骨痛，無胃口，腰部顯是有病；此外肺部不佳，似有癆症，但未及細察，不能斷定；面部蒼白無血色，脈甚弱，心房亦弱。其人體質本非強壯，屬神經過敏之質，加以早年色事過度，腰病之生，由來已久。彼不禁刺激，神經稍受震動，或聞鑼鼓響聲，或受衣褲摩擦，或偶有性的刺激，即行遺洩。且不受補，愈食補藥，遺洩愈頻。……自後，每日早晨，余即到診一次。光緒帝平素服中藥至為審慎，必先捧藥詳細檢視。余診視多日，見其呼吸漸入常態，用藥亦頗有效。關於食物營養之選擇。余屢行進言，彼亦照行，故病狀頗有進步。其後太后與帝復回北京，仍居三海，余繼續每晨入宮在勤政殿照常診視。……余診視一月有餘，藥力有效，見其腰痛減少，遺洩亦減少。迨至十月十八日，余復進三海，在瀛臺看光緒帝病。是日，帝忽患肚痛，在床上亂滾，向我大叫：「肚子痛得了不得！」時中醫俱去，左右只餘內侍一二人，蓋太后亦患重病，宮廷無主，亂如散沙，帝所居地更為孤寂，無人管事。余見帝此時病狀，夜不能睡，便結，心急跳，神衰，面黑，最可異者頻呼肚痛，此係與前病絕少關係者。余格於情勢，又不能詳細檢驗，只可進言用暖水敷熨腹部而已。此為余進宮視帝病最後一次，

以後宮中情形及光緒病狀，余便毫無所知。惟聞慶王被召入宮，酌商擇嗣繼位問題，未幾即聞皇帝駕崩矣。

屈桂庭以西醫身份入宮為光緒診病，由其所述情形，大致可以使我們得到如下概念：

一、光緒的病，自九月中始漸見麻煩，但亦並非嚴重難治。診斷似為肺結核，但未能確定。這一層，與杜鍾駿所說亦不一樣。

二、在此以前，光緒並不輕服中藥，雖屢經中醫診視，光緒亦只付之等閒。其實際病情，不過是面色蒼白、身體虛弱、遺精、腰痛、食欲不振、心臟衰弱等輕微病徵，自服用西藥及注意食物營養後，漸漸轉好。但至十月十八日，突患劇烈的肚痛，且頻數不已，其情形與前病絕少關聯，究竟由何致此，無從知悉。大概此即光緒致死之因。據此云云，則杜鍾駿所說，光緒雖不吃別的太醫所開方藥，他的方子可吃了三劑。繼又命「照此開方，不必更動」云云，當然亦都是不實的敘述。

三、十月十八日屈桂庭入宮所見，因太后病重之故，宮中已亂如散沙，在光緒左右侍病者，只餘太監二人。此與周景濂所說，光緒賓天之日，內監只餘一人，器物皆被偷盡，光緒久時不得飲食，醫生亦因餓失血等情形若合符節。既然慈禧在十月十八日即已病重，而她在以前又曾怒氣沖沖地說過「我不能先爾死」的話，那麼，光緒之不免一死，當然即決定於此時。這一層，與周景濂所說，光緒的實際死期在官方宣布日期之前，以及惲毓鼎所說，宮中太監在十九日即已「昌言駕崩」等並皆相符，可知光緒之死期一定在十八、十九兩天之間。而杜鍾駿卻說他在二十日尚入宮為光緒診脈，見其狀似肝風，斷為不治，至二十日申時果然駕崩云云，全係嚮壁虛構之言，其作用不過在證實官方所宣布之光緒死期確為十月二十日，如此而已。

光緒之死期，可能在十月十八之晚間或十月十九日；據官方所宣布之時間，則為十月二十日之申時。杜鍾駿撰《德宗請脈記》，不但為光緒妝點病情，以強調其確實因病不起，又恰與官方文書所宣布的光緒死期相配合，以證明官方文書之正確可靠，凡此動機，都無法使人不相信他的著作不是另有目的。他的目的究竟是什麼？配合國策，為滿清宮廷掩飾光緒之真正死因而已。這樣的著作，顯然是有所稟承而作。高拜石先生卻因杜鍾駿曾為光緒治病之故，而誤信其書之「史料價值較高」，豈不恰好符合滿清宮廷的願望嗎？

不過話雖如此，高拜石的〈誰是毒殺光緒帝的兇手〉一文，畢竟還是相信周景濂與屈桂庭二人的說法，確定光緒之死係由於中毒。按，清廢帝溥儀所撰的回憶錄亦說，光緒係死於中毒，只是他相信「光緒非慈禧所毒殺」，而「係袁世凱所為」云。筆者以前亦相信此說有理，其後乃覺得其中大有問題。《方家園雜詠紀事詩》第十九首云：

袁崔晨夕通消息，線索新加小德張。莫赤匪狐同利害，可憐忐忑肅親王。

此詩所說，原為肅王善耆以軍隊教練之法訓練其所管之消防隊，以為一旦太后得病不起，而光緒之生命有危險時，可以隨時聽召入宮援救，其後卻因消息難通，而肅王又不敢冒險，以致終無所用而寫。但其注文之前半段，卻大可玩味。注云：

袁世凱入軍機，每日與太后宮進奉、賞賜，使命往來，交錯於道，崔玉貴更為小德張介紹於袁。小德張，隆裕宮之太監首領也。三十四年夏秋之交，太后病即篤，又令太醫以皇上脈案示中外，開方進藥，上從來未進一口，已視為習慣之具文。當日江侍御春霖向李侍御浚言曰：「皇上知防毒，彼輩無能為。」豈料彼輩之意，不在方藥中置毒哉？

這段話的最可注意處在最後幾句。江春霖既對李浚說了「皇上知防毒，彼輩無能為」，意思當然是說，光緒為了怕慈禧在方藥中做手腳，所以乾脆只開方而不服藥，藥中置毒，絕辦不通。但後文卻又說：「豈料彼輩之意，不在方藥中置毒哉？」既不在方藥中置毒，當然是在食物中置毒了。皇帝的飲食來自御膳房，光緒的警覺性既然如此之高，應當不可能隨便食用外間所進奉的食物。袁世凱如要用毒，光緒一不服方藥，二不食外來之物，試問此毒如何能到光緒口中？倒是御膳房的飲食日日送來，亦非吃不可——不吃豈不要餓死？慈禧倘命人在膳食中置毒，必能使光緒在不知不覺中吃下，那就無法可防了。筆者在前面亦曾說過，唐魯孫先生曾聽清宮御醫太醫院院判張午橋說過，光緒實死於中毒，下毒則係慈禧所指授。將這種種資料綜合起來看，光緒之死因，遂明白如見。其確實的死期，亦必定不是官方所宣布之十月二十日晚間，而要較此早上一兩天。這是因為光緒被毒死之後，慈禧隨即安排立溥儀為君，並以醇王載灃攝政，仍須以光緒名義頒詔。如據實宣布光緒之死期，則一切均將另費周章而措手不及，故在事實上不得不暫時匿喪不作宣布也。不過，如此一來，恰好暴露了杜鍾駿的偽證，亦仍然是其始料所不及的吧！

走筆至此，我們又可發現另一個值得提出討論的假設——假如慈禧不是如此心狠手辣，在她自己臨死之前毒死了光緒，以實踐她所說的「我不能先爾死」的那句語，那麼，後來的情形又當如何呢？

光緒因仁弱柔懦而為慈禧所制，雖在位三十四年，卻只是坐擁虛名，無可作為，這已是我們所知道的事。但他畢竟不是真的無可作為之人。他有過發憤圖強的決心，他做過維新變法的空前壯舉，而且一直到他臨死之前，流亡在海外的維新黨人，還以極崇敬的心情尊稱他為聖明的皇帝。假如他不死於慈禧之毒手，當慈禧壽終正寢之後，他必然可以順理成章地收回他的皇帝大權，以他昔日從事維新變法的雄心壯志，從新收拾局面，亟圖振起。果真如此，醇王載灃攝政三年中的親貴攬權情勢，就不可能出現，而漢人中的高級知識份子，亦必定因時有可為而不願輕言革命。親貴攬權，使清末的政治變得更加濁亂而不可收拾，漢人之有識者亦因此而更加相信滿清之必將覆亡，從而促使革命情勢之急轉直下。這些情形既可能因光緒之親操大柄而不致出現，那麼，清祚之必可再延，亦當是必然之理了。

筆者之發為此說。並非對滿清之亡尚有惋惜之意，因為此文所談論的既是一些歷史轉變的關鍵性人物與其轉變契機，而慈禧之死，正是光緒擺脫其掌握之關鍵性時刻，卻不料此後的轉變卻因光緒之被毒而走上親貴攬權的道路，坐使清廷的覆亡時刻提早到來，然則這一關鍵性的轉變契機，又豈可略而不談呢了？

同治在位十三年，光緒在位三十四年，前後合共四十七年。這四十七年中，名義上雖然先後有過兩個皇帝當陽在位，大部分的時間倒是慈禧太后在那裏獨柄太阿。幼主臨朝而太后稱制，在任何一朝的歷史上都很難出現清明的治世，此一時期自然也不能例外。而慈禧在臨死之前，還要毒死光緒，再安排另一個幼主臨朝而皇太后干政的局面，清室焉得不亡？革命焉得不成？所以，光緒之死，與清運之終實有密切的關係。雖然說此事完全是由慈禧一手所促成，而其禍機之伏，則早在咸豐「辛酉政變」以後出現的垂簾聽政之局，只不過到此時方才結成惡果而已。追溯這四十七年間的清代歷史，誠不能不令人感慨繫之！

光緒一生受慈禧之挾制，除了「戊戌維新」時期那一段不太明朗的政治改革以外，並無其他表現。也許讀者對此不無疑問——假如慈禧沒有把光緒毒死，讓他在慈禧死了之後自掌政柄，他又是否能將當時的危險局面重新收拾整頓，再使國家走上安定富強的道路呢？這也是一個很有興味的問題，值得加以探討玩索。

對於不會出現的可能情勢輕加揣測，這並不是歷史研究的範圍。不過，假如我們從光緒的性格、才能等方面留意觀察，對於上述問題的瞭解，也不無幫助之用。

《崇陵傳信錄》是敘述光緒一生歷史最為公正而客觀的書，此書對光緒之批評甚佳，說他：「天挺英明，豁達大度，奮發欲有所為。處萬難之會，遵養時晦，以求自全，有不得已之苦衷焉。」親政以後，木廠商人玉崑以捐貲助建頤和園而得授四川鹽茶道，召見之日，光緒見其舉動粗鄙，不通文墨，即日罷斥。魯伯陽以通賄得上海海關道，江督劉坤一以其行止不端奏劾，即降為通判。惲毓鼎說：「方請謁之言得入也，未嘗不以『人才可用』欺上，迨覺其不稱，立斥之，而不稍一護前。此如日月之食，何足為聖明之累耶？」這些記載說明光緒頗能有所作為，又能不護己短，沉毅堅忍，以養晦待時，由此可知光緒不是一個碌碌無用之人。如以其他資料中的有關記述相參看，亦很能證明惲毓鼎的說法為可信。

王照《方家園雜詠紀事詩》第十八首下注云：

> 上雖久知韜晦，而英銳之氣往往不能自抑。王士珍之補副都統也，上曰：「你這要與旗人共事了，他們都糊塗哇！」袁世凱之留京議訂憲法也，上冷語曰：「你的心事，我全知道。」袁不敢對。

又，費行簡撰《慈禧傳信錄》云：

> 錫良移川督，凡四召見，后所語多寒暄，不及大計，帝相向無言。及請訓，后方言：「峽江險，爾以議鐵路，須自鄂入川，水道宜自小心。」帝忽曰：「近英、俄皆窺藏，藏倚川為後援，慶善、安成等皆庸材，藏事爾幸留意。」良後入川，考善、成等治藏狀，果如帝言。嘗為予言：「帝有知人之明云。」

袁世凱在光緒末年，藉勾結慶王奕劻結好慈禧以逐步發展其勢力，於北洋軍之外，更伸展其勢力於滿洲八旗。王士珍乃其部下得力將領，居然補放八旗之副都統，其野心可知。及其假名議訂憲法而留居京師，則又可藉此交結朝官，擴張勢力。光緒冷眼旁觀，知其意存叵測。而人皆為其財勢爵祿所籠絡，所以故用言語警惕，使其知所懼憚，於是袁世凱乃凜然而知皇帝英明，非一般旗下貴人之顢頇可欺。至於光緒之能察知駐藏大臣慶善、成安之瑣鄙庸材，更可知道他對於人才的觀察亦頗有精到之處。像這樣一個皇帝，如果讓他自操政柄，不但袁世飢不敢存篡奪之想，即使吏治之澄清與人才之登進，亦必是可見之事。

清室之亡，亡於宣統間之親貴攬權，失盡人心，而袁世凱則氣候已成，可以用他的力量來左右政局，漸謀篡奪。假如慈禧死後光緒有機會自親大政，這些情勢就不可能出現。所以，清室之亡的最後一個關鍵，便在慈禧之毒死光緒一事。王照說，慈禧實為民國革命得以成功的元動，由上述各點而論，王照的話，確實是很有道理的。

第二章

大小醇王

小醇王（載灃）

奕譞之子，宣統之父。慈禧臨終前決定以載灃之子溥儀為帝，載灃為監國攝政王，當他執掌大權後，乘機集中兵權，謀加強皇室地位，鞏固大清皇朝的統治，但卻造成親貴攬權，各立門戶，互分派系，從事各種政治利益之爭奪，於是清代末年的政治遂愈演愈劣。

醇親王（奕譞）

一個才具平庸，而志向遠大的人，在同治年間，他就很希望在政治方面能有所表現，只因阨於恭親王而沒有出頭的機會，當慈禧太后表示她對奕訢不滿時，奕譞認為這正是可為國家作一番事業，而被慈禧利用來排斥恭王，乃有光緒十年甲申朝局的變革。

清代末年的醇親王，是宣宗系下的近支親王之一。宣宗的年號是道光。道光九子，長子奕緯、次子奕綱、三子奕繼，俱早卒。四子奕詝，後來被立為清文宗咸豐帝。五子奕誴，封惇親王。惇王的次子端郡王載漪，即是光緒被立為大阿哥的溥儁之父，因庚子拳亂而大為出名。六子奕訢，即是清末有「賢王」之稱的恭親王，諡曰「忠」。七子即醇王奕譞。八子為鍾郡王奕詥，九子為孚郡王奕譓。以上諸子，除奕緯、奕綱、奕繼早卒，及奕詝已為皇帝，俱不論外，其餘諸子，以恭、醇二王最為有名。恭王之有名，是因為他在同治、光緒二朝柄政甚久，政績卓著；醇王之有名，則因為他家連續兩代都出皇帝——前一個是奕譞之子光緒，後一個是載灃之子宣統，所以大小醇王都是事實上的太上皇。只可惜他們雖然都有兒子做皇帝，他們本人卻都憂讒畏譏，並沒有真正太上皇的滋味可嚐。

奕譞死後的諡號是「賢」，所以一般習稱為「醇賢親王」，以別於其子襲爵為醇親王的小醇王載灃。奕譞出生於道光二十年。文宗即位時，奕譞尚幼，所以初封只是郡王，直到咸豐九年，方分府別居。醇王的福晉有二，正福晉是咸豐帝跟前稱為懿貴人，小名蘭兒，後封懿貴妃的葉赫那拉氏之妹。由於這一層淵源，不但使醇王一系的子孫中先後出了兩個皇帝，也使恭、醇兩王在爭奪政權時，醇王得以占據上風。但也正是由於這些原因，大清皇朝的氣數，就一天天地走向沒落的命運了。

醇郡王時期的奕譞，事蹟並無可稱。惟一值得提起的，是當咸豐病卒於熱河行宮，以肅順為首的顧命八大臣，與兩宮皇太后之間發生了垂簾與不垂簾的政權爭奪，此時奕譞適在熱河，其福晉因係慈禧親妹之故，得以數數入宮，為慈禧傳遞消息，又使奕譞轉達於恭王，終於促成了恭王與慈禧的聯合，打垮了顧命八大臣的把持，而出現了兩宮皇太后垂簾聽政的局面。關於這一段往事，王闓運所撰的《祺祥故事》中曾有記述，這裏可以無須多贅。另據李慈銘《越縵堂日記補》，咸豐十一年十月初一日所記，則當政變密謀達成之後，兩宮皇太后由熱河回鑾京師以前，即曾命醇王預草罷黜肅順、載垣、端華等三人之詔書，密藏於貼身小衣之中，人皆不知。及回到京中，恭王率留京王大臣迎謁，孝貞皇太后於小衣中取出所藏詔書，交付恭王宣布肅順等三人罪狀，即日拿交刑部治罪，於是，一場在晚清歷史上影響至為深遠的「辛酉政變」，便在兩宮太后與恭、醇二王的密切合作下順利完成。論功行賞，恭王奕訢因此加封為議政王，食親王雙俸，世襲罔替；醇王奕譞亦由郡王加親王銜，授為都統、御前大臣，領侍衛內大臣。那一年，奕譞只有二十二歲，奕訢則三十歲。

費行簡《近代名人小傳》，中有〈奕譞傳〉，說他：「儀表俊偉，工騎射，負氣敢任事。」又將他的性格、才能與奕訢相比，說是：「聰穎弗逮其兄訢，而勁爽過之。」所謂勁爽，當然是勁直爽朗之意。奕譞的學識、才能與聰明材智，樣樣都及不上恭王奕訢，偏偏他又生來具有這種勁直爽朗的性格，那就不免使他在很多地方容易衝動而自以為是，誤以為恭王柄政時的所作所為，都有重大的缺失，還不如他自己的識見正確。就事論事，恭王奕訢自咸豐「辛酉政變」以來出領軍機，至光緒十年甲申朝局變革，罷職家居為止，其柄政時間凡二十三年。在這二十三年之中，由慈禧太后之牽制干涉，與朝中輿輪之指摘，使得他在處理內政、外交方面不免有畏首畏尾的太多顧慮，難免予攻擊者之口實。但若以慈禧在位四十餘年中的國家大勢而言，恭王柄政的二十餘年，畢竟與他去職以後的後二十餘年，大有霄壤之別。劉聲木所著《萇楚齋隨筆》，曾有一條綜論恭王奕訢的政績，說：

> 自粵捻匪亂平，論者每歸美於湘鄉曾文正公國藩、湘陰左文襄公宗棠、益陽胡文忠公林翼、合肥李文忠公鴻章，天下謂之「曾左胡李」。而不知當日能削平大難，推賢任能，其功尤在恭忠親王。恭忠親王感念文宗顯皇帝友愛之殷，任用之專，誓竭力致身以為國。自咸豐十一年入樞府，久秉國鈞，外省大政，悉聽文正主持，用能重光日月，返我山河，洵非易事。聞語人云：「我前在樞府，正值十八省糜爛，存亡未卜之時。一、軍餉雖極浩繁，從未借一外債。二、天下十八省督撫，除官文一人外，盡用漢人。三、當時頤和園並未興修。」云云。是恭忠親王治

國三大政，果能歷久不渝，滿漢之意見既平，自不致有宣統辛亥之變。謹按，恭忠親王當國時，用人行政，備極苦心孤詣，實有外人所不及者。成都將軍宗室岐子惠將軍元，嘗謂先文莊公云：「恭王當國時，京官自五品以上，外官自司道以上，恭王自書名冊一本，每人增註考語於下，用人時憑冊支配，舉措一時稱最。」將軍親見此冊，並謂先文莊公名下註：「結實開朗」四字，云云。是當時用人雖未必至公，容有一二出人意表，然大端皆是，不能以一眚掩，亦可見當時憂勤惕勵之切矣。

劉聲木乃是淮軍將領劉秉璋之子。劉秉璋官至四川總督，卒謚文莊，文中一再提到的「先文莊公」，就是他。劉聲木以世家子而熟悉前代掌故，其父官四川總督時，與成都將軍滿人岐元同處一城，習聞岐元談及恭王所記人事手冊，所述自然親切可信。而上面所引的這段文字，更十分讚譽恭王柄政時期的舉措攸宜，政績豐宏，言外之意，自然也就是對於慈禧之斥恭王而用醇王，深致其不滿之意了。類此的記載，亦見於徐沅所撰的《白醉棟話》，云：

唐憲宗時，崔群嘗因面對，論及天寶、開元中事，以為：「安危在出令，存亡繫所任。」開元二十年罷賢相張九齡，專任姦相李林甫，理亂自此而分，洵確論也。以同光朝局而論，亦有與唐事相類者。「同治中興」而後，湘鄉曾文正、合肥李文忠諸公夾輔於外，而恭忠親王密運樞機於內，雖外患漸侵，國事猶不至遽壞，樞府得人故也。至光緒甲申三月，恭王屏出軍機，而以貪庸之禮王繼之，時局日非，遂如江河之日下矣。是年退出軍機者，為恭王及大學士寶鋆、李鴻藻、尚書景廉、翁同龢；新入軍機者，為禮王世鐸，尚書額勒和布、閻敬銘、張之萬，侍郎孫毓汶、許庚身。樞臣全行撤換，為前此所未有。且新樞臣中惟閻文介（即閻敬銘）差負清名，其餘非平庸即貪黷，不孚眾望。相傳孝欽屢欲興修離宮，皆為恭王所阻，既蓄意予以罷斥。而醇親王奕譞亦與恭王不洽，授意孫毓汶密先擬旨，遂成此變局。禮王既領樞府，仰承意旨，以海軍經費移充頤和園工程。外人知我無備也，越十年，遂有東藩之役。識者以為，甲午之外侮，先肇於甲申之內訌，仲堪此舉，國之亡徵，洵不爽矣。

這一段話，以光緒十年三月的甲申朝局之變，比擬於唐玄宗開元二十年之罷張九齡而專任李林甫，以為是「理亂自此而分」的界線，所論實至恰當。但光緒十年三月的朝局變革，表面上雖因恭、醇兩王之手足參商而起，實際上卻是慈禧希望利用醇王之老實易欺，以達成其排斥恭王之目的，醇王奕譞在此時恰好做了慈禧的工具。及至他自肩大任，發覺政事叢脞，而慈禧的個人私欲又十分難以滿足之後，他的身上已被慈禧套上一副轡銜，雖欲求擺脫而不可得了。這雖然是慈禧的精明厲害之處，相形之下，就顯出了奕譞的糊塗。所以，費行簡雖然說奕譞的個性勁爽可愛，其實應視為讚譽過甚的溢美之辭。《花隨人聖盦摭憶》的作者黃濬說，他在初到北平時，曾聽聞放庵先生談及：「老七爺（按即醇王奕譞）實至糊塗，迥不如六爺（即恭王）之穩健。」這話對奕譞的批評雖似嚴刻，而以他在光緒十年三月朝局變革以後的種種作為看，「糊塗」二字，倒也是十分恰當的批評，只是受之者未免難堪而已。

勁直爽朗的性格，說得通俗一點，其實就是「直爽」。直爽之人，胸無城府而洞見底裏，最容易受人利用。如果這種性格裏更摻入了柔懦仁弱的成分，便更成為容易受人控制的弱點。醇王奕譞這個人的性格，相信便是如此。「直爽」的部分，已見費行簡所述；仁弱柔懦的部分，則不但見於他不敢開罪慈禧而事事將順的諸般作為，亦可由他的兩個兒子——光緒皇帝與小醇王載灃這兩個人的柔懦性格中看出來；很明顯地，光緒與載灃之柔懦仁弱，便是稟賦於奕譞的遺傳。慈禧太后是一個猜狠鷙悍而城府極深之人，她既十分明白奕譞性格上的弱點，自然知道如何控制運用，以為實現其權力目的之工具。首先見諸事實的，便是在同治皇帝因惡疾而致夭折，大清帝國的皇位繼承發生問題之時，慈禧太后悍然不顧他人的反對，決定選立奕譞之子載湉為帝這件事情上。

關於慈禧太后選立載湉為帝的大概情形，見於《清史》的〈德宗本紀〉，引述如下：

同治十三年十二月癸酉，穆宗崩，無嗣，慈安太后、慈禧太后召惇親王奕誴、恭親王奕訢、醇郡王奕譞、孚郡王奕譓、惠郡王奕詳、貝勒載澂、鎮國公奕謨，暨御前大臣、軍機大臣、內務府大臣、弘德殿、南書房等諸臣定議，傳懿旨，以上繼文宗為子，入承大統，為嗣皇帝。俟嗣皇帝有子，即承繼大行皇帝。

至於兩宮皇太后召集各王公大臣定議立載湉為帝的詳細情形，則見於翁同龢的日記中。前撰〈同治與光緒〉一文，已曾引敘，現在為了敘事明晰起見，再在下面複述一次：

戌刻，太后召諸臣諭：「此後垂簾如何？」樞臣中有言：「宗社為重，請擇賢而立，然後懇乞垂簾。」諭曰：「文宗無次子，今遭此變，若承嗣年長，實不願！須幼者乃可教育。現在一語即定，永無更移，我二人同一心，汝等敬聽。」則即宣曰：「某。」維時醇郡王驚遽敬唯，碰頭痛哭，昏迷伏地，掖之不能起。諸臣承懿旨，即下，至軍機處擬旨。

當時慈禧太后所宣布的「某」，即載湉。奕譞乍聽之下，突然「碰頭痛哭，昏迷伏地，掖之不能起」。很明顯地，他與他的福晉都對慈禧之為人瞭解太深了。費行簡《近代名人小傳》記此云：

> 比聞懿旨，則以其子載湉嗣文宗，入承大統也，驚懼失措，縱聲哭。后令退，弗能起，（奕）訢乃揮奄掖之出。歸即具疏，謂突值大行皇帝之喪，復聞新命，悲悸不知所為，觸發舊疾，步履幾廢。乞罷諸職守，苟盡餘生，為宣宗留一頑鈍無才之子云云，詞頗悲楚。得旨，准開各差使，以親王世襲罔替。然譞夫婦皆知后慘刻，天性涼薄，己子稱帝非福。自是亙年餘閉門不接賓客，亦可痛矣。

由慈禧太后對待光緒之嚴刻少恩，最後並因政權衝突而對光緒橫加虐待的情形看來，奕譞夫婦之不願慈禧選立己子為帝的心理，是很有先見之明的。然而，專制時代的禮法最重君臣之分，慈禧以皇太后的地位決定選立載湉為帝，出口便是「懿旨」，有誰敢不遵從？所以，奕譞除了痛哭昏迷之外，實在也毫無辦法。更糟糕的，是載湉做了皇帝之後，奕譞就成了事實上的「皇帝本生父」。本生父雖然與太上皇不同，但如皇帝握有充分的權力，而又希望將本生父變為太上皇的話，卻又未嘗不是沒有實現可能。這就使得奕譞的地位十分困難——與慈禧太后將會處於位偪勢鈞的敵對地位，而他又知道這位皇太后是萬萬招惹不起的。為了遠避嫌疑以表明心跡起見，他只有更加對慈禧太后表示恭謹與服從，以免招致不必要的猜忌。有此顧忌存在心中，便更為慈禧太后提供了一個可資利用的弱點。

奕譞在光緒即位之初藉病廢為名，奏請開去一切差使，以「苟盡餘生，為宣宗留一頑鈍無才之子」，這在慈禧而言，是不能不准的。因為載湉既為皇帝，總沒有教他的生身之父再在朝中供職，反倒向自己兒子稱臣上奏的道理。所以，奕譞在此奏呈上之後，旋即奉准解去一切職任，只令其照料普陀谷的陵工。

假如奕譞能始終恪守他自己的疏言，「為天地留一虛糜爵位之人，為宣宗成皇帝留一頑鈍無才之子」，從此遠離政治上的恩怨糾紛，也許慈禧太后倒還真的無法利用他來作為自己的工具。無奈奕譞素來是一個才雖平庸而志卻遠大的人，早在同治年間，他就很希望在內政、外交等等政治事務方面有所表現，只因扼於恭王而無法得到出頭的機會。到了光緒七年慈安太后暴崩，奕訢失去了最有力的支持之人，而慈禧太后又一再顯示出她對奕訢的不滿時，奕譞不甘寂寞，認為他這時正可以為國家做一番事業了。由於他的這一意向，正好被慈禧用來排斥恭王奕訢，於是乃有光緒十年三月的甲申朝局變革。

說到奕譞與奕訢兄弟間的手足參商，其由來還真是源遠流長。吳相湘撰《晚清宮廷實紀》，曾經談到這個問題，說：

> 醇王奕譞，賦性保守固執，素不主重用漢人，又少與外國人接觸，對外之知識有限，實不過一耿耿愚忠人物也。同治初元，清議詆毀教士，朝臣摭拾浮言上奏，彼多右之。當京師北堂舊址重建洋樓，御史奏其同於砲台，「俯瞰宸園大內，狂悖莫甚於此」時，太后下總署議覆，恭親王稱其應毋庸議，奕譞即大不謂然。及同治六年總署籌議條約，以傳教一事詢疆吏，三口通商大臣崇厚獨稱天主教無異釋、道，奕譞深惡其言，奏稱「沒齒鄙之」。同治九年之天津教案，實為奕譞所主持，由直隸提督陳國瑞組織清幫群眾之有計畫的排外運動，而結果以懲道府、殺首禍、遣使去法道歉了結，遂憤而請辭一切差使。歷經太后溫諭，翌年正月二十六日，始銷假上朝，並手繕密摺面呈太后，云：「辦夷之臣即秉政之臣」，「此格不破，甚可畏也」。對恭王的攻擊，可謂至矣盡矣。此疏關係晚清之洋務實至深切，其最直接、最迅捷之影響，即守舊派力請停辦一切模仿西法之製造局、造船廠等自強新政設施，虛憍言論因益囂張，恭王惟有深自斂跡，痛心而外，不敢別持可否。太后意旨，亦為眾論所劫而漸致動搖。自「鴉片戰爭」以

還，一般學士大夫即襲取南宋腐儒之唾餘，不顧國家之強弱，不論事理之順逆，侈口言戰，自詡忠憤，苛責君子，幾無容身之地，縱容小人，愈得寬然無忌。同治九年天津教案後，此風益熾，以至實心任事之人恐難以自存，足見頑固守舊力量之大，足以淹沒一切亟謀迎頭趕上西洋各國，以自強立國之親貴重臣也。抑恭王之心灰氣沮，不敢主持大計者，不能承歡太后意旨，及朝論龐雜而外，手足參商，醇王之無情打擊，亦其主要原因。觀乎上錄同治九年醇王密疏，足見一般。

由這一段論述，可知醇王與恭王之手足參商，最初是由於維新與守舊之思想衝突，後來又變成強硬與妥協的外交政策。先緒十年，中、法因越南問題發生外交糾紛，恭王主持重，而激進派主對法作戰，一時朝中議論蠭起。醇王奕譞不贊成恭王的忍讓退縮，其議論與觀點恰與慈禧相合，而慈禧對恭王早已心存不快，久欲排去恭王而自攬政柄，只是苦於沒有可以代替恭王的人選。恰好醇王奕譞在此時有躍躍之心，慈禧因勢利導，巧妙地加以利用，於是就有了光緒十年三月的朝局變革。

說到恭、醇二王對於越南和戰問題的意見參差，應當先從法國之覬覦越南，並進而與中國發生衝突的往事說起。若追溯其淵源，可以一直上溯到越南後黎朝的嘉隆皇帝與阮朝作戰，委託天主教神父百多祿前往法國請求援助，並以割讓沱瀼港與崑崙港作為法援代價的那一段往事。不過，越南與法國的接觸雖然始於此時，法國之侵略越南，卻是道先、咸豐年間越南各地發生仇殺教士事件，法國乘機出兵問罪以後的事。法軍攻破廣南港，進踞西貢，並脅迫越南政府與之訂立〈西貢條約〉，除了割讓南圻三省予法之外，並承認法國有在越南自由從事傳教、貿易，及航行湄公河之權。〈西貢條約〉訂立於清同治元年，自此以後，法國對越南的侵略行動，便積極了起來。其與中國政府間的關係，也因此而逐漸密切相關起來。

越南因〈西貢條約〉而失去南圻三省，又須允准天主教勢力深入越南內地，自然極不甘心。他們的兵力非法國之敵，出兵收復三省是辦不到的。為了希望收回失地，他們改採資助叛徒與法國為難的辦法，在法占三省境土之內屢次發動武裝叛亂，破壞地方秩序，使法國占領當局大為頭痛。法國政府當然知道叛亂迭起之原因何在，他們所採取的辦法，是以兵力進攻毗連三省的南圻其餘各省，一起加以占領，以絕亂根，於是，整個南圻六省在同治六年盡為法國所占。越南全境，分為南、中、北三圻，南圻既失，三分天下只存其二，形勢當然很危急了。假如越南政府恐懼危亡，在此時正式要求中國政府以宗主國的地位出面與法交涉，或者在引起糾紛的傳教、通商兩大問題上，與法國謀求切實的解決辦法，未嘗不是戢止法國侵略野心的妥當辦法。無如越南政府不此之圖，一方面則諱疾忌醫，不肯向清朝中國詳細報告法、越交涉的實際內容，以免引起清政府的責難，另一方面，又不速圖內政、外交的補救之法，於是乃使事態的演變，愈來愈形嚴重，最後並因法國之圖占北圻，而直接與清朝中國發生衝突。

法國勢力之向北圻發展，始於清同治十一年。其時，法國商人杜布益由香港出發往北圻，意欲探測由紅河谷上溯至中國雲南的航路。他持有雲貴總督所發委託採購軍械彈藥的公文，越南地方官無法阻止，所以他就用兩艘小砲艇由河內溯航紅河，成功地到達了雲南省境。第二年，杜布益再帶了滇、粵二省的公文來販運食鹽，越南海關認為此舉損失鹽稅太大，不准通行，滇、粵二省亦認為杜布益的販鹽行為越出了運輸軍械的範圍，不肯承認其所為合法，於是杜布益的二次航行紅河計畫受阻，越南政府並且派了一個欽差大臣到河內來實行武力驅逐。杜布益向西貢的法國總督請援，法國總督杜白雷認為此舉有益於法國航行紅河的企圖，派安鄴帶兵九十名前往支援。安鄴到了河內，聲明其此來任務係與越南政府議訂開放紅河航行的新約，而越南所派的欽差大臣以無權議約，囑向駐在順化的越南朝廷直接交涉。安鄴不肯，並提最後通牒限期答覆。交涉破裂之後，安鄴攻破河內，越軍潰卻，欽差大臣阮知方亦重傷身死。安鄴既占河內，以為越軍盡皆易與，遂謀盡據紅河三角洲，並與北圻巨匪黃旗軍勾結，謀乘勢盡占北圻。卻不料被劉永福的黑旗軍所敗，安鄴與其部將俱陣亡。

但安鄴雖死，他在北圻所立的戰績，卻使在順化的越南朝廷大為震動，竟與法國總督杜白雷簽訂新約，以法國放棄北圻為條件，換取越南之承認紅河開放通航。是即同治十三年的〈西貢政治條約〉。

由表面上看起來，同治十三年法、越之間的〈西貢政治條約〉，法國以放棄北圻換取越南之同意開放航行，是很大的讓步，其實不然。因為，此約的第一條明白宣稱越南為一自主之國，第六條更規定：「此後越南的外交事務，悉由法國監督。」這兩條條文，無異將存在了數百年之久的中、越藩屬關係一舉而加以否定，而法國更成了越南的保護者。所以，此一條約被法國視為日後抗華侵略的最重要根據，其意義極為重大。到了法國派兵侵入北圻而中國出兵保護時，法國政府就以越南係獨立自主之國為理由，要求中國軍撤退，而兩國衝突之基，亦伏於此。

法國在〈西貢政治條約〉中尊重越南之主權獨立，但卻要越南政府開放紅河通航，而此舉則為中國政府所反對，認為法國的意圖在舐糠及米，有進一步窺伺雲南之野心，不可不防。為了要阻止法國人之通航紅河，越南無此力量，而中國卻又不能公然派兵，因為這樣勢將引起法國之抗議，以中國無權破壞越南之獨立自主為理由，而導致中、法兩國間之外交交涉。所以，當時朝中士大夫所設計的辦法，是支持黑旗軍劉永福及越南境內的抗法武力，使得法國通航河內的計畫無法實現。法國人對付此事的辦法，是指劉永福的抗法軍為盜匪，恫嚇越南政府將之消滅或驅逐，否則法國將以軍力自行攻剿。情勢發展到了這一地步，正所謂圖窮匕見，中國政府再不能以幕後策動之法來戢阻法國的侵略野心，於是而有後一階段的中、法直接交涉，進而至於兵戎相見的局面。

羅惇曧《中法兵事本末》云：

> 光緒八年二月，法人以兵艦由西貢駛至海陽，將攻取東京（即河內）。直督張樹聲以聞，諭直督相機因應。三月，移曾國荃督兩廣。法人攻越南東京，破之。張樹聲令滇、粵防軍防守於城外，以剿辦土匪為名，藉圖進步，並令廣東兵艦出洋，遙為聲援。五月，命滇督劉長佑遣道員沈壽榕帶兵出境，與廣西官軍連絡聲勢，保護越南。長佑奏：「法人破東京後，每日增兵，懸萬金購劉永福，十萬金取保勝州。」時法人占東京後，焚而去，以兵艦東下海陽，分駛廣南、西貢。劉長佑奏謂：「山西有失，則法人西入三江口，不獨保勝無障蔽，而滇省自河底江以下皆須步步設防。非滇、粵併力以圖，不足以救越國之殘局，非水陸並進，不足以阻法人之貪謀。」廷諭長佑密為布置。長佑命藩司唐炯，率舊部屯保勝。曾國荃至粵，命提督黃得勝統兵防欽州，提督吳全美率兵輪八艘防北海。廣西防軍提督黃桂蘭、道員趙沃，相繼出關。

這一段話，大致說明了當法國勢力侵入北圻以後，中國方面打算以實力相禦的因應措施。其主要目的，殆即如當時總署大臣致函李鴻章所說：「滇、粵出關各軍，無坐視法人吞盡北圻之理。擬將法人種種挾制情形照會各國，並令防軍，如法軍來犯我駐守之地，不能不與開仗。」這是中國為保藩及自衛而做的必要措施，在當時情勢之下，實在是不得不爾！然而法國對此，卻以〈西貢政治條約〉為言，指出清兵之入北圻，為侵犯越南主權，為威脅法軍的安全。中國政府當法、越兩國訂立〈西貢政治條約〉以後，有數年之久，一直未對此事提出抗議，無異默認了法國在越的一切作為，也無異自動放棄對越南的宗主權。此時如果再要反對法國所提出的外交抗議，反而無詞可解。而據李鴻章的見解，越南積弱已久，政府則貪污無能，軍隊則全無鬥志，中國如欲伸張對越南的宗主權，勢必要對法作戰。而要以中國的力量來代替越南恢復主權，「揆之目下中國人才、兵餉，皆萬萬辦不到者也。」

所以，他認為處此情勢之下，只有儘量運用外交折衝，能為中國爭回幾分利益，便是幾分。恭王奕訢當時也同意李鴻章的看法。光緒八年十月，李鴻章在總理各國事務衙門的之持之下，迭次與法國公使寶海交涉，最後得到如下各項協議：

一、中國將滇、桂軍隊自現駐地撤退回境，或離邊境若干里之地駐紮。法國即照會總署，切實申明其無侵占土地之意，亦無損礙越南主權之謀。

二、法國切望自海口以達滇境通一河路，為商務起見，須使此河路直達華境，以便設立行棧埠頭等。前有在蒙自設立口岸之說，今願改保勝，中國當在保勝立關。洋貨入關，照已開各口岸洋貨運入內地章程辦理。中國當使內地土貨運往保勝暢行無阻，如驅除盜賊之類。

三、中、法在滇、桂界外與紅河中間之地劃界，界北歸中國巡查保護，界南歸法國巡查保護。中、法約明北圻現有全境永遠保全，以拒日後外來侵犯之事。

這一草約的最大收穫，是使法國同意放棄侵占北圻之意，併在中、越國界以南至紅河之間，另劃一線，以為中、法兩國勢力之分界線。如此，則中國既可達到不使法國侵占北圻之目的，又可在國境之外另建一安全緩衝地界，進一步保障邊境的安全。由法國而言，中國既不再堅持其在越南的宗主權，又使北圻在紅河以南亦歸法國保護，所得亦甚多。假如此一草約最後能得中、法兩國政府之承認，越南雖被犧牲，兩國之間的武裝衝突則可避免，中國且更得有領土利益。所以，當朝旨飭令滇、粵疆臣就修約草案酌議意見時，所顧慮的只是執行方面的若干困難，原則方面，都認為可以接受。而法國適在此時發生內閣更迭，新內閣認為不能將北圻分割為二，使中國得到干涉越南事務的權利。於是，決定撤回寶海，而更派德理固為駐華公使，飭令重新與總署辦理交涉。法國態度的突然轉變，激起了中國內部主戰份子的不滿。他們以為法國的侵略陰謀已十分顯著，而總署與李鴻章尚且亟亟圖謀與法談和，完全是恇怯示弱的行為。翰林學士張佩綸、御史劉恩溥、內閣學士廖壽恆，及詹事洪鈞等人先後上疏，均主張出兵備戰，外保藩屬而內固疆圉。李鴻章既不敢冒眾口之大不韙，自只好設法推拖延宕，以求擺脫他的困難處境。正當交涉陷於膠著之時，法國在北圻境內對黑旗軍所展開的攻擊，卻正在熾烈進行。而法軍更在此時攻破越都順化，強迫越王簽訂條約，正式承認越南歸於法國保護。

法國此舉，本希望藉此造成已然之形勢，以逼使中國無法再在越南問題上提出權利主張。殊不知如此一來，適足以激起中國士大夫之仇法思想。於是，乃有清流黨人之「保朝鮮必先保越南，失越南必失朝鮮」的保藩論提出。主戰派的言論愈盛，和議的進行亦愈困難。恭王奕訢素來贊同李鴻章的和議主張，至此亦感到和戰兩難，不知應當如何處置才好。接著而來的，便是廣西巡撫徐延旭、倪文蔚等人，屢次誇張黑旗軍對法作戰的勝捷，以為法兵實非黑旗之敵，法國並不足懼。於是，主戰派的氣燄更為高張，慈禧太后亦轉而反對總署的軟弱態度。至此，恭王的處境，就更加困難了。

中、法兩國為越南問題引起的戰爭危機，將來究竟會有什麼樣的發展？李鴻章在此時曾致總署一函，提出他個人的看法，極可注意，摘引如下：

昔寶海過津，鴻章與之反覆籌商，兩相遷就，深知法志難饜，事局難了，欲及早收束，為羈縻勿絕之計耳。……今事勢至此，更迴不如寶海會商之時。西國公法，以兩國訂立條約為重。本年七月〈法越新約〉，雖由逼脅而成，然越南固自為一國也，其君相既肯允行，各國無異其非者，豈中國所能代為改毀？今若聲罪致討，須為改毀此約，則必自量兵力、餉力，能驅逐河內、西貢等處法人否？能廢易越王否？能誅擊訂約之奸臣陳廷肅、阮文祥等否？非辦到以上三層，則法約不能改毀，揆之目下中國人才、兵餉，皆萬萬辦不到者也。乾隆盛時，大軍克河內月餘，旋即敗退，遂因阮光平崛起而封之，不加詰問。況在今日，況加以法國勁敵乎？倪、徐二君，實不知兵，不知洋務大局，其言實不可信。……細繹尊議，擬令滇、粵防軍，如法兵犯我駐守之地，不能不與開仗，似只有如此辦法。第念開仗以後，我勝則法必添兵再戰，我敗則尚可退入本境，法必不遽深入，亦尚不至牽動大局，屆時再徐議分界畫守。……屈計冬內，北寧勝負已見，將來新使巴特納來華，或與妥議收場。

此信一則認定越南既受〈法越新約〉之束縛，中國無法為之解救，再則以中、法二國實力作一比較，知中國絕非法敵，戰必無幸，而越南問題愈拖延，對中國愈為不利。此時既實在無法可處，則只好設法告一段落，俟將來情勢轉變，再圖解決。最後，更指出越南問題終不能不妥協，邊軍一時之勝敗，無關於整個問題之最後解決，勝不足喜，敗亦不足憂。就事論事，當時滿清朝廷中，能對整個越南問題有如此深入透徹之瞭解的人，實在不多。恭王奕訢亦知道李鴻章的分析極為正確，所以始終不肯輕啟戰端。無如當時的中國政府，上起慈禧太后，下至朝中清流，大都以為和議是喪權辱國之事，責難詆抨無虛日，恭王主持軍機及總署，處身其間，措置十分困難。最後，黑旗軍被大舉增援的法軍痛創之後潰敗不振，廣西方面進駐北圻的防軍，亦為法軍所敗，山西、北寧、太原等要地盡失，平日慣以大言欺人的廣西巡撫徐延旭，此時方寸大亂，狼狽逃遁，朝命湖南巡撫潘鼎新接辦廣西關外防務，而並不將徐延旭革職拿問之事明發上諭。由於此一失著，於是，恭王的麻煩來了。

清流之主戰，與徐延旭之大言炎炎極有關係，而徐延旭之出任廣西巡撫，更出自清流巨擘張佩綸、張之洞二人所薦。徐延旭究竟是怎樣一個「人才」？張佩綸、張之洞何致誤採虛聲，薦及駑駘下駟之材，其中淵源，可以先看徐宗幹《歸廬談往錄》中所說的一段故事：

徐中丞延旭之撫廣西也，由湖北襄鄖荊道，不踰二年，遷擢之速，震耀一時。蓋徐嘗輯《越南紀略》一書，張制府之洞於奏保人材時並以進呈，朝廷重之。其書體例糅雜，姑不深論，而於越南地勢民風、政教禁令，率皆摭拾大略，如官府須知冊子之類。至今昔沿革、損益利害，均未之考。惟中、越邊界各隘，歷粵至滇，計有千八百里，詳載無遺，尚足備覽，然廣西通志固有之矣。徐自言，任太平府時，款結貢使出關，抵一人家，雨，留數日，得抄冊，紀載越事，攜歸，並採案牘，匯為是書，不意緣此致福也。徐以咸豐庚申進士即用知縣至梧州知府，最為知名。梧州號稱富區，稅榷盈餘，足供揮霍。徐極慷慨輕財，一時上下同僚，有求必獲。鹿中丞傳霖時亦以翰林改官，同在廣西，公私積累，幾不可收拾。徐先後資以萬金，結為姻好，制府薦舉，鹿蓋與有力焉。

我們知道，鹿傳霖是張之洞的姊夫，而鹿傳霖恰又與徐延旭結成了姻親，然則張之洞與徐延旭亦是親戚了。張之洞在光緒初年就早已是有名的清流黨人之一，徐延旭在此時結交鹿傳霖，是不是由於看準了這是一條有用的陞官階梯？很難說。不過，他那本抄撮成書的《越南紀略》，後來被張之洞當作人才奏保，與鹿傳霖之揄揚吹嘘必定大有關係，這在上一條資料中便已說到，可知親戚間的推挽汲引，在此時已經發生了很大的作用。張之稱與張佩綸交好，張之洞奏保徐延旭，而張佩綸又推薦徐延旭「知兵，堪任邊事」（《清史・張佩綸傳》中語）。徐延旭因此而陞任廣西巡撫，清流中人，自然也相信他確實有此才幹了。無如張佩綸其實只是為張之洞所誤，而徐延旭也根本並不「知兵」。羅惇曧《中法兵事本末》說他自赴廣西關外督師以後，「老病，其下多所欺蔽，與趙沃有舊，偏信之。趙沃庸懦，其將黨敏宣作奸欺肆，以蔽延旭。」北寧既失，「把總石中玉謁延旭於諒山，痛數北寧將帥之誤。延旭曰：『汝胡不早言？』中玉曰：『吾數請謁，而左右拒我，何言耶？』中玉寓延旭行館側，詈延旭左右弄權蒙蔽，達旦不休。延旭從容呼曰：『石中玉怒何盛耶？休矣，吾知之矣。』……」這兩段話說明了徐延旭其實只是一個夸誕昏庸而愚昧無知之人。清流黨人誤信他有禦邊卻敵的將才，更希望能由他來建立保藩安邊的大功，所以才在和戰問題上一力反對李鴻章的和議主張，並竭力攻擊恭王之贊同和議為失計。但是，徐延旭的實際將才如何呢？這只要看他在光緒九、十年間北寧失陷時的表現，便知其一斑。

北寧之戰，法軍來樂將軍以一萬六千之眾分為兩軍，一軍由河內趨新河，攻北寧之正面；一軍由海陽趨六頭江攻芹驛關，拊北寧之側背。兩路之中，正面一軍實為牽制性之佯攻，其主力全在側面一軍。徐延旭所部廣西防軍，原為十二營，因籌辦邊防之故，遽增為五十餘營。兵雖多而不精，又未經嚴格訓練，不習火器，糧餉不充，軍乏鬥志。而左右兩軍的統領黃桂蘭與趙沃二人又復意見不和，軍中久存分裂之見。光緒十年二月，法軍兩路節節推進，沿途擊潰中國軍之抵抗。至十四日，兩軍會合於扶良，翌日進攻涌球砲臺及新河、三江口各處。十五日，涌球砲臺失守，由北寧通往諒山的後路被截斷。於是，桂軍望風崩潰，黃桂蘭退至黃雲社，趙沃退至太原，北寧雖為軍事要地，法軍僅發砲數響，即輕易而得。當時，雲貴總督岑毓英亦率兵出關防邊，其奏報此戰情形的奏疏中曾說：「北寧防軍共計四十餘營，不為不多，經營防備，不為不久。……竟不能固守待援，殊非意料所及。」法國統軍將領米樂亦說：「華軍為數達二三萬人，經營守備累月，銳卒名將雲集，乃望風潰退，以城畀法。」所以然之故，兩廣總督張樹聲在兩月前所上的奏疏，就曾對此有極清楚的分析，說：

岑尚百戰之餘，且所部能耐煙瘴，徐則虛憍之氣耳。桂軍有三十餘營在北寧、諒山，頗不為少。果皆精鍊，將帥一心，尚可相持。奈勇餉太薄，軍中又不甚和輯，前敵事殊可慮。北寧自當屬黃桂蘭堅守，惟現在黃尚須聽命於趙，所處亦大難。……如得琴軒（潘鼎新）任事，則能聯岑用黃，前敵一氣，庶望有濟。

由此可見，北寧之敗，一在徐延旭之虛憍使氣而全不知兵，二在信任趙沃而致所部將領不睦，三在士卒無訓練而軍乏鬥志。以如此這般的軍事布置及作戰實力，而猶復侈言法人不足畏，豈不是誤國而兼自誤？所以，一旦到了徐延旭僨事失機之後，詹事府左庶子盛昱奏劾張佩綸舉薦非人，連帶奏劾恭王以下的全班軍機大臣輕信濫用，其本來目的，只希望參倒張佩綸而使軍機大臣們受到譴責之後知所振惕，卻不知道，朝中的政變暗潮早在醞釀之中。慈禧太后受到醇王的慫恿，久欲罷恭王而起用醇王，只是苦無適當的藉口。盛昱此奏，恰好為慈禧太后提供了罷斥恭王的理由。於是，醞釀已久的政局變革，終於在盛昱奏劾張佩綸及全班軍機大臣之後，得以實現。

盛昱上疏參劾張佩綸濫保匪人，並嚴責恭王以下的全體樞臣蒙蔽諉卸，其原來的本意，只是「請明降諭旨，將軍機大臣及濫保匪人之張佩綸，均交部嚴加議處，責令戴罪圖功，認真改過，諱飾素習，悉數湔除。迅將拿問唐炯、徐延旭，及更調各省撫臣之諭旨即行明發，並責令將沿邊各督撫孰堪勝任，孰是替人，於五日之內和衷商榷，公同保奏，將來即以此數人功罪為該大臣等之功罪，一有敗衄，刑即隨行。倘復互諉，即予罷斥，以專責成」。這其間並無請求罷斥恭王諸人之意。不料四天以後所發下的明降諭旨，卻是恭王以次的軍機大臣全班盡撤，換上以禮親王世鐸為首，而由額勒和布、張之萬、閻敬銘、許庚身、孫毓汶等六人所組成的新軍機處。霹靂一聲，不但上奏彈劾的盛昱為之莫名其妙，闔朝臣僚，亦都大為震驚。這當然是由於新樞臣遠不如舊樞臣之孚於人望。但如以李慈銘及翁同龢的日記中見之，則在盛昱上奏後的三天之中，朝局變革的端倪，已經隱約可見，只是外人不曾察覺而已。《李慈銘日記》，光緒十年三月十七日日記云：

聞十三日朝廷有大處分。先是，同年盛庶子疏言法夷事，因劾樞臣之壅蔽諱飾。次日，東朝幸九公主府賜奠，召見醇邸，奏對甚久。是日，恭邸以祭孝貞顯皇后三周年在東陵，至十三日甫回京覆命，而嚴旨遂下，樞府悉罷。易中樞以駑產，代蘆菔以柴胡，所不解也。

至於《翁同龢日記》所記，則是：

> 初九日，皇太后親臨壽莊公主府第賜奠，在公主府傳膳，醇王進。
>
> 初十日，頭起，急急退，而四封奏皆未下。二起三刻多，竊未喻也。
>
> 十二日，軍機起，孫毓汶、醇王凡五起。而前日封奏總未下，必有故也。
>
> 十三日，御前大臣六部等滿、漢尚書一大起，軍機無起。聞昨日內傳，大學士尚書遞牌，即知必非尋常。恭邸歸，於直房辦事，起下，傳散，遂詣書房。諳達未來，余等先入。已而伯王到，余即退。聞有硃諭一道，欽奉懿旨：是日未正一刻退，退後始由小軍機送來諭旨，前後數百字，真恫目怵心矣。

清代制度，皇太后或皇帝召見臣下，必先令遞綠頭籤，又名膳牌，每一牌書一人之官職、姓名。牌被留下之人，即由御前大臣傳令入見，謂之「叫起」。若臣下有事須請面對，亦可自行遞牌請見，而由皇太后或皇帝決定是否叫起。所以，醇王在盛昱上奏之後先後數次被召見，初次可能是出於慈禧之傳召，後來則可能是醇王遵旨自遞膳牌請見，所談即是商量易樞之事。等到新樞臣人選決定，御前大臣傳旨，令內閣大學士及六部滿、漢尚書遞牌，備明日「叫大起」，則已到了宣布易樞的時間了。

此時，軍機全班反而被摒除在外，並不參與此一御前會議，在翁同龢亦覺得事情不對。果然，諸臣召見退下之後，小軍機傳出慈禧所頒懿旨，即是責備恭王以下全體軍機大臣，與諭令開去一切差使。醇王之一再召見，與易樞之關係如此密切，當然可以相信此舉出自慈禧與醇王之密謀。《李慈銘日記》中又有一條說：

盛昱等上疏阻和議。前月二十四日，東朝召諭盛昱曰：「爾等外廷諫官，所言多與予意合，而軍機總署諸臣皆不然。」又曰：「與予意合者，惟醇親王耳，他無一人任戰事者。」

由慈禧的談話，更可明白看出，恭王之被黜，即是由於他的和議主張與慈禧不合，而醇王主戰，為慈禧所樂聞，於是兩人意見相投，恭王自非去不可。只是，醇王當時已是皇帝本生父的身份，不能如恭王那樣公開出面綰軍機，所以名義上的領軍機大臣乃是貪庸無能的禮親王世鐸。禮親王世鐸的才識、行事如何？可以看費行簡《近代名人小傳中》的〈世鐸傳〉：

禮親王者，清初八王之一，世襲罔替者也。世鐸襲爵，當咸豐中，以行輩高，令掌宗人府。同治初，以承志襲鄭親王爵，載敦襲怡親王爵，皆以旁宗入繼。鐸持之，各自賄萬金，乃報可，京師人形諸歌詠。然接人謙穆，終身無疾言厲色。對內侍尤恭謹。李蓮英向之屈膝，亦屈膝報之。諸王以敵體儀報諸奄，前此所未有也。甲申，奕訢罷政，遂令預機務，而以奕譞家居，遙總其成。鐸日走譞所取進止，不以僕僕為苦。而益務求賄，贄二百金者以門弟子畜之，殺至五十金，亦可乞其薦牘，達諸疆吏。時有「非禮不動」之嘲，言非禮物不屬託也。

禮王之貪庸，在這一段文字裏刻畫如見。由此可知，慈禧之所以命禮王領樞，一是利用他的爵尊班高，可以作為名義上的領袖，二是利用他的易於驅使。若是換了別人，未必就肯以領樞親王之尊，僕僕奔走於醇王府邸，事事恭候奕譞之裁定了。至於禮王以次的其餘諸人，閻敬銘雖差有清介之名，李慈銘在日記中詆之為「諳於大體，頗喜操切」。張之萬雖出身狀元，而文廷式《知過軒隨錄》謂其「一無所長，惟作畫頗有家法，為數十年來顯官所未有」。若額勒和布，則更是自噲以下的庸才，其惟一的一長處是「廉潔自守，時頗稱之」（《清史》本傳）。再數下來，就是許庚身與孫毓汶了。據費行簡《近代名人小傳》所說，許庚身以應對敏練為慈禧所倚信，惟其人好貨賄，亦如其家之許乃普、許乃釗，雖位至通顯，而莫不貪財好貨。至於孫毓汶之索賄，則更為其中之翹楚。費行簡說他：

權奇饒智略，尤有口給。初頗勵操行，及入樞府，頓改節，孜孜營財賄，通竿牘。時領樞府者為世鐸，懦庸無能，毓汶遂專魁柄。夙值南齋，多識群奄，恆於后前稱其能，寵日以固。黔藩王德榜入覲，謁之，索門包白金千。德榜起行間，負氣善罵，怒曰：「吾國家官，非孫家官也，不見何害，安用賄？」竟去。及還任，黔撫適缺員，毓汶為后言：「德榜不通文理，不可攝封疆。」遂以臬司黃槐森權撫，德榜憤死。又，閩臬司黃毓恩饋冰敬二百金，卻之，曰：「八年夔州，僅足辦此乎？」蓋毓恩任夔州守久，膴仕也。已而竟調黔臬，懼饋萬金，未及黔，遂晉閩藩，其弄權類如此。時稱齊天大聖，言如小說中孫悟空之善變化。

費行簡說孫毓汶「權奇饒智略」，照上文所說，只是他如何善於利用權勢勒取外省官吏的饋遺賄賂，究竟他怎樣權奇多智，還需要參看另外的記載。黃濬《花隨人聖盦摭憶》中有一條說：

名御史屠仁守，以時事孔殷密摺封奏，懿旨飭其乖謬，罷御史，下部議，原摺擲還，蓋援御史朱一新降為主事之事例也。時適濟寧（即孫毓汶，孫係山東濟寧人）因病休沐，及假滿視事，厲聲詰問秉筆之寬縱。故事，京曹以資俸陞遷，若謫回原衙門行走，則自奉旨日與新進比肩，六鷁退飛，永無翱翔之望，罰亦重矣。於是，群叩其術。則曰：「若輩好名，死且不懼，何有於一官？惟簡放一苦缺知府，密囑其長官摶撦細故，彈劾罷官，則石沉大海矣。」聞者莫不咋舌。

從前時的奸臣弄權，最好用這種暗箭中傷的辦法施行報復。《明史・奸臣傳》中的宰相嚴嵩與溫體仁之流，便是最善用這套手段的人。孫毓汶的「權奇多智」原來如此，然則他之為人，既貪財而又陰險，無疑正是嚴嵩、溫體仁一流的人物了。醇王所倚為謀主的「人才」如此，以與恭王柄政時代的李鴻藻、沈桂芬相比，無疑正是李慈銘所說的：「易中駟以駑產，代蘆菔以柴胡，所不解也。」為什麼醇王所信的人才便是非庸懦即奸佞的世鐸、孫毓汶諸人？這其中的原因大致亦可以猜想得出來。第一，是醇王在恭王柄政的時期內，從未有過擔當大任的機會，所以他沒有機會可以延攬人才，貯之夾袋，以備自己柄政時之用。第二，是醇王素有守舊頑固之名，不為士大夫所親附。第三，孫毓汶的父親，曾為醇王的教讀。由於這一層淵源，孫毓汶本來就與醇王過從甚密。醇王以孫毓汶足智多謀而嚮用之，據說甲申朝局之變，便是孫毓汶為醇王畫策籌議的。然則，醇王掌權之後，又如之何而不以孫毓汶為其心腹呢？《清史・孫毓汶傳》說：

醇親王以尊親參機密，不常入直，疏牘日送邸閱，謂之過府。諭旨陳奏，皆毓汶為傳達，同列或不得預聞，故其權特重云。

由於有此事實，故而以禮親王世鐸為首的新軍機處，名義上雖是禮王領樞，實際上卻是醇王執其柄而孫毓汶操其權，世鐸、張之萬、額勒和布之流，都只是一些傀儡人物而已。孫毓汶有智略，許庚身機敏而熟諳朝章制度，加以位尊而份親的醇王奕譞，這樣的新軍機處組成之後，理應一改恭王時期的軟弱委蛇，而代之以明快決斷的爽朗作風了。然而事實所見，正不盡然。即以當時最為時人所詬病的對法交涉而言，醇王當政以後的舉措，似乎並不就能比恭王當政時代好到哪裏去。

在光緒十年三月十四日恭王罷政以後，已因廣西關外軍事失利之故，將廣西巡撫徐延旭及雲南巡撫唐炯二人俱逮繫下獄，廣西巡撫以潘鼎新代之，雲南巡撫以張凱嵩代之。醇王柄政以後，亟謀挽救軍事上的頹勢，乃奏請起用湘、淮軍的宿將鮑超、劉銘傳等人，而以大學士左宗棠為欽差大臣，督辦福建軍務。孫毓汶為了迎合慈禧的意旨，打擊清流黨人，更以清流巨擘張佩綸會辦福建軍務，陳寶琛會辦南洋軍務，使他們以文人出掌軍事，用違其才，以為借刀殺人之計。而對於如何抵敵法國人在大砲巨艦上的優勢，則並無實際籌畫。在這種實力遠不如人的情勢之下，不顧事實上的強弱不敵而空言備戰，其最後之不免遭致敗衄，當然是可以想見之事。所以，到了光緒十年的七月，終於有馬江之敗。

馬江之敗，在光緒十年六月法國海軍司令孤拔率艦駛入閩江之後，即已伏下禍根。只是當時兩國尚未明白宣戰，而法國公使巴德諾尚以照會致送兩江總督曾國荃，抗議中國軍不應在李鴻章與法使福祿諾簽約議和之後，仍在諒山攻擊法國軍。所以，中國方面實在並不明白，孤拔率艦進入閩江的真正意圖，不過是在先行占據有利位置，以便一發而盡殲閩江水師。此戰發生之後，閩江中的中國兵艦十一艘，在幾分鐘之內全被法艦轟毀。一般的記載，多歸咎於當時的閩浙總督何璟及會辦大臣張佩綸不知戰機，在收到法國海軍司令孤拔所送來的最後通牒之後，猶復不知及時備戰，以致法國海軍得以先發制人，一舉而將中國兵艦十一艘悉數擊沉。這一說法，現在已頗有人表示懷疑，以為法艦強而華艦弱，即使先事戒備，又有何用？所以，頗以為勝敗之機實決於兩國軍艦的性能及裝備，於戰機之遲早並無太大關係。這一看法，若以當時駐在福州的外籍海關人員的報告書參考之，便可知其不然。

光緒十年七月間在福州擔任閩海關關務的英國人法來格，在他所寫給總稅務司赫德的報告書中，曾對馬江海戰的發生經過，有過詳細的報導，引述其中一段如下：

> 戰事在八月二十三日（按係陽曆，中國史書所記則用陰曆）下午一點五十六分開始。這時，雙方艦隊正隨著退潮動盪掉轉船頭。法艦「伏爾他」號升起紅旗後，「豺狼」號首先開砲，其他法艦繼之，這時有些法艦已經升了火。中國軍艦「琛航」和「永保」，在幾秒鐘內沉沒，「藝新」和「伏波」逃向上游，在林浦擱淺。「福勝」和「建順」因為船頭指向上游，不能以它們的十八噸大砲加諸敵人，不久就在沉沒狀態中漂浮中流。「揚武」用它的尾砲很準確有效地回答「伏爾他」號的第一陣排砲，第一彈就打中了「伏爾他」號的船橋，轟斃引水和五個法國人。在砲彈爆發時，孤拔正站在引水人身旁，僅免於死。「揚武」發射了一陣舷砲得勝後，閃在「伏爾他」號旁邊的一艘法國魚雷艇向它撲去，魚雷在「揚武」的右舷下爆炸，它就在戰鬥開始以後二十七秒鐘被轟碎了。「福星」、「濟安」，和「非雲」，在第一陣排砲後就受了傷。那驍勇的「振威」，雖然暴露在「維拉」號和「臺斯當」號的舷砲下，並且在駛過「特隆方」號之前時，為敵船的重砲烈火所洞穿，隨波漂向下游，慢慢下沉，但是它仍奮戰到底，一次又一次地發射砲火，直到一艘法國魚雷艇在煙火中衝進，才完全毀滅了它。就是在它最後沉沒的一剎那，這勇敢的小船還以最後一砲擊中它的敵人，重創了敵艦艦長和法國兵士兩名。

上面這段報告的最可注意處有二：第一是它所報告的中國兵艦奮戰不屈的鬥志，第二是它指出了中國海軍之致敗，是由於戰爭發生時，中國兵艦所處之位置不利。這後面的一點，便是何璟、張佩綸失誤戰機所造成的結果。

按照上面這段報告的敘述，可知在戰事未發生時，中國兵艦都以船頭繫泊於碇泊之處。這種繫泊的位置，給予了孤拔以自由選擇有利戰機的便利。因為，閩江口距海甚近，江水隨潮汐之漲落而有上下。上午潮漲時，船頭繫泊處的位置不動，船尾則因江水上流之故而飄向上游；到了潮退之時，船頭的位置仍然不變，船尾則因潮退之故而飄向下游。而兵艦的主砲都裝於船前，一旦兵艦以船尾向敵，就是最不利於擊敵的惡劣位置。何璟與張佩綸在收到孤拔的開戰通知時並不即時採取戰備行動，一任所部兵艦繫泊於原來的位置不變，孤拔自不難依照他所選擇的時間，在退潮時中國兵艦船尾向敵，適處於受攻而不利於還擊的大好時機，升起紅旗，令所屬法艦集中砲火攻擊仍留於停泊位置的中國兵艦了。在這種被挨打的情勢之下，「揚武」與「振威」二艦仍能奮戰不屈，並不因雙方之強弱不侔而失去戰志，可知中國兵艦士氣之高昂可用。而何璟與張佩綸竟不能利用這種高昂的士氣，以劣勢裝備抗優勢裝備，竭力獲致犧牲的代價，以致十一艘兵艦都在挨打的情況下迅速被法艦擊沉，這種昏瞶愚昧的謬誤措置，才真是蹈致失敗的重大錯失。張佩綸在當時以強硬主戰出名，由他出任會辦大臣以後的認識與措置看，足以證明當時之所謂主戰份子，其實都只是些紙上談兵的人物。即以醇王奕譞而言，他對於當前局勢的認識與作戰能力的瞭解，又何嘗不是如此？

故宮博物院所編的《文獻叢編》，自第七輯至十八輯，收有光緒十年中法戰爭期間醇王奕譞致軍機處函一百餘件，其中數函的內容極為可笑。錄之如下，以見一斑。

第四函：

昨由譯署致丹初協揆一函，諒承公閱。華安抵臺無恙，可見斷援濟一說，絕不可持之甚力，自致束手。臺兵數原不少，近得四批接濟兵械，又自招土勇四營，且地本膏腴，銀糧足用，何以省三謂「拚死望援，呼天不應」，急迫至於如此？未識今日此電呈遞否？如係明日呈覽，似當一面飭南北洋乘其封口之船不多，兵亦新敗，設法以師船播揚聲勢，以圖牽綴，並多造或就現有舢舨，雇募善水人，照前奉懿旨「以散攻聚」之法，籌辦勝算；一面請旨申諭劉銘傳，勿似此跡涉慌張，自隳聲望。總以就地取材，出奇擠拄，以建不世之功，以受不次之賞，以勗勉而激勵，免予冀和者以口實，方於大局有裨益。

此函所註發信內容為「初五未正」，不知是哪一個月的初五？但若由《劉銘傳奏議》卷三〈保臺略〉中的各奏日期推算，則劉銘傳到臺灣籌辦防務時，是光緒十年之閏五月二十四日，其時法國業已宣布封鎖海防，並於六月十六日轟破基隆砲臺之後，派兵登陸，企圖加以占領。劉銘傳率提督曹志忠、章高元等拚死力戰，擊退法軍，傷斃其官兵一百餘人，法軍乃退回船上。此電中之所謂「兵亦新敗」，當指此言，所以此信應為七月初五日所寫。劉銘傳在臺，目睹臺灣的防務單薄，不但糧餉一無可恃，而且軍械、彈藥全須由海上運來接濟。值此法軍握有制海權，中國艦船既無法突破封鎖，將糧餉、彈藥送來臺灣接濟，相持日久，必有無可為繼之苦。所以，他才要以「拚死望援」之說，企待朝廷方面的全力支持。然而醇王卻以為他的最急迫呼籲為「跡涉慌張」而「自隳聲望」，當責以「就地取材，出奇擠拄，以建不世之功，以受不次之賞」，未免不思之甚。更有甚者，當時法國海軍所擁有的戰艦，據福建海關副稅務司賈雅格的報告書中所說，它們是「現代造船技術的產物，它們的砲是機械技巧的結晶」，不但火力極為強大，而且裝甲堅厚，遠勝於中國海軍的木造艦艇。對付這種新式的鐵甲戰艦，慈禧太后與醇親王所能想出來的戰術，卻是希望用無數的舢舨船，用「以散攻聚」的辦法來加以圍攻，既不顧及雙方船身大小及堅窳之懸殊，更不瞭解法國軍艦的砲火何等厲害，完全出之以《三國演義》及義和團的口吻，未免太跡近兒戲了。醇王贊同慈禧的主戰思想，而所賴以克敵制勝的方法如此，寧不令人失笑？若由馬江戰役之後醇王所寫的另一信中看來，他的識見與思想，更有十分可笑之處。原信編次為第三十七函，信中所說如下：

快讀西報，喜欲距踊。馬尾此次惡戰，實足以彰華威而寒法膽。參觀敵船回港之言，則孤酋伏誅，已無疑義，而犯淞、犯津之說，正牽制我師之計耳。張成等無恙，尤足勝慶，將來創立水軍，以此輩充教習，必大得力。至於船沉挫敗，乃製造之不堅，非戰之罪。日內奏報細情摺到，吾儕須破格恩施，宣示中外，再加密防，俟其重來報復也。匆匆布臆，即候哺佳。醇親王泐，中元戌正三刻。

馬江戰役發生於光緒十年之陰曆七月初三日，據當時的記載，是中國軍艦十一艘全被擊沉，官兵陣亡二千餘人，生還者只十一人。法國方面，船艦全無損失，官兵亦只死傷二十餘人而已。雙方損失的對比如此懸殊，而醇親王居然因外電誤傳法國海軍司令孤拔死於此戰，而為之「喜欲距踊」，更以為此戰實足以「彰華威而寒法膽」，真是從何說起？以此戰的實際情形而言，中國慘敗而法獲全勝，「華威」有何可彰？「法膽」又有何寒？這其中的情況，當醇王在瞭解其實情之後，必定能有新的覺悟。試看他在第四十二信中便說：

早間慈諭，謂法人連日寂然，必有詭謀，茲觀劼（即駐法公使曾紀澤劼剛）電，信然。山東防務未足深恃，北洋子健均宜亟電，陳撫亦當嚴為責成也。

以此與前函所說，「犯淞、犯津之說，正牽制我師之計耳」相比，可知此時的醇王已深知法國的海軍勢強，或南或北，隨處有突犯之虞，非復前此之深有自信了。所以，在第七十五信中所籌議的戰守大計，便全然沒有從前的誇張口氣。在這一封信中，醇王說：

查此次法人犯擾，一戰而基隆砲臺毀，再戰而馬尾兵船沉，是我之砲臺不固，戰船不堅，歷有明證。若仍恃二者拒敵，定無獲勝可操。及至岸上獲勝，我兵傷亡已多，實為非計。近觀南北洋不肯撥船援閩，非曰恐為敵搶，即曰難敵鐵艦，所慮誠是。然不援他處則可，若敵以大幫鐵木等船來犯，仍將恃此不足恃之兵船、砲臺禦之乎？抑當翻然變計乎？王去年曾有堅壁清野、陸路設伏之議，近與善都統論及，亦不謀而合。宜乘敵船未犯之先，請旨嚴詢南北洋，除戰船、砲臺外，有何必勝之策？斷勿置兵於萬不足恃之地，徒喪精銳，致隳士氣為要。醇親王議。

中、法之戰，法國以其海軍優勢而握有制海之權，無論是東攻臺灣或北攻吳淞、津沽，都悉聽其便。而法國在北圻的陸軍雖然為數不多，由於器械犀利及訓練精良之故，滇、桂之軍亦非其敵。直到這時，醇王奕譞方才能完全瞭解，無論是水戰、陸戰，都沒有取勝之道。而如果真的要實施「堅壁清野、陸路設伏」的戰法，那時必定已是法軍大舉深入，而內地各省亦因戰事擴大而遍受侵襲，即有勝算，中國方面所遭受的損失亦已難以計算了。在這種情況之下，醇王所堅持的主戰論，必定已經有了很大的轉變。適當李鴻章授意海關總稅務司赫德設法與法人重提和議，赫德遣英人金登幹趕赴法國試探交涉，法國總理費茹理表示，法國之所以決心與中國開戰，目的不過在求確定法國對越南之保護權，只要中國能承認法國的此一權利，雙方不難經由談判恢復友好關係。於是，金登幹以李鴻章、福祿諾間之談判草案為基礎，與法國政府展開交涉。費茹理堅持，中國不得要求在北圻劃界區分雙方的勢力範圍。赫德以此議轉達總署，當政的醇王迫於情勢，表示法國如願退出臺灣基隆，中國當可接受法國的意見。雙方的意見既已接近，此後的〈巴黎和約〉便已具備了訂立的基礎。其中的重要關鍵，還是決定於慈禧及醇王由主戰轉為贊同和議這一層上面。

當金登幹受命在法國斡旋和平，而和議漸有成功之望時，和議的消息亦逐漸傳播。其時廣東方面的防務頗為鞏固，不懼法艦窺伺，因此在粵負責防務的欽差大臣彭玉麟及兩廣總督張之洞都反對和議，理由是法國既在馬尾毀我軍艦，又在臺灣大肆騷擾，中國曾未加以懲創，若遽以和議結束，又須負賠償軍費之責，無疑將為舉國所唾罵。所以，張之洞致電李鴻章說：「和議負千載罵名，中堂須慎重。」李鴻章覆電謂，和議係「二赤與興獻議」，咎不在彼。「二赤」指赫德，「興獻」則是借用明世宗之父興獻帝之名，暗指醇王奕譞。可知此時的醇王已深知中國不能再戰，非與法國議和不可了。

醇王由最初的主戰轉變為後來的贊同和議，顯然是由於他漸到後來，逐漸認清了中、法雙方間的實力懸殊，既然致勝無望，除了轉圜下臺之外，別無他途可循。所以，他最初雖然竭力攻擊恭王及當時的軍機諸人軟弱退讓，及到他自己親總樞政，卻仍然走的是恭王的舊路，說起來實在可笑可嘆！所以，醇王以反對和議的理由攘奪恭王的政柄，實在紙是意氣用事。慈禧太后巧妙地利用了此一情勢，排去恭王而換以醇王，此後的大局，便完全置於她一人的意旨指麾之下了。比較恭、醇二王的差別，恭王更事多而有識見，有執持，醇王在這些地方處處都不如他的乃兄。加上醇王之個性柔懦而易受挾持，於是，慈禧在恭王柄政時期所不能實現的願望，在換了醇王之後，便一一都能得到實現，最顯著的事例，便是修建頤和園一事。

《清宮遺聞》卷上，「慈禧之侈縱」一條說：

蝀

> 光緒初，恭王奕訢當國，事無大小，皆謹守繩尺，無敢逾越。其時三海雖近在宮禁，自庚申後，不免小有殘破，亦未嘗興修。每當慈安、慈禧率帝后等幸海時，恭王必從。慈禧輒以言探之曰：「此處該修了。」恭王正色厲聲而言曰：「嗻。」絕無下文。慈安則曰：「空乏無錢奈何？」及慈安不得其死，遂內外交相媒孽，逐恭王出軍機，以瞽瞍繼任。於是迎合慈禧，先修三海，包金鰲、玉蝀海中。時閻敬銘為戶部尚書，舉庫中閒款無多寡皆冊報。舊例，凡年中戶部冊報，僅各項正款，他如歷年查抄之款、罰款、變價之款，皆不呈報，一以恐正項有虧，以此彌縫，二則堂上及庫官亦於此小有沾潤。閻掌戶部，此等雜款多報出七百餘萬。慈禧大喜，遂有興復園明園之意。又有人奏言：「修圓明園須三千餘萬，不如萬壽山，地大而風景勝園明，估計千餘萬足矣。」乃定議修頤和園。設海軍衙門，以每年提出之海軍經費二百萬兩為修園費。又開海軍報効捐，實銀七千兩作為一萬，又得數百萬，亦歸入修園費。不三年，園成，慈禧率帝后、宮眷等居之。

此云慈禧欲修園而恭王守正不阿，及慈安太后暴崩，慈禧獨掌太阿，遂借事逐去恭王而以瞽瞍代任，於是迎合慈禧，而頤和園興修矣。這所謂「瞽瞍」，當然是指醇王奕譞而言。因為「瞽瞍」二字語出《書經・堯典》孔傳：「無目曰瞽。舜父有目不能分別好惡，故時人謂之瞽。配字曰瞍，瞍亦無目之稱。」瞽瞍既是虞舜之父，借用作為皇帝之父的代名，自然很為適當。

而由「瞽瞍」之名，更可知道當時人實在以為醇王是有目無珠而不能明辨是非的庸才。醇王不敢違慈禧之旨，並為之多方籌措經費，終於修成耗貲二三千萬的頤和園，在清代末年的歷史上，可說是一件大事。前文說閻敬銘呈報戶部積存的雜款七百餘萬，致啟慈禧修園之心云云，參之其他記載，事實或非如此。如毗陵張懷奇所撰的〈頤和園詞〉後有註云，閻敬銘長戶部時，搜羅爬剔，遇事撙節，歲得羨餘百餘萬。至光緒中葉，幾盈千萬。閻欲貯此以待國家非常之用。及園工起，慈禧知部中有此巨款，一意提用，而閻每峻拒之，於是眷閻驟衰。閻知事無可為，稱疾去職。閻去而戶部之款數月立盡，云。此一段資料，筆者前撰〈咸豐、慈禧，與恭王〉一文中已曾引述。《凌霄一士隨筆》中亦有一條類似的記述，說到閻敬銘之去官，即是由於他之持正惜費，不肯以庫帑供慈禧濫費，可以與此參看。引述如下：

敬銘之為戶部尚書，西后委任甚隆，值樞密，晉端揆，志氣頗得發舒。而卒以持正不阿，不肯以庫帑供后濫費，馴致眷遇大衰。光緒十四年，江西布政使李嘉樂、陝西布政使李用清，均奉旨開缺，另候簡用，以疆吏年終密考之故。二人故敬銘以廉吏薦拔者。敬銘疏爭之，謂為近時藩司之最，贛撫德馨、陝撫葉伯英劾之去，行圖自便。后大怒，命將原摺擲還，並諭責敬銘甚厲，蓋借題發揮耳。時敬銘在病假中，且已疏請致仕也。

閻敬銘之去官，在光緒十四年，頤和園之修，即在此前不久。胡思敬《國聞備乘》卷一云：

慈安崩後數年，始更變大臣。又二年，始興園工。

「更變大臣」是指甲申易樞之事，甲申之後二年是光緒十二年，三海之修，即在此時，然後再是興修頤和園之事。除了前引《清宮遺聞》卷上所述之外，《光緒東華錄》中並且有煌煌上諭，可資引證，抄錄一段如下：

光緒十四年二月癸未朔，諭：「朕自沖齡入承大統，仰蒙慈禧端佑康頤昭豫莊誠皇太后垂簾聽政，憂勤宵旰，十有餘年，中外奠安，群黎被福。上年命朕躬親大政，仍俯鑒孺忱，特允訓政之請。溯自同治以來，前後二十餘年，我聖母為天下憂勞，無微不至，而萬幾餘暇，不克稍資頤養，撫衷循省，實覺寢饋難安。因念西苑密邇宮庭，聖祖仁皇帝曾經駐蹕，殿宇尚多完整，稍加修葺，可以養性怡情。至萬壽山大報恩延壽寺，為高宗純皇帝侍奉孝聖憲皇后三次祝嘏之所，敬踵前規，尤臻祥洽。其『清漪園』舊名，謹擬改為『頤和園』，殿宇一切，亦量加葺治，以備慈輿臨幸，恭逢大慶之年，朕恭率群臣，同伸祝嘏，稍盡區區尊養微忱。籲懇再三，幸邀慈允。欽奉懿旨：『自垂簾聽政以後，夙夜祇懼，如臨淵谷。今雖寰宇粗安，不遑暇逸之心，無時稍弛。第念列聖敕幾聽政，問民疾苦，凡苑囿之設，蒐狩之舉，原非若前代之肆意遊畋。此舉為皇帝孝養所關，深宮未忍過拂。況工料所需，悉出節省羨餘，未動司農正款，亦屬無傷國計。……深宮隱願所存，豈在遊觀末節，想天下亦應共諒。惟念皇帝春秋鼎盛，此後順親之大，尤在勤政典學，克己愛民，不可因一意奉親，轉開逸遊宴樂之漸。……』欽此，朕仰承慈訓，惟當祇服懍遵……」

這一道上諭，將修建頤和園的動機完全歸因於光緒皇帝的頤養孝思，然後又以皇太后的口吻訓勉一番，誨以順親當以勤政愛民為先，「不可因一意奉親，轉開逸遊宴樂之漸」云云，一唱一和，真可說是母慈子孝，謙遜為懷。究其實際，只不過是慈禧太后自己欲以國家的庫帑供其個人糜費揮霍，假借了光緒的名義來此一番遜讓做作，以為塗飾耳目之計而已。關於這件事的真正內情，《翁同龢日記》中的一段話說得最清楚。翁記光緒十二年十月二十四日云：

慶邸晤樸庵，深談時局，囑其轉告吾輩，當諒其苦衷。蓋以昆明易渤海，壽山換灤陽也。

「慶邸」即慶王奕劻，「樸庵」則是醇王奕譞之號。所謂「以昆明易渤海，壽山換灤陽」，意思是說，慈禧太后本有重修熱河行宮的計畫，後來幾經磋商，方才允諾以修建頤和園為代。頤和園中有昆明湖與萬壽山，所以「昆明」與「壽山」都只是頤和園的代名詞。至於「渤海」，則本是醇王在「中法戰爭」結束後，與李鴻章計畫大興海軍，並多方籌措經費，議建海軍三大支。其後因經費難籌，又議暫建北洋海軍一支，餘俟經費情形陸續興辦。及修園之議興，海軍經費多有挪借用於園工者，海軍報効又專為園工而用，海軍建設徒有空名，於是乃有「以昆明易渤海」之說，事實上亦正是醇王為求解於當時輿論責備的乞哀之詞。慈禧太后如何「以昆明易渤海」？《說元室述聞》中有如下一條記述，可以參看：

初，法、越戰事起，侍講學士張佩綸上疏請大興海軍，朝議是之，未遑行也。乙酉春，中、法和議成，始決議興辦。於是，建海軍署於京師，以醇賢親王督其事，貝勒奕劻、李鴻章副之，而曾國荃、劉銘傳、曾紀澤、容貴皆為會辦。醇邸固不知海軍為何事，李文忠總其成，而小事不暇過問，且京、津路隔，亦無由遙制。國荃、銘傳皆疆臣，不過與議而已，故署中事悉決於紀澤一人，規畫甚密。惟署中各科司員，全用滿人，什九紈袴子，非第不知海軍，亦且未諳軍旅，第車馬、衣服、酒食相徵逐。紀澤病之，謀所以參用漢員者。那拉氏疑焉，密敕容貴為之備。容貴者，本市井無賴惡少年，徒以出身勳閥，得挑乾清門侍衛，因緣媚事宮闈，不數年洊至都統，那拉氏特用之會辦海軍，第以鈐制諸漢大臣而已。容貴至署，既盡用所親為司員，又欲以滿人充海軍將校。紀澤不可，容貴遂大憾，所以齮齕紀澤者甚至。紀澤憤，遂病。容貴更

> 薦一歐醫使診之。紀澤本非篤疾，服其藥，則大困，竟不起。紀澤既卒，海軍署遂無復漢人縱跡，都人士目為新內務云。

慈禧太后為什麼要使容貴齮齕曾紀澤使不得竟其用？海軍衙門為什麼在後來會被人稱為「新內務府」？很明顯地，慈禧之所以命奕譞出任總理海軍大臣，其真正目的，並不在使這個新設的海軍衙門辦理建設海軍之事。因為，當時的中國海軍既然決定只建北洋一支，則自有北洋大臣李鴻章總其事，此新衙門名義上雖然稱為海軍衙門，事實上則只在使奕譞掛一總理大臣之名，以便過問實際政治事務，而海軍經費又多與園工經費相糾葛，更不能使曾紀澤認真處理，所以才有這許多借事排斥之事，而海軍衙門到後來，也終於成了一個徒具形式而專供進御的「新內務府」了。

情況如此，曾紀澤之死與閻敬銘之去，正可說是都由於他們不曾明白慈禧太后的真正意向之故。醇王奕譞雖然很明白慈禧的真正意向，然而他既已因遙總軍機而成為事實上的柄國之人，在這些地方不但不能諫阻慈禧之動用國帑以事丹青土木，並且更有將順迎合之嫌，與恭王奕訢相比起來，就未免顯得太沒有骨氣。

醇王奕譞如何在興修頤和園一事上，有將順迎合慈禧意向之嫌？除了前引《翁同龢日記》中所說的話外，更明白具體的表現，便是他因籌措修園經費而不惜破壞政治制度之事。

頤和園的修建，工費鉅大，閻敬銘所辛苦攢積的戶部積餘不足一千萬兩，並不敷實際費用，於是就得再在其他方面設法玩弄新的花樣。新花樣有時不免違法，如此一來，對國防建設及政治風氣的影響，就太大了。

胡思敬《國聞備乘》卷二，「李文忠徇私壞法」一條說：

湖北候補道楊宗濂初為御史鄧承修所劾，改官直隸；太僕少卿延茂、御史屠仁守再劾之，遂革職永不敘用。總督李鴻章與宗濂有舊，極力為圖開復。時部例方嚴，久之不得當。適園工興，費無所出，醇親王奕譞假巡閱為名，赴天津與鴻章籌商移用海軍經費。鴻章曰：「海軍籌款不易，常捐為部例所限，亦所獲無幾。無已，其令諸臣報効乎？」因授意宗濂，令乘機報効二萬金。醇王大喜，回京師取中旨復宗濂官，交北洋委用。此朝廷壞法之始。

又，同書同卷「報効」一條云：

凡奸臣喜迎合者，多藉言利以結主知。歲入有常經，不能過求於戶部，民窮慮走險，不能苛責於閭閻，則報効之說以起。當光緒十二年興海軍報効時，革員楊宗濂、姚寶勳、馬永修、陳本，各獻多金謀開復。主事延熙以五千金得郎中，郎中岑春榮以五千金得道員，道員周綬、沈永泉各以萬金得記名簡放。陽藉海軍為名，實用以給園工。在內醇親王奕譞主之，在外李鴻章主之，罔非獻媚宮闈，以得固寵求容之地。然當時利孔初開，內外稍知畏忌，受授之間，不過如此而止。後練兵處祖襲海軍故智，仍用報効之法罔利鬻官，輦金求進者自十萬以至數十萬不止。然交通關說，必得要人指引，取徑而入。聞諸員報効海軍時，副都統恩佑得賄獨多。張振動進二十萬金報効練兵，擢太僕寺卿，私酬樞府，乃過其數。始作俑者無後，李鴻章蓋不得辭其責矣。

又，同書卷一，「頤和園」一條說：

> 孝欽初興園工，游百川、屠仁守先後入諫，幾罷者數矣。李鴻章等雖善迎合，不能不藉海軍報効之名掩飾國人耳目。

游百川、屠仁守之諫修頤和園在光緒十四年。由此可知，當光緒十四年園工初興之時，由於經費無著，而御史游百川與屠仁守又一再上上疏諫阻，慈禧與醇王基於事實困難，不得不打算將修園之事停止。而自李鴻章想出了以海軍報効名義的籌款辦法以後，奔競者流趨之若鶩，倖門大開而財源日盛，加上提用戶部積存款項之所得，終於能使修園的計畫，在掩飾隱蔽的方式下繼續進行。言路諸人，既不能得悉經費來源的實情，於工程進行的情況又懵無所知，自無法從旁阻擾。這當然都是醇王奕譞與李鴻章的設計之功，但其後果卻是十分惡劣的：第一，是此舉開啟了慈禧太后浪費國帑，從事丹青土木的奢縱糜費行為，此後的踵事增華，正無底止。第二，是報効濫進破壞了國家的用人行政制度，開創了晚清末年政以賄成的惡例。這可以分為兩部分來加以說明。

頤和園初建，所耗的費用大概並不很多。這其中的原因是可想而知的——經費籌措困難，而且規制草創，在不很長的興修時間內也不易投擲鉅額的營建費用。關於經費籌措的困難情形，前面已有大概敘述。至於當時所耗用的修園經費究有若干，則從下文所引的幾段資料，可以約略透露一些其中的端倪。

胡思敬《國聞備乘》卷二，「頤和園」一條說：

> 園工初興，立山為內務府大臣，報銷八百萬金，寖以致富。

清代慣例，宮廷中的營建工程及採買等項，無論是由內務府或太監經手，照例都只有三四成是實用，其餘都屬於經辦之人的利益，由此分潤各部門的有關人員，人人都可以饜足所欲。立山以內務府大臣的職務主管園工，報銷工款八百萬金，所侵吞的數目當然很可觀，「寖以致富」之說，即由此而來。但由立山所報銷的初期工款只有八百萬金而言，可知這一階段所用的工程費用並不太多。其踵事增華奢侈無度，當是後來的事。

《清宮遺聞》卷上，「頤和園之來歷」一條說：

清孝欽后欲起頤和園而苦於籌款無術，鴻章乃使恭（醇王之誤）邸為孝欽言，以興辦海軍名義，責各疆吏年撥定款，就中挪移十分之六七，園可起也。孝欽聞之大喜，用其言，北洋海軍卒底於成。甲午敗後，盡移各省所解海軍經費以修頤和園。識者謂清廷荒奢，以海軍費為宮室，臺榭、陂池之用。不知當時若無頤和園，即無北洋海軍，甲午之役，雖欲求一敗之海戰而不可得。鴻章獨能委曲籌畫，以求大業之必成，其苦心奇計，誠有足道。

按，關於慈禧太后在「甲午戰爭」以前挪用海軍經費以修建頤和園之說，史學家吳相湘先生曾撰文考證，證明其說不確。根據吳先生的考證，慈禧在「甲午戰爭」以前利用海軍經費修園，所用的其實只是各省每年解繳海軍經費的存款利息。其後「甲午戰爭」既經失利，北洋海軍全軍盡熸，慈禧始將此項存款用於園工，其說與《清宮遺聞》所述相同。既然園工初起時所動用的只是海軍經費的利息，其數目當然不會太多。八百萬的數目，還是湊合了戶部積餘、海軍報効等項所合計起來的。但園工既興，各項裝飾布置及更新的設備方興未艾，而慈禧對外國傳入的新奇事物甚感興趣，舉凡電燈、鐵道、汽船等等，都在頤和園中陸續添置起來，這在當時都是需要大量金錢的。張懷奇所撰〈頤和園詞〉，中有句云：

六曲屏風雲母飾，九間殿柱水晶雕。鳳亭迴護仙霞紫；昆明池館翡翠巢。

又，成多祿所撰〈昆明曲〉中亦有句云：

倉皇劫火園明後，明德遂稱天下母。侍臣方進遊仙詩，海客又斟祝釐酒。奇肱車與宛渠船，經營不惜水衡錢。費盡水師四百萬，好歌慈壽億千年。長廊香閣白雲殿，寶月瓊花開夜宴。歌管春燈燕子詞，綵繪夜火螢兒苑。濯龍門外好樓臺，趨直車聲曉若雷。

凡此所詠，俱是頤和園的糜費華麗之處，所費何止以千萬計？而其開端則始於醇王之迎合意旨，獻諛宮闈。雖初時所費未逾千萬，而此途既開，後來的耗費遂無紀極，蠹國病民，可勝嘆息。這是因醇王創議修園而導致慈嬉後來之耗費無度的部分。以下續論園工報效所影響及於後來的政治風氣部分。《左傳》中有一段話說：「國家之敗，由官邪也；官之失德，寵賂彰也。」這一段話，說明了官吏操守與政治隆污之間的關係。清代末年，官以賄進，政以賄成，上下徵逐，惟利是圖，而政治風氣乃不可聞問。推原其始，固然是源遠流長，而光緒十四年開始的海軍報效，實加速了貪污風氣的發展。胡思敬《國聞備乘》卷四，「京朝饋遺」一條說：

王闓運嘗入肅府，見肅順受禮，與近時懸絕，私語人曰：「余嘗遨遊公卿間，見咸、同風氣，雖招權納賄中亦具先正典型。」詞雖近謔，亦讜言也。自來貪賄之臣，未有一舉而得十萬、數十萬者。聞光緒初年，政府頗有私交，雖恭王不免。然當時督撫入京，應酬政府，人不過三四百金，不受者卻之，受者報以貂褂一襲，鹿茸兩角，尚不失禮尚往來之意。嗣後乃有歲饋，亦只三節兩壽。最後指缺進賄，直與交易無異。且恐貨幣不足以動心，有藉衽席為媚獻之地，如楊士琦、段芝貴、丁乃揚之流，蓋愈趨而愈下矣。

汀乃揚不知何許人。據胡思敬《國聞備乘》卷四，謂度支部尚書載澤初出任政時，亦頗有廉謹之名，「後乃揚飾美姬以進，亦欣然受之」云云，則丁乃揚當是光、宣之間新設度支部的丞、參等官，以獻美得載澤之歡心，由此而成為知名人物的了。至於楊士琦與段芝貴，則前者曾獻妾於袁世凱，後者更因費十萬金買天津名妓楊翠喜，以獻於慶王奕劻之子商部尚書貝勒載振，即由候補道擢陞為新設的黑龍江巡撫，都是清末政壇的有名趣聞。以與李伯元所撰的《官場現形記》及吳沃堯所撰的《二十年目睹之怪現狀》二書所寫的官場醜聞相比，正可說是若合符節。可見晚清官場風氣之敗壞，正由醇王與李鴻章作俑於先的海軍報効開其端。胡思敬慨然於此，乃曰：「始作俑者，其無後乎？」雖其指責的主要對象在李鴻章，醇王奕譞其實應負更大的責任。

醇王奕譞為什麼要在國家財政如此困難的情況之下，百計羅掘，以設法興修頤和園，來供慈禧太后一人的奢縱逸樂呢？試為探討其中的原因，實可以數言盡之：第一，是他賦性柔懦無能，不敢拒絕慈禧太后的指授；第二，是光緒既已立為皇帝，他以皇帝本生父之尊，將與慈禧太后有位並勢偪之嫌。為了避免招致慈禧太后之猜忌而引起不測之禍，他必須比別人更加謙謹恭順，小心翼翼地博取慈禧的歡心。而慈禧太后也看準了他這兩方面的心理弱點，有時予逾份的恩寵表示籠絡，有時則施不測之威使其格外知所畏懼。於是，醇王在糊裏糊塗地憑藉一時的衝動排去恭王，而自掌樞柄之後，就等於孫悟空被觀音大士套上了緊箍咒，除了任由驅使之外，毫無躲閃退讓之餘地。這樣的地位與遭遇，說起來真是夠可憐的。

《光緒東華錄》卷七十二，十一年九月辛丑條記事云：

欽奉慈禧端佑康頤昭豫莊誠皇太后懿旨，前因海防善後事宜關係重大，諭令南北洋大臣等審議具奏。嗣據該大臣等各抒所見，陸續呈奏，復經諭令軍機大臣、總理各國事務衙門王大臣會同李鴻章妥議具奏，並令醇親王一併與議。茲據奏稱：「統籌全局，擬請先從北洋精練水師一支，以為之倡，此外分年次第興辦」等語，所籌深合機宜。著派醇親王總理海軍事務，所有沿海水師，悉歸節制調遣。並派慶郡王奕劻、大學士直隸總督李鴻章會同辦理。

這一道諭旨，就是光緒朝設立海軍衙門之創始。當甲申朝局變革時，醇王以皇帝本生父之故不便出面領樞，所以不得不以禮王世鐸作為名義上的傀儡，而事事由醇王遙領其政。現在距甲申朝局變革不過只有一年多的時間，何以醇王又可以公開出面來充當海軍衙門的總理大臣了呢？這一個矛盾問題，恐怕任誰也無法解答。所謂政治，大概就是這類莫名其妙的事。研究近代史的學者，頗有人以為，慈禧太后之所以要在此時設立海軍衙門而以醇王為總理大臣，其目的即在分軍機之權，俾便醇王得以海軍衙門的名義過問軍國大事，其說法頗有相當見地。這只要看光緒十三年二月庚辰，醇王所奏〈修建天津至山海關間之鐵路〉一摺，便可知其梗概。原奏見於《光緒東華錄》卷八十一，中云：

總理海軍事務衙門奏：鐵路之議，歷有年餘，毀譽紛紜，莫衷一是。臣奕譞向亦習聞陳言，嘗持偏論。自經前歲戰爭，復親歷北洋海口，始悉局外空談與局中實際判然兩途。當與臣李鴻章、臣善慶巡閱之際，屢經講求。臣奕劻管理各國事務衙門，見聞親切，思補時艱，臣紀澤出使八年，親見西洋各國輪車、鐵路，於調兵、運餉、利商、便民諸大端為益甚多，而於邊疆之防務、小民之生計，實無危險窒礙之處。近在總理各國事務衙門行走，於此更加留意，探詢所聞相同。現在合同酌核，華、洋規制自古不同，鐵路利益雖多，若如外洋之遍地皆設，縱橫如織，不惟經費難籌，抑亦成何景象？至調兵運械，貴在便捷，自當擇要而圖，未可執一而論。

此奏之主要目的，在請求展築開平煤礦原有之運煤鐵路，使北達山海關而南達天津，「於軍旅、商賈，兩有裨益。平日藉資拱衛，遇事便於援應」。醇王的此一奏摺，對於他素來所抱持的反洋務、反新政思想，自是一極大之轉變。足證他前此之所以力詆恭王推行自強維新運動，無非只是他之頑固守舊、愚昧無識而已。而此一奏摺所反映的另一種意義，則是此時的醇王，雖在名義上只是海軍衙門的總理大臣，而鐵路並非海軍所管，造鐵路之目的又在通商賈而利國防，更非海軍衙門之專職，然則醇王此時之職司，非侵越軍機處之原有職掌而何？很顯然地，醇王不居領樞之名而實際過問軍機之事，由於他無法與全體軍機大臣一同入對，一同商討軍國大事之故，以致事事需要由孫毓汶往來醇邸請示進止，這種處理公事的辦法已有極大的不便。為了補救事實上的困難，於是乃想出了這一變通辦法──新設一個海軍衙門而以醇王為總理大臣，漸奪軍機之權，而在處理以修建頤和園為主的經費籌措問題上，慈禧與醇王之間，更可藉直接溝通意見之便，而收指臂呼應之效。經由這樣的安排，醇王亦可由舊時的幕後指揮而出居幕前，直接對有關人員做調度指揮，以免除不必要之中間隔閡了。這種轉變，終於使醇王成為直接擔負國家大政的柄政之人，與前此的恭王所處地位大致相同。只是，恭王究竟沒有「皇帝本生父」的特殊身份，他在與慈禧發生意見齟齬時，還可以侃侃而爭，沒有其他太多的顧慮；醇王則因與光緒為父子之故，深恐遭致慈禧的猜忌，以致事事必須忍辱含垢，以避免發生不測之禍。這其間的矛盾，就要使醇王的處境困難得多。

《光緒東華錄》卷七十五，十二年三月癸丑條記事云：

> 欽奉慈禧端佑康頤昭豫莊誠皇太后懿旨：「醇親王奕譞、醇親王福晉，均著賞坐杏黃轎。」

兩天之後，即同月之乙卯，又有另一條記事云：

> 欽奉慈禧端佑康頤昭豫莊誠皇太后懿旨：「醇親王奕譞〈懇請收回成命〉一摺，情詞懇摯，出於至誠，實堪嘉許。……醇親王奕譞素來忠勤誠敬，醇親王福晉溫恭淑慎，均足為懿親矜式，為天下所共知。自皇帝入承大統以來，醇親王及福晉翼翼小心，愈加謙謹，稽諸史牒，實為從來所未有。昨降旨賞坐杏黃轎，實因醇親王及福晉德性福澤足以承受，是以特沛恩施。王其謹受恩命，毋庸固辭。」

自唐、宋以來，金黃、明黃、杏黃等項色澤，便被規定為皇室所專用，除了帝后以外，他人不得僭擬。慈禧太后特賜醇王夫婦乘坐杏黃轎，表面上看來是皇太后所特沛的恩典，其實深有用意。假如醇王夫婦老老實實地以為此是太后恩典，居然真的乘坐起來，那就一定會引起慈禧太后的猜忌，以為醇王自居帝父，以後或將有更進一步的覬覦；即或不然，亦將是他不能如往常之「愈加謙謹」的表示，以後是否能謹守臣節，恪恭無違，也很難說。所以，這雖然是名義上的「恩典」，事實上應視為是慈禧對醇王的試探——試探醇王對於「擬於至尊」的儀物，感受如何？王照《方家園雜詠紀事詩》中之第一首，即為詠此而發。原詩云：

甘棠餘蔭猶知愛，柳下遺邱尚禁樵。濮國大王天子父，南山莫保一株槁。

詩中所詠，乃為記述慈禧因惑於風水之說，伐去醇賢親王墓前之大白果樹而致其不平之嘆，但詩後之記事，則明白說出了慈禧對奕譞多方試探，而奕譞始終恭謹惕勵之光景，引敘如下：

醇賢王之掌海軍衙門也，太后提用籌備海軍之積款以大興土木，王不敢違。及王赴煙臺閱海軍，懿旨賜乘杏黃轎，王不敢乘，而心益加惕，力請派李蓮英偕往。出京後，每見文武各員，皆命蓮英隨見，正意在避本生擅權之嫌也。而蓮英怵安德海之禍，布韡、布衣，每日手執王之長桿煙筒、大皮煙荷包，侍立裝菸。退則入王之夾室中，不見一人。時直、魯兩省卑鄙官員欲乘機逢迎大總管者，皆大失所望。王之左右與蓮英，皆一介不取而歸，王大讚賞之。此一事，足以見一主一奴，皆據恭謹為磐石之固。夫死後之白果樹尚不容，況生前之杏黃轎哉？王之知幾，其神矣乎！

王照以醇王奕譞之不敢「遵懿旨」乘坐杏黃轎為「知幾」，確實是洞見底裏之言。而奕譞之恭謹而知幾，其實尚不止此。例如，當光緒十三年正月皇帝屆滿十六歲而依例需要親政時，醇王為了表示恭順，特以「宮庭政治內外並重」為由，專摺奏請慈禧於皇帝親政之後，再予訓政數年。「俾皇帝有所稟承，日就月將，見聞密邇，俟及二旬，再議親理庶務。彼時寰宇之局益安，皇帝心志益定，實為宗社蒼生之福」云云。及慈禧降諭表示應毋庸議之後，醇王又再上一摺重申前請，更暗示光緒自己亦向慈禧面求訓政。這一回，慈禧太后總算是「勉允所請」，以免「固執一己守經之義，致違天下眾論之公」了。醇王奕譞為什麼要在光緒親政期屆之前，一再要求慈禧太后再予訓政數年，這顯然也是他的學問經濟所在。因為由後來的事實演變可知，慈禧太后對於攬持國柄，始終富有極大的興趣。當初她之要選立載湉為嗣，目的就是要利用載湉之年幼，以便繼續垂簾聽政，做實際上的女皇帝。現在光緒年屆十六，照規定是應由慈禧交出政權、退隱深宮了，其實這何嘗是慈禧心中所願之事？又假如慈禧真的在此時交出政權，醇王奕譞以帝父之尊，遙執樞政，又且總管海軍事務，權任甚重，姑不論他在皇帝親政之後，是否在名義上一概辭卸這些職位，只要他在這些職務方面的影響力始終存在，則必然會因父子一心的結果，而使醇王的政治地位上升，從而影響到慈禧的權力與地位，而這正是慈禧所極不願看見的事。慈禧太后自己不願說這樣的話，在醇王奕譞而言，卻不能不見機而作。此所以他要一再力請慈禧，在光緒親政之後，再予訓政數年，「俟及二旬，再議親理庶務」，其用意無非是希望將垂簾聽政的局面再拖延幾年，以延緩不愉快時刻之來臨，可謂用心良苦。然而，不到三年，另一種意想不到的情勢卻又出現了。

光緒十五年二月，慈禧太后在「訓政」兩年之後，表示了真正地倦於政事，要退居到新近完工的頤和園中去頤養天年了。皇帝這一次雖是名義上做到了真正的「親政」，事實上則朝中的一切重要章疏，都還要送到頤和園中去讓慈禧太后親閱，二品以上大臣的進退，也都要聽候慈禧太后的處分，所以皇太后的權力實際上並未完全交出，而醇王奕譞也還未解除海軍幕後領樞之職。在這些事情之中，最使人感到不能忍耐的，還是醇王當政以後的君子道消，而小人道長的情形，使得國家政治日見敗壞。胡思敬《國聞備乘》就說：「醇黨多小人，通賄賂，政事日脞。」費行簡《近代名小人傳》，亦說他待諸奄甚優厚，以致李蓮英等一班用事太監得以公然弄權取賄，而醇王一切懵然不知。在這種情形之下，惟一有效的辦法，是能夠把醇王從實際政治事務中請開，使得憑藉醇王地位弄權納賄的那一班社鼠城狐無所寄託，然後方能漸收澄清吏治之望。基於此一構想，於是乃有光緒十五年正月，東河河道總督吳大澂奏請飭下廷臣會議，尊崇醇親王稱號禮節之事。

吳大澂的原奏，見於《光緒東華錄》卷九十三。疏中大指，以為醇親王在皇太后前則盡臣下之禮，在皇帝則有父子之親。「我朝以孝治天下，當以正名定分為先。凡在臣子，為人後者例得以本身封典貤封本生父母。此朝廷錫類之恩，所以遂臣子之孝思，至深且厚。況貴為天子，而於天子所生之父母，必有尊崇之典禮。」繼引乾隆御批《通鑑輯覽》所論，宋英宗尊稱其父濮王為皇伯父之不當，與明世宗追尊其父興獻王為出於人子至情。故結論謂，乾隆之「聖訓煌煌，斟酌乎天理人情之至當，實為千古不易之定論。自制禮之聖人出，而天下後世有所遵依，本生父母之名不可更易，即加以尊稱，仍別以本生名號，自無過當之嫌」。「恭逢皇太后歸政之期，擬請懿旨飭下廷臣會議醇親王稱號禮節，詳細奏明，出自皇太后特旨，宣示天下，以遂我皇上孝敬之懷，以塞薄海臣民之望。」由於這一道奏疏的立論根據是出於「高宗純皇帝」的御批《通鑑輯覽》，有煌煌聖訓可資依憑，慈禧太后頗難加以駁斥。為了應付這件意外之事，倒也著實費了一番周章。

從過去的歷史看，帝系中斷而以旁支入繼的事例不是沒有，只是在入繼以後常常不免引起對所生父母的尊崇問題之爭議。遠在宋朝，就有過宋英宗時的「濮議」；近在明朝，則有明世宗時的「大禮議」。宋英宗和明世宗，都是原有帝系中斷之後，以旁支入繼的嗣皇帝。他們做了皇帝之後，雖然所承繼的乃是原有的帝統，需要以「嗣子」的身份過繼做大行皇帝的兒子，但他們各有其本生父母，援據「父以子貴」及「追尊所親」的道理，也應該對自己的父母有所尊崇。宋英宗的生父是濮王，其時就因應否尊崇與如何尊崇的問題，在朝中引起了一番爭議，歷史上稱之為「濮議」。乾隆御批《通鑑輯覽》論此云：

英宗崇奉濮王，事由韓琦等申請，且所議並非加尊帝號，更無嫌疑凌替之虞。必執「為人後者不得復顧私親」以相辨析，既與大記所云不合，使濮王尚在，又將何以處之？且以本生之親改

> 稱伯父，固非所安；而加皇於伯，名亦不正。王圭、司馬光之說，並無經傳可據，徒以強詞爭執，自不若歐陽修援引《禮經》之為得也。

至於明世宗的情形，雖相似而有不同。當時的大學士楊廷和與禮部尚書毛紀等人，執定宋英宗時的「濮議」之說，以為明世宗既然入為孝宗之後，就不得再以興獻王為父；稱父尚且不可，當然更談不上追尊乃父了。而張璁、桂萼等一班新進士，窺知世宗之意嚮，實有追尊之意，乃別創一說，以為宋英宗固是濮王之子，然因仁宗無子，英宗自小養於宮中，「其為人後之義甚明」，所以「濮議」之說，尚無不當。至於明孝宗之子乃是武宗，武宗承嗣孝宗而本身無子，世宗以旁支入承大統，「與預立為嗣、養之宮中者較然不同」，何得援「濮議」之說，以父為叔，而自絕於所生之父母？所以，他們不但主張應尊興獻王為皇考，且應進一步稱帝、稱宗，以示尊崇所親之意。由於張、桂之說深合帝意，於是楊廷和、毛澄等人相繼被斥，而興獻王亦旋即被追尊為興獻帝，廟號睿宗。乾隆御批《通鑑輯覽》論此云：

> 嘉靖欲推崇自出，本屬人子至情。諸臣必執宋時「濮議」相持，無論事理不同，且亦無以慰尊親本願。蓋旁支入承大統，於孝宗固有為後之義，然以毛裏至親，改稱叔父，實亦情所不安。誠使集議之初，即早定本生名號，加以徽稱，使得少申敬禮，則張璁等亦無由伺間陳言，或可隱全大義。

乾隆的評論，雖以明世宗之追尊乃父稱帝、稱宗為過當，而其立論亦頗平允公正，以為倘使楊廷和毛紀等人不過分堅持反對「早定本生名號，加以徽稱」的尊禮，當不致使明世宗因偏執己見之故，而導致後來之矯枉過正，其說甚有見地。若以光緒入承咸豐為嗣的情形與此相比，與兩者都有相似而又並不完全相似。更為不同的一點，則是宋英宗時的濮王，與明世宗時的興獻王都早已去世，而光緒之父醇王奕譞刻尚健在，子為皇帝而其生父屈居臣下，當然不是人情所能堪。吳大澂利用這一點來加以發揮，主張在皇太后歸政之後，以懿旨加予醇王尊號，而使其退出實際政治事務，其手法不可謂不高明。但以慈禧太后的立場而言，加上皇帝本生父的徽號，無異是要抬高醇王的身份與地位。倘使此事一經開端，後此必有更加趨奉附和之人。則在皇父之外，或者更有稱太上皇之可能，到了那時，她的皇太后地位就岌岌可危了。所以，當慈禧一看到吳大澂的奏摺時，她所首先考慮到的，並不是醇王的出處進退問題，而是她本身的權力與地位問題。為了鞏固她自己的權利，即使犧牲醇王，亦在所不惜。但因吳大澂的立論據引乾隆的御批《通鑑輯覽》中語，「聖訓煌煌」，難以駁倒，究竟要如何應付方是面面俱到之計，實在很不容易。

《光緒東華錄》卷九十三，十三年二月己卯一條云：

欽奉慈禧端佑康頤昭豫莊誠皇太后懿旨：「本日據吳大澂奏，〈請飭議尊崇醇親王禮節〉一摺，皇帝入繼文宗顯皇帝，寅承大統，醇親王奕譞謙卑謹慎，翼翼小心，十餘年來，深宮派辦事宜，靡不殫竭心力，恪恭盡職。每遇優加異數，皆再四涕泣懇辭。前賞杏黃轎，至今不敢乘坐，其秉心忠赤，嚴畏殊常，非徒深宮知之最深，亦天下臣民所共諒。自光緒元年正月初八日，醇親王即有豫杜妄論一奏，內稱：『歷代繼統之君，推崇本身父母者，以宋孝宗不改子稱秀王之封為至當。慮皇帝親政之後，僉壬倖進，援引治平、嘉靖之說肆其奸邪，豫具封章，請俟親政時宣示天下，俾千秋萬載，勿再更張。』其披瀝之忱，自古純臣居心，何以過此？此深宮不能不嘉許感嘆，勉從所請者也。茲當歸政伊始，吳大澂果有此奏。若不將醇親王原奏及時宣示，則此後邪說競進，妄希議禮梯榮，其患何堪設想？用特明白曉諭，並將醇親王原奏發抄，俾中外臣民咸知我朝隆軌超越古今，即賢王心事，亦從此可以共白，嗣後闕名希寵之徒，更何所容其覬覦乎？將此通諭中外知之。」

慈禧諭旨中所謂的醇親王光緒元年正月初八日奏上〈豫杜僉壬妄論〉摺，在諭旨後亦有引敘，一併抄錄於後：

奏為披瀝愚見，豫杜僉壬妄論，恭摺具奏，仰祈聖鑒事。臣嘗見歷代繼承大統之君，推崇本生父母者，備載史書。其中有適得至當者焉，宋孝宗之不改子稱秀王之封是也。有大亂之道焉，宋英宗之「濮議」，明世宗之議禮，是也。張璁、桂萼之儔，無足論矣；忠如韓琦，乃與司馬光議論牴牾，其故何歟？蓋非常之事出，立論者勢必紛沓擾攘，雖乃心王室，不無其人，而以此為梯榮之具，迫其主以不得不視為莊論者，正復不少。恭維皇清受天之命，列聖相承，十朝一脈，至隆極盛，曠古罕覯。詎穆宗毅皇帝春秋正盛，遽棄臣民，皇太后以宗廟社稷為重，特命皇帝入承大統，復推恩及臣，以親王世襲罔替，渥叨異數，感懼難名，原不須更生過慮。惟思此時垂簾聽政，簡用賢良，廷議既屬執中，邪說自必銷匿。倘將來親政後，或有草茅新進之徒，趨六年拜相捷徑，以危言故事聳動宸聰，不幸稍一夷猶，則朝廷從茲多事矣。合無仰懇皇太后將臣此摺留之宮中，俟皇帝親政時，宣示廷臣世賞之由，及臣寅畏本意，千秋萬歲，勿再更張。如有以治平、嘉靖等朝之說進者，務目之為奸邪小人，立加屏斥。果蒙慈命嚴切，皇帝敢不欽遵？是不但微臣名節得以保全，而關於君子、小人消長之機者，實為至大且要。所有微臣披瀝愚見，豫杜僉壬妄論緣由，謹恭摺具奏，伏乞皇太后聖明洞鑒。

看慈禧諭旨發抄的醇王此奏，有兩點恰與吳大澂的原奏針鋒相合：第一，是吳大澂的奏摺中引乾隆御批《通鑑輯覽》，以宋英宗治平年間的「濮議」，及明世宗嘉靖初年的「大禮議」為言，建議應對皇帝本生父加以尊號徽稱。此奏亦以「治平、嘉靖等朝之說」為言，指為「迫其主以不得不視為莊論」的「奸邪小人」，應該立加屏斥。第二，是吳大澂的原摺引乾隆評論嘉靖朝「大禮議」之言，以為是「聖訓煌煌，斟酌乎天理人情之至當」。倘於本生父母加以尊稱，「自無過當之嫌」。而醇疏亦以至當、至不當為言，以宋孝宗繼統之後，不改其父子稱秀王之封為「至當」，以「濮議」與「大禮議」為至不當的大亂之道，一若醇王預見十五年後吳大澂必上此疏，而預先做此駁議，以為駁斥吳疏之用者。揆之清高宗所作的〈濮議辨〉，其中曾說：「為帝王者苟不違君道，自無有無嗣旁支入繼之事。萬一有其事，何不稱所生曰『皇帝本生父』，歿則稱『本生考』，立廟於所封之國，無國則於其邸第，為不祧之廟，祀以天下之禮。」是乾隆對於宋英宗治平年間的尊崇之爭，早就定有折衷的解決辦法。醇王的奏疏，不論宋英宗的「濮議」則已，如果論及，就不能不援引乾隆在〈濮議辨〉中所定下的辦法。如今吳大澂援引乾隆之說，而醇疏則詆之為「奸邪小人」的「僉壬妄論」，不但於理不順，而且明明寓有駁斥乾隆御批為不當的口氣，醇王何人，豈敢如此明目張膽地違背祖訓嗎？所以，若是著眼於醇王奏疏中的這幾點疑竇，就很可使人懷疑，此奏究竟是醇王奕譞在光緒元年正月初八日所上？還是吳大澂在光緒十五年正月上奏之後，由慈禧所臨時偽造？若是細加追究，倒也是一個頗為有趣的問題。

我們之所以要懷疑醇王此奏係出於慈禧之事後偽造，是因為奏疏中的內容有如上三點可資懷疑之處。如果再從別的方面探索，則可以懷疑的地方更多了。試為逐一列舉，便可以舉出如下四點為證。

第一，是醇王此奏，只見於慈禧諭旨中的「將醇親王原奏發鈔」一語，從未有人見過醇王的原奏。按，清代的軍機處，對於遞呈皇太后或皇帝閱看的封奏，每一件都有紀事檔。即使此件原係密封，閱後由皇太后或皇帝「留中不發」，紀事檔中亦仍註明某人所上摺片被「留中」，從沒有無案可查的例子。稽之軍機處光緒元年正月初八日紀事檔中，並沒有醇王上奏的紀錄。民國以後，軍機處檔及宮中檔屢經檢閱，亦只見有此奏的抄件而未見原摺。慈禧諭旨，明言「原摺發鈔」而不言「原摺發下」，可見當時軍機處據以發布的，只是慈禧交下的抄件，而原摺則從無人見。然則，醇王當時究竟有沒有上過此摺，就是很可懷疑的事。

第二，是慈禧所頒諭旨之中，一則褒揚醇王之謙卑謹慎，寅畏小心，一則指斥吳大澂之建議為梯榮躁進之奸邪小人。果如所論，則在慈禧此諭頒發之後，何以並不將吳大澂嚴行申飭？醇王奕譞何以並不具摺參劾吳之僉壬妄論，以資儆誡其餘？即使醇王自己不願具摺奏劾，何以亦不指授朝中的御史、給事中等官代為發言？由於慈禧及醇王之事後一無舉動，反足以使人懷疑正係出於偽造，由於理不直而氣不壯，所以才不能再接再厲地對吳大澂採取進一步的行動。再則，醇王在蒙諭褒嘉之後，寵遇優渥，於理應再上一奏摺，以表示感激天恩之忱。而軍機檔中亦未見有此項奏摺，一似「賢王心事，從此可以共白」之說，與醇王痛癢不關者。由此一點，更可推想此摺係出於事後之偽造，其目的則專在駁斥吳大澂之奏疏。

第三，果如慈禧所說，醇王在光緒元年正月初八日即豫上此摺，以防杜日後之僉壬妄論。以光緒初年之政治情勢而言，慈安、慈禧兩宮皇太后並出垂簾，政權並未歸於慈禧一人獨掌，而恭王柄政已逾十三年，此後，亦很難預卜何時有更迭之可能。當此時會，醇王已因懇恩放廢而終老林下，無形中成為一個閒廢之人。朝中既無奸謀，尊為皇帝本生父亦不是為梯榮之階，何必在光緒甫經即位之時，便即汲汲為防杜之謀？這又是極不合於情理的地方。

第四，醇王之為人，胸無城府而洞見底裏。以他的識見及學問，當光緒元年朝局擾攘之時，煩愁憂慮之不暇，亦不可能博考歷代往事，因憂讒畏譏而預上此疏。這又是從醇王之才具與性格方面，證明其不可能之處。

綜合以上各點的懷疑不實之處，很可以使我們相信，慈禧諭旨中所說「原摺發鈔」的醇王此奏，似乎是出於後來的偽造。從前錢基博撰《吳大澂傳》，亦主此說，云：

> 方是時，大澂盛負時譽，頗發抒意氣。見孝欽皇后浸驕侈逸樂，頗以醇親王帝父，為天下歸望也，使奄人風人，倡帝以天下養之說。會海軍議興，以王總理海軍衙門事。王揣知后意，預思所以媚之者。於是歲責成各直省大臣籌巨帑供海軍衙門費，猶不足，開海軍捐例，所入亡慮數千萬，泰半耗宮中以興築頤和園。孝欽皇后大悅，而天下顧非王所為。大澂夙與王善，治河有成功，詔實授東河河道總督，賞加頭品頂戴，旋錫兵部尚書銜，寵命稠疊。自恃眷倚方隆，具疏請飭議醇親王稱號禮節。疏中大指，引高宗御批《通鑑》論治平濮議，嘉靖議禮為據，意醇王名帝父，義當擁號歸邸，嫌於預政也。自謂立論遵依祖訓，尊稱本生，於義當無罪。疏草具，以示河南巡撫倪文蔚，輒慫恿上焉。孝欽得疏震怒，意尊帝父即以傾己勢也，隨發鈔元年五月醇親王〈預杜妄論〉一奏，嚴旨斥大澂闞名希寵，不容覬覦。傳者謂，王奏實大澂疏上後，孝欽后以其引高宗御批，無能以折之，不如託王小心寅畏，樞臣承旨代草奏，倒填年月，假說王密陳留中，故能與大澂疏針芥相投。事秘莫能明，然說者不為無因也。

錢基博懷疑醇王的〈預杜僉壬妄論〉一摺，是慈禧授意軍機大臣所代撰，以倒填年月之法傳旨發鈔，所以才能與吳大澂奏疏的內容針芥相投，其說甚為有理。亦正因為有此可能，所以軍機檔中沒有醇王上奏的紀錄，而醇王原奏也終於無人曾見。慈禧之所以要這樣做，一方面是為了駁斥吳大澂之建議，二方面也是為了不讓醇王逐漸造成位尊勢偪的形勢。在這種情勢之下，最使慈禧太后覺得討厭的，當然不是吳大澂而是醇王。然則，奕譞當何以自處呢？

奕譞因兒子做了皇帝而具備了「皇帝本生父」的資格，這本不是他自己所願意的事。早在同治皇帝因風流病而暴崩，慈禧太后當眾宣布選立載湉為咸豐的嗣子，入繼為嗣皇帝的時候，醇王奕譞就曾經「驚遽敬惟，碰頭痛哭，昏迷伏地」，至於「掖之不能起」了。醇王此時之哭，是由於驚悸恐懼，是由於他不願將自己的兒子送入慈禧手中去遭受折磨。準此而言，他當然更不願意因為犧牲了兒子之故，而得到「皇帝本生父」的尊崇。但形勢之來，實逼處此，這卻不是他所能左右的事。而且，不管他自己對於「皇帝本生父」的榮譽有沒有興趣，一旦這種形勢造成之後，勢必要招來慈禧太后更大的猜忌與疑懼，則是一定的事。在這種情形之下，究竟要怎樣才能使慈禧太后不致視他為危險的敵人，這就需要加倍地小心謹慎了。前引王照《方家園雜詠紀事詩》已曾說到醇王之對慈禧，素以「恭謹為磐石之固」。為了表示恭謹，除了謙卑恭順之外，就是事事先意承旨，處處委曲將順，以求博取慈禧的歡心。所謂勸導皇帝以天下為太后養，以及耗費巨款為慈禧興建頤和園供其奢靡逸樂，都是所用的方法之一。到了光緒親政有期，又倡率群臣懇請皇太后再予訓政數年，亦此之類。現在吳大澂忽然奏上此摺，要在皇帝自親大政之初議上醇王尊號，姑不論其本意原在希望迫使醇王退出實際政治，卻無法不使慈禧滋生疑慮。為了不使慈禧太后增加更多的猜忌疑慮，醇王本人，對於慈禧駁斥吳大澂之疏並痛加詈斥之後，既不敢多表示一點意見，也不敢引嫌退政。總而言之，他此時的進退，只有以慈禧太后之意見為意見，以免動輒得咎。而慈禧對此，竟然也沒有指授，所以醇王也只好仍然以帝父之尊，「在皇太后前，則盡臣下之禮，在皇上則有父子之親」，在矛盾的夾縫中做他非君非臣的柄國親王，就像他以海軍衙門總理大臣，而實際主管中樞之事一樣地名既不正，言又不順。即使醇王奕譞如此寅畏恭謹，慈禧太后還是要對他來一些不測之威。費行簡《近代名人小傳》中說他：

> 後以責李蓮英通外納賄，為所中傷。入問孝欽疾，后曰：「爾太上皇矣，何顧我為？」譞悚懼退。

慈禧太后譏諷奕譞為「太上皇」，意思自然是明白告訴他不要想當太上皇。奕譞本無此想法，而慈禧太后仍然要當他有此想法，這種心理上的威脅，自然太大了。由於有了這種猜忌心理存在，因此當時頗有傳說，以為奕譞之死是由於慈禧太后的有意安排。胡思敬《國聞備乘》卷三，「宮闈疑案」一條說：

> 奕譞之死也，皆云遘惡疾。先是，孝欽從勾欄中物色一娼婦入宮，旋以賜奕譞。穢而善淫，奕譞嬖之，遂得疾不起。奕譞素善趨承，何以見忌於孝欽？以末年砍伐陵樹事度之，或有因，不盡誣也。

與此相似的記載，亦見於《清宮遺聞》卷上，「慈禧致疑於奕譞」一條，云：

> 奕譞病亟，直督李鴻章薦醫往視。奕譞弗與診脈，詔醫曰：「君歸言少荃，予病弗起矣。太后顧念予，日倩御醫診視數次，藥餌、醫單，悉內廷頒出，予無延醫權，而病日深。」奕譞病，后往視，必攜德宗，暮必攜德宗偕返。德宗歸，必怒杖內監，擊宮中什具幾罄。人多譏德宗失狂，不知實有以致之。

這兩條記載的內容雖然並不一致，但其意義所指，則均在指陳慈禧對奕譞存有猜忌之心，而必欲速其死。按，奕譞於光緒十三年亦曾得病甚危，後以延請吳興世醫凌初平為之診治得痊，事見趙鳳昌《惜陰堂筆記》。奕譞在當時可自行延醫，此時則須內廷所派御醫為之診視，「藥餌、醫單，悉內廷頒出」，外示優禮，實不欲其有痊癒之望。由此可知，吳大澂之請加奕譞徽稱，正是奕譞的致死之由。當時，慈禧雖假借奕譞之名義，以預有封章防杜妄論之說，痛斥吳大澂為心存覬覦，卻從此對奕譞深懷戒心，生怕他的聲望與地位隨光緒的年齡以俱長，故而不得不多方設法以速其死，以免除她的肘腋之患。由此而言，奕譞之死，一是他不應該有一個做皇帝的兒子；二是由於慈禧之猜狠鷙悍；至於吳大澂的奏摺，雖然其真正的意圖不過是希望把醇王請開，卻不料因此而成了奕譞的催命符。奕譞的兒子載灃，後來也同他一樣地成了事實上的太上皇。只是是載灃的運氣比較好，他既不曾遇到慈禧這樣猜狠鷙悍的皇太后，而且不久便國體變更，他的地位已不值得別人的猜忌。相形之下，奕譞以五十一歲的壯盛之年不幸早死，就很值得別人的同情了。

奕譞在光緒十年三月朝局變革之後出當大政，至光緒十六年十一月病卒為止，柄國時間前後凡六年八個月。在這段時間之內，他的最大政績，不過是與李鴻章合作，建立了北洋海軍。而在建設海軍的美名掩飾之下，海軍報効的名目出現了，由此而使此後的政風敗壞，更導致了慈禧以舉國財力從事於土木遊幸的惡劣風氣，實為清末政治之兩大弊政。奕譞排去乃兄奕訢自柄大政，所建樹的政績如此，誠然太使人失望。所以然之故，則是由於慈禧利用奕譞之庸黯作為實現她個人私欲的工具，奕譞的才具與性格又不能與之抗，所以才會造成這種情勢。「同光中興」的業績，在恭王柄政的後期，已不免因慈禧的牽掣及朝中頑固守舊份子的反對而日見黯淡。至醇王柄政，更日益走向下坡。滿清政府之不免覆亡，在此時已明顯地奠定了基礎，其責任則應由慈禧及奕譞二人共同負之。

不過話雖如此說，奕譞的操守與人品，在當時的政治環境中還是頗有可稱的。費行簡《近代名人小傳》說他：

勢雖赫奕，而勵廉隅，苞苴不入。李鴻章以各關羨餘，礦、船空股饋要人，訢亦染指，獨譞不納，操行為諸王冠。

又，何剛德《春明夢錄》中一條云：

醇王舊邸即德宗誕生之邸，例名為潛邸。醇王薨，以其邸改為醇賢王廟，由世宗潛邸今改為雍和宮也。余時派往查估工程，見其房屋兩廊，自曬煤丸，鋪滿於地，儉德殊不可及。後來親貴，非常驕奢，不數年便覆敗，可見祖宗世業守之難而失之易也。

這兩條記載，一則說他極能砥礪廉隅而苞苴不入，一則說他的家居生活甚儉樸，都很可注意。按，所謂煤丸，是將碎煤屑和泥搓成圓形的球狀，使能物盡其用的窮人燃料。醇王貴為帝父，而一物不肯浪費如此，足見其儉樸生活之一斑。古語說：「惟儉可以養廉。」醇王奕譞之廉，正因他能儉約自守之故。他死後被諡為醇賢親王，於政績雖不足道，於私德卻大有可稱。比諸光、宣之間的那些權要親貴，奕譞在這些地方倒是不易企及的。

奕譞有子七人：一、三兩子早殤，二子即載湉，正福晉葉赫那拉氏所出，後被立為德宗光緒帝。四子載洸，光緒十年卒。五子載灃，側福晉劉佳氏所出，後襲封為醇親王。六子載洵，出繼為瑞郡王奕誌嗣子，七子載濤，出繼為鍾郡王奕詥嗣子，故二人在光緒末年均已封為貝勒。我們不能確定載洵與載濤之出繼為瑞、鍾二王的嗣子，使他們得以從輔國公的原來封爵陞至貝勒，是不是由於慈禧太后對奕譞的推恩報答？若以載灃之子溥儀入繼為皇帝一事而言，則顯然尚有其他的因素在內，關於這一層，且留在後面再說。現在先說慈禧太后與載灃之間的關係。

載灃既為老醇王奕譞之子，於慈禧即為姪輩。但因光緒係載灃親兄之故，所以載灃於慈禧雖為姪行，其關係卻要比其他的姪兒如載澤、載瀛等要顯得親密些。王照《方家園雜詠紀事詩》中有一條說：

> 榮祿女早有艷名，太后常召之入宮，認為養女。某親王先已訂婚，係勳舊將軍希元之女，太后勒令退婚，改訂榮女。某王之太側福晉入宮哭求太后曰：「我之兒婦已向我磕過頭，毫無過失，何忍退婚，教人家孩子怎麼了？」太后堅執不許，希公女聞而仰藥死。某親王既被此牢籠，惟視太后為聖明，日見親任。太后用以抵制慶王，亦如任崔玉貴以抵制李蓮英。蓋凡老臣、老奴，皆務妥慎，對於干犯禮義之端，不敢有一字唯諾，故太后皆防其掣肘而豫制之也。若某親王之童騃，則可玩之於股掌之上。

此一條記載雖未明說「某親王」是誰，考之事實，蓋即襲爵之小醇王載灃是也。慈禧將榮祿之女指婚予載灃，有兩重意義。第一是由於她感念榮祿在「庚子拳亂」時的保全之功，欲希望有所補報；第二是她希望透過榮祿之女的關係，將載灃收攬為自己的臂膀。王照已說此舉使載灃「視太后為聖明，日見親任」，胡思敬《國聞備乘》更說慈禧後來直用載灃以牽制慶王奕劻，使奕劻不能達到援引其子載振入軍機之目的。胡記原文如下：

奕劻屢被彈劾，太后以庚子（戊戌之誤）告變功，未遽譴斥，然確知其黷貨，心甚疑之。奕劻既傾去瞿鴻機、林紹年，自顧年老怨多，內不自安，亦謀引退而援其子載振入軍機，副以楊士琦，遣兩格格達意宮中。太后雖陽許之，心實猶豫。因召見大學士孫家鼐、吏部尚書鹿傳霖告以故。家鼐力言士琦不可任，太后頷之。翼日，奕劻入見，陽以好語慰留，謂：「時事日艱，老臣不可輕去。今當使載灃隨汝學習一二年，再從汝志未晚。」奕劻聞載灃用則載振將為所壓，遂不敢再萌退志，而引袁世凱相助。太后曰：「袁世凱與張之洞，皆今日疆臣中之矯矯負時望者，可令入直。」奕劻雖不悅之洞，而無辭以拒之。蓋太后之意，始欲藉載灃以防載振，繼又欲藉之洞以抵制世凱，其慮不可謂不周。世凱入，交驩奕劻，而與載振結盟為兄弟。陽以禮貌尊事之洞，推為老輩，凡朝廷不甚經意、視為迂闊可緩之事，如崇祀三先生、推行金幣等案，悉讓之洞主政，而各省疆吏、各部要臣，盡安置私人，內外聯為一氣。太后年老多病，方以後事為憂，日見廢弛，外情亦不能盡達也。

慈禧使載灃入軍機，用意本在杜絕載振入軍機而對奕劻有所防維。但載灃入軍機後，對於袁世凱交結奕劻以擴張其個人勢力的行為，既不能察覺亦不能防止，不能不說是他對實際政治的體驗實在不夠。及至慈禧太后在臨終之前決定以載灃之子溥儀繼同治為帝，兼祧光緒為子，載灃以監國攝政王的名義攝行國政，欲對袁世凱施行裁抑之時，卻因袁的羽翼已成，其舊部遍布於各鎮新軍之中，不敢輕加殺害，只好借事將之罷黜回籍，而袁的勢力卻已有漸移國祚之虞了。載灃之才識庸黯，不足以擔任慈禧之付託，在此已可見一斑。

在慈禧太后將榮祿之女指婚予小醇王載灃之後，榮女所生之子溥儀，就註定了有希望可以做皇帝。其原因當然還是慈禧有意藉此報榮祿之功，使榮祿可以做皇帝的外祖父之故。可惜榮祿已身死多年，否則的話，對慈禧太后這樣的安排，一定會更加感激涕零的。不過，這樣的安排也使後來的政局更加增添了麻煩——載灃庸懦而榮祿之女精明強幹，加上載灃的兩個弟弟載洵、載濤也都野心勃勃，他的母親劉佳氏卻又支持載洵、載濤而反對載灃之妻，這樣，就更使載灃處身在三方面的夾攻之中，無以為計了。胡思敬《國聞備乘》卷四有一條記述此事，甚為有趣，云：

> 監國性極謙讓，與四軍機同席議事，一切不敢自專。躁進之徒，或詣王府獻策，亦欣然受之。內畏隆裕，外畏福晉。福晉與老福晉爭權，坐視無可如何。載濤忿甚，操刀向福晉尋仇，幾釀大變。載濤歸自西洋，欲借國債，大張海陸軍，並主張剪辮，廷議大譁。載濤呶呶不休，監國避三所，兼旬不敢還家，其狼狽如此。

載洵與載濤，就是宣統朝有名的「洵貝勒」與「濤貝勒」。洵貝勒為海軍部大臣，濤貝勒為軍諮府大臣，掌握兵權，在當時的聲威甚為赫奕。載洵和載濤究竟有多少軍事學識，可以出任掌全國海軍與軍事行政的海軍部大臣與軍諮府大臣？要回答這個問題，便得先從載灃本人的政治思想說起。

「庚子拳亂」時，德國駐華公使克林德被拳匪所戕。迨辛丑和約簽訂之後，中國方面除了在北京城中為克林德建立紀念碑之外，並派遣專使一人，專程前往德國謝罪。當時此一被派充任謝罪專使之人，就是小醇王載灃。載灃抵德，目睹德國皇室的權勢甚盛，因向德國親王威廉・亨利請教。亨利告訴他：「欲強皇室，須掌兵權；欲強國家，須修武備。」載灃謹記其言，奉為金科玉律。當慈禧太后未死時，載灃不敢言掌握兵權，以免招致不必要之疑忌。現在他自己當了監國攝政王，政權在握，遂欲乘機集中兵權，以謀加強皇室地位，鞏固大清皇朝的統治。所以，他從光緒三十四年十二月接掌政柄之時開始，便採取了一連串的步驟，以實現其逐步集中兵權的打算。比較顯著的事實，如編組禁衛軍，以作為直隸攝政王的親軍；裁撤近畿各省的新軍督練公所，命近畿各省新軍均歸陸軍部統轄；成立軍諮府以執掌軍事行政，成立海軍部以建設海軍，等等都是。這些措施，足以使新建陸軍及未來的海軍均歸於中央直轄之下，而軍諮府猶如今日的參謀本部，軍權集中，指日可期。既然集中兵權之目的是在加強皇室之地位，所有掌握兵權的負責大員，便不能不由皇室之成員擔任。所以，他先則命載洵與薩鎮冰同為籌備海軍的籌辦大臣，及海軍部成立，則又專任載洵為海軍部大臣。繼設軍諮府，又命載濤為軍諮府大臣。一方面因為洵、濤二人都是他的親弟，二方面亦因為這兩個人都有出當大任的政治野心，非載灃所能遏阻。於是，載灃欲藉集中兵權以加強皇室地位的計畫，到後來就造成了親貴攬權的惡劣情勢，其發展演變，迴非載灃個人所能支配控制。

滿清末年之親貴攬權，在當時是最失人心的弊政。更惡劣的是這些親貴在把持政柄之餘，猶復各立門戶，互分派系，以從事於各種政治利益的爭奪，於是乃使清代末年的政治情勢愈變愈形濁亂不堪。胡思敬《國聞備乘》記此云：

> 孝欽訓政時，權盡萃於奕劻，凡內外希圖恩澤者，非夤緣奕劻之門不得入。奕劻雖貪，一人之欲壑易盈，非有援引之人，亦未易攫身而進。至宣統初年，奕劻權力稍殺，而局勢稍稍變矣。其時，親貴盡出專政，收蓄猖狂少年，造謀生事，內外聲氣大通。於是，洵貝勒總持海軍，兼辦陵工，與毓朗合為一黨。濤貝勒統軍諮府，侵奪陸軍部權，收用良弼等為一黨。肅親王好結納，勾通報館，據民政部，領天下警政為一黨。溥倫為宣宗長曾孫，同治初本有青宮之望，陰結議員為一黨。隆裕以母后之尊，寵任太監張德為一黨。澤公於隆裕為姻親（按，載澤之妻乃隆裕之妹），又曾經出洋，握財政全權，創設監理財政官鹽務處為一黨。監國福晉雅有才能，頗通賄賂，聯絡母族為一黨。以上七黨，皆專予奪之權，葺闒無恥之徒，趨之若鶩。而慶邸別樹一幟，又在七黨之外。

其時，滿清政府方圖以實施憲政緩和國內之革命趨勢，至宣統三年四月，監國攝政王載灃任命慶親王奕劻為第一屆內閣總理大臣，組織責任內閣，並將原有之軍機處及舊內閣均予裁撤，表示有意實行憲政。新內閣設總理大臣一人，協理大臣二人，下設十部。總計閣員十三人。這第一屆的新內閣，需要將當時的各派人物一一容納，頗不容易。最後的結果如下表所示：

將閣員名單細加分析，其中滿人有八人，漢人四人，蒙古人一人；而滿人八人中，皇族又有五人，於是輿論稱之為「皇族內閣」。載灃在當時既有實施憲政以順應民情之意，為什麼又要在新內閣中安置這許多皇族閣員，以致大滋物議呢？推究其原因，總由於這幾個人均為前述皇族八黨中的重要首領人物，各擅勢力，不得不依照他們的願望畀予閣員一席，以資均沾政治利益。當時這些親貴權要攘奪政權的情形，若依胡思敬《國聞備乘》所說，其內容極為緊張激烈。如卷四「政出多門」一條說：

內閣名稱	內閣人員	
內閣總理大臣	奕劻	皇族
內閣協理大臣	那桐、徐世昌	滿、漢各一
外務大臣	梁敦彥	漢人
民政大臣	善耆	皇族，肅親王
度支大臣	載澤	皇族，輔國公
學務大臣	唐景崇	漢人
陸軍大陸	廕昌	滿人
海軍大臣	載洵	皇族，貝勒
司法大臣	紹昌	滿人
農工商大臣	溥倫	皇族，貝勒
郵傳大臣	盛宣懷	漢人
理藩大臣	壽耆	蒙古人

海軍本肅王建議，載洵等出而攘之，故用載洵為海軍大臣。派毓朗、載搜專司訓練禁軍大臣；搜載振弟也。載濤見載洵等已握兵權，恐遂失勢，爭於攝政王前，幾有不顧而唾之勢。王大窘，次日，復加派濤管理軍諮府。唯溥偉以倔強與諸王不合，只派禁煙大臣，權力在諸王下。

又，同書卷二，「一門兩皇后兩福晉三夫人」一條云：

孝欽為嘉湖道惠徵女。惠徵沒於任，遺二子二女。子長曰桂祥，次曰兆祥。女長為孝欽，次為醇親王奕譞福晉。自是連三代皆婚帝室。桂祥三女，一為隆裕皇后，一為端郡王福晉，一為澤公夫人。兆祥女為澍貝勒夫人。桂祥子曰佛佑，佛佑女為倫貝子夫人。宣統初，載澤、溥倫皆緣妻寵出而任事。載澤尤橫，以其夫人與隆裕為同胞姊妹，時往來宮中，私傳隆裕言語以挾制監國也。

又，同書卷一，「盛杏蓀辦洋務」一條說：

盛宣懷辦洋務三十餘年，電報、輪船、礦利、銀行皆歸掌握，攬東南利權，奔走效用者遍天下，官至尚書，貲過千萬，亦可謂長袖善舞矣。袁世凱為北洋大臣，先奪電報局以授吳重熹，又繼奪鐵路以授唐紹儀，又嚴詰招商局報銷。宣懷不得已，乃盡卸各差，脫身歸里。癸卯服闋還朝，遍交朝貴，皆不得其歡心，臥病僧舍幾不起。後數年，度支部辦預算表，梁士詒與唐紹儀把持郵政，澤公謀欲去之，莫能窺其底蘊。宣懷乘機進賄，遂起用為郵傳部尚書。

綜合以上各條記述，可知宣統初年載灃以監國攝政王柄政的那一段時間內，正可說是朝綱濁亂而政出多門。只要是利權所在之處，親貴權要之流莫不挾持其特殊勢力，爭相攘奪。載灃雖然貴為監國攝政王，既不能正己，亦不能正人。兼之宮中還有一位隆裕皇太后可以時時掣他之肘，於是更加使得載灃無所適從。集中兵權與加強皇族地位的策略，其結果只是增加了政治的混亂而失盡了人民期望清廷立憲改革之心。處此時會，雖然都察院各御史及各省諮議局迭次奏請實行內閣官制章程，勿使皇族參預內閣，更不可任用懿親出任總理大臣，而載灃一切置之不理，並謂：「朝廷用人、審時度勢，一秉大公。爾臣民等均當懍遵欽定憲法大綱，不得率行干請，以符君主立憲之本旨！」這樣的旨意，使得全體人民對於滿清政府實行君主立憲的諾言，完全喪失了信心，而革命排滿的思想，也為之愈益澎湃勃發，滿清之覆亡，終於無可避免。試為探討其中的原因，親貴權要們不顧國家民族的危亡而一味攘奪權利，固然是失盡民心的主要因素，載灃之優柔寡斷，庸懦無能，尤不能辭咎。

早在慈禧與光緒先後崩駕之前，軍機大臣張之洞、世續，與載灃同被召至慈禧榻前共商立嗣問題。慈禧主張立載灃之子溥儀而以載灃輔政，張之洞與世續恐怕光緒的皇后隆裕成了皇太后之後，再出現垂簾聽政的局面，因此就合詞奏告慈禧：「國有長君，社稷之福，不如逕立載灃。」終因慈禧顧慮到同治並無嗣子，而載灃與載湉一樣，同為載淳之兄弟，並不相宜，所以還是決定立溥儀為帝，而以載灃為監國攝政王。監國攝政王雖是皇帝之父，可與自己做皇帝大不一樣。因為，載灃名義上雖是監國攝政王，而慈禧所頒遺詔中，尚有「軍國大事，攝政王當秉承隆裕太后意旨辦理」之語，所以載灃在事實上不免受制於隆裕，載澤、溥倫也因此而敢恃隆裕之勢橫行無忌。假如載灃自做皇帝，隆裕無可掣肘，情形當然要對載灃有利得多。但如慈禧當時果真信從張之洞與世續的建議，不立溥儀而逕立載灃，後來的政治情勢是不是又會變得好些呢？

以載灃的才具、性格，與識見而言，慈禧如果真的逕以載灃為帝，後來的情形也不一定能好到哪裏去。這有很多事實可作證明，試逐一為之舉例說明。

胡思敬《國聞備乘》卷四，「張翼倚醇府勢盜賣官礦」一條說：

載灃初監國時，咸謂宜移宿宮中。太福晉不許。其弟載洵、載濤，倚太福晉，肆意要求，監國不能制也。監國正福晉即榮祿女，亦時與外廷通關節，有所祈請，監國以二弟故，不得不屈意從之。於是，福晉又毀載洵、載濤，監國大為所困。張翼舊在醇府飼馬，官至內閣侍讀學士。庚子亂時，盜賣開平礦產，為袁世凱所參，入英涉訟經年，久之始議贖回。至是，恃監國寵，與英商勾結為奸，力護前非，主中外合辦。直隸士紳聯名力爭，監國不能詰，卒從老福晉言，徇翼謀，悉依前約。凡開平附近之唐山、西山、半壁店、馬家溝、無水莊、趙各莊、林西等處，地脈相接，數十里之礦產，以及秦皇島通商口岸地畝，與承平、建平金銀等礦，悉歸英公司掌握。中國自辦商務以來，唯開平獲利，至是竟不能保，聞者恨之。

這一條記錄，說明了載灃監國以來，由於其母妻以至兄弟，人人都奮臂攘利，甚至其奴才張翼盜賣國家資產予外國人，其母親亦出面為之包庇，而載灃無法加以制止。作為一個國家的領袖，不能正己，焉能正人？從前慈禧太后掌握政權時，雖然威福自恣，但因太阿獨操之故，任何人都不敢抗違她的意旨。所以，才能以一介女流，統治大清帝國達四十餘年之久，無論是她的兄弟姐妹與伯叔子姪，人人都須承望顏色。載灃甫經執政，他的家族成員就已彼此爭權奪利，視載灃如無物。這證明了載灃的威權尚不能行於家人，然則又如何能行於國中？其不免於上下失序、治絲益棼者，幾希？

又，同書卷四，「監國之黯」一條說：

楊士驤倚袁世凱以治事，世凱既罷，懼甚，陰賄張翼，求解於醇府。後數日，北洋摺上，大得褒獎，張翼力也。東三省總督錫良、湖廣總督瑞澂以疆事同時入見，召對時只尋常勞慰，無他語。瑞澂欲有所陳，監國曰：「汝痰疾尚未愈乎？」蓋厭其煩聒也。出使日本大臣汪大燮屢疏密陳日本陰謀，皆不報。馳驛逕歸，請面對，詞極警動。監國默無語，徐以時辰表示大燮曰：「已十鐘矣！」麾之退，其倏來倏去，聽其自便，不問也。予兩參粵督袁樹勛，皆不省，末一摺指山東、上海兩贓款，引載澤為證。次日，召載澤入見，以摺示之，載澤不敢隱。監國曰：「既確有此事，則不必交查可矣。」載澤出，以為必有處分。越數日寂然，摺仍留中。

這一段話，說明了監國攝政王載灃對於國家大事之輕重緩急，全無分別。疆臣入見，例當有所訓示，尤當逐一為之指授，使其有所稟承。若是駐外使節因機密重情親來面奏，更應視情況立作處置。而載灃對於此一切漠然，豈不使內外大臣無所遵依而輕視朝廷？至於疆臣因貪贓而被御史奏參，又已知其罪證明確，竟亦毫無處置，則國家的法紀又將置於何用？載灃於國家大事之舉措若此，證明他的心中實在茫無主張。然則，即使他親居帝位，又如何能勝任元首之職呢？

惲毓鼎《崇陵傳信錄》中有一段說：

二十年前，嘉定徐侍郎嘗語毓鼎曰：「王室其遂微乎？」毓鼎請其故。侍郎曰：「吾立朝近四十年，視近屬親貴殆遍，異日御區宇握大權者皆出其中。察其器識，無一足當軍國之重任者，吾以是知皇靈之不永也。」

上文所說的「嘉定徐侍郎」，即徐致祥，光緒十六年任左副都御史，後遷兵部侍郎，二十五年卒。惲毓鼎撰《崇陵傳信錄》，已是清亡以後之事，以此上推二十年，正是光緒二十年前後之時。其時載灃已近弱冠之年，與溥倫貝子、龔恭親王溥偉、端郡王載漪等均為徐致祥所識。當時他所看見的這些天潢貴冑，竟然都是無一足當軍國重任的樗櫟庸材，然則載灃即使真的做了皇帝，又如何能肩負得起這一份擔子呢？胡思敬亦說：「國統再絕而家無令子，識者早知其必有亂矣。」歷數當時有資格承繼帝位的近支諸王貝勒，溥倫、溥偉、載灃、載洵、載濤等人，有哪一個是夠得上稱為克振家聲的「令子」之人？所以，載灃之駑駘庸才，只可視為當時的滿清皇室氣數已盡，實在不能對他有太多的期望。

說到這裏，使我想起一件有關老醇王奕譞的趣聞。趙鳳昌撰《惜陰堂筆記》，中有一條云：

醇邸戊子患病頗劇，延吳與世醫凌初平診治。余七月至京，其病已癒，凌尚居府中。適余亦感冒，因與凌係粵省同寅舊交，即延之擬方。日常過談，謂醇邸人極靄然，喜吟詠，時相唱和，惟起居皆聽閹人指使。相處數月，日常每見閹對邸曰：「爺此時應小解，此時應大解。爺幾日不逛園子，今日應逛了。」邸竟亦首肯之。此則大奇，使入發笑。余謂此漢人用奶媽保抱孩提，亦如此狀，長近垂髫，則由其知覺自主之。清制，王子生，亦雇保母與太監共同保抱，且不得時近其母，雖長依然，成為習慣。宮廷動稱體制不可改，此亦祖制之流弊耳。

據此所述，原來清宮中的皇子、皇孫因自幼習於太監保母照顧其生活之故，雖至長大成人，其飲食、便溺等一切生活起居，仍須由太監為之提調照料，有如乳母之照顧嬰兒。從前人每譏刺那些「生長於深宮之內，養育於保母之手」的皇子、皇女不知稼穡艱難；如照上面所說的情形，清代的皇子、皇孫們，似乎只有過之而無不及。載灃在這種生活環境中養育長大，已經不容易懂得世途嶮巇與人情善惡，再加上他的資質庸愚而識見淺陋，自然更足以覆車僨轅。這大概是任何一個朝代到了將要滅亡時的共同現象，不足為奇。所值得我們體認的是，君主專制制度有賴英明幹練的皇帝作為掌舵之人。如果他的後代子孫只是載灃之流，此一朝代必定不能再維持。試以後來東山再起的袁世凱與載灃相比，袁之權謀機詐，又豈是載灃所能對付得了的嗎？

袁世凱再起組閣之後，藉口以實行憲政遏阻國內的革命浪潮，迫使載灃辭去監國攝政王之位。再過了不久，隆裕太后也不得不下詔遜位，清祚於焉告終，國體改為共和。由於民國政府優禮清室之故，溥儀雖然不做皇帝，也還可以居住故宮，而以帝號自娛。載灃此時，可以不須再顧慮到隆裕的挾制，所以他和溥儀終於也恢復了正常的父子關係，而且可以安享餘年。比較起來，載灃的遭遇，還比他父親奕譞好得多哩！

第三章

端王、剛毅與榮祿

榮祿

工於心計而善觀風色，乃是榮祿的最大特點。所以在「庚子拳亂」發生之初，他雖然也與載漪、剛毅一樣是縱拳釀亂的禍首，最後卻能安然脫身事外，坐享尊榮，而死謚「文忠」，與載漪剛毅之永被惡名相比，榮祿是最幸運的。

剛毅

以極得慈禧寵信之軍機大臣而附和載漪，致釀民拳亂及八國聯軍之禍，可謂罪孽深重，死有餘辜。其人籍隸滿洲鑲藍旗，藉種族優勢而得由播澤生員補官，不數年即由刑部司官升至卿貳大員，駸駸嚮用，卒以不學無術而釀亂致禍，因病死而免遭顯戮，幸矣。

端王（載漪）

本係惇親王弈誴之次子，因出嗣瑞親王弈志而得襲封郡王，再進親王。慈禧與光緒母子不和，有廢立之意，又以載漪之次子為大阿哥，顯有取代光緒之勢，遂啟載漪窺伺大位之野心，其引進義和團亂民，發動殺洋人、攻使館等亂事，皆為迎合慈禧意志而發。和議時洋人指目為罪魁禍首，賴慈禧之庇護得免死發往新疆充軍，後卒於寧夏。

發生於清光緒二十六年（西元一九〇〇年）的「庚子拳亂」，乃是中國近代史上的一場空前巨變。此一亂事，直接造成了八國聯軍的武裝干涉，其後乃以喪權辱國的〈辛丑和約〉恢復和平。而〈辛丑和約〉中我國喪失主權之重，不但是賠款四萬萬五千萬兩積數十年難以償還，各國並得在使館區及北寧鐵路沿線駐兵，馴致國防門戶盡失，堂奧洞開；尤其糟糕的是，俄國人藉出兵之機而占領了遼、吉、黑三省，以致東北淪入俄國的勢力範圍，更為此後的日俄戰爭及日本侵略東北種下了禍根。追溯這一場亂事的起源，固然是由於我國的民智落後及全國上下普遍痛恨外國侵略而起，而當時執政人物的態度，尤為具有決定性的關鍵要素。《凌霄一士隨筆》中曾有如下一段話，說：

光緒戊寅，曾紀澤奉簡出使英、法大臣，召對時，言及教案。曾氏謂：「中國臣民，常恨洋人，不消說了。但須徐圖自強，乃能有濟，斷非毀一教堂、殺一洋人，便算報仇雪恥。」西后曰：「可不是麼？我們此仇，何能一日忘記，但是慢慢要自強起來。你方才的話說得很明白，斷非殺一人、燒一屋，就算報了仇的。」是時西后之見解如此。後竟中風狂走，倒行逆施。蓋其心理，公仇可忍而私忿不可忍也，罪魁之實，捨彼其誰？乃諉過臣下，誅殺多人以自解於敵，毫無愧怍之意，誠所謂哀莫大於心死矣。

光緒戊寅，即是光緒四年。那時德宗光緒皇帝嗣立未久，且年只九歲，童稚未能理事，由慈安、慈禧兩宮皇太后同時垂簾聽政。由於還沒有後來的「戊戌政變」及洋人反對廢立之故，所以慈禧太后對外國列強的態度能夠很理智，也很客觀，看她與曾紀澤的對話便可知道。但在「戊戌政變」之後，由於各國列強對光緒表示同情，不但關心他的安危，並且公然反對慈禧廢光緒而另立溥儁的企圖，又將慈禧所切齒痛恨的康有為、梁啟超、經元善等人給予政治庇護，於是乃使慈禧的理性為之喪失，而義和團的仇教排外主張乃得到慈禧的贊同。《凌霄一士隨筆》所說慈禧能忍公仇而不能忍私忿，指的便是這一事實。此書中另有一段續論此事，說來更見具體，亦為引敘如下：

庚子義和團之亂，召八國之兵，遂有〈辛丑條約〉之訂立，創深痛鉅，中國蓋幾於不國矣。故事後道及義和團，莫不痛加詆斥，視為妖孽。然溯其動機，蓋起於洋人以傳教為侵略之陰謀，入教者挾外人之勢魚肉良民，無所不至，有司迎合政府懼外之心理，務抑民以伸教，民間疾苦，無可告訴，義憤所激，遂取仇外以自衛之行動。而外人槍砲之可畏，人盡知之，義和團乃以「諸神附體，槍砲無靈」之說起而號召，蚩蚩之氓，翕然附和，亦固其所。西后方銜外人以國事犯待康、梁，不肯引渡之怨，復以欲謀廢立，見格於外交團，驟聞義和團有神術足以殲外人，因利用之以洩忿，而大禍成矣。梁啟超嘗論此事謂：「義和團實政府與民間之合體也，而其所向之鵠各異。民間全出於公，愚而無謀，君子憐之。政府全出於私，悖天不道，普天嫉之。」實為中肯之語。

這一段話，把當時義和團所代表的人民仇外思想，與政府利用民眾運動以圖達到排外目的之不正當企圖，分析得極為清楚，足可使我們知道「庚子拳變」之由來，究竟為何。但義和團之仇外思想，固不僅由外國列強之侵略而來；外國傳教士之恣肆凌虐，中國奸民藉教會勢力以欺壓良善，小民積怨難伸，日久必求報復洩忿，此方是人民仇外思想之形成主因。胡思敬《國聞備乘》卷二「教案」一條就說：

甲午議和以後，中國畏敵如虎，教士勢力日益滋長，奸民失業者從之如歸。蒙倶以弱良善，浸而告訴無門，私相仇殺，或以口語相怨惡。教士受教民播弄，遇事不關白地方，輒訴之領事。

領事詰外部，外部得夷書一紙，愁然恐開邊釁，即請旨嚴詰督撫。督撫責州縣保護不力，不問事曲直，輒劾罷之。於是外吏以媚夷為得計，選人捧檄出都，不暇問缺肥瘠，聞屬地無教堂，即額手稱慶。報館懼封閉，奸商苦關卡需索，出貲購取洋旗，十居八九。粵人籍叢林房屋上之當道，議改學堂，順德某僧挾金赴洋行保險，遂免。近十餘年來，民畏官，官畏督撫，督撫畏外部，外部畏公使領事，內外隱忍，層累壓制，民積怨不伸。好亂者掉弄筆舌，因之駕長官，倡新法，積非成是，牢不可破，浸成不可收拾之勢。考世變者，當知中國之弱不弱於甲申、甲午、庚子之失敗，而弱於總理衙門外務部之媚夷，可嘆也！

胡思敬所說的情形，雖然已是「庚子拳亂」以後的事，但外國教士之橫行恣肆與中國教民之倚勢欺壓良善，則是在「庚子拳亂」以前早就普遍存在的事實，否則拳匪就不可能以燒教堂及殺二毛子作為號召人民普遍仇外的口實了。梁啟超說，義和團的排外運動是政府與民間結合起來的合體，這話實在很有道理。不過，慈禧太后雖是一手促成拳亂的罪魁禍首，而她之所以決定走上此一道路，也還是受了當時一班當政人物的影響。由於這些當政人物各有不良企圖，多方慫恿慈禧太后利用義和團從事排外運動，最後方使慈禧太后做成此一錯誤決定。追源禍始，慈禧的罪魁之名固屬無可卸脫，當時那些當政人物之導致慈禧太后蹈犯此一重大錯誤，厥罪亦復相當。這一層，研究近代史的學者專家們早就有了共同的結論。只是，一般認為幫同慈禧太后闖下這一大場滔天大禍的執政大臣，除了端王載漪與軍機大臣剛毅二人的罪孽最重外，較輕一些的，亦只是毓賢、徐桐、啟秀、趙舒翹、載勛、載瀾、英年等人而已。這些人在簽訂〈辛丑和約〉時經聯軍當局提出要求懲兇，業已由清政府分別按斬首、賜死、流放等分別定罪處置，而其中獨無榮祿。不僅如此，榮祿在和約簽訂以後隨同慈禧及光緒回鑾，仍舊在京中做他的領班軍機大臣，安享尊榮，以迄於死；後世史家，亦不曾有人做過摘奸發伏的工作，正確地指出他在「庚子拳亂」時所犯的罪孽，實應與端、剛諸人同科。為此，我要把端王與剛毅、榮祿這三個人放在一起來寫，藉以說明：他們在造成「庚子拳亂」這一件空前大變之中，所扮演的是些什麼角色？以及在歷史上應當擔負何等樣的責任？

載漪，本是宣宗道光帝第五子惇親王奕誴之次子，於慈禧為姪，於光緒則為嫡堂兄弟。奕誴有八子，其中有封爵者凡五人：長子載濂，貝勒加郡王銜，「庚子拳亂」後革爵，由四子載瀛襲貝勒，次子即載漪。三子載瀾、五子載津，俱輔國公。

清朝的制度，除了奉旨「世襲罔替」的親王可以世世承襲親王以外，其餘封爵，自親王以至輔國將軍，在父死子繼時照例要降一等承襲。所以奕誴雖為親王，其長子卻只能襲封貝勒加郡王銜，餘子只能封公。奕誴在道光二十六年初封為惇郡王，文宗咸豐六年時進封親王，光緒十五年奕誴死，其長子載濂封貝勒，加郡王銜。到了光緒二十六年「庚子拳亂」，載濂因庇護拳匪被外人指為禍首之一，革爵，改由載瀛襲爵。在這裏，看起來便不免有了些問題：既然奕誴一支下的承襲爵位最高不過貝勒加郡王，而且已由長子載濂承襲，奕誴的次子載漪何以反能被封為郡王呢？

端郡王載漪的封爵，原本是由瑞親王綿忻的封爵降襲而來。綿忻是清仁宗嘉慶皇帝之子，排行第四，為排行第二的宣宗道光帝之弟，早在嘉慶二十四年就被封為瑞親王。綿忻死於道光八年，只有一個兒子奕約，當綿忻死時尚只滿一週歲。奕約長大後襲封瑞郡王，改名奕誌。到了道光三十年奕誌死時，連兒子亦沒有，得有封爵的皇子因無嗣而致「國除」，未免可惜，繼立的咸豐帝就叫奕誴的第二個兒子載漪前去承繼，襲爵為貝勒。這樣一來，奕誴就有兩個兒子得封為貝勒了——如其不然，載漪頂多只能封個輔國公，離貝勒還差兩等，要想封為郡王，差得更遠啦！封建時代的皇帝，在自己的家族裏等於就是族長。他利用皇帝和族長的特權，指定由某人承繼某人的爵位，作為此人的嗣子，誰也沒有反對的餘地。可是，這誰可以繼承誰又不可以繼承，就是皇帝的權衡了；他要藉此照應他父親一支下的叔伯、弟兄、姪兒，這些人當然可以藉此多沾潤澤。載漪由惇王的次子出繼為瑞王的嗣子，由此而得封貝勒，正此之類。可是綿忻與奕約的本爵都是「瑞王」，如何到了載漪手裏又會變成「端王」的呢？《清史・瑞懷親王綿忻傳》敘此云：

> 咸豐十年，命以惇親王載漪為奕誌後，襲貝勒。光緒十九年，加郡王銜。十九年九月，授為御前大臣。二十年，進封端郡王。循故事，宜仍舊號，更名端者，述旨誤，遂因之。

所謂「述旨」，乃是軍機大臣承奉皇帝或是太后諭旨後退至直廬擬具書面的旨意，交付有關衙門遵辦之意。由於軍機大臣在撰寫書面旨意時把載漪應封為瑞郡王誤寫為端郡王之故，「王言如綸，其出如綍」，既然已經寫在書面上，就沒有再加更改的道理。所以綿忻與奕誌的「瑞王」之封，到了載漪封王時，就糊裏糊塗地變成「端王」了。

載漪出為奕誌之後，照例只能襲封貝勒。他之所以能夠進封為郡王，似與他之善於趨承鑽營及裙帶之親，大有關係。

光緒皇帝的皇后葉赫那拉氏，是慈禧太后的內姪女；她的父親桂祥，就是慈禧太后的親弟。桂祥有三個女兒，長女即是後來尊崇為隆裕太后的光緒皇后，次女即端郡王載漪的福晉，三女則是輔國公載澤的夫人。桂祥之弟兆祥亦有一女，嫁與貝勒載澍，後因夫妻反目之故，被兆祥之妻赴愬於慈禧太后之前，竟慘遭痛責，並長期禁錮高牆，形同罪囚，由此可見慈禧母家勢力之大。載漪取桂祥之次女為妻，不知道是否出於慈禧之指婚？但不管是出於慈禧之指婚與否，載漪在這件婚事上必然居於主動的地位，否則他又如何能得到慈禧太后的歡心，至於要以姪女嫁與載漪為妻，藉以加強彼此間的親誼呢？光緒大婚，在光緒十五年之正月；其後不久，桂祥次女就成了載漪的夫人；又其後不久，載漪就由貝勒進封為郡王。由這一連串先後而來的變化，可知載漪能得慈禧之歡心，而其原因則與他之善於趨承阿諛大有關係。到了「戊戌政變」發生，光緒失歡於慈禧，慈禧欲行廢立而先以載漪之子溥儁為大阿哥，儼然是皇太子的地位，載漪在慈禧跟前極為得寵的事實，也就更加明顯了。

《清史．瑞懷親王綿忻傳》內所敘的載漪事蹟，極為簡略。而私家文集中又無載漪傳記，不得已只好從筆記及野史中去搜輯一鱗片爪，藉作瞭解載漪其人之用。日本吉田良太郎所輯《西巡回鑾始末記》卷二，有一條說：

> 端邸以近支王公，謀竊神器，其驕暴樂禍，性使然也。或傳其父惇親王有隱德於太后，故太后親之。「戊戌政變」，漪與其兄載濂、其弟載瀾告密於太后，故太后尤德之，使掌虎神營，而禍自此始。大阿哥既立，欲速正大位，其謀甚亟，而外人再三尼之。故說者謂端邸之排斥外人，非公憤，實私仇，誠篤論也。

這條記載說到載漪之得為慈禧所倚信，事因戊戌告密之功，不知其說何據。一般而言，戊戌告密，袁世凱告之榮祿，榮祿又告之慈禧。載漪兄弟在這裏面所扮演的是何角色？不能詳。另外則郭則澐所撰的《十朝詩乘》卷二十三，有一則云：

> 國朝自康熙後不立儲宮，光緒初元，懿旨於異日繼統承祧者，固已權衡至當。至是東朝再訓政，忽別議為穆宗立嗣，蓋預為廢立地也。近支中惟端王福晉出入椒掖，承眷特隆。吳炯齋宮詞所謂「佛香高閣盤旋上，親挽篗輿有福金」者，即詠其事。溥儁得立，實由此。此時朝士雖無敢昌言抗議，而私憂竊嘆，每見篇章。黃公度〈感事詩〉云：「誰知高后垂簾日，又見成王

負扆圖。」又云：「怪事聞呼奈何帝，佹詩敢唱厲憐王。」皆寓諷諫。李亦元〈陶然亭題壁〉云：「車走雷聲不動塵，千門馳道接天津。杜鵑九死魂應在，鸚鵡餘生夢尚新。抱瓜黃臺成底事？看花紫陌已無春。漢家陵闕都非故，殘照西風獨愴神。」詞婉義嚴，則春秋之筆也。

由這一條記載，更可知道載漪福晉因係慈禧姪女又特被寵眷之故，不但載漪因此而得封為王，並且連他的兒子溥儁也因此而沾了光，得立為大阿哥，隱隱然要取光緒而代之了。只是，溥儁之得立為大阿哥，雖由慈禧對載漪夫妻之寵信而來，卻未能得到各國使節之贊同，好事多磨，遂致載漪因此而遷怒及於洋人。李希聖《庚子國變記》敘此，云：

> 戊戌八月，榮祿嗾楊崇伊請太后復出聽政。康有為以言變法獲罪，所連坐甚多。逢迎干進者，皆以攻康有為為名，稍與齟齬，則目為新黨，罪不測。張仲炘、黃桂鋆密疏言：「皇上得罪祖宗，當廢。」太后心喜其言，然未敢發也。上雖同視朝，嘿不一言。而太后方日以上病危狀，告天下。各國公使謁奕劻，請以法醫入視病，太后不許。各公使又亟請之，太后不得已，召入。出語人曰：「血脈皆治，無病也。」太后聞之不悅。已而康有為走入英，英人庇焉。遂以李鴻章為兩廣總督，欲詭致之，購求十萬金。而英兵衛之嚴，不可得。鴻章以狀聞，太后大怒曰：「此仇必報。」時方食，取玉壺碎之曰：「所以志也。」而梁啟超亦走保日本，使劉學詢、慶寬並刺之，無所成而返。乃立端郡王載漪之子溥儁為大阿哥，天下譁然，經元善等連名上書，至二千人。載漪恐，遣人風各公使入賀。太后亦召各公使夫人飲，甚歡，欲遂立溥儁。各公使不聽，有違言。太后及載漪內慚，日夜謀所以報。會江蘇糧道羅嘉杰以風聞上書大學士榮祿言事，謂：「英人將以兵力脅歸政，因盡攬利權。」榮祿奏之，太后愈益怒。

慈禧太后因外國列強阻撓她廢光緒而立溥儁的密謀，又傳說將以武力脅迫慈禧太后交出政權而愈益憤怒，遂欲「必報此仇」，其情形大致如上。只是，上文所說，江蘇糧道羅嘉杰奏報「英人將以兵力脅歸政」而「榮祿奏之」之說，據胡思敬《國聞備乘》卷四所記，則又以為奏其事者乃是端郡王載漪。原書「孝欽仇恨外人」一條說：

康黨既敗，太后再出垂簾，外人頗有違言，上海各國領事因欲聯盟逼太后歸政。江蘇道員羅嘉杰聞其謀，密告政府，電函為端郡王載漪所見，懷以奏太后。太后大惡之，噤不敢發。及己亥謀廢立，英公使私探其情於李鴻章。鴻章力辨其誣，因留之飲酒，徐試之曰：「頃所言，僕實毫無所聞。設不幸而中國果有此事，亦內政耳，豈有鄰好而肯干人政乎？」英使曰：「無干與之權，然遇有交涉，我英認定『光緒』二字，他非所知。」鴻章以告榮祿，為太后所知，益恨之刺骨。此庚子拳匪之禍所由來也。

記述「庚子拳亂」事件的史料極多，其中有一種名為《景善日記》的，據說乃是「庚子拳亂」時一位退職居家的前任內務府大臣景善親筆書寫的日記，記載「庚子拳亂」發生時京中逐日動態及政府要員的言行議論，史料價值極高，很久以來，都被中外史家視為研究義和團事件的重要史料。此日記中，在光緒二十六年的五月二十四日，也記有外國使館致函清政府要求慈禧歸還政權之說，原文如下：

今日召見王公、六部尚侍、九卿等垂詢一切。嗣由端王、啟軍機、那閣學，將各使適才致送之照會呈覽。該照會竟敢請老佛立時歸政，將大阿哥革職，仍請皇上復位，兼之由彼族請皇上允准，一萬洋兵來京為彈壓地面。剛相云以未曾見慈顏如此之怒容。康、梁之變，雖大發雷霆，尚不如此之甚也。老佛有言：「彼族焉敢干預予之權？是可忍，孰不可忍也？」現老佛定准立決定死戰，慈意所屬，雖沐恩甚深之榮相，亦不敢勸阻，恐生意外之故也。

上文所說的「啟軍機」即軍機大臣之一的啟秀；「那閣學」即內閣學士那桐；「剛相」，即協辦大學士兼軍機大臣剛毅；「榮相」，則大學士兼軍機大臣榮祿。以上諸人，俱係滿人，在〈辛丑和約〉締定後，除了榮祿與那桐，都被聯軍方面指為縱容拳匪，釀禍召釁的罪人，分別由清政府定罪有差。再據同一書的後文所記，則榮祿在後來曾經查明，此一引起慈禧太后極端震怒，決定不顧一切地與各國開戰的照會四款，原來是端王載漪授意軍機章京連文沖偽造，藉以刺激慈禧發怒，達成載漪、剛毅之宣戰目的者。果如所說，則「庚子拳亂」之所以會終於釀成八國聯軍的滔天大禍，載漪的罪孽，實在是死不足惜。只是，此一所謂史料價值極高的《景善日記》，在民國二十九年時，曾經史學家程明洲先生考證，實係出於偽造，其目的蓋為另一拳禍要人榮祿洗脫其罪名，所以日記中不但處處記述榮祿之竭力反對縱拳釀禍，以見其忠誠為國之高尚品格，即使榮祿本人曾有縱拳釀禍的行為，亦不惜嫁罪他人，以謀為榮祿脫禍。上文所引述的照會四款，便是極顯著的一例。程明洲先生的考證原文，見於《燕京學報》第二十九期，其中本來沒有深究此一照會四款的首先提出之人，究竟是榮祿還是載漪。但我們若留心在別的有關史料中探索，便可查明此一事件的真相，並確信程明洲先生的考證結論極為正確。

「庚子拳亂」發生後，清廷方面，有五大臣先後因反對與各國開戰而被頑固份子指為勾通外國的「漢奸」，慘遭刑戮。這五大臣，乃是太常寺卿袁昶、吏部侍郎許景澄、兵部尚書徐用儀、戶部尚書立山、內閣學士聯元，時稱為「五忠」。袁昶在生前寫有日記，關於光緒二十六年五月二十四日慈禧因外國照會脅迫歸政而致大怒一事，日記中亦有記載，但其內容卻與《景善日記》所說的完全不同，引述如下：

> 決戰之機，由羅糧道嘉杰上〈略園相國書〉，稱夷人要挾有四條（原注云：「相出示同列，其一條稱請歸政，不知確否？各國公使無此語，豈出於各水師提督照會北洋耶？北洋不以上聞，而羅輕啟當國者，此人乃禍首也。」），致觸宮闈之怒。端邸、徐相、剛相、啟秀等又力主懲治外人，推枰之幾遂決。推原禍本，蘇糧道羅嘉杰密稟大學士榮祿所稱夷人要挾四條，多悖逆語云云，乃五月二十一至二十三等日聖慈所由激忿，王貝勒等眾情所由憤怒，兵釁所由驟開。然羅嘉杰所稱，即非各國提督照會裕祿，亦非天津各領事揚言，又李鴻章、劉坤一等先後電奏，各國外部絕無此說。各國外部僉言：「此次調兵，係為保護使臣，助剿亂民，斷不干預中國國家政治家法。」當時戰爭未交綏，何所施其要挾？可知羅語妄誕不根，荒唐無據，輕率密稟，實為禍魁，非請旨革職拿問、訊明嚴懲不可。

袁昶在「庚子拳亂」時原在總理各國事務衙門行走，對於外交事務頗為熟諳，也很瞭解當時的各國情勢。他的這一番推測分析，深合實情。假如當時執掌實際政權的軍機大臣榮祿也能像袁昶一樣，在收到江蘇糧道羅嘉杰的此一密稟之後，先經過一番研究推敲，或與當時熟悉外情的許景澄、袁昶等人詳密考慮，確定其消息來源並不可靠，便當在奏明慈禧太后之後，治以輕率密稟之罪，那就不致因招來誤會而釀成後來的滔天大禍了。

關於這一層，後文所引的吳永《庚子西狩叢談》中另有詳細論述，可知此事實因榮祿之處置不當而起，榮祿之責任甚大。據此而言，羅嘉杰之輕率密稟，固然其咎甚重，而榮祿身為樞相，竟亦不加分辨，張皇入告，比之羅嘉杰之輕率，其咎戾似更過之。八國聯軍入京以後，曾經要求清廷懲治釀釁召禍的「戰犯」，榮祿幾乎亦列名其中。只因榮祿長袖善舞，又能得當時的議和全權大臣李鴻章為之斡旋，終於使榮祿得以安然脫身事外，不但生加太保，卒贈太傅，而且予謚「文忠」，終其身榮寵無比。由於他之終身居於顯要，當〈辛丑和約〉簽訂，兩宮回鑾之後，他便需要洗刷他當年造成此一大禍的罪愆，甚至不惜偽造史料，以便嫁禍他人。程明洲先生考定了《景善日記》出於偽造，《景善日記》中有關這一部分的記述，便可知道是榮祿嫁禍載漪的詭計之一了。榮祿之為人如何？日人佐原篤介所撰的《拳事雜記》中有一則名為「記客談某中堂事」，所指即是榮祿，頗可與程明洲先生所說相參看。

《拳事雜記》原文說：

> 惟庚子九月，有客造余廬而問曰：「頃者剛毅既死，吾子以三大罪論定之說，誠當矣。雖然，自戊戌八月以後，北京政府執大權者，某中堂與剛毅並稱。奪政之事，某中堂謀最多，事後則剛毅負謗獨深，某中堂不及也。及排外議起，某中堂主持最先，事敗則外人又以其罪並歸剛毅，亦不及某中堂，其果操何術，抑比之剛毅有巧拙之分耶？」余答之曰：「是誠然矣。雖然某中堂內主陰陽，外博時望，海內人士，為之延譽者甚多，非詳語之則不足以盡事實而抉幽隱。吾子其粗略言其所以，願卒聞之。」客曰：「某中堂之給事內廷也，在三十年前；及初得志任步軍統領時，與今上師傅常熟相公為最不協，而與提督董福祥稱最善，任西安將軍時，深結之。暨重入京師任尚書，親見兩宮嫌隙日深。是時上倚常熟，委任甚隆，某中堂則大恨，而無如之何，益自親附於太后。數預宴見，陳密謀，因力言董福祥可任，召赴京師，又令御史某上奏，請太后觀香山京營兵，厚加賞賜以要之，俾應緩急。謀既定，則先以全力退常熟相位，

且即令出京，以剪其羽翼，已則任直隸總督，為北門鎖鑰，以制京師。復謀奏請太后幸天津，觀聶、宋、袁、董諸軍，將以其時行大事，皆某中堂之謀也。及八月事發，某中堂乘傳直驅京師，遂入政府。先是，軍機章京林旭與某中堂有舊，曾入其幕中，七月間，方為上信任。某中堂恐所謀萬一不成，則無以自立於上前，故其時致林信，通殷勤，多寓依託。至是，欲急殺以滅口，乃使御史奏促誅之，而外對人言極力保全而不得也。與端邸尤至密，大阿哥之立也，實某中堂一人主謀，剛毅並不預聞，事後剛毅猶恨之。以屢謀廢立，西人每力阻之，尤恨經元善等阻止立嗣一電，欲悉誅之。賴仁和營救，得免興大獄，而求經甚急，西人復力保之，則又大恨。而是時義和團適起京師，因力保而可用於太后之前。至五月二十日，遂奉命督兵親攻使館。聞聶軍在天津，方痛剿匪，則大不懌，以書致聶曰：「貴部裝束頗類西人，故團民不無誤犯。團民念在報國，具有忠義之忱，似不宜行剿戮，惟公慎之。」云云。方攻使館命下，上焦甚，無如何，惟徐顧某中堂曰：「董福祥恐不受節制，如何？」某中堂對曰：「若董敢如此，臣得以軍令斬之！」上默然。此當日情事如此。及後數日見事不順，則又持兩端。因又有電致南方一舉，則與當日結交帝黨同用意。然則，合前後觀之，某中堂之視剛毅，孰拙乎？孰巧乎？」余曰：「噫，子休矣！方今政權一翻覆，黨派歧出，是非恩怨之說日以淆亂，余不能辨。請以子所中言，公諸當世可也。」

這一段話洋洋灑灑，幾一千言，概述榮祿之善於投機取巧，兩面討好，事成則功歸於己，事敗則諉過於人，可說曲盡其態。凡此所述，由於在清末以來的稗官野史中極少見有如此坦率明白的敘述之故，看來頗與榮祿之生多口碑，卒諡「文忠」的真實情形不盡符合，因此又不免使人懷疑這所說是否實在？因此，我們需要先將榮祿的生平事蹟覆按一番，以為查證比較之用。

榮祿，字仲華，姓瓜爾佳氏，乃是滿洲的正白旗人，初以父祖餘蔭賞主事，屢遷至戶部侍郎兼管內務府大臣。光緒嗣立，榮祿已官至工部尚書兼步軍統領，甚得慈禧太后之倚信。其後乃因意圖排擠軍機大臣沈桂芬之故，反為李鴻藻、沈桂芬、翁同龢所合力排斥，出為西安將軍，淹滯不振者幾二十年。到了光緒二十年，方因得到恭親王之汲引，再授步軍統領。由此再陞尚書，晉授協辦大學士，重復又見嚮用。關於他因與沈桂芬交惡之故而左遷西安將軍，二十年不調的情形，筆者前撰〈翁同龢〉一文時亦曾提及。榮祿與翁同龢本來私交甚篤，由於翁同龢在這件事情上出賣了他，所以他恨翁刺骨，後來翁同龢之被排擠去官，未嘗不是由於榮祿的挾怨報復之故。在這方面，佐原篤介的敘述可謂頗能得其肯綮。翁同龢是帝黨，榮祿要希望報復宿怨，當然要攀附慈禧太后，藉帝后不和的情勢助后傾帝。「戊戌政變」，雖因袁世凱之告密而起，而榮祿在得到袁世凱的密報以後立即專程晉京面稟慈禧，慈禧隨即以迅雷不及掩耳的行動一舉逮捕新黨，盡翻朝局，光緒因此被囚，慈禧再出臨朝，凡此即是榮祿後來以軍機大臣而兼掌北洋兵柄，成為朝中最具實權的宰相之由來。佐原篤介文中歷敘他在「戊戌政變」前後的宦途升沉及投機善變情形，大致與榮祿的實際行事相合。文中的「常熟」相公，即翁同龢。至於他厚結甘肅省提督董福祥及驅令董軍圍攻北京使館的情形，很多史料都為他儘量洗刷，如前述之《景善日記》，跡象更為明顯。引述一段如下：

六月初四日。戌刻，剛相來談，云：「董軍門今早至榮相府第請謁，因意欲借大砲也。先是，司門者未敢回上，令董等候一小時之多。於伊入見之後，頗有暴躁之態。榮不應，引几而臥。董不悅，乃榮相哂笑之，云以：『如君必用我砲，請君向老佛爺懇求鄙人之頭。君為老佛爺所器重，當不難邀允，蓋君真可稱朝廷柱石耳。』董大怒，因損之太苦，立時上朝，叩請入覲。彼時王大臣早已退值，時交午正，董於皇極殿外膽敢喧嘩多時，命太監入告老佛，以：『董軍門在外，可否准其進見？』適老佛畫竹字花，雖大怒董之無體，命太監將伊帶進。老佛言以：『又以使館盡毀入告乎？從上月以來，聞知此耗已有十次，所惜者，不真也。』董面奏以：『奴才應請慈恩將榮祿革職，伊實漢奸，心謀不軌，雖迭蒙老佛之命，令將洋人從速滅盡，仍不肯借我軍所用之大砲。』老佛益怒，命伊緘默，云以：『汝挾有夙仇，妄言他人所不敢言。汝本係甘肅土匪，窮迫投誠，隨營效力，積有微勞，予恩寬大，既往不究。但現時汝之舉動形同寇賊，大有尾長不掉之勢。今日，汝蒙予厚恩召入，豈非曠典耶？現命立時退出，再不許擅行入內，免有他患。』等因。」

這一段話的主要意思在說，當「庚子拳亂」北京使館被圍攻時，董福祥所統率的甘軍，久攻使館不下，其原因全在董軍缺乏攻堅所需的大砲，故而亟亟向統領武衛軍的榮祿索討。假如不是榮祿之堅持不予，董軍一得大砲，使館就非被攻破不可。那時，使館中人勢將盡遭屠戮，而此後〈辛丑和約〉中的賠償數目也更將大到不可收拾。就此而論，庚子拳禍之未至不可收拾的地步，實在是榮祿的居中調護之功。按，此即是榮祿所自誇自詡的「功績」，而其實際情形並不如此。他不具論，即以董福祥在兵敗被譴以後所寫給榮祿的一信而言，所暴露的事實，就是與此十分不合的。柴萼《梵天廬叢錄》記此云：

甘肅提督董福祥受榮祿指，統兵入京，紀律不嚴，率意魯莽，圍攻使館。和議成，有旨革職降調。董以受榮之欺，怨之甚，上榮稟曰：「中堂閣下。謹稟者：祥負罪無狀，僅獲免官，承手書慰問，感愧交併，然私懷無訴，不能不憤極仰天而痛哭也。祥辱隸麾旄，忝總師戎，一切舉動，皆仰奉中堂指揮，無一敢專擅者。此固部將之分，而亦敬中堂捨身體國，故敢竭駑力，攖眾怒，冒不韙而效馳驅。戊戌八月時，中堂欲為非常之舉，七月二十九日電飭祥統兵入京，祥立刻奉行。去年拳民之事，累奉鈞諭囑攻各國。祥以事關重大，遲疑未決，承中堂驅策，故不敢不奉命惟謹。後又承鈞諭及面囑累次：『圍攻使館不妨開砲。』祥始尚慮得罪各國，殺戮其使，恐兵力不敵。祥承此重咎，又承中堂諭謂：『戮力攘夷，禍福共之。』祥是武夫，無所知識，但恃中堂而為犬馬之奔走耳。今中堂巍然執政而祥被罪，祥雖愚騖，竊不解其故。夫祥於中堂，其力不可謂不盡矣。中堂命行非常之事，則祥冒死從之；中堂欲撫拳民，則祥薦李來中；中堂欲攻外國，則祥拚命死鬥。而今獨罪於祥，麾下士卒解散，咸不甘心，且有欲得中堂之元者。祥以報國為心，自拚一死，將士咸怨，祥不能彈壓，惟中堂圖之。」榮得稟，急送五十萬金，將士賞賚有差，董乃已。

上面的這段記事說出了一件很隱秘的事實──「庚子拳亂」之時，由於董福祥屢受榮祿之指揮進攻使館，所以在〈辛丑和約〉簽訂之後，榮祿因此而頗受董福祥的挾制，至於不得不斥巨金以使其緘口不言。假如榮祿在拳亂之時沒有驅使董軍進攻使館的事實，榮祿對董福祥又有何忌憚可言？而董福祥的信中更曾透露，當亂事未成之時，榮祿也是贊成招撫拳匪而用之的！然則，佐原篤介所說，榮祿於拳事初起時本與端王、剛毅等主張相同，及義和團、董福祥軍屢攻使館不下，始知事機不順，然後又陰持兩端，致電南方諸省表示未嘗贊成對外國宣戰而力不能挽回，以為預先卸責之地，實在可說是史家之直筆，既無諱飾可言，亦不曾冤枉了他。江庸所撰的《趨庭隨筆》，亦有一條類似的記載說：

「庚子拳亂」時，前參謀總長張懷芝子志，時方為榮相武衛軍砲隊長。一日，詔諭榮相砲轟東交民巷，榮祿乃召子志轟擊。子志不奉命，問榮祿：「太后真欲毀使館耶？上諭給中堂，懷芝走卒，不知有上諭。果決意轟使館，請中堂發手諭。」榮偈促曰：「太后不聞砲聲，吾不能覆命。」子志笑曰：「太后欲聞砲聲，此易事耳，今夜當有砲聲。」榮祿喜，語子志曰：「汝退，好小子，有出息！」子志為榮祿所激賞，由此始。

這也是一條很明顯的證據，足以證明榮祿在慈禧太后決定圍攻北京使館時，他不但不敢抗違慈禧的意旨，而且對砲轟使館的諭旨亦奉命惟謹，並不顧慮到使館攻破之後將會造成何等嚴重的後果。但當張懷芝堅持要榮祿頒發手諭始能執行此一命令時，他卻躊躇退縮了。張懷芝為什麼堅持要由榮祿頒發書面的命令以後方能付諸執行，是不是由於此事所可能造成的後果太大，到時深恐榮祿拒絕承認曾經由他下令作實彈轟擊以致張懷芝將有可能成為替罪的羔羊？還是榮祿屢次有過這種食言背信之事，以致張懷芝不敢相信他的口頭命令之故？這些，都已經是難以明瞭的事了。不過，由榮祿之躊躇卻顧，不難看出他雖然對慈禧太后奉命惟謹，對於可能發生的嚴重後果，他卻又不肯自擔責任。由此可知，他是一個善持兩端之人。善持兩端的人必定善於見風轉舵，隨機應變。以這樣的性格，當慈禧決定接受載漪與剛毅的撫拳主張時，他應當只有迎附而不致諫阻，何況端王在當時深得慈禧之寵信，他又何敢顯為抗拒，以致為自己招來不測之禍呢？在這裏，我們可以舉出另一段證據，以證明榮祿附和慈禧及載漪的仇外思想之實情。小橫香室主人所輯《清朝史料》，卷下內一條云：

庚子以前，北京勁旅，以神機、火器兩營為最。榮祿又新練一營，名之「虎神」，皆不知其命名之所在也。榮祿語其所親曰：「今之為患於中國者，非洋鬼子乎？夫洋者，羊也。惟虎吞羊，為神制鬼，故曰虎神。」後聯軍入都，此營不知所終。

榮祿在「庚子拳亂」以前執掌京畿兵權，所以他可以練兵，也可以創立新營。他以「虎神營」來對付為患中國的洋鬼子，其愛國思想無可厚非。只是他之創立虎神營適在拳匪起事之時，而此營創立之後，又是專門交付與端王載漪，使他可以借兵力而肆其張牙舞爪的仇外行動的。由此而言，榮祿之創立虎神營，便明顯地寓有迎合慈禧與端王之意了。然則，榮祿在拳匪初起時確曾有過附和撫拳、袒拳的行動，自無可疑。《清史‧榮祿傳》不作此言，後來所流傳的稗官野史又竭力標榜榮祿是明白事理而始終反對拳匪之人，毋寧是很失實的記述，需要加以糾正。費行簡所撰的《近代名人小傳》，對榮祿曾作不客氣的批評。如記述他早年的仕履則說：「晉太子太保，年僅三十，時號為寵臣云。」記述慈禧欲行廢立大事時則說：「后數思廢帝，祿老謀，知未可卒行，乃勸后存帝虛名。」記述其貪財納賄之情形則說：「其在樞府，權侔人主。務植財納貨，門頰於市。」記述其智能權術，則說：「趨蹌合度，工善酬酢，與人語不煩，而皆如其意以去。」以這樣的人才，自然適合於趨奉應酬。何況貨賄既多，以其餘財灌輸宮闈，藉以為結交慈禧左右的給事大奄及進獻太后之用，自然更足以博慈禧之歡心了。由這些地方更可知道，榮祿確實是一個長袖善舞的政治動物，最適於專制時代的官僚政治。當清政府與各國接洽和議時，朝命曾派榮祿與李鴻章及奕劻同為全權大臣。各國以榮祿所統的武衛軍曾經圍攻使館之故，拒絕接納。李鴻章婉轉電奏，請將榮祿召回西安行在，慈禧方於光緒二十六年十月初六日降諭，令榮祿至行在軍機處辦事。在此以前，榮祿徘徊於定州獲鹿一帶，既不敢遵旨入京議和，又不敢擅赴西安行在，其內心之焦慮惶恐，莫可名狀。而既至西安，慈禧太后又多方為之庇護開脫，終於得免列入肇禍諸臣的名單之內，而榮祿亦得以利用他的權勢與地位，來偽造有利於他的文獻紀錄，以求脫免於千秋的罵名。吞舟漏網，而附從者得罪，這就是董福祥致榮祿函中譏刺備致的原因了。

以上所述，目的在將榮祿附和慈禧、載漪等人的袒拳撫匪行為查勘清楚，以免讀者為不確實的錯誤記載所蒙蔽，誤信榮祿乃是「庚子拳亂」時力挽狂瀾的中流砥柱。實際說來，他的咎戾，僅次於載漪與剛毅，而應與徐桐、啟秀等人同科。更因他當時身居中樞重任，甚得慈禧太后倚信之故，他的錯謬行為，所造成的不良後果乃更為嚴重。說到這裏，我們便應該回過來再談義和團與載漪、剛毅的事。

義和團本係白蓮教之支流餘孽。白蓮教於嘉慶年間作亂於川、陝一帶，清政府調發大軍征剿，擾攘數年，方將大股教匪剿滅，而其餘孽仍舊在民間秘密潛伏，不能悉數剷除，其中有一支稱為「離卦教」的，後來就逐漸演變成了八卦教、義和拳，成為義和團的前身。羅惇曧《拳變餘聞》說：

> 義和拳源於八卦教，起於山東堂邑縣，舊名義和會。東撫捕之急，潛入直隸河間府景州獻縣，「乾」字拳先發，「坎」字繼之。「坎」字拳蔓延於滄州、靜海間，白溝河之張德成為之魁，設壇於靜海屬之獨流鎮，稱天下第一壇，遂為天津之禍。「乾」字拳由景州蔓延於深州、冀州，而淶水，而定興、固安，以入京師。天津、北京拳匪本分二支，皆出於義和會，其後皆稱義和團。

根據清光緒二十四年五月十二日山東巡撫張汝梅所上的奏摺，所謂義和會，乃是各地民間基於「自衛身家，守望相助」而組織的鄉團，其目的專在防禦盜賊，並非專與洋教為難云云，可知此時的山東，已因民眾仇視外國傳教士欺壓良善之故，而為義和拳所逐漸滲入，馴致地方大吏視邪教為義民，有意袒護。所以在地方上則鼓勵民眾仇教排外，奏報朝廷則混稱鄉團以欺掩耳目。曾任山東巡撫的滿人毓賢，後為拳禍罪魁之一。他曾對人說：「義和團魁首有二，其一鑑帥，其一我也。」「鑑帥」即李秉衡，是張汝梅任山東巡撫時的前一任巡撫，張汝梅調職後的繼任山東巡撫，便是毓賢。由此可知，拳匪之所以能在山東迅速蔓延，李秉衡與毓賢二人的倡導為力最多，到了張汝梅繼李秉衡為山東巡撫時，這種情勢已經逐漸形成了。

李秉衡是清代末年有名的廉吏，在當時甚著循聲。當「庚子拳亂」時八國聯軍攻向北京，李秉衡奉命督師勤王，戰敗兵潰，自殺殉國，不愧是臨危授命的忠節之士。只可惜他在後來被聯軍指為祖拳釀禍之人，以致奪官削謚，在歷史上留下了「拳黨」人物的惡名，說起來實在是很可惜的。由李秉衡的傳記資料看來，他本是遼東海城縣人，字鑑堂，以佐雜官直隸時，受知於總督曾國藩及李鴻章，不次拔擢至知府，譽為北直廉吏第一。其後因事降調同知，山西巡撫張之洞奏調為文案，薦授朔平知府，漸陞至浙江按察使。光緒十年，中、法兩國因越南問題發生戰爭，李鴻章奏其「廉公有威」，請改調廣西，以便整飭吏治、簡練軍實。到廣西不久，巡撫潘鼎新兵敗革職，由李秉衡護理巡撫，在職期間，與督辦軍務馮之材分任戰守，和衷合作，遂有諒山大捷。欽差大臣彭玉麟與兩廣總督張之洞極讚他能調和主客各軍，以致軍心齊一，克奏大功。由此以後，李秉衡的聲譽日起，終於以佐雜起家的非正途出身之人，居然開府山東，做起獨當一面的封疆大吏來了。他在做山東巡撫時，治績亦甚有可稱，砥勵廉隅，澄清吏治，在同時的疆吏中稱為賢者。然而，他之扶植義和拳而加以獎許，實為義和團得以興起的主要原因。羅惇曧《拳變餘聞》記此云：

> 拳亂始於毓賢，成於載漪、剛毅，人所習聞，然最初實為李秉衡。光緒乙未，秉衡撫山東，仇視西人。山東有大刀會，主仇西教，秉衡恆獎許之。丁酉，大刀會殺二教士，德人請褫秉衡職，不許，轉秉衡川督。德人憾不已，乃命開缺。德人堅謂不足蔽辜，卒革職去。毓賢以曹州知府至藩司，秉衡所最親善也。及為東撫，循秉衡之舊，護大刀會尤至。

又云：

> 山東大刀會仇視西教，毓賢獎借之。匪首朱紅燈倡亂，以滅教為名，毓賢命濟南府盧昌詒查辦。匪擊殺官兵數十人，自稱義和拳，建「保清滅洋」旗，掠教民數十家。毓賢庇之，出示改為「義和團」。匪樹「毓」字黃旗，掠教民，焚教堂，教士屢函乞申理，總署令保護，毓賢均置不問，匪勢愈熾。

光緒乙未，即是光緒二十一年；丁酉，則二十三年。由此可知，義和團始起的時間便是在這一段時間內，而最先加以扶植獎借的則是李秉衡，其後乃有毓賢。李秉衡為什麼要扶植拳匪邪教，這是一個頗難索解的問題。若以外國方面的記載為參考，則聯軍統帥瓦德西的《拳亂筆記》曾說：

> 中國排外運動之所以發生，乃由於華人之漸漸自覺，外來新文化，實與中國國情不適之故。更加建造鐵路之時，漠視墳墓，以致有傷居民信仰情感。重以近年以來，瓜分中國常為世界各國報紙最喜討論之題目，復使中國上流階級之自尊情感深受刺激。最後更以歐洲商人時常力謀損害華人以圖自利，此種閱歷，又安能使華人永抱樂觀？至於一二牧師做事毫無忌憚，以及許多牧師為人不知自愛，此則吾人不必加以否認懷疑者。

這些話足以說明，由於西方勢力之侵入與中國人深受侵略壓迫之故，自高階層的上流社會人物以至低階層的一般民眾，對外國人都存著普遍的惡感；加以外國傳教士之利用教會勢力欺壓愚民，遂使頑固守舊的民眾反感愈深。陳恭祿《中國近代史》說：「山東為拳匪發難之地，其民迷信深痼，風氣強悍，樂於戰鬥。會遇凶年，人民艱於得食，一方面感受德國侵略之刺激，蠢然思動。無如外人之槍砲銳利，而力不能勝之。其能勝之者，自群眾心理而言，惟有神道，義和團之說遂起。」這一論點，若與山東省在此時所遭遇的外國侵略事實而言，誠可謂若合符節。故宮博物院所編印的《清季外交史料・中德山東教案類》的文件，僅以光緒二十二年至二十六年而言，就多達十五件。其因教案糾紛擴大而為膠澳事件及鐵路事件的來往文件，更多。所顯示的事實，便是由傳教糾紛而引起的人民仇教。其大致情形如下：

一、光緒二十二年五月，兗州府發生毆傷德國教士案。德國公使向總理衙門提出強硬抗議，要索多端。山東巡撫李秉衡以德國要求無禮過甚，不肯曲從，並自請處分。

二、前案未結，二十三年十月，鉅野縣又發生德國傳教士二人被匪殺死事件，德國乘機出兵強占膠澳。清政府交涉甫有端倪，十二月間，忽又有曹州府驅逐教民、殺害洋人說。德國乘機盡反前議，並增加多項要求。最後膠澳卒為德有，清政府並允許德國修建膠濟鐵路，以路權予德。

三、光緒二十五年五月，德國鐵路公司所雇路工，與高密縣大呂鄉鄉民發生衝突，初則口角，繼則互毆。鄉民因憤而拔去路樁，德兵遂以保路為名，開槍擊斃鄉民二十餘人。山東巡撫毓賢賠償樁價及兵費銀三千四百餘兩，而置高密鄉民之被殺者於不問，事始得已。

四、光緒二十六年正月，高密鄉民以鐵路阻擋流水而發生暴動，圍攻鐵路局之工程處。德國指稱山東地方官保護不力，調兵遣將，大肆威脅恐嚇，經新任巡撫袁世凱飭營捕獲為首二名，餘眾逃散，事始得已。

從光緒二十一年到二十五年，歷任的山東巡撫是李秉衡、張汝梅、毓賢。張汝梅以善酬應及工經營著稱，宦囊甚豐而政績無聞。至於李秉衡與毓賢，都是在地方上很有表現的「賢吏」。他們不滿意德國侵略者及外國傳教士之恃勢橫行，壓迫良善，對於那些倡言滅洋、滅教的會匪有所左袒，自然是無可厚非的事。只是，他們以為「祖拳即所以保民，滅教即可以滅洋」，這種觀念，所犯的錯誤就太大了。尤其是毓賢，其人思想頑固而知識落後，誤以會匪所倡言的神權迷信思想為可信，以為中國如欲盡驅洋人，即應借重會匪所憑仗的神力，這種謬妄荒誕的錯誤認識，更使當年的教匪餘孽得以乘機發展，與民眾仇教排外的思想相結合，造成了一股不可遏阻的力量。於是乃有後來的「庚子拳亂」事件。

毓賢，就是劉鶚在《老殘遊記》中所描寫的「清官」玉賢，其行事之刻毒與頭腦之頑固，讀過《老殘遊記》的人對他一定留有深刻的印象。《凌霄一士隨筆》中曾有一段批評他的話，說：「毓賢官山東曹州知府時，即大著酷吏之名。然勤政事，勵操守，譽亦日起。上官力薦之，遂洊歷封疆。在晉屠殺外僑，慘無人理。然仇外實秉朝旨，而以積忿外侮之憑陵，遂躬為屠伯而不顧。其事至謬，其心則不無可諒，不學無術害之也。」此云毓賢之行事荒謬是由於「不學無術」所害，其論點極為正確。而且不僅毓賢一人如此，即是當時一班竭力為拳匪張目的當政人物，如剛毅、載漪、徐桐、啟秀等人，又何嘗不是一些「不學無術」之徒？盲動的群眾、盲目的仇外思想、存心以神權迷信欺惑民眾的拳匪，再加上一些不學無術的當政領導人物，這一切的一切，合起來就成了光緒二十六年的「庚子拳亂」，說起來真是可嘆之至。

毓賢於光緒二十五年二月繼張汝梅為山東巡撫，至同年十月，即命毓賢來京陛見，而另以工部右侍郎袁世凱署理山東巡撫。毓賢之召還，據《清史》本傳所記，是由於他繼任山東巡撫之後，「護大刀會尤力。匪首朱紅燈構亂，倡言滅教，自稱義和拳，毓賢為更名曰『團』，建旗幟皆署『毓』字。教士乞保護，置勿問，匪浸熾。法使詰總署，乃徵還」。此時清政府對山東民教衝突迭起所持的態度，是：「著袁世凱嚴飭各屬，遇有民教之案，持平辦理，不可徒恃兵力，轉致民心惶惑。」如遇

「拳民聚眾滋事，萬無寬縱釀禍之理」，但亦「不可一意剿擊，致令鋌而走險，激成大禍」。可知此時清政府對拳民的態度，已因李秉衡、毓賢的影響而不主張一力剿滅。《清史》毓賢本傳說他在交卸山東巡撫之職，回到北京以後，「至則謁端王載漪、莊王載勛、大學士剛毅，盛言拳民得神助」。這些當政人物相信了毓賢的說法，覺得這些具有神力的義和拳眾正可作為驅除外國勢力之用，於是使得清政府的對外政策起了根本變化，而義和團入京矣。

義和團由山東入京，有直接與間接的兩種因素。直接的因素當然是由於載漪、剛毅等人的汲引；間接的因素則由於袁世凱繼任山東巡撫後，對拳匪採取不客氣的剿捕政策，以致拳匪無法在山東存身，由北面向直隸發展，遂致蔓延及於河北省的南部，寖假而至於京師。吳永《庚子西狩叢談》記此云：

> 直隸拳匪，初發生於新城，而盛行於淶水，旬日之間，天津、河間、深、冀等州，遍地皆是。其時大阿哥已立，其父載漪頗怙攬權勢，正覬國家有變，可以擠擯德宗，而令其子速正大位，聞之喜甚，極口嘉嘆。諸親貴因爭竭力阿附，冀邀新寵。大臣中亦尚有持異議者，謂：「究近邪術，恐不可倚恃。」然太后意已為動，顧猶持重不即決，乃派剛毅、趙舒翹前赴保定察看。剛、趙皆為軍機大臣，甚見嚮用。覆命時，剛阿端王旨，盛稱拳民有神術；趙又阿剛，不敢為異同。太后遂一意傾信之。於是派端總率國務，端益跋扈恣肆，而順、直拳匪同時並起矣。

光緒二十六年初的軍機大臣，共計六人：領軍機禮親王世鐸，其餘五人則分別為文淵閣大學士管兵部事仍節制北洋海陸諸軍榮祿、兵部尚書協辦大學士剛毅、戶部尚書協辦大學士王文韶、禮部尚書啟秀、刑部尚書趙舒翹。禮王世鐸名義上雖為領班軍機大臣，其實庸碌無作為。王文韶與趙舒翹均為漢軍機大臣，王文韶軟熟圓滑，時稱之為油浸枇杷核，其作官之訣竅為「多叩頭，少說話」，可見他在很多事情上都不大能做積極負責之擔待。趙舒翹以廉能明敏起家，素著清名，只因他之得為軍機大臣是出於剛毅之汲引，以致事事阿附剛毅之意旨而不能有所執持。其餘的三個滿軍機大臣，啟秀以諂事道學家徐桐起家，徐桐頑固守舊而極端憎惡洋人，所以啟秀也是排外人物中的健將。榮祿號為慈禧之寵臣，自「戊戌政變」後入軍機，一直最得慈禧太后的倚信。剛毅為與榮祿爭奪權勢而互相傾軋，不但挾載漪以自重，而且汲引趙舒翹入軍機以增厚自己的力量。榮祿至此，亦不得不見風使舵，以迎合慈禧及阿附載漪作為對抗剛毅之法。載漪、剛毅的袒拳主張，所以能在清政府的最高決策階層中得勢的原因，在此。

關於榮祿與剛毅在政府中彼此不協的情形，高樹所撰的《金鑾瑣記》一書中曾有記述，說：

> 榮仲華相國為堂官時，考筆正，剛毅與考，文尚未通。後官至協揆，同為樞臣，在直廬午酌，剛有不豫之色，以酒杯擊案有聲。榮相問：「何事？」剛曰：「公與崑曉峰各占一正揆缺，我何時得補正揆？想及此，是以怏怏。」榮笑曰：「何不用毒藥將我與曉峰毒斃。」二公從此如水火。

「正揆」即內閣大學士，以別於協辦大學士之稱為「協揆」。清代的制度，內閣大學士額設四人，滿漢各半；協辦大學士二人，亦滿漢各半。剛毅於光緒二十年以禮部侍郎入軍機，二十二年陞尚書，二十四年再陞協辦大學士，始終兼軍機大臣。而此時在內閣的大學士，漢大學士李鴻章與徐桐，滿大學士是崑岡與榮祿；這崑岡，便是前文所說的崑曉峰了。崑岡於光緒二十二年四月由協辦陞大學士，榮祿就補了崑岡所空出的協辦；到了二十四年，另一個滿大學士麟書病死，榮祿又由協辦補了麟書的缺，這騰出的另一個協辦，方才補了剛毅。剛毅補協辦的時間雖然很晚，入軍機的時間卻比榮祿要早四年。他自己覺得既是軍機前輩，便沒有理由老被榮祿壓在上頭，何況以各個軍機大臣的「簾眷」而論，哪一個都比不上榮祿之能得慈禧的寵信。為了爭權與爭地位，剛毅自然要希望能夠和榮祿比上一比。然而，崑岡不死，榮祿的官運又正當如日中天，他不但無法與榮祿爭權奪勢，甚至連補個大學士好與榮祿並駕齊驅的希望也不能實現，如之何不使剛毅氣憤填膺呢？於是他必須要另外設法。這所設想出來的辦法，便是拉攏未來的太上皇載漪做幫手，以便共同來對付榮祿，據小橫香室主人所輯《清朝史料》卷下，「剛毅導匪入京」一條說：

孝欽后憤外國之庇康、梁，必欲報仇，益恨德宗，思廢之，立端王載漪之子溥儁為大阿哥，將於庚子正月行廢立，剛毅實主之。力引載漪居要職，寵眷在諸王上。

溥儁之被立為大阿哥，我們已經知這是出於榮祿的獻議。現在剛毅為了要與榮祿互別苗頭，所以他更建議立溥儁為皇帝，而且就在光緒二十六年庚子的元旦舉行。這一項建議雖因慈禧的不敢付之實施而並未能成為事實，但是他的另一項建議卻得到了慈禧的贊同——就是委派載漪為管理總理各國事務衙門的大臣兼管虎神營，外交及兵權並歸掌握，權勢遠出當年的恭親王奕訢之上。自載漪出任政府要職之後，榮祿在慈禧太后面前的聲光，頓時就減抵了許多。這在剛毅固然自詡為得計，而另外的問題，也就來了。

剛毅因為要與榮祿爭權之故而竭力援引載漪，載漪本人，亦很希望在兒子得立為大阿哥之後攬權怙勢，好為未來的廢光緒而立溥儁有所幫助，所以二人意氣相投，甚為合拍。恰好在前此不久時，因為慈禧太后以光緒名義降詔立溥儁為大阿哥，明白宣示是為穆宗同治皇帝立嗣，隱為廢立之漸，曾經引起上海電報局總辦經元善等人的干涉。慈禧大為震怒，欲將經元善繩之以法，而竟因國際保護之故，致使慈禧對之無可奈何。於是不但慈禧因痛恨經元善而仇視外人，端王載漪亦因溥儁之不能速登大位而遷怒洋人，憤無可洩。關於這一件事的經過情形，趙鳳昌所撰的《惜陰堂筆記》中曾有詳細記述，先為引述如下：

> 經蓮珊元善，上虞芳洲善人之嗣。蓮珊讀書好學，著有《趨庭紀述》。席其先人之業約五萬金。光緒八九年間直隸大災，蓮珊盡攜此五萬金航海至津，親赴災區散放。從此每遇各省水旱，盡力籌賑，奉旨嘉獎至十一次。旋北洋創議商辦電報，派盛杏生（按即盛宣懷）督辦，蓮珊即與蘇人謝家福招股五十餘萬附入，方能著手，蓮珊即任上海電局總辦。向留心中外政治，痛中國之不振。予於光緒十五年自粵調鄂，過滬識之。甲午大東溝海軍一熸，至〈馬關條約〉，愛國之士群起，如康長素、梁卓如諸君，均集海上，頻相討論，予亦時與諸君晤。至戊戌而新舊衝突，宮廷生隙，旋立大阿哥之命下，遽違本朝祖制。蓮珊感德宗有志振作，甚不慊於此舉。其時盛杏生在京，即電請上言挽回。杏生覆電僅一語，云：「大廈將傾，非一木能支。」蓮珊得此電，以為大局垂危，乃以候選知府銜名，逕電總理衙門王大臣，大意言此舉有違祖制，中外惶惶，請收回成命。深宮震怒，消息至滬，鄭陶齋即力勸其姑往澳門暫留，當日即行。旋杏生與何梅生電，謂經事由予袒護，言官並欲劾予。旋知都下喧傳此事時，御史余誠格即參盛杏生，謂經係盛用之人，應勒令交出。盛即上奏：「經係臣辦事所用之人，康有為乃是余誠格之門生。」盛此奏針鋒相對，前覆經電，僅作空洞之驚人一語，惹出一場煩惱，關係之際，措詞欠酌矣。立儲本違祖制，內外廷臣竟無一人敢放言，乃待疏遠閒員突然電請，蓮珊可謂朝陽鳴鳳，足傳千古。江督鹿傳霖密派道員洪某來滬，言鹿傳霖欲予勸蓮珊回滬，僅辦永遠監禁，絕無他慮。予即告之曰：「我與彼固摯交，此時何有定讞？亦豈有勸一親友就獄以候

不測之誅？一旦有旨嚴辦，鹿亦何能說，將來史筆，書兩江總督鹿傳霖殺經元善，亦殊不值。即指為康黨。蓮珊著有《趨庭紀述》刻本，載答康之信，責備甚周，足證不能以康黨罪之。書在此，可帶回寧，望芝帥再思之。」洪去，自此寂然，想已納予言，芝帥尚是君子人也。因恐由粵就近拿辦，予為函致合肥傳相幕僚徐賡陛，勸合肥勿承內降。合肥云：「我絕不做刀斧手。」此語真爽快，使人放心，即延為宕案。經則安居澳門砲臺，為國際保護。至拳禍事畢，逐大阿哥後，始回滬上也。

以上這段話，述慈禧痛恨經元善，至欲百計鉤致而不能得之情形，甚詳。以下另有一段，則是敘述廢立之謀如何為外交使團所阻的情形，說：

戊戌以後，立大阿哥以前，西后急欲行廢立。己亥，合肥在大學士任，一日，法使訪詢：「果有此事否？外國視一國君主無端廢立，決難承認。」午後榮祿往訪，傳西后意旨，欲探外使口氣。合肥即以今晨法使言述之。合肥知都下不可居，謀出外，旋督兩粵。同時榮祿密電探江督劉新寧。劉覆電有：「君臣之義久定，中外之口難防。」李既不能助，劉又有違言，事即難舉，不得已而先立大阿哥。乃忽有閒員放言高論，謂違祖制，干怒可知。榮祿只探兩人，因湘、淮軍僅存之碩果，不無顧慮，而先探其意，外此疆吏，蓋可置之。榮祿早年為清流彈劾罷職，南皮，清流推為黨魁，榮向不與通函電，亦在可置之列。傳言同有電詢，非悉當年之情事者也。

這一段話論述經元善電請收回立大阿哥成命一事，是在慈禧探詢廢立不成之後，所以經元善此舉更干慈禧之怒云云，讀之當可知慈禧與載漪情等人之積忿，至此當更深一層。只因經元善避居於澳門砲臺且受國際保護，非中國官方之力所能及，積忿既深，自然更增加了對洋人的反感。這也就是《凌霄一士隨筆》等書所說的，慈禧與載漪之所以要策動「庚子拳禍」，其動機全在「報私仇，非公憤」之由來了。慈禧女流無識，載漪紈袴不學，他們的錯誤荒謬行為，都有理由可說。剛毅身為軍機大臣，負有「平章軍國重事」的大責重任，在這重要關鍵上如何可以不為慈禧、載漪等人譬說利害，導致他們從正當的途徑上去謀求富國強兵之道，以為「君子報仇，三年不遲」的長遠打算，反而以神權迷信的義和團為可信，鼓勵他們利用義和團來做「扶清滅洋」的愚蠢行為，置國家民族的命運於孤注一擲呢？在這一方面，剛毅的思想與作為，看起來便覺得他比慈禧與載漪還要荒謬離奇。

據《清史・剛毅傳》所記，剛毅本是滿洲的鑲藍旗人，由繙譯生員考取筆帖式，官刑部司員。曾經參預楊乃武、小白菜與崇厚辱國兩案的審理工作，以此為慈禧太后所知，先陞郎中，由郎中外放為廣東的惠潮嘉道。一遷江西按察使，再遷廣東布政使，三遷山西巡撫。自光緒六年到十一年，前後只不過六年的時間，就由刑部直隸司員外郎超擢至二品的巡撫，陞遷之速，一時無兩。到了光緒二十年，更由廣東巡撫內調為禮部侍郎，簡充軍機大臣，儼然成為柄國的重臣了。自此以後，他的官階愈陞愈高，先則尚書，繼則協辦大學士，寖寖乎與慈禧的寵臣榮祿並駕齊驅。

榮祿之為人，甚有智略權術，看他在光緒二十五年對付徐桐、崇綺請廢光緒帝的那一套，就可知道他極擅於機變，而且他的幕府中也頗有人才。至於剛毅，雖然在慈禧太后看起來頗有幹練之稱，其實則並不如此。費行簡撰《近代名人小傳》，說他：「未嘗學問，而剛愎自是。嫻習例案，以為當官能事畢。迨任封圻，設館課吏，以為人才盡在於此。然所課則申呈文結格式及赴官期限，皆人所盡知者，實不關吏治也。所至惟科房吏書言是聽，蓋此輩皆熟於成案，毅奉之若神明焉。」這段話對剛毅的挖苦似乎過分了一點，但是他所舉的既然皆是事實，我們似乎無法加以懷疑。就事實而論，剛毅的出身既然只是一個熟諳滿洲文字的繙譯生員，服官以後所長期接近的又只是刑部的一些文書例案，如之何不使他以為當官之能事盡在於此呢？清末野史所傳的許多笑話，關於剛毅的便有好幾條。《凌霄一士隨筆》嘗為之辨正，以為「世傳其種種笑柄，如以『追奔逐北』為『追奔逐比』，『瘐斃』為『瘦斃』，稱孔子為孔中堂，皆惡之者甚其詞，不足信也」云云。然而言之者既然鑿鑿有據，我們似乎亦沒有理由一概相信他們是無的放矢。例如劉聲木所撰的《萇楚齋隨筆》就說：

> 滿洲剛子良中堂毅，任廣東臬司時，嘗輯《洗冤錄異證》四卷、《經驗方歌訣》二卷刊之，似非胸無點墨者。乃北京傳其一詩，甚覺風趣，云：「帝降為王堯舜驚，臯陶掩耳怕呼名。薦賢曾舉黃天霸，遠佞能驅翁叔平。一字難移惟瘦死，萬民何苦不耶生？」因中堂平日素喜稱堯王、舜王，臯陶呼為臯陶（按應讀作「臯遙」）。保舉將才龍殿颺，面奏云：「此臣之黃天霸。」翁叔平同龢出軍機，中堂極喜，語人曰：「此舉可謂遠佞人矣。」《洗冤錄》中凡刊「瘐死」者，中堂謂乃「瘦死」之訛。「聊生」每誤作「耶生」。此詩可謂謔而虐矣。

上文所說剛毅以龍殿颺為他的「黃天霸」，亦見於江庸之《趨庭隨筆》，云：

> 剛毅在蘇撫任，奏保周蓮、龍殿颺。吳人為之詩云：「文有周蓮武殿颺，看他才具亦平常。如何竟作人才保，笑殺滿洲剛子良。」逮剛內用，猶面奏云：「龍殿颺為奴才之黃天霸。」京師一時傳為笑柄。周官福建布政使，闒茸無聞。龍官曹州鎮總兵，光緒三十一年曹州匪起，魯撫楊士驤以釀亂劾去。

這些記載充分寫出了剛毅之愚妄無識。當國大臣之識見如此，無怪乎義和團所編織的神權迷信思想能為他們所接受了。但即使如此，剛毅也還是頗有可取之處的。費行簡《近代名人小傳》舉其死後家無餘貲一節，指其不貪；又謂其並無鴉片煙的嗜好。這兩點，正是造成清末政治風氣普遍敗壞的主要因素，剛毅在這些地方能夠卓然有所表見，足見他之能邀慈禧太后的寵信，不無道理。再看當時極端迷信義和團的神權思想而竭力主張用之以對敵洋人者，亦有很多著有一節之長的有名人物。如徐桐，乃是當時公認為最有學問、道德的理學家；如李秉衡、毓賢，則是當時最有名的清官與能吏。剛毅在這些地方，似乎也被慈禧太后看作是李秉衡、毓賢一流的人物。

封建時代的統治者們最看重臣下的操守。他們以為，居官而不貪污的人，當國家面臨危難的時候，就不致因顧戀身家財產而不肯竭忠盡節，這樣的人必定是忠臣，是可以倚信的。惟其因為封建時代的統治者們存有這樣的想法，所以他們不但鼓勵清廉之臣，也願意加以不次之拔擢，以作為一般臣僚之表率。李秉衡以出身佐雜微員而得至封疆大吏，毓賢以居官清廉與奏革陋規而得慈禧之嘉賞，都是這一類的事實。剛毅在刑部充任司官時，以勤能受知於慈禧，及出為外官，又能清廉自守，卓著循聲，自不難由此一帆風順地入軍機，擢卿貳，卒致大用。然而，無論是這些人物的道德與操守各有可稱，他們的學問與識見實在太淺薄愚陋。慈禧太后誤以他們的見解、行為與道德操守一般地可信，那就不免要如「盲入騎瞎馬，夜半臨深淵」似地自蹈危地而不知了。「庚子拳亂」時的情勢，不幸正是如此。在這些釀禍召釁的主要人物中，頭腦比較清楚的，應數趙舒翹。無奈他在重要關頭上所表示的意見，並不能為慈禧所接受，這樣一來，後果就太嚴重了。

趙舒翹在《清史》中與徐桐、剛毅、啟秀、毓賢等人同傳，可知他亦被列為首禍諸人之一。然而他的情形實在與徐桐、剛毅、啟秀、毓賢等人並不一樣。這只要看他在拳禍初起時的表現，便可知道。

趙舒翹，字展如，同治十三年進士，由刑部主事累陞至郎中，出為安徽鳳陽府知府，不十年，擢至江蘇巡撫，遷轉之速，可與剛毅相比。所以然的道理，則以他居官甚有清名，足以與剛毅、李秉衡等人媲美。後來他由巡撫內調為刑部侍郎、陞尚書，乃是因為他曾經久官刑曹，諳熟律令，政府當局有意倚用之故。剛毅與榮祿爭權，為求增厚自己的力量，需要汲引朋類以為黨羽，而趙舒翹當年曾與剛毅同官刑部，頗為相得，因此加以援引，於光緒二十五年入為軍機大臣。軍機重資歷與官爵，趙舒翹入軍機最後，官位只是尚書，遠在兼任文淵閣大學士的榮祿，及已陞為協辦大學士的剛毅、王文韶之後；何況刑部尚書在六部尚書中序列第五，又比序列第三的禮部尚書啟秀差了一截。由於這幾種緣故，趙舒翹在同時的六個軍機大臣中，只能屈居「打簾子」的軍機大臣，而且需要事事仰承剛毅的意旨。小橫香室主人所輯《清朝史料》卷下，「剛毅導拳匪入京」一條說：「及拳匪據涿州，朝議剿撫不決，乃命兼管順天府事尚書趙舒翹，同府尹何乃瑩馳往解散。剛毅慮舒翹或戾己意，自請偕往。」剛毅於此時自請與趙舒翹、何乃瑩同往涿州，其目的顯然是要運用他對趙舒翹、何乃瑩的影響力量，儘量作適合於自己計畫的安排。後來情形，雖未如此，但其結果仍然差不多。關於這一點，吳永《庚子西狩叢談》中的論述最為詳盡，需要加以引述，原書說：

> 拳匪之事，當剛、趙查驗時，是一禍福轉捩關鍵。如此時能將真實情狀剴切陳奏，使太后得有明白證據，認定主張，一紙嚴詔，立時可以消弭。過此以後，烏合蟻附，群勢已成，雖禁遏亦已不及。後來釀成如此大禍，趙、剛二人，實不能不負其全責。太后謂其「死有餘辜」，確係情真罪當。剛之為人，愚陋而剛愎，或真信拳匪之可恃，亦未可定。趙則起家科第，敭歷京外，開藩陳臬，並皆卓有政聲，而且學問淹通，持躬廉正，此兒戲鬼混之義和團，能否成事，

明白易曉，絕不至於不能鑑別。第以劫於剛勢，不敢立異，遂致與之駢殉，身陷大戮而死負惡名，未免太可惜矣。

此云趙舒翹不比剛毅之愚陋無識，彼明知義和團為兒戲鬼混而不能成事，竟因劫於剛勢而不敢顯為異同，遂致慈禧為之蒙蔽，誤信拳匪可用，終於釀成大禍，其說甚有見地。但其實在情形則尚不至此，原書中亦曾詳細記述，云：

近聞某公言及趙事，則尤不覺為之扼腕。謂當拳匪在涿州時，太后命剛、趙往驗，剛實未往，趙獨挈何君乃瑩同行。何字松生，本刑部老司員，殊幹練有卓識。二人回京後，均力言拳民之不可恃，何因為趙擬就一摺，言之頗甚剴切。趙審閱再三，似礙於端、剛，躊躇不敢上。末謂：「上摺太著痕跡，不如面陳為妥。」乃先赴榮相處詳悉報告，再見太后覆命，亦經一一據實奏陳。而彼時太后已受魔熱，詞色頗不懌。先時，趙之僚友曾有以大義相責者，趙出告人，謂：「幸不辱命，我對軍機、太后均已盡情傾吐，應說盡說，撫心自問，庶幾可無罪矣。」後來點派帶團差使，並無其名，趙益自引為幸，謂：「從此可以脫離關係。」云云。某公所言，委係得之當時事實，並非泛泛。準此而論，則趙於拳匪並未有阿附之事。最後賜盡上諭中，只坐以「畢竟草率」四字，且有「查辦拳匪亦無庇護之詞」等語，即據太后口中所言，亦足證明其始終未言拳匪可靠，參稽互考，情節昭然。只因當時稍有瞻顧，少此一摺之手續，又夙因剛援引，相處親密，致後來中外責言，均以剛、趙並舉，李文忠亦有「剛趙袒匪」之電奏，空言無據，無法辨白，卒陷於不測之大戾。然則，彼之失足，不在查驗拳匪之役，而在於受剛援引之時。因失其親，子雲中郎，所以同抱千古蘭滑之恨也，悲夫！

按，費行簡《近代名人小傳》中，有〈趙舒翹傳〉，關於這方面的記述，是：

舒翹任監司，為近百年來良吏第一。及入樞府，乃碌碌隨剛毅後，罔有建白。迨奉命撫拳匪，一奉命於毅，不敢持異同。坐此為外人指摘，竟賜死，人無矜其冤者，是可嘆也！

據此云云，可知趙舒翹在後來已被公認為阿附剛毅而欺矇慈禧之人，雖枉死而無人矜其冤，這真是所謂千古冤獄了！由於趙舒翹的冤獄莫伸，後世之人，也就只知道趙舒翹與剛毅扶同欺蔽，而不知道慈禧太后當時已深信載漪、剛毅之言，決心利用義和團從事排外運動，而根本置趙舒翹的直言讜論於不顧，這實在是很可惜的。誠如吳永《庚子西狩叢談》所說，清政府對義和團的剿撫政策，此時正為關鍵性的決定時刻，不言剿而言撫，後來的發展，便非政府力量所能控制。在這一件事情上，載漪與剛毅固然如慈禧太后所說的「死有餘辜」，而慈禧太后自己又當如何呢？

李秉衡、毓賢袒護拳匪的仇外行動，載漪迷信義和團的神力和法術，剛毅有心利用義和團的排外行動來達到他的政治目的，其結果當然會使仇恨洋人的慈禧太后大為心動。此時如果再有慈禧所看重或倚信的人物從旁搆煽，那就很容易使這個知識不足的老婦人走上錯誤的道路，真的以為「洋人當滅，中國當興，其機會便在此時」了。在這時候表示其重要意見與言論的，第一是道學家徐桐，第二便是慈禧太后身邊的親信太監們。

日本人佐原篤介所撰的《拳亂紀聞》中，有一條說：

當團匪滋事以後，太后曾召見諸大臣，商議剿撫事宜。諸臣皆無定見，惟徐中堂叩首力爭，當團匪立意扶清滅洋，實是中國義民，不宜剿辦，以挫其氣。太后以徐為老臣，所言必不誤，故一意主撫。

又，王守恂撰《杭居雜憶》記義和拳事云：

拳匪入京時，太監在孝欽左右為之先容，謂燒毀教堂，祝禱則火起；且指燒何處，火若聽命，絕不延燒他處。孝欽亦神之。大柵欄老德記藥房賣藥，與教無涉也，拳匪率人燒之。此火一起，不可復遏，將北京精華之地一炬成空，直延到正陽門箭樓。拳匪見燒及國門，事已不妙，相率向火祝禱，而火愈猛，自日中燒至日末方熄。次日晨起，拳匪偃旗收械，不見蹤跡，余以為此事或有轉機歟？未一日，依然勢力膨脹，反勝於前，不解其故。嗣聞人言，太監對孝欽云：「此次延燒正陽門，神仙降旨，係因皇上做事不好，天示之罰。」大合孝欽意旨，以此拳匪氣燄不稍退步，轉加厲也。

徐桐是清朝末年有名的理學家，思想頑固而排外甚力。他在光緒二十二年就做到了體仁閣大學士，雖然資序在李鴻章之後，卻以崇尚宋儒學說而惡西學如仇之故，甚合慈禧太后的胃口。所以，在「戊戌政變」以後就極蒙慈禧太后之優禮，每次上朝至令太監為之扶掖，以示光寵。慈禧欲廢光緒而立溥儁，徐桐與同治皇后的生父蒙古狀元崇綺，同為最熱心的贊助人之一，以此與溥儁的生父端王載漪最為投緣，時人將他稱為「商山四皓」之一。義和團起事，載漪與剛毅導之入北京。徐桐出門親自迎接，「謂中國當自此強矣」，語見《清史・徐桐傳》。慈禧太后以為徐桐是有學問的理學名臣而其言可信，豈知他在這方面的認識，並不比愚妄無識的載漪和剛毅高明，相信他的話，其實也就與相信載漪、剛毅的話一樣。至於義和團所宣稱的各種神術，說穿了其實都只是一些騙人的玩意，只是在拳匪勢大之時，沒人敢冒險開罪拳匪以求得證而已。慈禧太后的親信太監們在此時為拳匪所作義務宣傳，又將火災延燒及於正陽門一事稱說是神仙示罰光緒云云，恰恰投合了慈禧的意之所好，於是連本來已被戳穿的謊言也被包瞞得天衣無縫了。國家的最高統治者與最負學問、道德盛名的朝中大臣，都像這樣鄙陋無識，縱使朝中尚有若干明白曉事之人，亦絕不能挽狂瀾於既倒，在舉朝風靡的情況之下起得了迴轉乾坤之作用。「庚子拳亂」之終將演變成燎原之禍，至此已明白如見。

自光緒二十六年的三月間開始，京師拳亂，漸見具體。兩個月之後，慈禧就以光緒的名義頒發詔書，明白宣布與各國交戰。自此以後，就是圍攻使館及八國聯軍之役。在拳禍醞釀漸成的這段時間之內，載漪、剛毅、徐桐、榮祿以及慈禧太后諸人的言行舉動，在在都對大局居有直接的影響。為了易於明白起見，也需要先將當時所有這方面的記載擇要做一概括的敘述，以見一斑。

柴萼《梵天廬叢錄》卷二「庚辛紀事」云：

> 拳匪起於山東，而大禍之發，乃在直隸，東省得安閒無事，則巡撫袁慰庭剿匪立功不可沒也。東省義和團，創始於嘉慶時，蔓延至於直隸，數十年來，人俱視之為邪教。及毓賢任東撫，頗尊信之，於是直隸古城、清河、威縣、曲周等處之匪漸漸南下，流入東昌之冠縣，自冠縣及於東昌各屬，再由東昌、曹州、濟寧、兗州、沂州、濟南等處潛萌滋長，至己亥秋間，其勢大熾，然仍出沒黃河以西，而以直隸為老巢。十一月間，袁慰庭到任，試拳匪妖術不驗，斬之以徇。即毅然以調和民教，緝辦拳匪為務，出示剴切曉諭，至十餘次之多。匪等抗不遵諭，始派

> 道府大員督同營隊搜捕，並令各屬懸賞購緝。先後拘獲匪首王立言等數十人，置諸極刑，格斃散匪無算。不及兩月，匪勢日衰，地方一律安靖。匪於東省不能駐足，則盡遁而至直隸。

己亥，即光緒二十五年，翌年即庚子。袁慰庭，即袁世凱；直隸，即是現在的河北省。這一段記事，說明了拳匪由山東入直隸的原因，是由於袁世凱做了山東巡撫之後，以強硬的手段對付那些不肯解散歸農而隨處以妖術欺惑愚民的教匪，剿捕殺戮，不遺餘力，以致拳匪無法在山東立足，不得不北向直隸發展之故。袁世凱因此被義和團痛罵為漢奸、二毛子，街頭巷尾並貼滿辱罵袁世凱的文字，然而山東境內的義和團畢竟因此而肅清了。與袁世凱之態度恰好相反的，是此時的直隸總督裕祿。當袁世凱主張對拳匪採取剿捕殺戮的態度時，「裕祿承風指，忽主撫」（《清史・裕祿傳》中語）。於是拳匪由山東北竄直隸後，無所阻擋，發展極為迅速。《梵天廬叢錄・庚辛紀事》云：

> 庚子春間，北直保定州、遵化州、綿州一帶，喧傳有神師降世，專收幼孩為徒，教以咒語，云能召請先朝名將護身，教以練拳、練刀，功候滿足，即能槍砲不入，刀箭不傷。未幾，即日盛一日，強年壯丁，舉信從之，鄉野村莊，莫不有壇，始大張義和團旗號。嗣後從者益眾。直隸總督裕祿不之禁，且迷信之。迎大師兄張德成、曹福田至署，黃轎鼓吹，百官屏息侍立，如天神降。因是練拳從之者尤眾。更名曰義和團，日夜操練刀矛、拳法。

裕祿，是滿洲的正白旗人。在《清史》中與徐桐、剛毅、趙舒翹、毓賢等人同傳，後來被洋人指為縱匪作亂的禍首諸人之一。因為他早在北倉兵敗之後便已引罪自殺，所以未遭顯戮。由他之迷信義和團並以黃轎鼓吹恭迎大師兄張德成、曹福田至總督衙門，奉如神明的態度看來，裕祿的頭腦，大概亦與端王載漪、莊王載勛，及剛毅等人差不多。

這張德成與曹福田，在北倉兵敗之後攜帶清政府所發的巨額餉銀逃走，中途被獲囚繫，當年所自詡、自誇的神功法術毫不靈驗，可知這些匪徒所用來欺世惑眾的，不過是些邪門妖法而已。然而，上自皇太后、王公大臣，下至鄉里愚民，都以為義和團果然擁有抵禦洋人槍砲的法術，那就實在太糟糕了。自此以後，「太后遂欲令拳匪滅洋。匪得密旨，因於『滅洋』之上，加『扶清』二字，而滔天之勢成矣」（「庚辛紀事」）。下面所引，乃是李希聖的《庚子國變記》，以其紀事時間較為明白，故與《庚申紀事》等書雜引之。

《庚子國變記》：

而義和團自山東浸淫入畿輔，眾亦漸盛，遂圍淶水。縣令祝芾請兵，直隸總督裕祿遣楊福同剿之，福同敗死。進攻涿州，知州龔蔭培告急。順天府尹何乃瑩揣朝旨，格不行，蔭培坐免。太后使刑部尚書趙舒翹、大學士剛毅，及乃瑩先後往，導之入京師。剛毅等覆命，均力言拳匪無他心，可恃。遂焚鐵道，毀電線，至者數萬人，城中為壇場幾滿。其神曰洪鈞老祖、驪山老母，來常以夜，燎而祠之，為巫舞欲以下神。神至，能禁槍砲全不燃。又能指畫空中，則火起，刀槊不能傷。出則呼市人向東南而拜，人無敢不從者。以仇教為名，至斥上為教主。太后與載漪謀欲引以廢立，故主之特堅。

又，柴萼《梵天廬叢錄・庚辛紀事》：

四月二十九日，將京津鐵路各車站焚毀，遂乘勢占據涿州。聲言涿州兵備空虛，洋兵將來，願為代守。由是城牆上萬頭攢動，刀矛林立，如將有大敵者然。朝廷命尚書趙舒翹、順天府尹何乃瑩馳至涿州，相機辦理。剛毅以趙與己志趣不同，恐致決裂，言於朝，願自請行，准之。乃亟馳往，則趙與何已先在。召匪首入見，諭以朝廷德意，不得暴動。而匪首以聶功亭軍門（即提督聶士成）嘗痛剿其黨，銜之次骨，答言：「須將軍門斥革，始可從命，否則當與一戰。」趙以軍門辦事認真，且其罪尚不至斥革，況宿將無多，正資倚畀，豈可遽言斥退？何亦以其言為然，不從所請。剛既至，力言拳民可恃，聶不可用，反覆討論，堅持己意。其時何已為剛言所惑，亦力翻前議，唯唯從命。趙以剛勢出己上，且審此係內廷意，與辯無益。乃微笑言：「既二公意議相同，諒非無見。僕不才，當先回京覆命。」剛頷之，趙乃回京，含糊覆奏。剛則與匪首密商一切。五月十三日，董福祥奉召入都，宣稱已命義和團充先鋒剿滅洋人，我軍為之後應。聞者駭走。

以下再引李希聖的《庚子國變記》：

五月初十日，俄使恩格爾思上書言：「亂民日益多，英、法藉之將不利於中國。俄與中國方睦，逾二百年，義當告。總理衙門得書，不敢上。俄使欲入見，乃封奏焉，亦不答。

十四日，以禮部尚書啟秀、工部侍郎溥興、內閣學士那桐，入總理衙門，而以載漪為管理。

十五日，日本書記生杉山彬出永定門，董福祥遣兵殺之於道，剖其屍。

十七日，拳匪於右安門內火教民居，無老幼婦女皆殺之，一僧為之長。

十八日，往宣武門內火教堂。又連燒他教堂甚眾。城門盡閉，京師大亂。連兩日有旨，言拳匪作亂當剿，而匪勢愈張。

二十日，焚正陽門外四千餘家，京師富商所集也，數百年精華盡矣。延及城闕，火光燭天，三日不滅。

是日，召大學士、六部九卿入議。太后哭，出羅嘉杰書示廷臣，相顧逡巡，莫敢先發。侍郎許景澄言：「中國與外洋交數十年矣，民教相仇之事，無歲無之，惟不過賠償而止。惟攻殺使臣，中外皆無成案。今後民巷使館，拳匪日窺伺之，幾於朝不謀夕；倘不測，不知宗社生靈，置之何地？」太常寺卿袁昶言：「釁不可開，縱容亂民，禍至不可收拾。他日內訌外患，相隨而至，國何以堪？」慷慨唏噓，聲震殿瓦。太后目攝之。太常寺少卿張亨嘉言：「拳民不可恃。」倉場侍郎長萃在亨嘉後，大言曰：「此義民也！臣自通州來，通州無義民不保矣！」載漪、載濂及戶部侍郎溥興和之，言：「人心不可失。」上曰：「人心何足恃？只益亂耳！今人喜言兵，然自朝鮮之役，創鉅痛深，效亦可睹矣。況諸國之強，十倍於日本，合而謀我，何以禦之？」載漪曰：「董福祥剿叛回有功，以禦夷，當無敵。」上曰：「福祥驕，難用，敵器利而兵精，非回之比。」侍講學士朱祖謀亦言祥無賴，載漪語不遜。上嘿然。群臣皆出，而載漪、剛毅遂合疏言：「義民可恃，其術甚神，可以報仇雪恥。」載濂亦上書言：「時不可失，敢阻撓者請斬之。」聞者莫不痛心，詆為妖孽，知其必亡，然畏太后，不敢言也。

是日，遣那桐、許景澄往楊村，說夷兵，令無入。道遇拳匪劫之歸，景澄幾死。其後，夷兵援使館者，亦以眾少不得達，至落垡而還。

二十一日，又召見大學士、六部九卿。太后曰：「皇帝意在和，不欲用兵。余心亂矣，今日廷論，可盡為上言。」兵部尚書徐用儀曰：「用兵非中國之利，且釁不可自我先。」上曰：「戰非不可言，顧中國積弱，兵又不足恃，用亂民以求一逞，寧有幸乎？」侍讀學士劉永亨言：「亂民當早除，不然，禍不測。」載漪曰：「義民起田間，出萬死不顧一生以赴國家之難，今日為亂，欲誅之，人心一解，國誰與圖存？」上曰：「亂民皆烏合，能以血肉相搏耶？且人心徒空言耳，奈何以民命為兒戲？」太后度載漪辯窮，戶部尚書立山，以心計侍中用事，得太后歡，太后乃問山。山曰：「拳民雖無他，然其術多不效。」載漪色變，曰：「用其心耳，何論術乎？立山敢廷爭，是且與夷通，試遣山退夷兵，夷必聽。」山曰：「首言戰者載漪也，漪當行；臣不習夷情，且非其職。」太后曰：「德親王亨利昔來遊，若嘗為供給，亨利甚德之，若宜往。」山未對，載漪詆立山漢奸，立山抗辯，太后兩解之。罷朝，遂遣徐用儀、立山及內閣學士聯元至使館，曰：「無召兵，兵來則失好矣。」

二十二日，又召見大學士、六部九卿。載漪請攻使館，太后許之。聯元頓首亟言曰：「不可。倘使臣不保，洋兵他日入城，雞犬皆盡矣。」載瀾曰：「聯元貳於夷，殺聯元，洋兵自退。」太后大怒，召左右立斬之，莊親王載勛救之而止；聯元，載勛包衣也。協辦大學士王文韶言：「中國自甲午以後，財絀兵單。眾寡強弱之勢既已不侔，一旦開釁，何以善其後？望太后三思。」太后大怒而起，以手擊案罵之曰：「若所言，吾皆習聞之矣，尚待若言耶？若能前去，令夷兵毋入城，否者且斬若！」文韶不敢辯。上持許景澄手而泣曰：「朕一人死不足惜，如天下生靈何？」太后陽慰解之，不懌而罷。自是慊景澄。

太后意既決，載漪、載勛、載濂、載瀾、徐桐、崇綺、啟秀、趙舒翹、徐承煜又力贊之，遂下詔褒拳匪為義民，予內帑銀十萬兩。載漪即第為壇，晨夕必拜。太后亦祠之內中。由是燕、齊之盜，莫不搤腕並起而言滅洋矣。

城中日焚劫，火光連日夜，煙焰漲天。紅巾左握千百人，橫行都市，莫敢正視之者。夙所不快者，即指為教民，全家皆盡。死者十數萬人。王培佑以首附義民，擢順天府尹；士大夫諂諛干進者，又以義和團為奇貨。當是時，上書言神怪者以百數。王公邸第、百司廨署，拳匪皆設壇焉，謂之保護。兩廣總督李鴻章、兩江總督劉坤一等合奏言亂民不可用、邪說不可信，兵端不可開，其言至痛切，不聽。

遂以載勛、剛毅為總統，載瀾、英年佐之，籍姓名部署，比於官軍。然拳匪專殺自如，載勛、剛毅不敢問。

二十三日，德使克林德入總理衙門，載勛伺於路，令所部虎神營殺之。亂初起，令各國公使皆返國，期一日夜盡行。各公使請緩行，故入總理衙門議，而德使死焉。克林德已死，許緩行，又請遷入總理衙門，各公使不敢出。

二十四日，遂令董福祥及武衛中軍圍攻交民巷，榮祿自持檄督之，欲盡殺諸使臣。砲聲日夜不絕，屋瓦自騰，城中皆哭。拳匪助之，巫步披髮，升屋而號者數萬人，聲動天地。夷兵才四百，四面為營壘，穿地道，令教民分守之，人自為必死，皆奮。圍攻五十餘日，晝夜番戰，苦相持。董軍及武衛中軍死者，無慮四千人，拳匪亦多有傷亡，皆引退。

二十五日，下詔宣戰，軍機章京連文沖草也。以法領事杜士蘭索大沽砲臺為詞，其實砲臺先於二十一日失守矣。時有詔徵兵，海內騷然，羽書相望。乃以載漪、奕劻、徐桐、崇綺主兵事，有請無不從。政在軍府，高下任心。奕劻枝梧其間，噤不敢言，取充位。桐以暮年用事，尤驕橫。太后亦以桐舊臣，更事久，以忠憤號召揣摩取富貴之士，負當時大名，思壹用其言以風動天下，遂遣倉場侍郎劉恩溥往天津招集拳團，至十餘萬人，傳太后旨，賚給之。來者日益多，頗不得賞，則公為寇盜，擄略殺人，脅取財物，不能應，輒夷其宗，自天津以南，民大徙，乃候於道，遮殺之，坐死者又十數萬人。

以上所述，自光緒二十六年春間拳匪由山東竄入直隸為始，至同年五月二十五日正式降詔宣戰，欲恃義和團的神術盡驅洋人，以為「扶清滅洋」的中興大計，其經歷過程極為明晰。由上面的敘述，可以使我們發現如下一些問題。

一、慈禧之決定用義和團來驅滅洋人，剛毅的招引，與載漪、載勛、載濂、載瀾、徐桐、崇綺、啟秀、趙舒翹、徐承煜等人的大力贊助，都是舉足輕重的關鍵因素。在上面這些縱拳釀禍的重要人物中，只有趙舒翹是漢人，他是否確實曾與上述諸人一樣地力贊拳匪，也還是很可懷疑的問題，其餘則幾乎一律都是滿洲顯要，載漪、載濂、載瀾、載勛是皇族，崇綺是皇室懿親、徐桐、徐承煜父子隸漢軍旗，而漢軍旗的假滿洲人一向以滿洲奴才的身份為榮，也就與真正的滿人無異。這些人之外，再加上仇殺洋人最多的毓賢，與同罪而倖免於罰的榮祿，凡是名單上有的，可說無一不是當權的顯要人物。這些滿洲顯要人物為什麼人人都會迷上義和團的神權思想？又為什麼只有這些滿洲顯要才是信奉最深而竭力主張利用義和團來從事排外行動的人？這問題實在很使人迷惑。宣統之世，滿人為了排斥漢人而組成所謂「皇族內閣」，這是由於狹隘的種族觀念與權利思想而來的政爭，其動機容易使人瞭解。而當庚子之時，滿人的政權既未受到漢人的威脅，便沒有理由要以發動對外戰爭的方式來鞏固自己的統治權。那麼，這些滿清顯要們又為什麼要在此時發動這一場莫名其妙的對外戰爭呢？由於這個問題之難以解釋，我們只好假定，他們之所以如此做，主要原因，大概是由於他們的愚昧、無知，與自私。愚昧無知使他們對世界大勢缺乏認識而迷信義和團的神力，自私則使他們誤以為藉此可以達到某種利益——慈禧與端王載漪希望藉比以行廢立大事，其他的投機趨附之人則希望藉此分一杯羹，以便同沾實利。載勛、載濂、載瀾，與剛毅，都是這一類人；徐桐與崇綺早已列名為商山四皓，也可視為一丘之貉。啟秀以迎合徐桐起家，榮祿又是最擅長投機的人物。算來算去，只有毓賢的仇洋排外思想比較單純。所以，這些首禍人物雖然都打著「扶清滅洋」的招牌，其純粹出於愛國動機的，實在少之又少。

二、當五月二十日至二十二日三次「叫大起」討論宣戰問題時，雖然主戰派與反對派的言論都表現得相當激烈，但是慈禧太后似乎早已成竹在胸，所以儘管自光緒皇帝以至許景澄、袁昶、王文韶、劉永亨、朱祖謀、立山、聯元等主人相繼發言反對，慈禧的主張早已打定，許景澄、袁昶、立山、聯元等四人並且因此被扣上「通夷」的帽子，連性命也送掉了。關於這件事情的前後始末，吳永的《庚子西狩叢談》言之頗詳，可以參看，引述如下：

> 予狃於此事（按係指進言罷斥大阿哥溥儁事），以為幸有進言機會，凡理所應言者，均當言之。但有一次則險碰一大釘子。一日入見，奏對事畢，太后與皇上同坐倚窗匠上。予見太后意尚閒暇，因乘間奏言：「徐用儀、許景澄、袁昶三臣，皆忠實為國，當時身罹法典，當然必有應得之罪，顧論其心跡，似在可原。據臣所聞外間輿論，頗皆為之痛惜，可否亮予昭雪？」方言至此處，意尚未盡，突見太后臉色一沉，目光直注，兩腮迸突，額間筋脈悉僨起，露齒做噤齘狀，厲聲曰：「吳永，連你亦這樣說耶？」予從來未見太后發怒，猝見此態，惶悚萬狀，當即叩頭謝曰：「臣冒昧不知輕重。」太后神色略定，忽將怒容盡斂，仍從容霽顏曰：「想你是不知道此中情節，皇帝在此，你但問皇帝。當日叫大起，王公大臣都在廷上，尚未說著話，他數人叨叨切切，不知說些什麼，哄著皇帝。至賺得皇帝下位，牽著許景澄衣袖，叫：『許景澄你救我！』彼此居然結著一團，放聲縱哭，你想還有一毫體統麼？你且問皇帝，是否實在？」皇上默無一言，予只得叩頭，謂：「臣實不明白當時情形。」太后復霽語曰：「這難怪你，偺們宮裏的事，外間哪裏知道？你當日尚是外官，自然益發不明白了。」予見太后意

解，始逡巡起立。莽遇此劈天雷電，忽而雲消雨霽，依然無跡，可謂絕大喜事，然予真已汗流浹背矣。……

後有耆舊某公，為述當時真狀，謂此番叫起情形，實誤於上下隔膜。先是，有浙人羅某，常奔走榮文忠門下，一日，不知從何處捕得風影，急投榮處密報，謂：「各國已分頭調兵來華，決定攻打北京，與中國宣戰。」云云。榮素持重，此次竟為所惑，逕自繕密摺，入宮呈奏。太后得奏，當然著慌，既懼且憤。端、莊正喜師出有名，益乘間竭力蠱煽，且哄且激，太后遂亦主張開戰，因此乃宣叫大起。故太后一到場蒞座時，開首即言：「現在洋人已決計與我宣戰，明知眾寡不敵，但戰亦亡，不戰亦亡，同一滅亡，若不戰而亡，未免太對不起列祖列宗，故無論如何不得不為背城借一之圖。今當宣告大眾，諸臣有何意見，不妨陳奏。」云云。當時似有數人發言，不甚清晰。朱古薇閣學祖謀曾出班陳奏，謂：「拳民法術，恐不可恃。」一旗員即從旁攙言曰：「拳民法術可恃不可恃，臣不敢議，臣特取其心術可恃耳。」聯學士元繼續發言，其言頗憨，謂：「如與各國宣戰，恐將來洋兵殺入京城，必至雞犬不留。」太后色變。即有御前大臣大聲叱之曰：「聯元這說的是什麼話？」太后意正含憤，正於此時，皇上望見許文肅，即下坐執其手曰：「許景澄，你是出過洋的，又在總理衙門辦事多年，外間情勢，你通知道。這能戰與否，你須明白告我。」許奏言：「鬧教堂、傷害教士的交涉，向來都有辦過的；如若傷害使臣、毀滅使館，則情節異常重大，即國際交涉上亦罕有此種成案，不能不格外審慎。」等語。皇上固知萬不能戰，而劫於端、莊，不敢逕宣己意，以文肅久習洋務，特欲倚以為重。聞許言，深中其意，因持其手而泣，文肅亦泣。袁忠節班次與文肅相近，亦從旁矢口陳奏，一時忠義奮發，不免同有激昂悲戚之態度。許奏語本極平正，太后似亦未甚注聽。第見皇上與之相持，三人團聚共泣，疑二公必有何等密語刺激皇上，不覺大觸其怒，即注目厲聲曰：「這算什麼體統？」德宗乃始放手。故上諭中有「語多離間」之詞。當時頗疑此諭出於端、莊矯旨，其實兩公之死，即由於此。究其癥結，蓋太后已入榮言，以為各國業經決定宣戰，故開此會議以謀應戰之方略，是戰與不戰已無復擬議之餘地。而廷臣中多半不知就裏，或以為尚是片面商議和戰問題，或則以為政府已得有宣戰實據，因之不必此多陳奏，鋒針相對，以致愈激愈偏。後來退班出宮，彼此互訊此項消息，茫然不知何來。軍機既未呈報，總署亦無照會，方始大家愕異。蓋榮相上次密摺，外間固絕無人知道也。若當時明白內容，只須將洋人並無宣戰事實委曲開釋，未嘗不可消解，乃彼此均走入岔道中。夫洋人已決戰而尚主張不戰，則惟有降之一法，宜其不能相入也。大風起於蘋末，蟻穴足以潰隄，因羅某之一言而釀成如此掀天大禍，當亦彼所不及料者矣。

上文所說的「羅某」，即江蘇糧道羅嘉杰；榮相，即榮祿。榮祿因深信羅嘉杰所密報的要求四款並奏之慈禧，慈禧因而大為發怒，決計與洋人開戰云云，這在前面所引的《袁昶日記》中已有記述，只是偽造的《景善日記》則說是端王載漪與啟秀、那桐等人所呈進的各國照會，若以《袁昶日記》與《庚子西狩叢談》所述內容互相參看，可知照會之說全出誣捏，其目的不過在為榮祿洗脫罪名。由此可以知道，慈禧之決定與各國宣戰與拳匪之圍攻東交民巷使館，完全由榮祿的這一件密摺而起，所以榮祿在「庚子拳亂」一事中所應擔負的責任甚大，他後來之得免列名為首禍諸人之一，實在太僥倖。瞭解到這其中的實情之後，我們對於榮祿在當時的各種作為，也應該另有一番不同的認識才是。

根據上文所引李希聖所撰的《庚子國變記》說，慈禧既決定與各國交戰，「遂令董福祥及武衛中軍圍攻東交民巷，榮祿自持檄督之，欲盡殺諸使臣」。這一條記述對榮祿非常不利。榮祿當時以大學士兼軍機大臣節制北洋海陸軍，所建武衛軍共分五支：前軍聶士成駐蘆臺，後軍董福祥駐薊州，左軍宋慶駐山海關，右軍袁世凱駐山東，他自己所直接統轄的中軍駐南苑。拳亂事起，董福祥亦由榮祿調之入京，所以當時在京的武衛軍，即是榮祿自統的中軍，與董福祥所統的後軍。既然榮祿在當時是持檄親督武衛軍進攻使館，「欲盡殺諸使臣」的激烈份子，他的立場，應當便是主戰派。然而《景善日記》卻說：

> 二十四日，酉刻，走訪賢弟剛相，詢以今日召見之情勢。……先由榮相泣叩天恩，披瀝密陳，言以：「洋人本無禮，中國本應宣戰，乃端王與軍機大臣所主張攻擊使館一舉，實為非計之至。今禍亂日亟，愚妄之見，不敢不冒死瀆陳於聖明之前，以春秋之義，兩國搆兵，不戮行人，蔑視各國公使，即蔑視其國。若任令拳匪攻毀使館，盡殺使臣，各國引為大恥，連合一氣，致死報仇，以一國而敵各國，愚謂不獨勝負攸關，實存亡攸關也。務須維持大局，廟社不驚，萬民幸甚。」等情。慈顏頗不悅，力言其非，「如此懷挾私見，不顧大局，萬難允從。如願令洋人立刻出京，則無所不可。義和團尚未攻擊使館，惟從今以後，未便再行攔阻。朝廷不得已之苦衷，非臣子所知，惟榮祿如此之愚，實非逆料所及也。所請萬難採納，勿庸再為瀆請，准其立時下朝」等諭。嗣由榮相叩請聖安。立退。

果如所說，不但攻擊使館的不是榮祿的武衛軍，榮祿更是竭力反對攻擊使館的開明人士了。由此推論，則榮祿當時之「持檄」督率各軍進攻交民巷使館，「欲盡殺諸使臣」云云，又可看作是他之被迫而出此，並非他的本意。所以，惲毓鼎《崇陵傳信錄》中所說的，「使館皆在東交民巷，南迫城牆，北臨長安街，武衛軍、甘軍環攻之，竟不能克。或相實左右之，隆隆者皆空砲，且陰致粟米瓜果，為他日議和地也」云云，看來又似有可通之處了。但如我們再看另一類記述，榮祿在這件事情上的責任，竟有較此更為清白乾淨的哩！

陳夔龍所撰的《夢蕉亭雜記》卷一說：

端親王載漪少不讀書，剛愎自用。自己亥冬間其子溥儁立為大阿哥，朝中視線均集於該邸，滿大臣中竟有先遞如意，希冀他日恩寵者。所管虎神營，於神機營外獨樹一幟。「庚子拳亂」起，一意提倡之。維時某相國（指徐桐）、某上公（指崇綺）均授溥儁讀，皆篤信拳匪，恃以仇教滅洋，漪遂深信不疑，謂拳可恃。步軍統領莊親王載勛、右翼總兵其弟載瀾復附和之。凡拳民入京，赴莊王府掛號，即為義民。旬日之間，亂民集都城不下數萬，均首纏紅布，手持短刀，殺人放火，晝夜喧囂，有司不敢過問。各公使館出天津調兵入京自衛，苦於兵數無多，僅於東交民巷東西巷口設卡駐兵，與我相持。董福祥一軍，經調紮正陽門東安門一帶保護內廷，嚴斥不准與洋兵衝突。董福祥帶武衛後軍，歸榮相節制。詎載漪暗相結納，引為己用，福祥亦以滅洋自任，榮相再三戒飭，竟不聽命。

同書另一條又說：

董福祥圍攻使館，相持日久。一日，端邸忽矯傳旨意，命榮文忠公以紅衣大將軍進取。紅衣大將軍者，為頭等砲位，國朝初入關時，特用以攻取齊化門者，嗣後並不恆用，棄藏至今。砲身量極重大，非先期建築砲架不適於用。以地勢言，此項砲架，須建立於東安門內東城根，城外即御河橋，橋南西岸，迤邐數十步即英使館。統計由城根至使館不及半里，各國公使參隨各員並婦孺等均藏身於館內。該館屋宇連雲，鱗次櫛比，倘以巨砲連轟數次，斷無不摧陷之理，不知該邸何以出此種政策。此砲放出，聲聞數里，宮中亦必聽聞，亦斷不能演而不放，文忠心頗憂之。繼得一策：以砲彈準否全在表尺，表尺加高一分，砲位放出必高出一尺之外。密囑砲手，準表尺所定部位略加高二三分，轟然發出，勢若雷奔電掣，已超過該館屋脊視線，出前門，直達草廠十條胡同山西票商百川，過屋頂穿成巨窟。該商等十數家環居左近，一時大驚，紛紛始議遷移。越日，收拾銀錢帳據，全數遷往貫市暫住。厥後洋兵入城，各種商號均遭損失，西號獨克保全，不傷元氣，未始非此砲之力。各使經此番震撼，益切戒心。當議約時，各使猶復提及此事，意頗悻悻。余私謂李文忠公曰：「當日演放砲彈時尺碼若不加高，恐使館已成灰燼，各使亦難倖存。不過肇禍愈烈，索款愈多，求如此時之早定和局，戛戛乎其難矣。」文忠亦以為然。

照此書的前一條所述，董福祥的武衛後軍所以會參加進攻使館之故，一是由於端王載漪的收買，二是由於董福祥的個人野心，所以榮祿雖為統帥，董福祥竟敢不聽他的戒飭，違令進攻。所說的，不但與《庚子國變記》中所記述的事實不符，亦與董福祥後來寫給榮祿的信中所說：「祥辱隸麾旄，忝總師戎，一切舉動皆仰奉中堂指揮，無一敢專擅者。」「去年拳民之事，累奉鈞諭同囑攻各國，祥以事關重大，遲疑未決，承中堂驅策，故不敢不奉命惟謹。後又承鈞諭及面囑累次，圍攻使館不妨開砲。祥始尚慮得罪各國，殺戮其使，恐兵力不敵。祥承此重咎，又承中堂諭謂，戮力攘夷，禍福同之。祥是武夫，無所知識，但恃中堂而為犬馬之奔走耳。今中堂巍然執政而祥被罪，祥雖愚駑，竊不解其故。」云云，完全是背道而馳的事。榮祿對於董福祥的責讓之辭無可辯解，那就等於承認董福祥所說的全是事實，然則陳夔龍即使有心為之開脫，豈不等於是「不描尚可，愈描愈黑」的作偽招狀嗎？劉聲木所撰的《萇楚齋隨筆》，曾說陳夔龍是「榮黨」，所以他雖然在《夢蕉亭雜記》中竭力辨說他並非榮黨，亦仍是徒勞無功的「愈描愈黑」。由《萇楚齋隨筆》比對陳夔龍存心為榮祿開脫罪名的記述，更可知道劉聲木所說的話很有道理。一事如此，他事可知。然則，《夢蕉亭雜記》誇詡榮祿在「庚子拳亂」時保全北京使館之功的後一條記事是否可靠，亦就很有問題。

「庚子拳亂」時，有一個在教會機構中任職的中國人鹿完天，因拳匪圍攻使館之故，他亦處身在包圍之中，日夕在槍林彈雨中過著萬分危險的生活。根據鹿完天所寫《庚子北京事變紀略》中所敘的圍城實況，則圍攻使館區的清兵不但擁有洋槍、洋砲，且有能發射極大砲彈的大炸砲。大炸砲所發射的大砲彈，從六月初一日早晨開始發射。此日的紀事記云：

> 初一日早六點鐘，自皇城內打來大炸彈，西花園西北隅望樓連受數彈，即傾倒矣。炸彈重十餘斤，上有螺絲，中裝生鐵，落地開裂，方圓十餘步內外，撞之即成粉碎。十點鐘，又將大官房脊背打崩，院中飛鐵齊鳴，丁丁有聲，合院惶恐，中外畏懼，婦女皆藏暗室。

自清兵從六月初一日開始以大炸砲轟擊使館房屋起，《庚子北京事變紀略》幾乎逐日都有大炸砲轟擊使館區的紀錄，少則一日發射十數砲，多則數面夾攻，處處崩牆倒屋，致死或受傷的，多是避難其中的教民。到了六月十六日，又改用更大的砲位發射二三十斤重的砲彈。「幸中兵不明算法，長短遠近，酌量不準，每從城牆越過，至城外始落。」所以，連日以來發射雖多，不是過高，就是過低，竟不能對使館外圍防線造成突破的作用。到了六月二十一日，砲聲漸稀。至是日下午兩點鐘，更有榮祿所派清兵搖白旗，持名片前來議和。自此攻擊改向西什庫教堂，而使館暫時得到安寧。由這些記述可以知道，「庚子拳亂」時武衛軍對使館的攻擊，不是不曾使用大砲，也不是只發空砲或測距故意過高，只是使用之人不善射擊而已。

這種由於不善射擊而致未曾造成重大損失的事實，是否即是出於榮祿的授意？目前已經無法查考；但若與榮祿在攻擊甫經開始之時，便持檄親自督戰的情形看來，彼此之間，似乎頗有矛盾。是不是榮祿在後來業已發覺義和團法術不靈而使館難破，因亟圖補救而改用這種釜底抽薪之法的呢？根據某些史料的記述，這種情形，正大有可能。

胡思敬《驢背集》卷二：

> 交民巷被圍月餘，比、荷、意、奧使館，華俄銀行，日本筑紫辦館均毀。惟英使館最堅，牆厚八尺，高二丈有奇，其大可容千人。十一國使臣初議聚而守之，後知失策，乃派日、意兵守肅王府，英兵守翰林院，美、德、俄、法各分段拒守。其東有法教堂名「北堂」，其西有意教堂名「仁慈堂」，選練教民三千四百餘人，分二隊為使館聲援，捍禦甚力。

這項記載，一則說英國使館的牆垣極為高厚，再則說使館防軍在比、荷等國使館盡毀之後，改向外擴展，攻占肅王府、翰林院及聯絡法、意兩國之教堂，守禦甚力。以此與李希聖《庚子國變記》所說的，使館守軍「四面為營壘，穿地道，令教民分守之。人已為必死，皆奮」的情形合看，便可知道使館守軍是以壕塹及堡壘構成堅固陣地，易守難攻，所以使館日久不能攻下。使館難攻而義和團的神仙法術不靈，日久相持，必有後患，聰明如榮祿，當然會有他的打算了。吳永《庚子西狩叢談》說：

> 圍攻使館久不下，眾意稍懈。榮相見大勢弗順，已迂迴改道，隱與使署通消息，或稱奉詔送瓜果蔬菜，至東交巷口，聽洋人自行取入。一面設法牽制兵匪，使不得急攻。

據此云云，則榮祿倘使真有令武衛軍只發空砲或測距故意放高之事，也必定是屢攻不下以後的事，並非一開始便曾有此「保護」措施的。榮祿之善於見風使舵、臨機應變，在這裏有了明顯的證據。事情過去了之後，他為了湔洗自己的惡名，自然需要設法製造許多言過其實或似是而非的紀錄，以資轉移視聽、混淆耳目，庶幾可以使人黑白難分，甚或至於顛倒黑白。《景善日記》如此，《夢蕉亭雜記》亦然。所不同的是，前者出於他的主動偽造，後者則承其指授而已。

不過，即使榮祿能夠偽造紀錄以湔洗他的禍首之名，當時的輿論，還是留有許多不利於他的紀錄，足以使我們看清他的真正面目。例如光緒二十六年十月十六日的《中外日報・論北京死難諸臣》一文中，就說：

> 鄙哉徐桐，以道德欺世，忠孝傳家，晚節不慎，致與榮、剛作賊。

此文以榮祿與剛毅並論，同稱之為「賊」，則其名譽之惡劣可想。又同年十月初二日《中外日報・戊己間訓政諸大臣論略》一文中說：

> 榮祿、剛毅並以夤緣貴顯，得至大官。榮給事內廷，恭親王尤狎之，任步軍統領多年。剛浮沉部署，遠不能及。迨得政後，其意反抗皇上，故太后因而用之，其寵任遂與榮埒。大抵榮險而巧，剛悍而愎，每欲舉大事，榮陰謀於室，剛公言於朝。榮起於但貪富貴，剛出於有所憾恨，此其顯殊。至其同為國賊，同釀國禍，則二人之所共謀，雖及沒世，不能別也。而近日議者，見剛已死，則從而下石，聞榮猶貴，則為之遊說。欲以按之入地、舉之升天，難哉，難哉！

這一段話亦以剛毅與榮祿同稱，謂之國賊，指為同謀，然則榮祿當年確實曾經與載漪、剛毅同為禍國殃民之事，不是更顯而易見的事了嗎？所不同的是，剛毅愚愎而榮祿聰明，剛毅所行之事明顯而榮祿隱蔽，榮祿善於見風轉舵而剛毅則至死不悟，所以他們之間的禍福休咎有了明顯的分別。更何況載漪、剛毅後來都成了萬眾指目的元兇罪魁，一切禍害都轉嫁到他們的頭上，榮祿就更可以利用他的顯貴之身，偽造歷史紀錄，以為自己洗脫罪名。於是，我們現在所能看到的，便只是《清史・榮祿傳》中所加於他的讚譽之辭，歌頌他對「庚子拳亂」時對使館有如何如何的調護之功，而《景善日記》等偽造的史料又從而證實之，如之何不使這一位漏網的巨魁不成為安邦定國的功臣呢？榮祿之善變，反映出了端、剛諸人之頑梗不化。為敘述便利起見，仍以前法摘抄有關史料加以排比，以明瞭當時的變化情形。

日本佐原篤介所輯《拳亂紀聞》云：

> 六月二十四日，下午四點鐘，甘軍在王府大街長安牌樓北，與奧使署洋兵開仗，槍砲聲大作，竟夜不絕。聞此役係榮中堂發令，飭董軍開仗。又是日，匪攻天津租界。
>
> 二十五日，未刻，甘軍攻破奧國使署，縱火。
>
> 二十九日，天津紫竹林一帶，已被團匪燒成一片荒地。
>
> 六月初一日，攻英使署。至夜，槍聲愈密。
>
> 初二日，天津又復大火。
>
> 初四日，拳匪華兵復攻天津租界，相持至七點鐘之久，兵匪大敗。
>
> 初六日，華人在城南乾清門東面海德門上置砲一尊，其他各城門上雖亦均安設砲位，尚未開砲攻打使館。

初七日，在京各西人現俱被圍於英使館中，情形危急。
十一日，北京團匪勢焰稍衰，故圍困使館亦較前大鬆。
十三日，各國聯軍總統調齊兵士六千名，攻擊天津城，聶功亭軍門即於是役陣亡於天津城西八里臺地方。
十七日，洋兵占據天津。

上述資料來源，乃是上海方面的外國報紙輯錄各方來電所作的新聞彙報。其未記京中使館被圍情形，係因電報不通，不悉雙方戰事情形使然。其後乃據《泰晤士報》訪員瑪禮孫所發電信，知使館被圍以來，各使署官兵之陣亡及受傷者不知凡幾，幸各公使及眷屬尚安好云。其時各國已組成聯軍，由天津出發攻向北京，以解使館之圍。以下所記，則是李希聖所撰的《庚子國變記》。

六月二十九日，李秉衡至自江南。太后大喜，三召見寧壽宮，語移日。秉衡主戰，且言拳民可用，當以兵法部勒之。太后聞天津敗，方旁皇，得秉衡言，乃決。遂命總統張春發、陳澤霖、萬本華、夏辛酉四軍。
七月初三日，殺許景澄、袁昶，秉衡有力焉。
初十日，北倉失，裕祿走楊村。
十一日，楊村又陷，裕祿自戕死，宋慶退蔡村。敵方得天津，畫地而守，兵久不出。一夕大至攻北倉，炸砲居陣前，更番迭擊。馬玉崑大敗，退至武清，不復能戰矣。榮祿以聞，太后泣，問計於左右。以新斬袁、許，無敢言者。
十三日，以李鴻章為全權大臣。時已停攻使館，使總理章京文瑞齎西瓜、菽麥問遺之。

是日，李秉衡出視師。

十五日，張春發、萬本華、夏辛酉敗於河西務。陳澤霖自武清移營，聞砲聲，一軍皆潰，秉衡走通州。

十六日，太后議西幸，陰戒榮祿、董福祥以兵從。計已定，或謬言秉衡軍大勝，乃止。自北倉之敗，又圍攻使館，誓必破之以洩憤。

十七日，通州失，李秉衡死之。乃召宋慶、馬玉崑守京師，駐南苑。是日，殺徐用儀、立山、聯元。

十八日，太后聞秉衡軍敗而哭，欲遣王文韶、趙舒翹至使館乞和，榮祿曰：「不如與書覘其意。」遂遣總理章京舒文持書往。時方攻使館，舒文至，董福祥欲殺之，稱有詔乃免。

十九日，夷兵自通州踰時而至，董福祥戰於廣渠門，大敗。

二十日，黎明，城破。董福祥走出彰義門，縱兵大掠而西。是日，召見大學士、六部九卿，無一至者。拳匪在城中者尚數萬人，俄頃而盡。

二十一日，天未明，太后青衣徒步而出，髮不及簪，上素服及后隨之。至西華門外，上坐英年車，太后坐載瀾車，從者載漪、溥儁、善耆、奕劻、載勛、載瀾、載澤、剛毅、趙舒翹、英年，及內監李蓮英，諸宮人皆委之而去。是日，駕出西直門，日暮，抵昌平貫市，上及太后不食已一日矣。

二十二日，出居庸關，至岔道。

二十三日，暮，至懷來。

二十六日，至宣化雞鳴驛。

二十七日，至宣化。是日，載濂、載瀅、桂春至，令百官赴行在。留三日然後行。

八月初二日，至懷安，命奕劻回京議和，許便宜行事。

初六日，至大同，留三日。以載漪為軍機大臣，載瀾為御前大臣。

十四日，至崞縣、原平。以榮祿為全權大臣，夷人拒不納。拳亂起，祿以武衛中軍攻使館，董福祥又祿所部也。夷人誅首禍，祿名在約中，乃求解於李鴻章，鴻章出之。至其所以脫，事秘，世不盡知也。祿內主拳匪附載漪，而外為激昂，稱七上書爭之不能得，頗揚言自解，世或多信之。

十七日，至太原。

二十日，李鴻章、劉坤一、張之洞、袁世凱連名劾載漪、載瀾、載勛、剛毅、英年、趙舒翹庇拳匪。奏至，上呼載漪等嚴斥之。太后色不怡。久之，乃謂王文韶出草詔，自載漪以下，得罪有差，然甚輕。

八月初八日，幸陝西。

十七日，李鴻章至京。

十八日，至聞喜。剛毅以病留，太后使何乃瑩護視之，三日而死。是日，以奕劻為全權大臣。

二十日，李鴻章、奕劻等合劾載漪等罪重法輕，請嚴議。時德、美書請殺首謀，乃並奏焉。久之而論分別圈禁遣戍。

二十日，李鴻章領武衛中軍，榮祿赴行在。祿初由保定走太原，剛毅忌之，詔不許前往，至平定而還。及載漪出軍機，剛毅死，李鴻章為祿請，太后亦念之，故復用。

九月初四日，至西安，居北苑。夷議首禍，持益急，乃令載漪、載勛留蒲州。載勛私入臨潼，勒還之。載漪走寧夏。

十一月初三日，日斯巴尼亞等十一國使臣以約來與奕劻、李鴻章，為綱十二，要必行。奕劻、李鴻章不敢議，乃奏聞焉。太后得約，度不許，兵且西，又方以首禍當議己，常悁慄不自安。及見約無之，喜過望，詔報奕劻、鴻章盡如約。自各國請重懲首禍諸臣，太后意終庇之，不忍決。瓦德西過李鴻章曰：「今罪人方居中用事，吾當自引兵往取之，鬱鬱久居此，無益也。」鴻章遂疏言：「聯軍將渡河，不速誅首謀，西安必不保。」太后不得已，恨甚，許之。

二十七年正月初三日，賜載勛自盡於蒲州。

初四日，殺毓賢於蘭州。

初六日，賜英年、趙舒翹自盡。

初八日，殺啟秀、徐承煜。載漪、載瀾論永戍新疆。董福祥奪官歸甘肅。

八月二十四日，自西安啟蹕。

十二月初二日，至開封。

二十日，廢溥儁，仍食八分公銜俸，即日出宮。

綜觀載漪、剛毅等人一生最偉大的事蹟，就是迷信義和團的神權思想而掀起「庚子拳亂」，最後則以締結喪權辱國的〈辛丑和約〉了結此一場空前大禍。所以，歷敘「庚子拳亂」的大概情形以至和約簽訂，首禍諸人分別依照外國列強的要求從嚴懲處，載漪竄而剛毅死，其餘亦得到極悲慘的下場，載漪與剛毅二人的評傳，至此應可結束。只是《清史》載漪等人的列傳對於首禍諸人之末路遭際與慈禧太后對這些人的態度，一概沒有記載，前引李希聖《庚子國變記》亦語焉不詳，尚不足以瞭解「庚子拳亂」與這些人的真正關係。需要另外引據有關的資料，在此作一補述。

剛毅之死，《清史》本傳只說他「道遘疾，還至侯馬鎮死。其後各國請懲禍首，以先死免議，追奪原官。」《庚子國變記》所述與此相似，皆不詳其死因。柴蕚《梵天廬叢錄》則說：

剛毅從駕西奔，適患痢疾。念禍由己肇，懼不免死，方秋暑酷熱，瓜正熟，剛日坐輿中食西瓜不絕口，座下置馬子一，身踞其上，痢下注亦不絕。由此以迄於殤，卒稽大戮。此為當時侍從某學使言，信可證也。

「馬子」是蘇杭的土語，實際則應稱為「馬桶」，乃是南方人家的便器。剛毅自知縱拳釀禍而懼罪不免，這或者是他到太原而屢遭光緒詬斥之後方有的感覺。在此之前，他總以為，策動義和團以從事仇洋排外，乃是慈禧太后所完全同意的，若論釀禍的罪魁，慈禧太后當為第一號主謀。基於禍福與共的道理，只要太后不倒，他的安全就不會有問題。但自播遷出奔以來，光緒以幾廢之身，居然屢次對之詈斥，而慈禧默不表示意見，加以中外輿論之指責，使他懍然憬悟到，慈禧太后或者會犧牲他們這幾個幫兇人物來保全她自己。與其到那時因被各國指為罪魁禍首之故而慘遭慈禧之毒手，不如自己及早打算，尚可倖逃顯戮。於是，他藉患痢疾的機會多方增加自己的病勢，終得如願以償。這是他自覺罪孽深重的自知之明，雖然覺悟得晚了一點，總還比另一些冥頑不靈的人稍微聰明些。此外諸人，則儘有懵然不知大禍之將至者。《梵天廬叢錄•庚辛紀事》中另有一條，說：

行在頑固黨有謂何乃瑩者曰：「肇禍諸臣，究竟何如？」曰：「亦不過做王允耳。」或曰：「擬之韓侂胄，似乎相當。」何語塞。

王允是《三國演義》中設計連環計而使董卓、呂布自相火併，卒為漢獻帝除去大憝巨奸的忠臣，以之與縱拳釀禍諸人相比，似乎不倫。至於韓侂胄，則是宋寧宗時因輕開邊釁而被金人指為禍首的當朝宰相，最後由南宋政府曲徇金人之請，將韓侂胄殺死之後函首請罪，方才得到金人的諒解，其遭遇很像清政府無法拒絕聯軍之要求，而將毓賢、載勛等人分別斬首賜死一般。何乃瑩亦是庇拳釀禍者之一，他們在闖下大禍之後居然還以王允自比，實在可說是至死不悟。倒是趙舒翹的遭遇，說來頗為可憐。《庚辛紀事》：

前尚書趙舒翹之賜令自盡也，據十二月二十五日上諭，本欲定為斬監候罪名，已由臬司看管，家屬均往臬署侍候。先一日，太后謂軍機曰：「其實趙舒翹並未附和拳匪。但不應以『拳民不要緊』五字覆我。」趙聞，私幸老太后可以貸其一死。二十九日，外面紛傳，洋人定要趙「斬立決」之罪，於是西安府城內紳民咸為不服，聯合三百餘人在軍機處呈稟，願以全城之人保其免死，軍機處不敢呈遞。至辛丑正月初二日，風聲愈緊。軍機等自晨六時入見太后，至十一時始出，猶不能定趙之罪。而鼓樓地方業已聚集數萬人，有聲言欲劫法場者，有聲言如殺大臣，吾等即請太后回京者。軍機處見人情洶洶如此，入奏太后，不如賜令自盡。至初三日，上諭乃下。是日，晨八時降旨，定酉刻覆命。於是岑中丞銜命前往，宣讀諭旨畢，趙跪謂中丞曰：「尚有後旨乎？」岑曰：「無。」趙曰：「必有後旨也。」其時趙夫人謂趙曰：「我夫婦同死可耳，必無後命矣。」遂以金進。趙吞少許，午後一時至三時，毫無動靜，精神猶大足，與家人講身後各事，又痛哭老母九十餘歲見此大慘之事。其時趙之寅友親戚往視者頗多，岑中丞始止之，繼亦聽之。趙謂戚友曰：「這是剛子良害我的！」岑見趙語音宏亮，竟不能死，遂命人以鴉片煙進。五時，猶不死，又以砒霜進。至是始倒臥呻吟，以手捶胸，但說難過而已。其時已半夜十一時，岑急曰：「酉刻覆命，早逾矣，何為仍不死？」左右曰：「大人何不用皮紙蘸燒酒，搨其面及七竅，當氣閉也。」而岑如法搨之，共搨五次，久之不聞聲息，而胸口始冷。夫人痛哭後，亦遂自盡。趙之體最為強旺，故不易死，又有意候旨，故服鴉片煙不多，以期延捱時刻也。

趙舒翹之延捱時刻，希冀不死，如照吳永《庚子西狩叢談》所說，當是因為他自知並無縱拳釀禍及欺矇慈禧之事，不當與載勛、英年等人同科，希望慈禧最後必能分辨其中的差別而收回前旨；殊不知道，此時的慈禧，已因聯軍要求懲兇的壓力太重而急求自保，無法再為趙舒翹梳理冤枉。於是，趙舒翹終於不免冤死，而且死得很慘。比起前述諸人，他是最值得同情的。此外，則毓賢雖亦未能逃過一死，他的表現卻相當不錯。李杕撰《拳禍記》上編說，毓賢在蘭州奉旨處斬時，慷慨就戮，毫無難色。既無載勛之滿腹怨恨，亦不像英年之哭泣畏死。臨刑之前，毓賢並自撰輓聯二副，其一曰：

> 臣罪當誅，臣志無他，念小子生死光明，不似終沉三字獄。
> 君恩我負，君憂誰解？願諸公斡旋補救，切須早慰二宮心。

其二曰：

> 臣死國，妻妾死臣，誰曰不宜？最堪悲老母九旬，嬌女七齡，髫稚難全，未免致傷慈孝治。
> 我殺人，朝廷殺我，夫復何憾？所自愧奉君廿載，歷官三省，涓埃無補，空嗟有負聖明恩。

字裏行間，一心一意以為他所導致的仇教排外運動是為了救國救民與上報聖主之恩，雖志願未酬而慷慨就義，耿耿愚忠，大節懍然，看了還真教人大為感動。〈辛丑和約〉簽訂以後，某些外國輿論頗以為「庚子拳亂」的發生原因，主要由於外國侵略對中國的壓迫太甚，因侵略之壓迫太甚而致中國民眾仇教排外，其責任應由外國侵略者負之，不可全歸咎於中國民眾之愚昧無知。由毓賢的行為表現，頗可證明這些外國輿論的所見不差。毓賢在當時社會中是頗著廉聲的清官，他之仇教排外，完全出於狹隘的愛國情操，其間並未夾雜有個人的私怨。雖然因他之愚昧行為導致後來的「庚子拳禍」，深為人所痛恨，但是他這種因愛國而仇外的熱情，總還是值得同情的。比諸慈禧、載漪、剛毅諸人之企圖利用民眾的愛國情操來達成他們的政治目的之卑劣動機，毓賢的行為要高尚得多。所以，毓賢之慷慨赴死，與徐桐之城破自盡，及崇綺之投水自殺，縱使不能說得上是以一身殉其理想，總還不失為有骨氣的負責態度。比較起來，最使人看不慣的，是端王載漪那種臨難苟免，全無悛禍之心的惡劣作風。

李杕《拳禍記》上編〈懲治罪魁〉中一條說：

> 端王載漪隨兩宮至西安，繼而至寧夏，及奉旨發往極邊。謂人曰：「這已是皇上的恩典了，咱們尚等什麼，快些往新疆走，不要動皇上的怒了。」急問左右曰：「咱們大阿哥有罪乎？」曰：「不聞旨。」端王曰：「卻不與他相干，諒無妨也。」嗣以西人念國親之誼，不願深求，故端王雖褫爵，而發邊之令未行，至今在寧夏。

另據柴萼《梵天廬叢錄》所說，則端王確曾發往新疆，在新疆居住二十年，至民國十一年，忽私自回京。外交團大譁，北洋政府乃將他押往新疆，永不許回，云。柴萼之書，成於民國十四年，端王此後的生死如何？不詳。僅只由上面的事實而言，則他似乎頗以倖逃顯戮為得計，不但全無悔禍之心，並且還因不耐荒涼岑寂而想重新回到北平的繁華故鄉來。然則，此人之全無廉恥之心可想。比之毓賢之慷慨就戮，與徐桐、崇綺之自辦一死，豈不是差得太多？慈禧太后倚仗這樣的親貴人物為心膂，自難怪要為國家民族招來一場滔天大禍了。最後，則要一說慈禧立意要行廢立大事的另一個中心人物——大阿哥溥儁的後來。

溥儁於光緒二十六年被立為大阿哥。養於宮中，隨即以徐桐、崇綺為師傅，開弘德殿教讀，儼然儲貳。這一年，溥儁十六歲。慈禧以光緒蓄意與之反抗而欲改立溥儁為帝，不明瞭內情的人，一定不能知道：這溥儁究竟是怎樣一個人物？他是否具備繼立為君的條件？這一點，就需要看看當時的各種有關紀錄。

清人葉伯高於溥儁得立為大阿哥之後，曾有詩詠之，郭則澐《十朝詩乘》卷二十三曾加轉錄，中一首云：

北場南館好驅車，博簺彈棊樂有餘。周鼎輕重君莫問，楚弓得失子原虛。龍潛邸宅堪歸否？騂角山川竟舍誅。日月光輪誰望氣？賀蘭山下白雲居。

這首詩的前兩句，明明在譏諷溥儁只是一個性好冶遊作樂之人，佻㒓不足以當大器。據郭則澐說，這些事情，「固都人所共聞見者。蓋不待撤號歸藩，識者知其不稱矣」。費行簡撰《慈禧傳信錄》，說溥儁舉止佻㒓非大器，而頗有小慧，亦甚能得慈禧之歡心云。其說如下：

儁雖慧而佻㒓，素涉獵小說家言，風流自喜。出入慈寧，殷勤承順，趨蹌合度，頗得后驩。又時與諸奄戲謔，眾樂其不持威儀，爭於后前頌其賢。獨隆裕知其非令器，嘗為桂祥言：「此人若真繼統踐大位，國祚必喪厥手。」世謂儁嘗戲后侍女，適為隆裕所見，嘗面斥之，說固有因矣。后戒儁勿朝帝，或在慈禧與帝值，請安後亦不交一言。后偶令講史，德宗適至，聞其舛錯，嗤之以鼻。后怒，揮令帝退，然自是不復課儁講讀。高賡恩（儁之師傅）告予，儁慧，好為詩賦，而記憶力弗強，誦過輒忘。而徐桐則以帝王學不在章句，每為儁講釋《大學衍義》，兼及朱、程語錄。儁則不待辭畢，已攲几垂頭睡矣。

又記其在西安時之生活行動云：

報章載其出隨諸奄滋擾劇團，或宿土娼家，然皆讆說。第嘗策馬遊近郊，而必白后始敢出。平居舉止頗佻健不自重，亦喜戲劇。然工屬對，且能為小詩。高賡恩為予言，嘗以「朔方十都耕牧策」命對，即應曰：「秦中千古帝王州。」雖聲未近調，而字義工整，時方西巡，言尤有當。所作〈雁字詩〉，有「聊將天作紙，揮灑兩三行」，亦工切。其〈望終南〉詩：「入夜宮中燭乍傳，簷端山色轉蒼然。今宵月露添幽冷，欲訪柟臺第五仙。」則斐然成章矣。宋伯魯謂此賡恩自作，然予見高詩甚多，頗拙重，無此流利也。

據此云云，則溥儁雖佻健輕浮，不樂讀書，而其人頗有詩才。假使清室不亡，而沒有大阿哥這一場公案，也許溥儁在當時的皇子中，也還是能以詩詞名世的風雅之士哩！然而自有大阿哥這一場公案之後，皇太子當不成，嗣皇帝更做不成，等到清社既屋，他以後的命運就艱難了。關於溥儁後來的遭遇，高伯雨所撰《聽雨樓雜筆》中曾有記載。據高先生說，民國三十一年北平淪陷於日本時，他曾看到故都某報署名瘦記者所寫的一篇〈大阿哥近狀訪問記〉，對溥儁當時的生活潦倒情形，有很詳細的記述，抄錄一段如下：

> 大阿哥於回北京時，即住於瀛貝勒府中，尚有僕人六十。二十五歲時，大阿哥告假六月，回安那善旗省親，亦於是年結親。民元返京，即住地安門外三座橋夾道之達王府現址矣。是時生活已漸不裕……固定進項已絲毫皆無，更慘之命運遂迫目前，只有典當度日矣。……大阿哥今年五十八歲，他的夫人小他一歲。膝前一子，任警界，收入頗尠。兒媳一，孫子一。人口雖然不算繁多，可是說出來也許不會令人相信，他老人家的每日三餐，幾乎每日都不能獲得一飽了。……在生活高壓之下，他日夕都為衣食問題所困，終於在去年四月間左目失明……九月，右眼又失明。……現在，大阿哥已經是一個與世隔閡的人了。坐在那個不知是龍床抑是鳳床之上，大阿哥，以枯槁極端的手臂扶住了床欄，用沉鬱的語氣，吐出了如下沉痛令人酸鼻的話來：「現在我是一個房子、地畝都沒有的人了，寄居在親戚家，可說是分文也沒有收入。她（原注：指大阿哥之妻）每月從娘家拿回來的餑餑錢二十幾塊，也只好充作家用上了。可是，這二十幾塊怎麼能夠用呢？……我們現在每日三餐的粗糧都不能夠飽了的。唉！一轉眼四十餘年，宮中生活，儼如昨日事，也許是當年享受太過所致吧！」語聲哽澀，令聞之者有一段同情憐憫而且荒涼的感情充塞在意識裏。

自民國三十一年瘦記者作此訪問，以至民國四十五年高伯雨撰《聽雨樓雜筆》，時間又隔了二十多年。不知道大阿哥溥儁尚健在否？不過，僅由瘦記者的那篇訪問記，我們也可知道溥儁的晚年生活甚為淒苦。皇子皇孫的末路如此，誠然令人可悲。但假如溥儁在廢黜之後能夠專心講求實學，實實在在地做人，而絕不憧憬當年做大阿哥時的黃金生活的話，即使在鼎革之後，他也不致成為末路皇孫而有此可憐遭遇的。所以，這也不能說是慈禧太后害了他，實際上他更應對自己負責。以他當年曾為「庚子拳亂」之「禍根」的事實來說，經此一番劇烈波折之後而竟然仍迷戀舊日的宮中生活，此人實在也太不長進。在這種情形之下，我們實在很難想像，假如大阿哥溥儁當年真的做了皇帝，那後來的情形又會如何呢？

附記

校對既畢，偶得民國七十年「孫仿魯先生九秩華誕籌備委員會」印行之《孫仿魯先生述集》，其書後附有孫夫人所撰〈我與孫連仲將軍〉一文，得悉漢名羅毓鳳之孫夫人實係端王載漪長子溥僎之長女，滿人也。據此文所述，載漪係於民國十四年秋間在寧夏病死。因本書〈端王、剛毅與榮祿〉一文曾說不知載漪死於何時，謹附述於此，敬告讀者。

第四章

袁世凱與慶親王

袁世凱

清朝的內閣總理大臣，民國的大總統，中華帝國的洪憲皇帝。由這些頭銜，可以看出袁世凱之反覆多變。從前曹操被人稱為治世之能臣、亂世之奸雄，袁世凱彷彿似之。只因清朝末年人才寥落，所以袁世凱終於能以他的奸雄之才玩弄清廷於股掌之上。

慶親王

貪鄙無能而惟利是圖，這當是慶王奕劻的蓋棺定論。由於他之貪財，所以袁世凱得以財利玩弄之。由於他之無能，所以袁世凱終於掌握了清朝末年的軍政大權。不過，奕劻之所以能被大用，慈禧太后亦不能辭其責。總而言之，則都是袁世凱的金錢所發生的作用。

一

民國初年的歷史，受北洋軍閥的影響太大。自從袁世凱帝制失敗以後，北洋軍閥各分派系，連年鬥爭。他們內則遏阻革命運動的發展，外則屈服於帝國主義的侵略，其甚者更且勾結外國勢力鎮壓革命，終於使國父所辛勤領導的國民革命，亙十餘年之久陷於軍閥勢力的阻撓，無法得到真正的成功。北洋軍閥的鼻祖，是民國的第一任大總統，後來又背叛民國而自做皇帝的袁世凱；所以，民國初年，國運之杌隉不安，袁世凱個人所造的罪孽最大。但這畢竟是現代史的範圍了，非作者所揭櫫的「中國近代史上的關鍵人物」這個題目所能賅括。為此，筆者此文，雖然亦寫袁世凱對近代中國的影響，卻只能寫他在清朝歷史上的那一部分；入民國以後的那一部分，需要另外放在現代史中去寫，以免近代史的範圍過度擴充，而《中國近代史上的關鍵人物》這部書，也將變得非驢非馬，貽譏方家。這一點，是筆者需要在這裏預先聲明的地方。

說到袁世凱在清朝時代的事蹟，就難免不與李鴻章、榮祿、慶王奕劻，與慈禧太后這幾個人物相牽涉；李鴻章、榮祿，與慈禧太后，都是筆者所已經寫過的人物，現在只好把袁世凱與慶王奕劻放在一起寫，藉以覘見他們二人相互影響的實際情形。

清朝是滿清人建立的政權。為了維護滿人政權的安全，滿清政府歷來的政策是重滿而輕漢，非不得已，政權與兵權絕不輕假漢人。賢如胡林翼，若不是他能捧出一個滿人官文來做他的傀儡，他在湖北的一切施為，就絕不可能如此暢所欲為。曾國藩雖然有辦法平定太平天國，他也仍然需要朝中的軍機大臣肅順、文祥及恭王奕訢等人對他能作充分的倚信與支援。而李鴻章之能夠興辦各種洋務建設及北洋海軍，先則仰賴恭王，繼則深倚醇王，亦是極為明顯的事實。同治、光緒以來，柄國的重臣，習慣上都是與皇室關係極深的親王，如恭王、醇王，以至後來的慶王，都是。榮祿雖非親貴，但他與慈禧太后沾有戚誼，又極得慈禧之寵信，仍不出此一類。所以，袁世凱以他「疏逖遠臣」的身份，如果要希望入參大政，隱握朝權，也非得攀附上一位親貴重臣不可，而此人即是慶王奕劻。由於奕劻後來被袁世凱的權術與貨賄所籠絡，幾乎變得事事惟袁世凱之言是聽，袁世凱方才能夠以他的機謀詭詐之心，大施其縱橫捭闔之術，由此大力擴展其北洋系的軍事勢力，並在軍政各界廣布腹心，終於造成了他潛移清祚的龐大力量。奕劻與袁世凱的關係如何，在此可以見其大概。

從前人批評三國時的曹操，曾說他是「治世之能臣，亂世之奸雄」。自三國以後，類似曹操這樣的人物還真不少，最顯著的例子，就可以舉出比較著名的司馬懿與劉裕。他們這些人大都具有卓越的才識與能力，當國家面臨危難的時候，憑藉他們的才能建立顯赫的功業，奠安社稷，功在國家，在當時亦是人所共睹的事。但因他們畢竟具備奸雄的本質，並不能如諸葛亮、郭子儀之謹守臣節，終身不改。所以，不須多久之後，他們就由舊皇朝的大功臣變成了新皇朝的創業之主，不但忠貞之節一無可稱，而且還被後世之人視為得天下於孤兒寡婦之手的奸臣賊子，其聲名實在很不光彩。曹操、司馬懿、劉裕之後的篡竊之主，大都如此，袁世凱殆亦屬於此一類型。

作為一個曹操、司馬懿式的奸雄人物，必定有他的很多奸雄事實。我們若從袁世凱入民國以來的種種作為看，諸如暗殺異己、摧殘革命、違背約法、背叛民國，以及偽造民意、帝制自為等等，俱皆彰彰在人耳目，正無須筆者為之逐一臚列。如果撇開這些劣跡昭彰的重大事實不說，從很多小事情上著眼，我們也可以很清楚地看出，袁世凱這個人，實在是一個慣於詭詐欺騙的不義之人。下文先引述有關他的三段記事，然後再加論列。

第一段記事，見於柴萼所撰的《梵天廬叢錄》，有袁世凱的軼事七則，中一則云：

袁項城讀書甚少，在前清時，雖以治兵見稱，然其兵學知識亦非自讀書而得。名譽既著，乃居然以兵家自命，孫吳不足當其一盼也。繼思古今學者，必有著述以傳於後世，兵學何獨不然？況中國言新式兵學，尤推己為開山之祖，於是著書之心愈熾。然窘於材料，且苦筆難達意，乃謀諸門客某君。某君，文人也，何知兵事？然剽竊成書，則其所長。聞言即獻策於項城：一、蒐羅外國兵學書譯本，採輯其精華，以供我使用；二、編輯練兵時所有公牘、函件及營規、示諭等類，以充我材料。蓋前者為理論，後者為事實，只須略事點竄，便已成書，他人覽之，洋洋大文章也，何患不駕孫吳而軼司馬乎？項城聞之，心然其說，佯叱之曰：「吾所謂著述者，名山千秋之業，豈比生員應試，以抄襲挾帶為能事乎？」某君聞言，自愧而退，而項城自此亦不復言及著書事。久之，以他故辭某君去。於是，別召一客，使之代筆著書，且授以方法，一一如某君所言。此客見項城言有條理，知其於著述之事閱歷甚深，不敢輕視。未幾書成，名之曰《治兵管見》，一時王公大臣閱之，頗加稱許。而項城贈代筆者數十金。其人嫌其輕，項城怒曰：「此書全係發揮我之意見，間有參考之書，亦我所指點採擇，君不過一抄寫之吏耳。我贈君數十金，已待君厚矣，何不自量也！」某聞其言，不敢與論而罷。

王伯恭《蜷廬隨筆》中有「袁項城」一則，敘述袁世凱在朝鮮時的一段軼事說：

程仲清者，名絜，皖南尚齋都轉之族，與余固有鄉誼。粵東張制軍樹聲函薦小軒軍門，到漢城時，小帥已移戍金州，乃寄居慰亭營中。一日清晨，仲清冒雪來訪，謂：「承慰亭薦往軍國衙門做書記，月修三十金。吾意欲得四十金，又住所尚未議定，求君加言培植。」余聞大喜，答以：「軍國衙門止我一中國人在彼，君來作伴甚妙，增添十金，亦非難事。住所更可勿慮，吾桂山洞賜第八十餘間，君來同居，亦自寬綽，飲食所需，吾可供應。」仲清聞吾說，欣喜過望，因留之圍爐小飲，向夕始去。吾匆匆忘問其慰翁係向何人推薦，因函問慰亭。乃答書云：「敝友程仲清承推轂，感極感極。」余見而大詫，次日親往問之。慰亭曰：「吾恐其不能勝任耳。」余言：「初無難事，況吾在彼，詎不關助？」慰亭亦唯唯，留吾深談竟日。又次日，余問李浣西參判，答言：「袁公曾略言之，未深說也。」余告以：「程君人甚端正，慰翁再說，可即允許。房屋即住我處，不必另尋。」浣西亦漫應之。越三日無消息，余因函招仲清來，擬令其催問慰亭。去人歸，則仲清已於昨日比趁寶清輪船回廣東矣，咄咄怪事。踰數日得信，寶清輪沉於海，全船無一生者。又月餘，上海報載徽州程君已作波臣，其母夫人聞耗驚痛，自樓上躍下跌死，其妻睹此慘狀，自縊而亡。仲清固無子，其家遂絕。慰亭見報，哀而祭之，余亦往會，因嘆謂慰亭曰：「君若多一進言，何至罹此浩劫？」慰亭慨然曰：「此吾之褊心，為彼來求我，何故又復求君？彼既求君，吾即置而不問。」余不覺忿然曰：「君若早說不問，我非不可薦者，真乃害人不淺。」慰亭默然無語。他日見茅少笙，偶然道及是事，少笙亦忿然曰：「君尚未知耶？慰亭得君函後，往告仲清曰：『吾已為君薦妥，不意王君媚嫉心重，向其執政諸臣大肆詆毀，事遂不諧。』於是仲清一怒而去。置而不問，猶飾詞耳！」余聞是言，無更說，驚駭而已。

按，王伯恭在光緒八年至十年間，曾因合肥相國李鴻章之奏派，與馬建常同往朝鮮辦理對外交涉，此時袁世凱亦因隨吳長慶軍定亂而駐紮朝鮮，日夕相見，故彼此相知極深。其後朝鮮政府因接受袁世凱的建議創練新軍，上文所說的軍國衙門，即是主管練兵事務的機關；所謂李浣西參判，即是朝鮮的「兵曹參判」李某——朝鮮政府仿照中國制度，中央政府分六部治事，不過其名稱不曰「部」而曰「曹」，以避免僭擬上國之意。兵曹，即是清朝的兵部；其尚書稱為「判書」，「參判」則是侍郎。至於茅少笙，則是其時在袁世凱所領慶軍副營中擔任書記一職的茅延年，字少笙，官候補州判。茅延年居世凱幕中，對於袁世凱的種種行事知之最諗，所以他能夠把袁世凱處置此事的真正隱情告訴王伯恭。

某不知名人所輯的《袁世凱軼事》中，有「毒計殺妾與其僕」一條，其時間在袁世凱擔任山東巡撫之時，內云：

> 袁之姬妾，是時共有五，相傳五妾名紅紅，素有聲於京、津花叢中，袁居小站練兵時，乃候補同知段芝貴以重金購置贈袁，謀得右翼軍提調者。姿首邁眾，尤工琵琶，且事事善解人意，袁極愛之，以故寵擅專房。顧楊花逐水，性本輕狂，雖侍袁無虛夕，於心猶以為未足。會袁有甲乙幹僕二，美於姿，嘗給役於內室，紅紅一見醉心，兩挑之，久之遂入港，雖兩足共著一靴，輒無妒意。袁每日起絕早，入辦事室，夜深始歸寢，以故紅紅得恣情顛倒焉。詎事機不密，袁微有所聞，偽為不知。一日午後，袁突入，瞥睹紅紅與甲僕並坐臥榻密語，見袁至，僕驚而逸。袁捕得之，閉諸密室，紅紅長跪地上，涕泣求恕。袁作和易之語曰：「茲事余不汝怪。余行年四十，老且將至，汝正居妙齡，烏有不厭棄侏儒而狎裙屐少年者？揣汝意旨，捨彼殆無當爾顧盼也。果爾，吾必償汝願。」紅紅疑其紿己，誓與甲僕絕。袁遽出利刃，叱曰：「若以吾言紿汝，而故作假惺惺狀態乎？汝悅彼，實告我，乃公將曲予矜全，否則行飲汝以刃！」紅紅畏其威，囁嚅曰：「固所願也。」袁故躊躇曰：「吾室中盈尺地，不甘任野鴛鴦雙宿雙飛，惟有慫彼挾汝潛逃，庶稍全余之顏面。」紅紅泣曰：「妾安忍捨君而去？」袁怒叱曰：「弗去余必殺汝。」紅紅不得已諾之，袁乃去。紅紅啟密室，使甲出，告之故，乃摒擋飾物，與甲作次晨偕行計。袁出，召心腹傭婦說於乙僕曰：「紅姨憎汝甚，將隨甲遠匿他方，汝尚不知耶？」

乙僕怒，謂待紅不薄，欲入而詰之。傭婦急止曰：「若為主人知，均不免矣。」乙求計於婦，婦曰：「盍要於路而殺之，歸報主人，匪惟得厚賞也，且消滅汝與姨私通之痕跡。」乙韙其說，明日，果殺甲及紅紅於城外，斷兩首返報袁，謂甲姦姨而拐逃。袁色立變，謂曰：「紅姨將赴泰山行香，昨請諸吾，吾令甲僕隨之往，汝胡事污其名譽，又斷送兩條生命？然殺人者死，律有明條，余弗汝貸也。」於是不容置辯，叱衛士戮乙於階下。蓋袁久知三人曖昧事，因假手於乙，以殺兩人，又殺乙以滅口。對於家人尚用此欺詐之手段，則信乎袁之一生無往不施以詭譎也。

上面三個故事中所反映的袁世凱個性，一、三則是欺詐詭譎，第二個則是度量褊狹而忮刻不能容人。工於欺詐而好以詭譎手法行事的人，也許可以用使貪、使詐的方法得到短暫時間的成功；但如在欺詐詭譎之外再加上忮刻褊狹的度量，則在他得到暫時的成功之後，亦仍然不免會因猜防之心過盛之故，而導致心腹黨羽之離貳，終致造成全盤事業之分崩離析。這雖然只是理論性的推測，但若以此後袁世凱的一生事蹟看來，他之成功與失敗，又未嘗不是由於這些因素的影響。古人曾有所謂「觀人於微」的話，在未曾敘述袁的一生事蹟之前，先把他這些性格方面的特點提出來一說，對於瞭解他此後的一切行事施為，必定是有很多幫助的。

二

袁世凱在清朝末年是舉足輕重的顯赫人物。入民國以後，先做總統，再做皇帝，其種種作為更是荒誕怪異，駭人聽聞。然而，即使是這樣一個距今不遠的歷史人物，對於他的家世與出身，也已經有了很多錯謬離奇的傳說。民國初年，大詩人劉成禺所撰的《洪憲紀事詩本事簿注》一書，引述辰谿蕭壽昌所撰的《袁世凱紀略》，說，袁世凱之父名袁甲三，由侍郎陞雲貴總督。母程，知書。又，洪憲人物薛大可所撰的《一代梟雄幻夢中》，說袁世凱在弱冠時曾考中一名酸秀才，只因八股功夫不深，科舉無望，且因急功近名之故，遂按照當時慣例，費銀二千數百兩，捐得一個候選同知的空銜，準備投軍，以為保舉得官的地步。又，近人章君穀所撰的《袁世凱傳》，由中外雜誌社出版以來，傳誦一時，書中卻說他的生母姓劉而嗣母姓朱，其嗣父保慶乃是生父保中的堂兄。又說世凱有三兄，長世敦，次世廉，次世傳，云。凡此所述，都不曾仔細查考袁世凱的有關史料，難免信口開河，誤人太甚。殊不知道，民國《項城縣志》與《項城袁氏家集》的有關資料中，在這些方面都有很清楚的紀錄可查，不應該顛倒黑白，以鹿為馬，馴致是非錯謬，真偽不辨。為了澄清視聽起見，下面應該先將袁世凱的世系及家族提出一說，然後再及他的出身。瞭解了這些之後，對於他成年以後的事業發展關係，就可以有比較正確的認識了。

袁世凱之曾祖，名耀東。曾祖母郭氏，賢德而知書，教育子孫，極為成功。所以，袁家自耀東以下，代有顯宦，儼然成為世族大家。

耀東有四子，長名樹三，即是袁世凱的祖父。樹三只是一名廩生（秀才），以教續為生。樹三之弟甲三，進士出身，官至漕運總督，督辦皖北軍務欽差大臣，在剿捻戰爭中甚著功績。甲三之弟鳳三、重三，這兩支的子孫中沒有顯赫的人物。若以耀東的孫子一輩而言，比較發達的仍當屬袁甲三的一支。甲三的長子保恆，中進士，入翰林，官至刑部左侍郎，若不是因感染時疾而致不幸早死，其此後的仕途遠不止此。保恆之弟保齡，舉人出身，在李鴻章幕中甚得李之倚信，後以直隸候補道負責旅順海防，對於袁世凱在朝鮮的事業曾有很大的照顧。樹三兩子，長名保中，即是袁世凱的生父；次名保慶，則是袁世凱的嗣父。袁家自耀東以來，四代同居，保中在孫輩中排行最長，是老大。以下依次為世凱之嗣父保慶，及袁甲三兩子保恆、保齡；至於鳳三與重三的幾個兒子，就排行五六以後了。袁世凱是袁保中的第四個兒子，上面的三個哥哥，分別是世昌、世敦，與世廉。章君穀撰《袁世凱傳》，以為世凱之三兄名世傳，其實世傳乃是袁保齡之第六子，比袁世凱小得多。這一世系次序，袁克文所撰的《洹上私乘》中亦有記載，可以參看。

袁世凱的生母姓劉，不錯；只是袁保齡的妻子姓牛而不姓朱，所以章君穀的《袁世凱傳》以世凱之嗣母姓朱，顯然是「牛」字多寫了兩筆的結果。這些事實雖然不很重要，但由此不難知道，文人記事，大抵不甚經心措意，所以不但袁世凱的譜系關係會有錯誤，有關他的出身，亦難免輾轉訛誤。最顯明的事實，自然是薛大可所說的袁世凱曾中秀才及捐官同知這兩點。

據沈祖憲、吳闓生合撰的《容庵弟子記》卷一所說，光緒五年，「以文誠公捐賑款，移獎公中書科中書」。「文誠」是袁保恆死後的謚名。袁保恆在光緒四年四月得病身死，他生前曾因捐賑而照例可得獎敘，由於袁保恆身死之故而移獎其子姪，因此袁世凱得到了一個中書科中書的職銜，秩從七品。他在光緒七年時投入吳長慶的軍中，翌年又隨吳軍東渡朝鮮定亂有功，由吳長慶列摺保敘，因此由中書科中書陞為秩居五品的候補同知。由此可知，袁世凱的「同知」，並非由捐官而得。至於秀才部分，則可以參看《凌霄一士隨筆》中的有關記述。《凌霄一士隨筆》：

袁世凱之知名，起在吳長慶戎幕時。張謇自撰年譜記其初入吳幕事云：「項城袁慰廷世凱至登州，吳公命在營讀書，屬余為是正制藝。公語余曰：『昔贈公以團練克復廬江，為賊所困，命赴袁端敏公（按即袁甲三）軍求救。端敏以詢子姪。文誠公以地當強敵，兵不能分，主不救；姪篤臣（按即袁世凱嗣父保慶之字）以紳士力薄，孤城垂危，主救。遷延時日，而廬江陷，

> 贈公殉。嗣與文誠絕不通問，而與篤臣訂兄弟之好。端敏復命隨營讀書以示恤，義不應命。今留慰廷讀書，所以報篤臣也。』慰廷為篤臣嗣子，先是以事積忤族里，眾欲苦之，故挈其家舊部數十人赴吳公，以吳公督辦海防，用人必多也。而防務實無可展布，故公有是命。旋予幫辦營務處差。」長慶父廷香殉難廬江，長慶以大營不救，不慊於袁甲三及其子保恆，而德其姪保慶之主救，故留保慶嗣子世凱在營讀書以報之，時保慶已卒。此為吳、袁兩家之關係。長慶初意，實欲世凱從謇治舉業以從事科舉也。世傳世凱嘗師事謇，固非無因。又據謇子孝若所撰《先父季直先生傳》記云：「這時吳公的大本營，已經從浦口移到山東的登州。在光緒七年的四月，有一天，袁忽然來到登州，求見吳公，想謀事。吳公因為他的先人和袁的嗣父篤臣是換帖的兄弟，有這個交情，就答應留他在營中候事，並且招呼我父替他改改文章。袁雖是河南秀才，但是文理不大好。我父替他改文章，總是不很客氣，塗改得一蹋糊塗。同時周公家祿也替他改文章，就比我父客氣點，加些圈兒了。所以，袁很畏憚我父，而喜近周公。」於張、袁之關係，言之尤詳。惟謂世凱為秀才，則非；世凱未嘗遊庠，特曾以監生應鄉試耳。長慶與保慶訂兄弟之好，張譜文意甚明；傳記乃謂長慶之先人與保慶換帖，亦誤。

考之沈祖憲、吳闓生合撰的《容庵弟子記》，並未提到袁世凱曾在哪一年「進學」，可知凌霄一士的辨證很有道理。清代的生員，俗稱秀才，因為籍隸各省府、州、縣學之故，所以考入各地學校的秀才先生們，照例稱為「進學」。又因各地學校照例設在文廟旁，而進學先要叩謁文廟，文廟皆有泮池，所以進學又稱「遊泮」，或稱「入泮」。總而言之，則都是中秀才的代名詞。《容庵弟子記》不曾說到袁世凱曾經「進學」或「入泮」、「遊泮」，當然意指他未曾中過秀才。後來之所以有此誤會，則是由於他曾兩赴鄉試不第，別人以為他既具備應鄉試的資格，當然一定有秀才的身份。殊不知道，清代的科舉制度，童生可以援例納銀捐為「監生」，而監生一樣也可參加鄉試，中了以後，就是舉人，不一定要先中秀才。如筆者前此所寫的左宗棠，就是以監生應鄉試而得中舉人的。又如翁心存的孫子，翁同龢的姪兒翁曾源，在翁心存死後，由監生欽賜為舉人，恩准與這年的新科進士一同參加殿試，竟然得中狀元，更是監生應科舉得捷的空前佳話。袁世凱不曾中過秀才，與他的參加鄉試並無關係，若因而推定他具備秀才身份傳記，當然錯了。這雖然也是小事，但由此不難看出，袁世凱雖然是民國時代的顯赫人物，有關他的傳記資料，卻常常發生錯誤，值得大家的注意。

科舉考試時代以八股文取士，俗稱為「制藝」。制藝文字做得好，由秀才而舉人，而進士，而成為大魁天下的狀元，並不意味此人的學識、才能，如何超人一等。如光緒時力主對日作戰的翁同龢、張謇、文廷式等人，前兩個是狀元，後一個是榜眼，他們的主張，結果是造成割地賠款的慘痛失敗。袁世凱不是進士、翰林，甚至連科舉考試時代最起碼的秀才功名也沒有弄到一個，也並不意味他的才識不如他人。這其中的問題是，當時的科舉考試，由於考試方法不適當之故，既不能選拔真正的人才，也無法使具有雄心壯志的人才甘心受其牢籠，苦心孤詣地必欲在此求得出路。如袁世凱，就是這樣的一個人物。

從袁世凱的早年事蹟看，早期的他，乃是一個事業心極重而進取心極為旺盛的功名之士。班超投筆從戎，志在建功絕域，博取封侯之事業。袁世凱因兩次參加鄉試不利，立志要在其他途徑上開拓他的未來前途，其志趣不能說不對。只是當時科舉考試的思想尚且深入人心，在一般人看來，世家子弟而不能從科舉考試中博取一個「正途出身」的光榮資格，總不免是門第之羞。所以，不但袁世凱的長輩要希望袁世凱應科舉考試，即是他早年所投奔的這位父執吳長慶，也還是要張謇和周家祿督促袁世凱在營中讀書用功，好再次參加鄉試，以報答世凱生父保慶的交誼。無奈袁世凱實在不是一個能夠收束心性、專心從事學問文章之人。吳長慶和張謇對他的管束，實在使他太難過。恰好天從人願，朝鮮發生內亂，朝命吳長慶率同他所指揮的慶軍六營三千人東渡朝鮮平亂，袁世亂的治事之才，在這一事件中有了良好的表現，使得吳長慶和他的頭頂上司李鴻章都對他另眼相看，於是終能使他在科舉考試之外，開始了事業發軔之基礎。

三

光緒八年壬午的朝鮮內亂，起因於國王生父李昰應與王妃閔氏之間的政爭。當時的朝鮮國王李熙，乃是由旁支入繼的，在他即位之初，因為年十二歲，所以由生父李昰應執政，稱為大院君。大院君李昰應是一個頗富於才略的守舊派政治家，執政十年，固然使秩序安定而王室的權威提高，但因他極端守舊之故，對於當時甚不合理的社會制度與極為腐敗的貪污風氣，都沒有適當的改善，而且對外則採取極端排外的閉關政策，招致通商各國的普遍不滿。所以，當韓王李熙親政之後，李昰應的施政措施，便成了政敵的攻擊目標。此一敵對力量的首腦人物，則是韓王李熙的王妃閔氏。

閔氏在韓國是世家巨族，在朝鮮政壇上甚有勢力。韓王李熙懦弱無能，親政之後，政權落入王妃閔氏之手。閔妃結合了她家族的諸閔，對大院君展開多方攻擊，終使大院君在交出政權之後退出實際政治之外，而朝鮮政治上的種種改革，亦即相繼出現。最重要的一點，則是新政府中的親日派勢力日見增長，不但政府要員先後前往日本遊歷，更招聘日人代為訓練新軍，及派遣士官生徒學習日本傳入的各種技藝，以是日本勢力日見膨脹，而日本人且得以壟斷朝鮮貿易的方式，造成朝鮮糧食的缺乏與物價之上漲。親日派自稱為開化黨，意思是尋求政治革新的改良派。他們因希望革新而引進日本的成功經驗，其用意未可厚非。只是日本人對於朝鮮早就懷有侵略意圖，日本勢力之進入朝鮮，殊非朝鮮之福，這一點，卻是開化黨人物所未曾看到的。

開化黨與日本接近而致朝鮮首先蒙受日本壟斷貿易之害，這種情形，大院君李昰應是看得很清楚的。不久之後，閔氏政權所實行的軍事改革，又因糧餉不足，無法如期發放士兵糧餉之故，引起軍人之不滿。到了光緒八年的夏天，積欠兵餉達十三個月之久，臨時發放的一個月糧餉，亦因倉吏舞弊之故，發出來的竟是陳腐惡劣的壞米。兵士與倉吏發生衝突，政府不知及時疏導而反加強力鎮壓，於是引起大規模的暴動。息影家居的大院君李昰應眼見製造事變的時機已到，佯為安撫而暗中加以鼓煽，於是事態趨於嚴重。韓王在知悉事情真相之後，因為李昰應乃是自己生父之故，應付大為困難。馬建忠撰《適可齋紀言紀行》論此云：

朝鮮素敦禮教，尤重倫理，故自六月初九日之後，昰應入踞宮中，國王至議奔慶尚道以避，而朝臣亦皆引鏡顧影，惴惴焉若不終日，卒無一人敢以一旅靖難者。固由勢力不足，亦以骨肉之變，非臣子所敢言者。

大院君在暴動發生後乘機嗾使亂兵圍攻諸閔第宅，並進犯宮闕，其政敵閔鎬謙、金輔鉉等多人被殺死，閔妃得洪在羲之掩護，易服逃走，藏匿民間，否則亦必難逃一死。至於駐在漢城的日本公使館，亦在暴動時被襲擊，日本公使花房義質率館員逃至仁川，於是政權又重復落入大院君之手。當此之時，由於日本公使花房義質將漢城暴動、使館被攻、日人崛本禮造等被殺及公使館其餘人員悉數逃出等情形電告日本政府之故，日本內閣決定派兵至朝鮮問罪。中國駐日公使黎庶昌得知此一消息，急電直隸總督兼北洋大臣速派兵船前往備變，以免日本捷足先登，而致中國的宗主權受到損害。其時直督兼北洋大臣李鴻章因母喪丁憂，由兩廣總督張樹聲署理。在與總理衙門緊急磋商之後，決定立即派兵前往朝鮮定亂。這定亂的責任，就落在當時駐登州的慶軍統領吳長慶的頭上，負責協助的，則是北洋海軍水師提督丁汝昌，與北洋幕中的道員馬建昌。其中丁汝昌的責任是派遣兵船運送吳長慶的兵員與裝備赴韓，馬建昌的責任是協助吳長慶辦外交。

光緒八年的朝鮮內亂，由於清政府迅速調派吳長慶之軍前往朝鮮，先將大院君李昰應誘致來營，隨即聲明朝廷旨意，將大院君押送上「登瀛洲」兵船送回天津聽候朝旨處置，然後出動三營兵力，將盤踞於漢城以東枉尋里、利泰院兩地的亂軍加以剿平，所以亂事迅速平定。日本雖然亦已派遣水陸軍到達仁川，準備作興師問罪之用，但因內亂已靖，無隙可乘之故廢然而返。就事論事，清政府能在此一戰役中以宗主國之地位代替朝鮮戡靖內亂，不但迅赴事機，立奏凱功，而且消遏此後的亂萌，可說是非常合宜的舉措。朝鮮國王李熙及閔妃以下的全國軍民，因此衷心感戴清政府的奠安社稷之功，清朝中國在朝鮮的聲望，因此也一舉而增高了許多。論功行賞，張樹聲之因應得宜與吳長慶之操縱合度，當然應居首功。但吳長慶卻非常明瞭，他這一次之所以能夠迅速出兵朝鮮，袁世凱的幫助實在很大。又，吳軍久未從事作戰，軍中暮氣頗深，其部隊的紀律又頗多不戢，若非袁世凱之大力整頓，他的軍譽就會蒙受惡劣的影響。因此，他認為袁世凱雖似紈袴子弟，不肯用功讀書，於處事、治軍兩方面，卻頗有長才，值得稱道。凡此種種，都是袁世凱能從慶軍中發跡的重要原因，值得提出一說。由此，不但足以窺見袁世凱的實際才能，對於他此後以練兵起家的事實，亦可以多一些瞭解。

張謇自撰年譜，光緒八年六、七月記云：

> 吳公奉督師援護朝鮮之命，屬余理畫前敵軍事。時同人率歸應鄉試散去，余丁內艱獨留。而措置前敵事，手書口說，晝作夜繼，苦不給，乃請留袁慰廷執行前敵營務處事。七月三日，拔隊，聞命至是，七日耳。

又，張謇之子孝若所撰《張季直傳記》云：

> 那時吳公幕中人才，卻也濟濟，但是重要機密和筆墨的事，吳公卻是信託我父，完全責成他去主持辦理。朝命下來，急如星火，差不多立刻就要出發，但是所有的準備都要我父一人擔當處理，又一件不能躭誤，所以我父計畫出發和前敵的軍事，寫奏摺，辦公事，實在忙得不可開交。嘴裏說，手裏寫，白天忙不了，夜間接續辦，實在是煩苦得很。在這時適當鄉試的時候，吳公叫袁世凱去考舉人，袁心裏實在不情願，嘴裏又不好意思回，我父當時一個人對付內外各事，實在也忙不了，就對吳公說：「大帥不要叫慰廷去考好了，就讓他幫我辦辦出發的事吧！」我父這樣一說，吳公自然立刻就答應了。於是我父就派袁趕辦行軍應用的各種物件。哪曉得限他五六天辦好的事，他不到三天就辦得妥當齊備。我父很稱讚他有幹才，就接下來派他執行前敵營務處的差使。

由上面的兩段話，可知袁世凱對於處理實際性的事務很有幹才，所以才能將限他五六天辦好的行軍應用之物，在三天內就全數辦好。準備工作既然迅速完成，部隊的開拔自然就可迅速，張謇說，吳軍之開拔，自聞命至出發只七日，袁世凱之功不可沒。由於吳軍之迅速開拔，使得日軍之調動相形落後，於是主動之權方能操之在我，吳長慶對此，自然十分明瞭。至於袁世凱如何參贊吳長慶的任務執行，以及如何協助吳長慶整飭慶軍的軍紀，這在沈祖憲、吳闓生所撰的《容庵弟子記》一書中，頗有誇張的描寫，可以參看。《容庵弟子記》卷一：

> 清軍以久無戰事，紀律稍弛，分起開行，稽查難周，姦淫擄掠，時有所聞，吳公以為恥，商

請公設法整飭。部將多吳公舊侶，素驕縱，復多讒阻。公因曰：「禁騷擾不難，得帥信非易耳。」吳公默然。踰日，滋擾愈甚。公入帳，請吳公出外，仰觀山坡遺物堆集。吳公問：「何物？」公曰：「兵丁掠民間什物，其粗劣者委棄於道也。」又曰：「王師戡亂，紀律若斯，貽笑藩封，玷辱國體，帥其勉旃，我請從此辭矣。」吳公大驚，變色誓曰：「請汝放手為我約束，有聽讒謗者，非吳氏之子孫。」公乃傳令各營，有入民居及離伍者，斬。適有犯令者，立斬數人傳示。有韓紳控姦戕其婦者，公徒步往查，親督搜捕，竟日夜不食，卒獲犯手刃之，厚恤韓紳家，滋擾稍斂，然仍未絕。公白吳公曰：「徒戮兵丁無益，其約束不嚴之官弁，須加懲治乃可。」吳公然之，檄公總理前敵營務，許以便宜行事。乃擇官弁中約束尤疏者撤辦數人，將士懾服，不敢犯秋毫，軍聲乃振。分統提督黃仕林泣訴於吳公，謂公枉殺。吳公瞋目叱責，遂無敢再進讒者。兵民於是相安，韓人謳思，歷久不忘。

又云：

清軍由南陽水原進發，抵韓京南門外支帳屯紮，道員馬建忠建議以昰應赴華，然後捕其餘黨。張督樹聲採其策，密檄施行，議俟昰應來營答拜，即舁之行。吳公令公密為布置。昰應至營，護從甚眾。公遣兵阻於外，引昰應入與吳公筆談。昰應寒暄畢，覺有異，書曰：「將軍將作雲夢之遊耶？」吳公尚支吾不忍發，公握刀在側，曰：「事已露，遲則生變。」即促人扶昰應入肩輿，星夜趨馬山浦，登兵輪送天津。

關於後一條記述袁世凱促吳長慶速將李昰應執送中國一事，既是直督張樹聲檄令執行之政府決策，吳長慶在執行時，應該沒有徘徊瞻顧之餘地。《容庵弟子記》寫吳長慶此時之濡需不忍，其目的正欲藉此反襯袁世凱之果斷明決，而其實並不正確。只是，袁世凱之屢促吳長慶整飭軍紀，以致招來吳軍部屬之普遍反感，則似乎頗能道出袁世凱後來與吳長慶不能水乳相投的原因所在。

四

袁世凱為何不能與吳長慶水乳相投？可以看王伯恭《蜷盧隨筆》中所透露的消息：

> 光緒壬午之冬，余奉合肥相國奏派，偕馬相伯舍人往朝鮮，應其國王之聘。時吳軍門長慶率六營駐防漢城，袁慰亭司馬權營務處，居三軍府。蓋與吳帥不甚水乳，藉為朝鮮練兵之名，遂別樹一幟。

一般的記載，都以為袁世凱之所以會在朝鮮替國王李熙訓練新軍，乃是由於朝鮮國王李熙經此大亂之後，深感朝鮮舊有的軍隊裝備窳劣而完全不合時代的需要，為求革新軍政，逐步淘汰無用的大軍，因計畫另建新軍，而商請吳長慶調用袁世凱代為主持練兵事宜的。看了王伯恭的記述，則袁之練兵，其原因在於袁世凱自覺與吳長慶有了意見，為了「別樹一幟」以求有所建樹，乃自請於朝鮮國王的。這一說法，不見於其他有關人士的筆記，但在朝鮮方面卻有相似的記載，可以證明王說不訛。朝鮮金昌熙所著《東廟迎接錄》云：

袁云：「我前晤雲養，勸其急於練兵，以制全局，以懾外侮，而竟歸淡漠，如何可也？何不趁我軍在此，擇選精卒，由我訓練幾日，再授以自統，原非大難事。何不先試練一營五百人，以觀後效。能有勁旅三千人，政可行，侮可捍，然將才不易也。如值中邦一朝有事，或恐不暇顧及，何不圖自立，以為長久之計？」我曰：「下官短見，惟望天兵長留。」袁曰：「我士卒恐不能久留。」……袁曰：「貴邦產五金、人參、牛皮、絲、麻、材木，得人以理，指日可富。且地多荒蕪，宜急種桑，開闢疆土，使民勤勞，練之一年，不難大理。每年能籌數十萬銀餉，可養精兵三四千，多不過萬，足可使日人永不敢啟鯨吞之心。……」

上文所說的「雲養」，指朝鮮政府中親華派的重要人物金允植，時正為國王李熙所信任；「天兵」，則指清朝中國派在朝鮮的軍隊。朝鮮不能自強，當時人的想法，是希望借重中國軍隊的駐防，以便代為捍禦疆圉。這當然是很不合情理的事，但因朝鮮君臣除此之外計無所出，所以也只有存此依賴之想。袁世凱知道其中的癥結在於朝鮮政府無治兵理財之人，所以通過金允植與金昌熙的關係，說動了國王李熙，使他覺得必須自立自強，方可永絕日本人的覬覦之心。於是朝鮮國王李熙同意採納袁世凱的建議，挑選各地民兵之精壯者五百人，交付袁世凱代為訓練。論其動機，固非國王李熙所自請，而係出於袁世凱之多方勸說。由此看來，王伯恭說袁世凱與吳長慶有了意見參差，然後希望藉為朝鮮練兵之名，以求別樹一幟，正是當時的事實。袁世凱隨吳軍渡海東征，甫經建立大功，為何就與吳長慶有了「不甚水乳」的情形，這倒是很值得注意的問題。

推測其可能的原因，大概還是由於袁世凱在為吳長慶整飭軍紀時，因為少年氣盛而致意氣飛揚，得罪了吳軍的許多高級幹部。如果袁世凱在此時更有令人難堪的言論與舉動，自更容易引起吳軍將領之反感了。這在兩年之後，亦有事實可稽。

兩年之後，即是光緒十年之十月，朝鮮政府中親日派希圖引進日本勢力，幫助朝鮮爭取獨立自主，藉以擺脫清政府的拘束，於是再度發生中、日兩國間的衝突。其時吳長慶軍已奉令調回三營戍守金州，吳長慶自己亦已病卒於金州軍中，留在朝鮮的三營戍兵，由提督銜的分統吳兆有統率，袁世凱會辦營務。當亂事發生時，叛亂的主謀份子金玉均謊稱清軍作亂，哄騙國王李熙親書手諭，請日本公使竹添光鴻率軍入衛，日軍因此得以進占王宮，並設防阻止清軍進入。此時韓王已入日軍及亂黨之手，內外消息隔絕，清軍不能取得韓王的同意，無法入宮定亂，情勢甚為急迫。當此之時，幸虧袁世凱當機立斷，決定攻入宮中救出被脅持的韓王，於是方能扭轉局勢，完全打破了親日派與竹添公使所設計的陰謀。而慶軍諸將領在當時，亦很能與袁世凱同心協力，共建大功。但在沈祖憲、吳闓生所著的《容庵弟子記》中，卻把吳兆有、張光前等一班慶軍將領一個個都描寫成了闒茸無能的貪生怕死之人，不但與事實顯然不符，當然也更容易激起慶軍各將領的憤怒。

《容庵弟子記》的原來文字如下：

十八日，公集吳、張商救護策。二將謂：「無北洋令，不敢輕動。」公曰：「渡海請命，其何能及？」乃會商致書韓王，請往護。黨徒矯覆阻止。遂遣泰安兵船送書北洋，並令先經旅順，請子久公（按即袁保齡，時駐旅順）電告。越旬餘，始得北洋覆電，命監壁自守，以待調停。……十九日，韓舉國惶恐，廷臣金允植、南廷哲等泣請救王，市民糾集十數萬，將作亂，韓議政府領議政沈舜澤，備印文求帶兵救王。公集吳、張二將議入宮，二將請遣書竹添詰問，不報。適有宮中人來報，黨徒謀劫王赴他島，另立幼君，附日背華。公奮起曰：「我輩統兵防韓，若失其君，又失其國，咎將焉歸？且韓既附日，韓亂黨必斷我歸路，合兵攻我，何由回國？」吳、張請再告急於北洋，公曰：「防韓交涉，係我專責，如因肇釁獲咎，我一人當之，

> 絕不累及諸君。」吳、張不得已強諾。乃囑陳樹棠函告各駐使以舉兵之故，即議分兵進援。吳、張皆不敢任中堅，願抄左右。公部有分駐馬山浦者，兵只四哨，毅然任中路，由宮之敦化門入。吳抄其左，張抄其右。……既入宮，行數武，內開槍迎擊，公令將士猛進還攻，至王居之景祐宮前門，門早閉，排闥入。韓黨徒退守樓臺，朴泳孝督日人所練之韓軍憑牆夾擊，彈如雨下，公之左右前後，兵卒傷亡者枕籍。公領親兵數十人奮進，仰攻失勢，頃刻間死傷過半。日兵數十，突由後抄擊，後隊擊走之。乃命分兵繞後院夾攻，黨眾不支，遂逃避。公麾兵進躡，遇向所教練之韓兵數百人合力進戰，士卒爭先，聲震屋瓦。至後院山坡下，見兩兵掖吳兆有倉皇走避，兆有跣足號哭。公問其故，曰：「兵入宮受擊逃潰，莫知所之。」公笑曰：「故作此態，敵人其免汝耶？勿亂我軍心，速歸營收集殘卒。」公仍麾眾前進，聞日兵已歸使館，日暮，遂收隊。而公所練之韓軍，與日人所練者仍相擊，槍聲達旦，迄未見張光前一兵。遣人視之，乃在宮西金虎門內高牆下避彈丸，未敢發一槍，進一步。公嘆曰：「淮軍暮氣，何至此耶？」

這一段文字，充分寫出了袁世凱在危機當前，局勢瞬息萬變之時，不但能毅然擔起責任來做當機立斷之決定，而且身先士卒，奮不顧身，所以能以四哨之眾，一舉擊破宮中日軍之抵抗，粉碎了親日叛黨負隅頑抗之目的。於大局之終得底定，厥功甚偉。在這一段文字的描寫之下，留韓慶軍的另二營領兵將官吳兆有和張光前，不但遇事畏葸不前，而且貪生怕死，全無軍人氣概。互相對照，愈益可見光緒十年的朝鮮叛黨作亂，是完全倚賴袁世凱一人之獨撐危局、挽回頹勢的了。實際上的情形，王伯恭的《蜷廬隨筆》中亦有若干描敘，可以參看，引述如下：

> 甲申（按即光緒十年）九月，余有事返上海。甫登岸，即聞朝鮮大亂，逆臣洪英植與其駙馬朴泳孝鉤串倭人，瓜分八道，謬告國王云中國兵變，誘王至別宮，招日本兵護之。又矯王令，傳見執政大臣之忠鯁者，至即斬之，一時各國使臣皆杜門自衛。中國防營雖知有變，而無人傳告，亦不敢輕出兵隊，惟擐甲以待。遣人詗察，則宮門緊閉，消息不通，民人之圍繞宮外者殆近數萬人。忽見趙寧夏之首級出，同聲驚號，爭以頭觸宮牆。牆圮，見倭兵百餘人，持槍外向，慰亭所練之五百人亦在其中。吳兆有見事已急，率三營馳往救之。洪英植令五百人放槍相拒，此五百人譁曰：「吾身著吳老帥所賜之軍衣，今反擊吳老帥之兵乎？」各以槍仰空發響，於是中國軍士始魚貫而入。顧未知國王所在，遍覓不得。慰亭曰：「國不可一日無主，王有姪，年六歲矣，我輩當共立之。」兆有聞而大怒，擬摑其面。遂向軍士叩頭曰：「我等在朝鮮，專為保護國王也；如王無尋處，我即死於此間，不出宮矣，諸子弟宜效力。」軍士齊聲應命。旋有人報，頃見國王，尚在後苑小屋中。兆有立刻率三營官及茅少笙馳往，國王已改倭裝，將逃矣，蓋英植紿以中國人造反也。王見兆有等，大駭，欲起避。兆有伏地大哭，且為之叩首。王知無他意，心始安。兆有請王移至慰亭軍中避亂，王諾之。英植在側力阻，兆有乘勢扶王出。少笙亦手挽英植同行，擬擒其到軍正法。甫及階，倏有韓人自階側揮利刃砍之，首墮，少笙跳而免。王既至副營，日本公使竹添光鴻聞信，遁還本國。是役也，微兆有在，國即亡；若用慰亭改輔幼主之策，國亦亡。是時，余適還上海，後遇少笙，詳為余言。

茅少笙即茅延年，上文已曾介紹；他當時是袁世凱所統慶軍副營的書記。王伯恭所記述的這段話，由於他是根據茅延年的口述而語錄的，其中當然不免錯誤。但他所說的吳兆有平亂之功，一定不錯。因為這是此事的重要關鍵，即使細節稍有舛誤，大前提絕不會差錯。看王伯恭所記袁世凱營中書記茅延年關於此事的評述，則袁世凱並不是主要的決策之人，冒險攻入王宮，亦不是袁世凱一人之力。而且袁世凱當時還主張另立幼君，若非吳兆有之反對，更幾乎將造成朝鮮之大亂。以此而論，則袁世凱在「甲申事變」平定以後，或許便即是以類似《容庵弟子記》中所述的內容，到處宣傳，抑人揚己，雖言近誣衊而在所不惜。如其不然，《容庵弟子記》中的誇張內容，又是何所據而云然的呢？

「甲申事變」，袁世凱誠有定亂之功，但他將同時僚友的功績一筆抹煞而全歸於己，這種作風，無疑會使他自己蒙受極大的不利。由此可知，他在光緒八年因類似之事而招來吳長慶之不滿，正是大有可能的。

五

《項城袁氏家集》有一卷袁保齡的家書，其中有幾封袁保齡寫給袁世凱的家信，頗曾透露一些袁世凱與吳兆有齟齬的消息。其時袁世凱已因在朝鮮大遭物議之故，藉母病請假回至河南項城原籍，閉門思過，韜光養晦。保齡作書誡勉，云：

汝舉動總不免闊，是一大病。家世清白，實無餘資，貧者士之常，原不怕人笑我，況我既不貪得，不妄取，亦復從何闊起？我家先世節儉，樸素起家，端敏公及汝父之儉約，無人不知。汝此次朝鮮之功，眾論昭然，而吃吳某如此大虧者，即受「闊」字之病。行有不得，反求諸己，怨天尤人，有何益耶？

此信中所說的吳某，即吳兆有。其後，李鴻章為了要送大院君李昰應回朝鮮，打算利用他的親華態度牽制朝鮮國內的親日勢力，看中了袁世凱是有用之才，示意袁保齡函囑袁世凱回津銷假，以便護送李昰應回國。袁保齡遵照李鴻章的指授寫信回家，說：

> 汝既至津，帥必有一番優體，可一吐半年胸中悶氣。大丈夫赴揚蹈火，在所不避，況此地尚非湯火乎？但不可無臨事而懼之心，經一番挫折，長一番識見，更可增一番身價，甚為汝盼之。——汝在津千萬勿談孝庭一字短處，此事關人福澤度量，非僅防是非也。

吳兆有字孝亭。袁保齡囑咐袁世凱到天津後千萬不可談論吳兆有的短處，其用意一在避免旁人以為袁、吳互相攻擊，二在故示涵宏之量。但由此卻可以使我們看出，袁世凱與吳兆有之間的仇隙一定很深，否則袁世凱當不致一跌而告假回籍，而且一住就是半年的。袁世凱的仇隙由何而來，除了甲申平亂時的那一番爭執，以及袁世凱可能過度標榜自己而致觸怒於吳外，其他的因素，就是他藉「會辦營務處」的名義無視於吳兆有的分統地位，多方凌轢藐視的事實了。

《張季子文錄》卷十一，載有張謇所撰的〈致袁慰亭函〉，歷數袁世凱在朝鮮建功以來的囂張跋扈之態，即反顏不顧吳長慶、張謇、朱銘盤等人當年對袁的提拔之恩，其中的指責極為嚴厲。關於袁世凱與吳兆有的部分，照原函中所說的情形，是：

> 司馬（按，即指袁世凱，以其官居「同知」，俗稱司馬故）所謂營務處，分統三營之營務處也；會辦朝鮮防務，孝亭會辦也，公牘具在，文理昭然。而司馬札封稱「欽差北洋大臣會辦朝鮮防務總理營務處」，將不屑於此耶？則不應受事。將以此愚聾東人耶？則東人不盡無

知。將竊借北洋以欺人耶？則人不可欺。言官劾左寶貴者，列其妄稱「欽差」、「欽命」字樣，不知司馬此舉，與左寶貴何異？此其一。

營務處是差使，而官則同知，五品耳。於鎮將用札，等而上之，將道員兼營務處者，於實缺提鎮，亦當用札耶？事例乖謬，此其一。

既為孝亭會辦，同見國王，便當孝亭居左，一應公事，便當孝亭前銜。而事事任性，妄自尊大，威福在我，凌蔑一切，致使將領寒心，士卒怨涕。司馬將謂勢力可以懾人，權詐可以處世耶？不學無術，此其一。

內地官職，惟實缺出則張蓋，若營務處、營官，從未見用之者。乾嘉間冊使東臨，國王迓以肩輿，曾被詔旨申飭。而司馬居然乘輿張蓋，制五色馬旂，呵殿出入，平時建兵船黃龍大旗。不知自處何地？置孝亭何地？置國家體制於何地？此其一。……

此次國王來函，無一不稱「袁會辦」，而孝亭轉似在牽連得書之例，此得謂非司馬之心思、力量、手眼之所構耶？

吳長慶於光緒十年三月因中法戰機急迫而奉令調防金州，將所部六營一分為二，自帶三營，而以其餘三營交吳兆有分統，留防朝鮮。吳兆有的官銜是記名提督，秩居武一品。留防朝鮮的三營管帶，則分別是張光前、方銘三與袁世凱。張光前是記名總兵，秩武二品，方銘三的官秩不詳，至於袁世凱，則不過是文職五品的候選同知而已。吳長慶在朝鮮時，已將軍中的副營交袁世凱管帶，到他移防金州時，命吳兆有分統留防朝鮮的慶軍三營，而以袁世凱為會辦防務的「營務處」。所謂營務處，本是清代特有的軍事體系，其性質略如現代部隊中專為首長料理有關作戰任務的參謀處。袁世凱被任命為留防慶軍三營的「營務處」兼司會辦防務，顧名思義，當然是為分統三營的副帥吳兆有料理營務及會同辦理朝鮮防務；吳兆有既為三營的分統，袁世凱就只能算是他的副手兼參謀主任。然而，若如張謇致袁世凱信中的所說情形看來，袁世凱雖是吳兆有名義上的副手兼參謀主任，他在朝鮮的種種作為，自公文具銜及行文體制、出入儀仗等等，無一不是儼然防軍主帥的模樣，根本無視於吳兆有的存在。最不堪的，還是他以慶軍營務處而自稱為「欽差北洋大臣會辦朝鮮防務總理營務處」，使得朝鮮君臣弄不清楚他究竟是受北洋大臣所直接派遣？還是應受吳長慶與吳兆有之節制？而他以五品文官的身份，居然以下行文的格式，對官居總兵的營將一律用「札」飭，更不免使人對他的狂妄僭越感到氣憤。林明德撰《袁世凱與朝鮮》一書，說袁在「甲申事變」建立功績之後，聲勢、譽望，盛極一時，但不久即陷於逆境之中，遭到內外兩方面夾攻。「內有前營諸將的嫉忌與傾軋，外有各國的流言毀謗，尤其竹添的嫁禍，日本激烈的反華懲袁論調，使他受到『擅啟釁端』的非難。於是有吳大澂、續昌兩欽使的前往調查。袁氣憤之餘，毅然脫離慶軍，乞假歸省。」就事論事，來自各方面的毀謗與責難也許不免有過甚其詞的地方，而袁世凱在朝鮮的目空一切，驕狂跋扈，毋寧是有很多具體事實的。吳兆有、張光前等慶軍將領反對他，毀謗他，儘管袁世凱亦可以反唇相譏或抵賴不認，但有一件事情卻是他所抵賴不掉的，就是在亂事平定之後，袁世凱擅自挪用兵餉以從事撫卹善後一事，顯然已超出了軍事行動的範圍。吳兆有等據此稟訐，袁世凱就無詞可辯了。王伯恭的《蜷廬隨筆》記此云：

> 朝鮮「甲申之亂」，一時重臣，悉為亂黨誅死，慰亭皆優恤其家，倉卒無錢，借軍餉為用。事後，稟請合肥作正開銷，合肥批斥之，謂「該管帶純以銀錢買結韓人之心，實屬荒謬，所請著不准行。且札飭吳兆有，責令該管帶借用之餉，照數賠補。」慰亭之叔子九觀察，復寄函痛斥之，令速為賠補。……於是慰亭交卸營務回籍，所借兵餉，則售產以償之。

袁世凱在光緒十年時，還只有二十六歲。二十六歲的袁世凱，不但充分顯示了他的勇敢果決，並且還具有不惜金錢以買結人心的器識，足見袁世凱這個人，實在具備做大事、做領袖的條件。《袁世凱軼事》中有一條說：

袁世凱嘗對人言：「天下無難事，惟有金錢自能達到目的耳。」是以袁之一生，處政海潮流中，事事能著先鞭，固由於手段靈活，其大半亦依賴黃金勢力也。

胡思敬撰《大盜竊國記》一書中論袁世凱，亦說：

世凱生平，濫交污取，俯視一切，不問家人生產。自其少時，即好為遊蕩。偶得數金，輒呼朋飲酒，頃刻而盡。後既得位，益顧盼恣睢，有炙手可熱之勢。每幸一姬，輒有犒賞。宴客備致珍錯，一席之費，不減中人十家之產。內外大臣趨之若鶩。其橫絕古今，為諸奸所不及者，敢於用財，視黃金直如土塊；敢於用人，不念私仇，不限流品，不論資格而已。名利為天下所爭趨，故小人皆樂為効力。

自古以來的成功人物，除了「知人善任」的要素以外，亦需要以爵祿與名位驅策天下的人才。袁世凱敢於用財而並不斂財自肥，即此一點，已足以使那些志在自肥身家的小人物能得充分的滿足而甘為其効命奔走；更何況他的揮霍豪邁，看起來更像是漢高祖的豁達大度，其不念私仇，惟才是用，又使人覺得他實在具備一個開國帝王的恢閎度量而為之欽佩顛倒呢！曾居袁世凱幕府，為總統府秘書長的張一麐，也曾說他：

其虛懷下士，有不可及者。其精力過人，兩目奕奕有神，凡未見者俱以為異。與人言，煦煦和易，人人皆如其意而去，故各方人才奔走於其門者，如過江之鯽。然所用無私人，族戚來求食者，悉以己俸食給月廩，不假事權。屬吏苟有贓私，必嚴劾治罪。總督本兼鹽政，時長蘆及永平七屬鹽務餘利鉅萬，又灤州煤礦、啟新洋灰公司皆蒸蒸日上，每曰：「彼等拉余入股，余拒之。無諸己而後非諸人，吾為一省長官而近利，何以責人？」故袁氏所有股票，皆段芝貴以黑龍江巡撫罷斥後虧帑過多，項城為出貲彌補而以股票作抵，非袁氏所固有也。其不用私人，不有私財，非當世貴人所能望其項背。使遇之承平之世，豈非卓卓賢長官哉？

張一麐說這些話的時候，袁世凱已官至北洋大臣兼直隸總督。由他所說的種種情形看來，此時的袁世凱，除了不用私人、不有私財、精力過人，及人人皆能如其意而去的應付本領，在早年的袁世凱身上，已頗能看出端倪之外，其虛懷下士、煦煦和易這兩點，似乎便是他一度在朝鮮遭受挫折打擊之後，逐漸消磨其驕矜之氣所培植出來的。這當然表示他在性格方面的圓融、成熟，與含蓄，與他在朝鮮時代的飛揚跋扈，已不可同日而語。不過，這畢竟是袁世凱在幾經錘鍊之後所得到的改進，此時尚不足以語此，所以才會因驕矜狂妄、凌轢同僚而招致慶軍將領的普遍不滿。不過，對於應付他人的本領，此時大概亦已到了得心應手的地步，不但派來調查的欽差大臣吳大澂與續昌深受其牢籠，即是在袁世凱回到天津之後，當時的北洋大臣兼直隸總督李鴻章，對他也極為賞識。關於吳大澂受袁世凱牢籠之事，胡思敬所撰《大盜竊國記》中曾有記述，云：

時法事未結，朝旨戒用兵，命吳大澂東渡，主和解。大澂中途與幕客羅豐祿謀，欲誅世凱以謝日人，豐祿力諫。及入王京，居南別院，王不來見，而陰輸情於日大使井上馨。大澂恚甚，召詢世凱。世凱挾王來謝，復從旁以危詞怵之。翌日，又導大澂答拜王，潛賄朝民，植木牌於道旁，上書袁大司馬功德。大澂見而疑之。世凱佯怒，令拔去，及反，復植如故。雖鞭之勢莫能止。自是大澂以世凱能得民心，倚以為助。既而日使拒大澂，不與議事，往拜亦不見，大澂大窘，恐無以覆命。世凱復為畫策，由王請大澂出為區處善後。大澂乃勸王勤政恤民、效忠睦鄰，不敢及他事。其實王之不來、日使之不會議，皆世凱居中播弄，而大澂不悟也。大澂歸，盛稱世凱才智。

據王伯恭《蜷廬隨筆》所說，當吳大澂銜命至韓時，袁世凱為了搏取吳大澂之好感，曾執贄稱為弟子。及大澂回，則二人已結為姻親云。由此可見，袁世凱對於以權詐機變之術牢籠他所欲利用之人，總是可以無往而不利的。《容庵弟子記》說，吳大澂回到天津時，對李鴻章盛稱袁之才能，說是：「公向謂張幼樵為天才、奇才，我見天下才非幼樵，乃袁某也。」張幼樵即張佩綸，李鴻章對之極為賞識，而由於吳大澂之極力為袁世凱吹噓，李鴻章對袁也要另眼相看了。所以，袁世凱在此以前，雖因挪用軍餉結好韓人之事遭受李鴻章之訓斥，及至回到項城原籍稱病不出，李鴻章反倒要寫信給袁保齡要他代為敦促袁世凱再度出山。一番挫跌，愈增身價，袁世凱的手段，在此亦可見及一斑。

六

李鴻章要袁保齡勸令袁世凱再出，目的是打算派袁世凱護送大院君李昰應回國，然後命袁世凱代替原來的商務委員陳樹棠，作為中國政府派駐朝鮮專司通商及交涉事務的監督。這兩項任務都很重要，非普通人所能承擔，而李鴻章覺得袁世凱頗合理想，因此一再告知袁保齡代為催促。至於大院君李昰應何以需要送回朝鮮？以及商務委員陳樹棠何以必須更迭？這就與當時的朝鮮局勢大有關係了。

發生在光緒十年的朝鮮內亂，雖因袁世凱、吳兆有之迅赴事機而得以立刻解決，但其中所包含的意義，卻很不簡單，而且其未來的發展正大有可憂。李鴻章《譯署函稿》中載有光緒十年九月二十五日袁世凱自朝鮮寄來之一稟，觀其內容，可以約略顯示「甲申變亂」之發生原因，抄錄一段如下：

> 朝鮮君臣為日人播弄，執迷不悟，每浸潤於王，王亦深被其惑，欲離中國更思他圖。探其本源，由法人有事，料中國兵力難分，不惟不能加兵朝鮮，更不能啟釁俄人。趁此時機，引強鄰自衛，即可稱雄自主，並駕齊驅，不受制中國，並不俯首他人。此等意見，舉國中之有權勢者半皆如是。似此情形，竊慮三數年後，形跡必彰。朝鮮屏藩中國，實為門戶關鍵，他族偪處，殊堪隱憂。該國王執拗任性，日事嬉遊，見異思遷，朝令夕改，近時受人愚弄，似已深信不疑。如不設法杜其鶩外之心，異日之患，實非淺鮮。卑職謬膺重任，日思維繫，不避艱險，竭力圖維。初猶譬喻可悟，自中法兵端既開，人心漸歧，舉止漸異，雖百計誘導，似格格難入，日夕焦灼，寢食俱廢。大局所關，不敢壅於憲聽。近聞福州、臺灣同時告警，東洋訛傳最多，韓人不久必有新聞，鬼蜮之謀，益難設想。

按，光緒十年甲申的朝鮮變亂，發生在此年的陰曆十月十七日晚間，亂事之平，則在十月二十日。袁世凱此稟，寫於亂事發生前的二十一天，其中已隱約可以看出當時朝鮮局勢的潛在危機。為什麼當時的朝鮮會存在這種潛在的危機？其中原因，可由三方面來說明：一是日本野心家已存有吞併朝鮮的企圖，利用明治維新成功的事實，誘使朝鮮的親日份子從事日、韓合作，希望藉此達到其染指朝鮮之目的。二是朝鮮國內的維新派眼見日本維新成功的實例，希望效法日本的成功經驗，致朝鮮於富強，以便進一步擺脫清朝政府的控制，所以日、韓關係漸見融洽。第三種原因，則是因為中國當時正因越南問題與法國作戰，不但在越南方面的陸戰節節失利，馬江挫敗，更使南洋海軍的艦隊在極短時間內就被法國艦隊所毀，而法軍不久更登陸基隆，臺灣情勢亦岌岌可危。日本及朝鮮的親日派，都認為中國這時絕無餘力顧及朝鮮，正可及時謀取獨立，於是乃有十月十七日夜間的變亂，打算引進日本勢力劫持國王，先造成事實上的獨立，然後爭取各國的承認，到時清兵既然不能立足，自然非放棄對朝鮮的控制不可。甲申之變，朝鮮方面的主謀之一金玉均，在政變失敗後逃往日本，曾將政變經過寫成一本極為詳細的《甲申日記》，其中透露了不少當時朝鮮維新人士對於臣服中國的不滿，和爭取獨立的理想，非常值得注意。

金玉均的《甲申日記》，是用陽曆為計時標準的；光緒十年的陰曆十月十七日，便是陽曆的十二月四日，在事變發生前的一個多月，即陽曆之十月三十日，日本公使竹添由日本返抵漢城。翌日，金玉均往訪竹添，竹添說：「若有他國贊助貴國之改革，君等當以為如何？」金玉均答：「吾自三年以前，愚見所至，以為獨立我國，變革舊習，非藉乎日本外無策，終始勤於其間。然因貴政府之變幻無狀，因貽吾黨之良具（？）無比……」陽曆十一月一日，另一個親日派份子錦陵尉往見竹添，竹添對他說：「清國之將亡，為貴國有志於改革之士，不可失此機。」云云。二日，朝鮮國王李熙接見竹添公使，密語移時。竹添聲明，去年日本政府之所以退還朝鮮賠款四十五萬元，「此我皇上特為貴國養兵之費，以為獨立之資」。繼論當前時局，謂「中法之戰清國將亡，朝鮮當從歐美之法改革內政，速圖獨立，此為日本政府之深切願望」云。李熙對竹添的進言作何答覆，日記中並無記載。但既未加以駁斥，想來亦有願聽之意。所以，到了十一月二十九日李熙召對金玉均之時，彼此就考慮到，假使朝鮮決定依附日本，以致中、日兩國因朝鮮問題而發生戰爭時，日本究竟有沒有取勝的把握？這時的雙方對話如下：

余曰：「但日、清兩國交戰，最後勝敗之數，未可預料。今日與佛（指法國）合，則勝算決在日矣。」上曰：「然則謀我獨立之策，亦不在於是乎？」余對曰：「誠如聖教。然如殿下肺腑之臣，無非仰附於清，為狗羊之役。日本雖欲使獨立，似不可得。……」

金玉均詆斥朝鮮政府中的親華派為甘心做中國工具的狗羊，而以日本之誠意幫助朝鮮爭取獨立為可信，雖然基於愛國立場無可厚非，其政治見解未免太幼稚。試看日本在挑起中日「甲午戰爭」後打敗中國，置朝鮮於日本的掌握之中，那時為什麼不將朝鮮的獨立自主權還之朝鮮呢？並且在不久之後，公然宣布合併，以致朝鮮因此而亡國，其昔日之友誼又在何處呢？由此可知，日本人此時結好朝鮮政府中的親日派，無非希望挑撥中、韓之間的藩屬關係，先求脫離中國之羈絆，然後伺機加以併呑。而當時朝鮮政府中的親日份子與國王李熙，都只是一些識見淺陋的愚妄之人，誤以日本之甘言美詞為可信，於是在不知不覺之間受其誘惑而不察。甲申之變，雖在袁世凱之果敢行事及慶軍將士同心效命下迅速敉平，但如朝鮮國內的這種離心趨勢繼續存在，中國與朝鮮之間的感情糾紛便無法終止，袁世凱在朝鮮所負擔的任務，也就十分難以達成。這一點，應當是我們在瞭解到朝鮮君臣的觀念之後，應該有所體會的。

李鴻章派袁世凱護送大院君李昰應回朝鮮，乃是光緒十一年八月間的事。這是他與總理衙門經過再四籌議之後所定的決策，其目的是希望藉送回大院君之事，加強朝鮮國內的親華勢力，以抵銷朝鮮國王李熙與閔妃一黨日益增加的離心趨向。倘若大院君回國以後，能夠在政治鬥爭中爭得上風，自必可以確定中國在韓的地位。這一意向，在袁保齡寫給袁世凱的信中亦曾明白透露。《袁氏家書》卷六〈致袁世凱姪〉函云：

屢得電言，遠懷差慰，送大院君一行，雖不帶兵去不及有兵護行之穩妥，然細思此事，亦無甚可憂。朝王雖昏，尚不至有衛輒拒父之事，彼都人士，亦尚知震懾國家威靈。但恐他年終有一鬥，懸揣仍是李勝閔敗。石坡梟雄，王與妃皆非其敵，牝雞退聽，亦李氏宗社之福也。

但是，雖然李鴻章與他的幕僚都存有這種想法，而送回大院君之後，這一著棋並不能夠發生預期的作用，原因是大院君業已去國三年，他當年所培植的政治勢力，業已在這三年之內被閔妃一派當權人物剷除淨盡。大院君回到朝鮮之後，孑然一身，無兵權，無黨羽，根本無插足政治之餘地。何況他當時業已年屆七十，衰老多病，無復當年的雄心壯志，所以終於也無法再重整旗鼓，以與閔妃派人物一較短長。所以，餘下來的問題，倒是需要袁世凱運用他的縱橫捭闔之才去折衝樽俎了。

七

經過光緒十年的「甲申政變」之後，日本政府藉口清軍防營首開釁端，以致日本使館被焚，衛兵被殺，在經過談判締約之後，規定中、日雙方均不得在朝鮮駐兵，以後朝鮮如有內亂，需要出兵戡定之時，無論中、日二國哪一方面首先出兵，均須照會通知對方。由於此一條約，慶軍留防朝鮮的三營兵力被撤回了，袁世凱再到朝鮮之後，他的官銜雖被陞為「駐紮朝鮮總理交涉通商事宜」的通商委員，但手下並無一兵一將可以指揮調遣。時當「朝王外雖感德，內則趨向不專，陰有擇強自庇之意，倭兵甫撤，俄使旋來」（李鴻章致總理衙門函中語），袁世凱究竟要用什麼方法來消弭亂萌，以加強中國在朝鮮的宗主權，實在是很艱巨的任務。

袁世凱於光緒十一年八月送回大院君以後，便以駐紮朝鮮總理交涉通商事宜的通商委員名義駐朝鮮漢城，主持中國與朝鮮之間的交涉與通商事務，直至光緒二十年中日甲午之戰發生前奉調回國，其第二次留駐朝鮮的時間凡九年，不但遠比他的第一次留韓時間為長，其處境也遠比第一次留韓時為困難。原因是自從光緒十年的「甲申變亂」以後，朝鮮政府對中國的態度已有很大的轉變。他們眼見中國多年以來備受外國列強的侵略，國勢凌夷，無力振起，而猶復不肯放棄對屬國的鈐束，難免不生反感。而自對外通商開放以來，新知識與新觀念陸續輸入，美國、日本更一再鼓勵朝鮮自力更生，於是亟亟尋找獨立自主以求擺脫中國的羈絆，提高本身的政治地位。前引李鴻章致總署函中所說的「倭兵甫撤，俄使旋來」，即指袁世凱未曾送回大院君之前，俄國駐日公使館的參贊施貝耶曾由日本前往漢城，向韓王李熙面致俄國可以調停日、韓糾紛，並予保護之意。韓國政府鑑於日本的態度兇橫，深恐中國或將犧牲朝鮮的利益以遷就日本，自然很希望能得另一強國的保護，因此遣使前往海參崴接洽俄艦保護朝鮮沿海，並派員訓練朝鮮軍隊。此事後經李鴻章得悉，飭令駐韓商務委員陳樹棠干涉，而韓王堅不承認，但朝鮮與俄國所議的保護密約，仍在秘密進行之中。為此，李鴻章當時很想利用大院君為推翻朝鮮現政府的手段，來徹底打消朝鮮的聯俄企圖。袁保齡寫給袁世凱的信中，便有關於此一計畫的詳細指示，說：

> 凱姪如晤。頃鎮海來，魯軒至，並得汝電，悉一切。目下要義，以撇開俄人一面為主。細詢魯軒，如現所得者文憑之存本，並未向俄人破臉，甚好。朝之君臣既不認賬，此時此事即可延宕下去，一字不必提，專心做搆亂召變文字，以便韓民有變，石老可藉詞出頭，中國可借題發

兵，乃為上下文字。陸軍既到，國已易主，俄雖暴，不能向我無端尋釁。俄雖強，又無如韓人舉國上下一心，不服他何也。

上文所說的「石老」，即前一函中所曾說到的「石坡梟雄，王與妃皆非其敵」，俱指大院君李昰應。李鴻章為什麼要想利用李昰應來發動另一次新的政變，以圖推翻朝鮮的現政府呢？很顯然地由於他畏懼俄國勢力的侵入。以當時在朝鮮半島相互角逐的中、日、俄三國而言，俄國最強，而中、日均非其敵。為了排除俄國勢力進入朝鮮的可能，李鴻章既然無法壓迫韓王與閔妃斷絕與俄勾結，亦只有不擇手段地來一個釜底抽薪之法，使得俄國無機可乘。然而，李鴻章的這種想法，又豈是朝鮮政府所樂聞的呢？他們因維護民族自尊心而尋求獨立，因尋求獨立而亟望得到外國列強的援手，本是他們既有的權利，中國雖是朝鮮的宗主國，亦一樣是外國人身份，如何可以喧賓奪主，完全無視朝鮮本身的權利呢？所以，當李鴻章決定送回大院君之後，朝鮮國內的閔黨人物即刻看出他的真正意圖而竭力表示反對。由於反對無效，大院君還是被送回朝鮮，閔黨人物便以各種手段對大院君施以迫害，如殺戮大院君所帶之從人、禁止臣民與大院君往還等均是，雖經袁世凱運用各種方式竭力調停，仍歸無效。結果是袁世凱保護大院君的各種干涉態度愈積極，朝鮮政府內的反華派勢力反而愈行活躍。他們深恐袁世凱會利用大院君的聲望製造政變，來推翻韓王李熙，乃不顧一切地進一步與俄國聯繫，以資對抗。於是乃有第二次的「韓俄要結」。

第二次的「韓俄要結」，發生於光緒十一年的八月間。其時，俄國已在漢城設立使館，透過朝鮮政府中親俄份子的聯絡，朝鮮國王李熙正式致函俄使韋貝，要求俄國保護。俄使將韓王的來函內容拍發長電回俄，被袁世凱查出其中內情。由於當時朝鮮的電報歸中國管理經營，電報局職員亦為中國所派，所以袁世凱立刻命令封鎖對外電訊，以阻止俄使發電，同時更將實情報告李鴻章。李鴻章因北洋海軍兵力不足，又深恐武力干涉將引起各國之疑忌，不敢照袁世凱的意見調兵前往實行廢立。但仍一面照會俄使不可接受朝鮮的請求，一面暗中調兵遣將，做必要時的出兵準備。袁世凱得悉李鴻章已為其實力後盾，即向韓廷展開軟說硬逼的干涉。韓王李熙不得已，只好向袁世凱辯稱致函俄國請求保護之說並無其事、袁世凱所得密函副本則係奸人偽造云云。同時，俄國方面亦聲明並無保護之說。一場極端緊張的軒然大波，終因袁世凱之因應得宜而告平息。在李鴻章看來，袁世凱的應變定亂之才確有可稱；而就事實來說，則袁世凱所忠實執行的干涉政策，徒然只為中、韓之間業已存在的感情裂痕增加其深度與寬度，對於中、韓外交的全盤趨勢而言，其影響是很不好的。

《李鴻章全集》的電稿部分，光緒十五年二月初八日曾發袁世凱一電，告誡他在執行對外交涉時，態度不可惡劣。電文又說：

> 洪使函告，去臘俄外部大臣向洪言：「袁某性情急躁，辦事過火，殊欠和平，與韓官及各國公使不睦。韓王每作一事，袁即疑他國慫恿。與俄使亦不甚和，似非所宜。……」云云。所言汝毛病甚是，要痛改。

又，張佩綸撰《澗于集・書牘六》，〈致李蘭蓀師相〉函中論袁世凱失誤朝鮮之罪，云：

> 寓津七年，日慮此作杞憂。合肥託大，釀成此禍，諸將已伏其辜。而禍端萌自袁世凱，熾於盛宣懷，結於李經方。小李賣父誤國，天地不容，自已終身廢棄。盛亦累經彈劾，雖有大力庇之，終為財色冥殛。獨袁以罪魁禍首，而公論以為奇才，直不可解。花房之役，攘吳長慶功，此不足論。雖曰欲尊中朝，而一味鋪張苛刻，視朝鮮如奴，並視日本如蟻，怨毒已深，冥然

罔覺。土匪之起，即倭所使，電稟日數十至，請兵往剿，彼豈不知親家翁（按指光緒十年派往朝鮮之欽差吳大澂，後與袁結為親家）之約者，無乃太疏。求翼長不遂，與葉（按指葉志超）爭分不相見，指牙山使之屯箚，致入絕地。既回津門，所與合肥論者，皆無甚高論嘉謨。而與盛騰書都下，各表意見，均事後諸葛，實則全無影響。……袁乃子久從姪，於簣（按係張佩綸之自稱，因張號簣齋）執禮甚恭，且推子久舊交，亦何取雌黃後進？第此公大言不慚，全無實際，而究其所為，驕奢淫佚，陰賊險狠，無一不備。公以通家子弟畜之則可，以天下奇才目之，則萬萬不可。所以不能已於言者，既已誤合肥矣，更恐誤國，更恐誤公，與之實有恩而無怨也。斯人不用，吾言不效，此信作夢囈觀，則大幸耳。

張佩綸在寫給李鴻藻（蘭蓀）的信中如此痛詈袁世凱，雖然看似言詞過分刻毒，但如細按實際，卻又不能說是全無影響。張佩綸在光緒初年亦曾被李鴻章目為天下奇才，而袁世凱在當時亦有天下奇才之稱。以這一個天下奇才來痛罵另一個天下奇才，究竟誰是誰非，研究起來，倒也是頗為有趣的事。前引李鴻章致袁世凱書，已說他在朝鮮辦理外交，因性情急躁、辦事過火，而致與各國公使不和。若以其他記述相參看，則袁世凱之在朝鮮，因其態度惡劣而致引起朝鮮君臣之極端反感，其情形尚不止此。林明德撰《袁世凱與朝鮮》，曾說：

袁世凱在朝鮮的目標，是加強中、韓宗屬關係，自易採取積極干涉韓政的態度，因此難免引起朝鮮進步份子的反感，而造成其對中國的離心傾向。漢城政界與外交界，大都認為袁世凱是驕縱專斷、盛氣凌人，常以「上國」辦事大臣自居，一味以權謀術策控制朝鮮，不但蔑視朝鮮的制度和官吏，甚至藐視韓王李熙。韓廷在袁的高壓政策下，不得不虛與委蛇，而其嫉視中國的干涉，以及要求朝鮮自主的願望，與日俱增，甚至無日不在窺伺機會，以擺脫中國的控制。這可說是袁的高壓政策所引起的一種反動。

袁世凱藐視朝鮮國王李熙，在李鴻章致總署函中亦有敘述，說袁曾詈罵韓王謂：「此等昏庸，斷難與之相處。」足見其蔑視韓王之深。此外，則劉成禺在他所撰的《相老人九十八年聞見口授錄》中，引述九八老人馬相伯的話說：

袁世凱在韓京，任意侮辱韓廷君臣。

這些紀錄，加上張佩綸所說的袁世凱「視朝鮮如奴」、「視日本如蟻」，頗足以看出袁世凱當年以「總理」身份駐紮朝鮮時的氣燄與聲勢。平心而論，袁世凱第二次駐韓，以強化中國宗主權為目標的各種措施，雖不免有時操之過急，但其建樹畢竟不凡。只是，他以高壓手段控制朝鮮的結果，並不能促進中、韓關係的改善，反而增加了雙方的隔閡，則不但他的高壓手段值得檢討，他那種盛氣凌人的驕妄態度更大可非議。當然，中、韓關係之趨於惡劣，其根本原因亦不僅此。另外一部分原因，還是由於朝鮮人士當時已深受世界潮流的影響，亟謀開拓本身的前途，而袁世凱一味忠於執行清政府的決策，在很多地方都對朝鮮的自主趨向加以不合理的干涉與限制，即使袁世凱的態度如何和悅謙虛，最後仍不免招來韓人的反對。然則，袁世凱的態度不當，固不能說是促成中、韓關係惡劣的主要原因，只是對他亟欲改善中、韓關係的希望，發生相反的效果而已。

張佩綸說，袁世凱在朝鮮的措施「一味鋪張苛刻」，又因蔑視日本之故而結怨極深，馴致日人唆使韓國亂民起事，而世凱猶復「冥然不覺」，凡此指責，在其他文獻紀錄中亦頗有相關的資料可尋。

例如民國初年曾旅行韓國的姜馥森，在他所撰的旅行記中便說：

漢城總領事館占地三四十畝，有亭臺樓閣之勝，在海外的所有使領館中，要推朝鮮的為第一。因為昔年袁世凱為駐韓大臣時，就住在這裏。他要隨便圈購多少地，就是多少地，可見當時勢力之膨脹了。（《逸經》第三十一期載）

這可說是張佩綸批評袁世凱「鋪張」二字的小注。至於日本人與袁世凱結怨極深的情形，則可以由光緒二十年「甲午戰爭」發生以前，日本人密謀殺袁一事看出具體的事實。葉恭綽撰《太平洋會議前後中國外交內幕及其與梁士詒之關係》一書中說：

先是，袁世凱於十九世紀末，以道員為中國駐韓商務總辦，在東學黨起事前後，日本正橫行無忌，密謀殺袁，事為唐紹儀所知。唐時在中國駐韓海關任職，遂與稅務司穆倫德告知英國領事朱爾典請求援助。復得朱同意後，唐即於夜半手持兩槍兩刀，乘著雙馬，護送袁世凱到江邊，登上朱爾典所準備的英國兵艦，隨後把袁氏送回天津。計袁到江邊時，距日人密謀動手的時間，才差十幾分鐘。

據葉恭綽說，這是唐紹儀後來親口告訴他的，想必確有其事。證以《李鴻章全集・譯署電稿》中此時所得的袁世凱來電說：「凱等在漢，日圍月餘，視華仇甚。賴有二三員勉可辦公，今均逃。凱病如此，惟有死。然死何益於國事？痛絕！能否邀恩拯救，或准赴義平待輪，乞速示。」云云，則日本人之真欲以圍困或暗殺的手段致袁於死，確實是不錯的了。然則，唐紹儀所說袁世凱於夜半逃出漢城，以及其他記載傳說袁世凱易服逃走等等的話，應該都是指的同一件事。當時袁世凱並未生病，他之向北洋稱病求退，其實只是情勢急迫的飾詞。由此可見，袁世凱在朝鮮橫行霸道地作威作福多年，其最後的下場倒是很難堪的。袁世凱未離漢城以前，中、日兩國間的戰機已如箭在弦，等到他一離開朝鮮之後，戰事隨即爆發。其結果則是北洋海陸軍俱敗，日軍於席捲朝鮮之餘，更進兵遼東半島與山東半島，兩路深入內地，最後以喪權辱國的〈馬關條約〉議和了事。其詳細情形，人人皆知，這裏可以無須贅述。

張佩綸指責袁世凱是釀成中日甲午之戰的罪魁禍首，後人每以為此即是當時的公論，其實不然。袁世凱之引起日人仇恨，一是由於他在光緒八、十兩年的朝鮮內亂中兩次粉碎了日本勢力進入朝鮮的企圖，二是他後來出任駐韓商務委員以後對日本利益的多方阻撓，所以日本人必欲殺之而後快。至於日本之吞韓企圖，乃是「明治維新」成功以來一直奉行不懈的基本國策，即便沒有袁世凱之干涉破壞，中、日朝鮮之戰亦必遲早發生，只是首當其衝之人不是袁世凱而已。袁世凱在失誤朝鮮一事中所應負的責任，有二：第一，是他不應該以驕矜凌蔑的態度對待朝鮮，以致加速了朝鮮人士對中國的離心趨勢，予日本以可乘之隙。第二，是他不應該在東學黨亂事發生以後，日本已有乘機出兵干涉之可能時，誤信日人之甘言哄誘，以為日本不致對朝鮮生心，並一再敦促中國出兵代朝鮮平亂。李鴻章誤信袁世凱之言，以為中國出兵不致引起日本的干涉，殊不知此正是日本的誘敵之計，等到他們發覺錯誤之後，局勢已經無可挽回了。袁世凱失誤朝鮮的真正責任如此，除此之外，所加給他的任何罪名，都不免是過甚其詞。這一層，只要看李鴻章在和約簽訂以後的態度，便可明瞭。王伯恭《蜷廬隨筆》說：

> 中日和約既定，恭親王一日問合肥云：「吾聞此次兵釁，悉由袁世凱鼓盪而成，此言信否？」合肥對曰：「事已過去，請王爺不必追究，橫豎皆鴻章之過耳。」恭親王遂默然而罷。

李鴻章在當時所以要這麼說，當然因為他本身乃是主持對日交涉的決策之人，而袁世凱不過執行他的政策指示，即使其中或有錯誤，亦當由他自己擔負最大部分的責任，不可因有人指責袁世凱之魯莽肇禍，便即諉過於袁。這雖是李鴻章的負責態度，亦可知袁世凱在這一事件中應負的責任，確實只能到此為止，無法再予苛求。但話雖如此說，當時的朝中顯要，並不就能人人都像李鴻章那樣地大度能容，何況袁世凱在此一事件上也確實有他應負的責任，如何能因李鴻章之一言而洗刷乾淨呢？於是，袁世凱多年以來的紅運，到此又逢到另一頓挫，以後的發展如何，就需要另外的機緣了。

八

袁世凱是十分熱中於功名利祿的事業中人，他很富於機變，當然懂得如何製造機會、把握機會。由於甲午之敗，李鴻章變成眾矢之的，他自己的政治前途都已經一蹶不振，當然不可能對袁世凱大力支援。何況李鴻章之倒楣，袁世凱確實有他該負的責任，李鴻章對他寬容，已經十分難得，事實上也不可能對他再有什麼提拔幫忙了。處在這種情形之下，袁世凱必須辨別政治氣候，另外找一株可以蔭庇的大樹，以謀東山再起。吳永《庚子西狩叢談》中記述袁世凱為翁同龢做說客，意欲李鴻章告老乞休，以便騰出一個內閣大學士的缺額，好讓翁同龢頂陞協辦，就是袁世凱巴結翁同龢的事實表現。但翁同龢雖然貴為帝師，真正有權勢的實在另有其人，此即是在慈禧太后跟前極為得寵，而說話又最有力量的榮祿是也。王伯恭《蜷廬隨筆》記述袁世凱如何結交榮祿，其事甚為曲折而有趣，抄一段原文如下：

> 是時，項城在京，雖有溫處道之實缺，萬無赴任之理。設從此罣誤，心知不甘。憶昔在吳武壯朝鮮軍中，以帥意不合，借題為朝鮮練兵，因禍為福，此次師故智，正合時機。乃招致幕友，僦居嵩雲草堂，日夕譯撰兵書十二卷，以效法西洋為主。書成，無術進獻。念當時朝貴中，惟相國榮祿深結主知，言聽計從，顧素昧平生，無梯為接。偵知八旗老輩有豫師者，最為榮所信仰；又偵知豫公獨與閻相國敬銘相得，閻為路閏生入室弟子，又申以婚姻，非路氏之言不足以動之。因念路氏子弟有在淮安服官者，家於淮安，而項城之妹夫張香谷，係漢仙中丞之子，亦家淮安，必與路氏相稔。遂託香谷以卑詞厚幣請路辛甫北來，居其幕中為上客，由辛甫以見閻文介，由文介以見豫師，由豫師以見榮文忠，層締納交，果為榮文忠所賞。項城遂執贄為榮相之門生，而新建陸軍以成，駐於小站周剛敏盛波之舊壘。但項城初不知兵，一旦居督練之名，雖廣用教習，終慮軍心不服。於是，訪求賦閒之老將，聘為全軍翼長，庶可以鎮懾軍隊。適淮軍舊部姜桂題以失守旅順革職，永不敘用者，正無處投效，聞小站新軍成立，逕謁軍門。項城見而大喜，遽以翼長畀之。桂題亦不知兵，惟資格尚深耳。項城更說榮相，以五大軍合編為武衛全軍，以宋慶為武衛左軍，袁世凱為武衛右軍，聶士成為武衛前軍，董福祥為武衛後軍，其中軍則榮相自領之，兼總統武衛全軍。榮相樂其推戴，且可弋取統屬文武之名也，德項城甚，有相見恨晚之感。復用項城之策，令諸軍各選四將送總統差遣。比至，令此十六人者各用一二品冠服乘馬在輿前引導，榮相顧盼自喜，以為人生之榮，無過於此。

袁世凱想盡各種方法以達到結交榮祿之目的，及至榮祿採納他的練兵意見，他後半生的功名事業，就奠基於此了。不過，王伯恭的敘述雖然曲盡其詳，事實方面難免仍有錯誤。因為袁世凱自朝鮮鎩羽而歸，已是光緒二十年的事，建議練兵，又在中日和約簽訂之後，而閻敬銘於光緒十四年罷相，十八年病卒，豈能在此時為袁世凱利用作結納榮祿之用？《淩霄一士隨筆》對於此事的說法，則是：

> 中國自甲午之後，以為非改革軍制不足以圖強，其得風氣之先者，袁世凱也。時世凱已簡浙江溫處道，由督辦軍務處奏留差委，因遊說當局，以新法練兵，且條陳一切辦法，並拜西后惟一寵臣榮祿之門。於是，光緒二十一年冬恭王奕訢、慶王奕劻會同軍機大臣奏請變通軍制，在天津新建陸軍，而薦袁世凱「樸實勇敢，曉暢軍機」，堪充督練，並請假以事權，俾專責任，先就胡燏芬所練定武軍十營為根本，再加募馬、步兵各隊，足七千人之數，奉旨允行。定武軍本駐距津七十里之新農鎮，今稱小站，為舊日淮軍統將周盛波駐兵之地。世凱既受事，修繕廢壘，擴充營基，以德員司教練，步伐整齊，軍容日盛，有壁壘一新之概焉。

所謂督辦軍務處，乃是清廷在「甲午戰爭」爆發後所特別組織，以恭王、慶王、李鴻藻、翁同龢、榮祿等人主持，專門負責為皇帝從事參謀作業，以獻替謀議的。其後戰事雖已結束，而督辦軍務處仍未結局，隱然成為較軍機大臣更高一層的中樞。由《中日戰爭文獻彙編》所收的袁世凱致李鴻藻稟牘看來，在光緒二十一年四月和局甫定，袁世凱在天津上書李鴻藻大談舊軍失敗之因，及西法練兵之論，其中就曾說到：

> 至此次軍務，非患兵少，而患在不精，非患兵窮，而患在無術。其尤足患者，在於軍制冗雜，事權分歧，紀律廢弛，無論如何激厲，不能當人節制之師。為今之計，宜急懲前非，汰冗兵，節糜費，退庸將，以肅軍政。亟檢名將帥數人，優以事權，厚以餉糈，予以專責，各裁汰歸併為數大枝，扼要屯紮，認真整飭，並延募西人，分配各營，按中西營制律令參酌改革，著為成

憲。必須使統將以下均習解器械之用法，戰陣之指揮、敵人之伎倆，冀漸能自保。仍一面廣設學堂，精選生徒，延西人著名習武備者為師，嚴加督課，明定陞階，數年成業，即檢派夙將中年力尚富者，分帶出洋，遊歷學習，歸來分殿最予以兵柄，庶將弁得力，而軍政可望起色。

這一番話，我們現在看起來，覺得實在太膚淺而卑之無甚高調，可是在當時，也許還真是當國者所未曾前聞的高見呢！李鴻藻是袁父保慶的老師，所以李鴻藻可算是袁世凱的「太老師」，而袁則對之自稱「小門生」。由前引張佩綸致李鴻藻信中對袁世凱痛加貶斥的情形看來，如果李鴻藻相信張佩綸的話，就應該對這位小門生揮而去之。可是，李鴻藻似乎並未十分信任張佩綸對袁世凱的貶斥，他將袁的信與翁同龢、榮祿等人共同傳觀，一致認為其說法與見解甚有道理，於是，在袁世凱回到北京以後不久，便有旨召見，交予督辦軍務各王大臣差委。這年七月，他在寫給其弟世顯的信中說：

抵京來忙甚，日在車馬泥途奔走。諸大老均甚優待，聖恩極厚。惟內事甚遲緩，辦事甚不易，只隨班奔走而已，似未能久居於此，暫留以備顧問，而赴任直無可望。

由此可知，袁世凱的練兵建議，在此時已曾受到重視，所以然之故，則因他在光緒八年曾為朝鮮練兵著效，此番再提西法練兵之說，自然容易使人相信他是有經驗而有見識之人。他此時所下榻的住處，就是王伯恭所說的嵩雲草堂，而赴任無望，亦如王之所說，然則，他之想到以練兵之策干謁榮祿，以為晉身之階者，亦應即在此時了。他如何會想到交攀榮祿？大概也還是他知悉榮祿對他所提的練兵意見頗有好感，因此方才想到進一步纂輯兵書，並多方尋求可資利用的關係攀附榮門，執贄稱為弟子，以謀進一步的拉攏趨奉了。影響清末民初歷史至鉅的北洋軍閥，想不到便在這種情形之中奠其始基，實在出人意料。至於他當時所纂輯的兵書，是否便是在柴萼《梵天廬叢錄》所說的情形之下產生的？這倒是頗難懸揣的問題。

據說，袁世凱所著的「兵書」頗多。但現在所能見到的，卻只剩下兩種了：一是光緒二十四年新建陸軍所印的《新建陸軍兵略錄存》，一是光緒二十五年新建陸軍所印的《訓練操法詳析圖說》。由於此二書都是遲至光緒二十四年以後方才成書的，不合於光緒二十一年袁世凱藉此以為干謁榮祿之用的條件，所以，被傳說為袁世凱利用欺詐之術攘奪他人構想以為自己著作的那部「兵書」，恐怕已經因為未曾刻印流傳之故而無法見到了。若以現尚傳世的那兩部《新建陸軍兵略錄存》、《訓練操法詳析圖說》而言，不過是略似步兵操典而增加一些制度法令方面的成案，湊集成書，殊無足觀。很可能地，當袁世凱藉翻譯外國操典及編輯規章成案以纂成這些「兵書」時，在清朝中國還是創始之作，人皆詫為未見，目為奇書，所以榮祿才以袁世凱為練兵專家，而樂於加以援手汲引的。何況袁世凱深通揣摩逢迎之術，凡可以結歡固寵者，無所不用其極，自更容易使榮祿引為知己，甚恨相見之晚的了。袁世凱之發跡北洋，至此乃確定了他的基礎。

王伯恭《蜷廬隨筆》記述袁世凱當年在朝鮮練兵的情形說：

> 於是，以五百人屬其督練，慰亭欣然受命，延一王姓新自德國歸者為之教習，終日在大院中排班進退，慰亭憑几觀之，余亦時得目寓焉。朝鮮民氣謹懦，視上國如帝天，雖見中國商人亦無不懍懍。慰亭使譯者傳諭五百人云：「中國練兵非汝國兒戲比，苟不聽約束者，立刻軍法從事。」五百人咸股栗聽命。每日操演時，王教習持鞭睨其旁，呼曰：「左足起！」五百人悉舉左足，高下如一，有參差者即揮鞭痛抶。步伐進退前後左右如之，放槍舉響亦如之。教練甫半月，慰亭請國王及吳帥閱操，居然可觀。國王大悅，吳帥賞戰衣人各一襲。於是，慰亭有能軍名，國王且咨合肥，謂其才可獨當一面云。

看到了上面的這段記述，袁世凱當年在朝鮮練兵，大概亦如戰國時孫子之練婦人為兵，不過以嚴刑峻法怵人心目，使之不敢不聽從約束，所以即使是齊王宮中的宮女，亦一樣可以金鼓號令，使之整齊劃一。如果在嚴刑峻法之外，更結之以恩德利祿，必更可收得心應手之效。袁世凱平生揮金似土，慣以利祿要結人心，對於此道自然更是出色當行。所以，小站練兵不過只有數月之久，袁世凱的成績已斐然可觀。陳夔龍《夢蕉亭雜記》記此云：

甲午中日之役失敗後，軍務處王大臣鑒淮軍不足恃，改練新軍。項城袁君世凱以溫處道充新建陸軍督辦。該軍屯兵天津小站，於乙未冬成立。當奏派時，常熟不甚謂然，高陽主之。詎成立甫數月，津門官紳嘖有煩言，謂袁君辦事操切，嗜殺擅權，不受北洋大臣節制。高陽雖不護前，因係原保，不能自歧其說，乃諷同鄉胡侍御景桂，摭拾多款參奏，奉旨命交榮文忠公祿馳往查辦。文忠時官兵尚，約余同行。甫抵天津，直督王文勤公文韶傳令淮練各軍排隊遠迎，旌旗一色鮮明，頗有馬鳴風蕭氣象。在津查辦機器局某道參案畢，文忠馳往小站。該軍僅七千人，勇丁身量一律四尺以上，整肅精壯，專練德國操。馬隊五營，各按方辨色，較之淮練各營，壁壘一新。文忠默識之，謂余曰：「君觀新軍，與舊軍比較如何？」余謂：「素不知兵，何能妄參末議？但觀表面，舊軍誠不免暮氣，新軍參用西法，生面獨開。」文忠曰：「君言是也，此人必須保全，以策後效。」迨參款查竣，即以擅殺營門外賣菜傭一條，已干嚴譴，其餘各條，亦有輕重出入。余擬覆奏稿，請下部議。文忠謂一經部議，至輕亦應撤差，此軍甫經成立，難易新手，不如乞恩姑從寬議，仍嚴飭認真練操，以勵將來。覆奏上，奉旨俞允。時高陽已病，仍力疾入直，閱文忠摺怫然不悅，退直後病劇增，嗣後遂不常入直，旋即告終，足見其惡之深矣。袁逾年陞直臬，仍治軍事。

按，上文所說的「高陽」，即李鴻藻；「常熟」，即翁同龢。李鴻藻曾支持袁世凱的練兵建議，筆者在上文已曾做此推測，由陳夔龍的記述，可知此說不虛。而翁同龢則是李鴻章的對頭，李鴻章卵翼袁世凱，翁同龢因此亦對袁不滿，雖然袁世凱亦曾努力結交攀附，並無結果，其情形亦可由上引《夢蕉亭雜記》中見之。只是，李鴻藻本為支持袁世凱練兵之人，何以在幾個月之後就必欲去之而後快呢？是不是張佩綸對袁的批評在這時已經發生效力，致使李鴻藻覺得袁世凱實在是一個狂妄誇大而跋扈驕恣之人，不可賦予大任，故而要藉此將他逐去，以免將來為患國家呢？這一個問題，現在已無從答覆。不錯，袁世凱之得以在這一參案中保全，顯然是出於榮祿的大力蔭庇。榮祿頗善相法，在《夢蕉亭雜記》中屢有記述。看袁世凱的相貌，肥碩重厚而富有威儀，自然是富貴功名之人。榮祿以他的相法推測，袁世凱的未來前途必然十分發達，何況他在小站練兵的成績卓然可觀，再加上執贄拜門的情誼，自然應該保全。殊不知道自此以後，袁世凱的功名事業果然直上青雲，然而所以致此之因，則並非完全由於袁世凱的學識、才能與品德。於是，袁世凱脫穎而出，對於國家民族的命運，就不是好兆頭，而榮祿對袁的保全，所產生的結果自然也就不能說是有利於國家的。

九

小站練兵，奠定了袁世凱以北洋勢力控制中國的始基。他此時所訓練的新兵雖然為數不過七千人，而自清末以至民初，所有關係中國命運的北洋人物，此時幾已全在他的麾下。如清末曾任三省總督，民國時出任袁政府的國務卿，後繼黎元洪為總統的徐世昌，此時乃是袁世凱的「營務處」。民國以後著名的北洋軍閥段祺瑞、馮國璋、陳光遠、王占元、張懷芝、雷震春、田中玉、陸建章、曹錕、段芝貴等人，此時都在他所練新軍中擔任弁兵或中、下級軍官。這些人經由袁世凱的提拔，在清光緒、宣統之時，已經歷陞至中、上級軍官，段祺瑞、馮國璋且官至鎮統（師長），掌握了清末所練各鎮新軍的大部分軍權。由於他們之效忠於袁，如之何不使袁世凱隱然成為全國軍界的領袖人物呢？這當然都是後話，在這裏可以不須多贅。在此需要一提的，是當時一位外國觀察家對袁世凱練兵成績的批評。

光緒三十四年九月，英國海軍司令貝思福受英國聯合商會主席之委託，前來中國考察政治、軍事。他曾於此年九月十三日到小站參觀袁世凱所練新軍，據他在《保華全書》卷三，〈論中國水陸兵備〉一章中敘述他所見的新軍情形說：

> 當各隊操演之時，各兵類皆年力精壯，身材適中，操法靈熟，步式整齊。先在本營操場操練陣式，後至曠野操演兩軍攻擊之陣式，各將弁與兵丁等皆嫻習口號，熟諳行陣，可想見該軍紀律之嚴明矣。惟砲隊則尚待整頓。若照現在情形，只能於操演之時聊備一格，未足以為臨陣之用也。

又說：

> 中國兵力之弱，其源由於發餉之多剋扣，此弊幾於通國皆然。但我觀袁公發餉之情形，而嘆袁公之清廉為人所不能及矣。袁公於發餉之日，親自督率委員，按名給發，無絲毫剋扣之弊。假使中國統兵大臣皆能效法袁公之發餉，則兵無缺額、餉不虛糜，華人何嘗不可成勁旅耶？

貝思福的觀察，不但對袁世凱頗多讚揚，後一段話更極為欽佩他的清廉。袁世凱當年在小站練兵的實際情形如何？在此不難見其一斑。大致而言，小站新軍的訓練雖有可觀，究因未曾用於實際戰爭之故，對於他們的作戰能力，難有正確的評估。但因他們的操法新穎、陣容整齊，在當時究屬一時之選。所以，袁世凱的聲譽，不久便因榮祿之賞識與貝思福之推讚而馳名中外。而袁世凱重視兵餉，每月務必躬親給發，以杜絕剋扣中飽之弊，這一點，對於他的練兵成敗，關係也是很大的。

按照袁世凱所奏定的練兵章程，小站新軍的軍餉頗為優厚。營長稱為統帶，月支薪白銀一百兩，外加公費銀三百兩。班長稱頭目，月支薪白銀五兩五錢。兵士稱正兵，月支薪白銀四兩五錢。光緒中葉，白米的價格是每石銀一兩五錢左右，所以每兵的月薪可買白米三石，合現在的幣值四千餘元。四千餘元的月薪，現在只能抵到一個普通工人，但在當時，因就業機會不多，而待遇普遍低微的緣故，這個數目看起來就很優厚。民國初年以賄選總統馳名一時的北洋軍閥曹錕，據說其早年曾經做過販布及教書的工作，都因為收入太少，無法餬口，所以才投入軍中去當一名「正兵」的。由此可知，在袁世凱練兵時所定的兵餉，一般應可說是很優厚的。兵餉厚而長官全無剋扣，每經若干時日，就可因為訓練或考試而得晉陞，前途有望，當然更可能鼓勵士兵之上進心，操習自必更為努力。當時袁世凱的軍中，設有各種「行營兵官學堂」，計有德文學堂、砲兵學堂、步兵學堂、騎兵學堂等等名目，所招學生，皆由兵弁中考試而來。兵弁能入行營兵官學堂接受教育訓練，就具備了士官或軍官的任用條件，一旦低級軍官中如有缺額，就可由畢業學生中拔補。清代末年，因袁世凱小站練兵發軔於先，北洋新軍陸續建立，不久即由一鎮擴充為四鎮。這些出身小站新軍行營兵官學堂的兵弁，因此不乏陞遷的機會，北洋勢力亦因此而逐漸擴充至於各地。《凌霄一士隨筆》記此云：

世凱以練軍著效，歷直隸按察使而擢侍郎。迨由山東巡撫遷直隸總督，屢請練兵以事國防，並進籌餉之策，西后以為然，遂設練兵處，以奕劻領其事，世凱會辦。奕劻奉世凱為導師，以劉永慶為軍政司正使，段祺瑞為軍令司正使，王士珍為軍學司正使，王英楷、馮國璋等咸任要職，皆取之北洋：練兵大臣如徐世昌、鐵良，又世凱所推薦也。練兵計畫，定全國練新軍三十六鎮，先由北洋入手。袁世凱銳意經營，不久，北洋四鎮相繼告成（第四鎮即由武衛右軍改編），兵力之厚，甲於各省。其糧餉處設於津，以張鎮芳董其事。諸鎮之兵權悉在世凱掌握，遇事毫無掣肘，北洋聲勢益炙手可熱。

袁世凱藉建立新軍以擴張他的政治權力，這雖是後來的事，但其趨勢卻自此逐漸明晰。不過，在他以浙江溫處道督練小站新軍發跡開始，以至他成為北洋系軍閥的開山祖師為止，這中間還有兩樁極重要的事，直接關係到袁世凱的鴻猷大展，不可不在此先加敘述。

十

前引《凌霄一士隨筆》已曾說到，袁世凱因小站練兵著效，而由浙江溫處道陞為直隸按察使，那是光緒二十三年六月的事。到了光緒二十四年的八月，袁世凱再由直隸按察使開去本缺，以侍郎候補，專責辦理練兵事宜。按察使係文官正三品，侍郎則正二品，看起來雖然不像是異常的超遷，其實不然。因為，清代的官制有京官與外官之別，京官望重而外官望輕，雖然是同樣的品秩，在遷轉時卻大有差別，例如各省的布政使秩從二品，內調時多半是正三品的太僕寺卿，或從三品的光祿寺卿。各省的按察使秩正三品，與京官中的大理寺正卿同秩；但內調時往往只能得正四品的鴻臚寺卿或大理寺少卿。其中原因，便是由於京官的品級一般要看得比外官稍高的緣故。袁世凱原官直隸按察使，如循序陞遷，最多只能得同品的三品京堂，驟陞二品的侍郎，顯然是恩命異常的峻擢。他之所以能在此時得此異常的恩命，實在是由於牽涉到一場極大的政治活動之故。

光緒二十四年八月，就是康有為、梁啟超所主持的維新運動因慈禧太后的干涉而告失敗，光緒帝被幽瀛臺，慈禧太后再出垂簾的歷史性重要時刻，史稱「戊戌政變」。政變的發生，據說由於新黨人物眼見舊派的反對力量太大，新政無法推行，而慈禧太后乃舊派人物奉為反對新政的主要力量，非除去慈禧及其重要黨羽榮祿，則皇帝的地位不保，新政實施無望。所以，經由康有為、譚嗣同等人的獻議，將袁世凱超擢侍郎，命之來京陛見，並由譚嗣同將皇帝的密詔一道交付予袁，命他在回天津後宣讀詔旨，將榮祿處死，然後由袁世凱接統榮祿所轄各軍，即率兵進京，圍頤和園除去慈禧，庶幾舊派人物無法再擁慈禧以阻撓新政，而光緒的地位亦可確保。然而，因為袁世凱的反覆多詐之故，光緒的密詔，被他當作出首告密以進一步取得慈禧和榮祿倚信的機會，於是政變迅即發作，光緒被幽，康、梁逃亡，六君子被殺，「戊戌維新」運動也因之而夭折，但袁世凱的官運卻自此日見亨通，不久即外放山東巡撫，騰踔日起，駸駸大用了。關於這一段往事，陳夔龍《夢蕉亭雜記》中曾有扼要的敘述，說：

> 戊戌四月，文勤（即王文韶）內召，文忠（即榮祿）出領北洋。袁君夙蒙恩遇，尚能恪受節制。維時新政流行，黨人用事，朝廷破格用人，一經廷臣保薦，即邀特簡。袁熱中賦性，豈能鬱鬱久居？倩其至友某太史入京，轉託某學士密保，冀可陞一階。不意竟超擢以侍郎候補，舉朝驚駭。某學士以承筐菲薄，至索巨款補酬，輦轂之下傳為笑話。袁君遵旨來京，預備召見。入見後傳聞有旨，以文忠大逆不道，令赴津傳旨，即行正法，所有直督一缺，即以袁某補

授，並帶兵入京圍頤和園。……八月初三，袁探知朝局將變，惘惘回津。文忠佯作不知，迨其來謁，但言他事，絕不詢及朝政。袁請屏退左右，跪而言曰：「世凱奉命而來，有一事萬不敢辦，亦不忍辦，惟有自請死。」文忠笑謂：「究係何事，何忽遽之甚？」袁袖出一紙呈閱，並觀文忠氣色行事。文忠閱竣，正式告曰：「大臣事君，雨露雷霆，無非恩澤。但承旨責在樞臣，行刑亦有菜市，我若有罪，甚願自首入京，束身司敗，豈能憑爾袖中片紙，便可欽此欽遵？」袁知事不諧，乃大哭失聲，長跪不起。文忠曰：「君休矣，明日再談。」因夤夜乘火車入京晤慶邸，請見慈聖，均各愕然。越日，奉硃諭以：「朕躬多病，恭請太后訓政。」時局為之一變。首詔文忠入輔。慈聖以袁君存心叵測，欲置之重典，文忠仍以才可用，凡作亂犯上之事，委之黨人，並以身家保之，袁得安其位。慈聖意不能釋，姑令來京召見。袁最機警，諂事東朝，前事不憚委之主坐，而宮闈之地、母子之間，從此多事矣。

據此云云，則「戊戌政變」時袁世凱雖奉密旨誅榮祿，他卻心懷叵測，以面遞密旨的手法試探榮祿的反應，如榮祿見旨而自裁，則他的任務即順利完成，如榮祿置之不理，則以苦肉計之法哀祈榮祿相救，進可有功，退亦不致有害。榮祿將袁世凱所告之事連夜進京面稟慈禧，於是朝局霎時而翻，可知袁之告密一事關係之大。關於這一段往事，袁世凱後來曾自傳〈戊戌日記〉一文，由其家屬刊載於民國十五年的《申報》，極言他當時並無告密之事。〈戊戌日記〉原文甚長，這裏不能贅引。欲知袁世凱當時是否確有告密之事，可以用比對史料之法研究其中有無漏洞，藉以推定袁世凱所說政變前的晤榮情形是否可靠。

抄錄〈戊戌日記〉中最重要的一段如下：

初五日請訓……請安退下，即赴車站，候達佑文觀察同行。抵津，日已落，即詣院謁榮相，略述內情，並稱：「皇上聖孝，實無他意，但有群小結黨煽惑，謀危宗室，罪實在下。必須保全皇上，以安天下。」語未竟，葉祖珪入坐，未幾，佑文亦來。久候至將二鼓，不得間，只好先退晚餐，約以明早再造詳談。次早，榮相枉顧，以詳細情形備述，榮相失色大呼冤曰：「榮某若有絲毫犯上心，天必誅我。近來屢有人來津通告內情，但不及今談之詳。」予謂：「此事與皇上毫無干涉，如累及上位，我惟有仰藥而死。」酬商良久，無善策，榮相回署，復約佑文熟商。是晚，榮相折簡來招，楊莘伯在坐，出示訓政之電，業已自內先發矣。

這段話所竭力注重的地方有二：第一是說他在回到天津後所透露給榮祿的，只是光緒有旨命他殺榮之事，而不曾告榮以密旨的內容，所以兩天所商量的，只是如何應付詔旨而不致使榮祿為難之事。結論尚未商決，而楊崇伊（莘伯）已將慈禧再出訓政的消息帶至天津，始知朝局已變。由於這天早上榮祿尚在天津訪袁密商，可證榮祿未曾入京告密。榮祿既未告密，自然更沒有袁世凱向榮告密之事。第二則是說明袁世凱在八月初五日回至天津時，業已天黑，是晚與榮所談無結論。以上所述，如以其他史料所記互相考訂，便可知其並不實在。

劉鳳翰撰《袁世凱〈戊戌日記〉考訂》，引光緒二十四年八月天津《國聞報》所載：「練兵大臣袁慰亭侍郎於初五日早赴宮門請訓，即於是日出京，乘坐十一點四十分鐘火車，至下午三時到津。……同城文武各官咸往迎迓，一時頗為熱鬧。」云云。既然袁世凱在八月初五日的下午三時就已回到天津，為何他在〈戊戌日記〉中要把這天回到天津的時間改說成為「日已落」的傍晚時分？夏秋日長，日落後已將七時，由三時至七時，中間相差約四小時。以實際情形而論，袁世凱於此日下午三時回到天津，他儘有時間可以將密詔情形稟告榮祿，而不必等到第二天；榮祿也儘有時間可以夤夜進京，來得及策動慈禧實行政變，不至於在第二天早上還到袁的住處來「枉顧」詳談。所以，袁之所以要把到津時間由下午三時說成七時，目的顯然是在掩飾此一事實，使人誤信榮祿在八月五日晚間尚未與袁商定辦法，自更不致黃夜進京策動政變。其更進一步之目的，則更在藉變造史實之法洗刷自己的告變惡名。卻不料我們現在還能看到天津《國聞報》的當日記載，可以看出袁世凱〈戊戌日記〉中偽造史實的證據。然則，袁世凱企圖消滅告變惡名的努力，顯然也就是白費心機了。

清人蘇繼祖所撰的《戊戌朝變記》，對於此事更有十分明白的記載，說：

八月十三日，復有人問榮相曰：「袁世凱曾奉密詔乎？」曰：「然。」「詔中曾有殺公言乎？」曰：「然。」曰：「然則，袁世凱先一同謀者也。既同謀而又出首，首鼠兩端，此人亦不足取也。」榮相曰：「袁乃我的人，無所謂首鼠兩端。」

這段記述，距「戊戌政變」發生時間只有七天，而榮祿的談話明白如此，更可知袁世凱確有告變之事。所以，縱使袁世凱喙長三尺，亦無法卸脫此一賣主求榮之惡名。陳夔龍《夢蕉亭雜記》所說，袁世凱向新黨中人活動保舉以求陞官，曾派某太史入京轉託某學士具疏薦舉，根據近人的考證，此「某學士」即徐致靖，「某太史」即徐世昌。袁世凱志求陞官而謀之新黨中人，新黨人物恰因須有兵權之人以便除去榮祿，於是看中袁世凱而超擢之為侍郎。卻不料袁世凱雖熱中陞官，卻無意為皇帝賣命，終於使新政失敗而袁世凱個人卻得到榮祿和慈禧的倚信。光緒二十五年五月，袁世凱補為工部右侍郎。同年十一月，署理山東巡撫，翌年二月真除。凡此遷擢，俱由「戊戌政變」中的告密之功而來，可知袁世凱之善於投機取巧，以及他在此一告變事件所得到的實際利益為如何。

十一

光緒二十三年德占膠州。自此以後，山東省就增加了很多對德交涉事件。更因德國人之恃勢欺壓山東當地人民，老百姓在氣憤之餘，起而武裝抗暴。這種武裝抗暴運動被義和拳的邪教勢力所滲透利用，終於逐漸釀成拳匪的仇洋排外運動。光緒二十五年三月，德國兵在山東沂州、日照、蘭山一帶滋事，清政府為防範起見，命袁世凱率領小站新軍，以操演行軍陣法為名，開往山東德州等地，採取監視戒備措施。此時義和團的仇洋排外運動已在各地日見蔓延，巡撫毓賢且為之庇護倡導，因之亂事日見擴大。德國公使向清政府提出嚴重抗議，毓賢因此被調回京中，山東巡撫一職，即命在山東領兵的袁世凱署理，三個月以後正式補授。袁世凱任山東巡撫後，一反前任巡撫之所為，對義和團痛加剿戮，因此建立能名，對於他以後的陞官進爵，幫助甚大。《容庵弟子記》卷二敘此云：

> 二十六年春二月，補授山東巡撫。公來東省，攜帶所練軍隊同行。時東省濟南、泰安、曹州各府屬拳會猖獗，公遴派道府，督同牧令紳耆分投解散，轉飭莊團嚴密查拿，復派營隊屯紮梭巡，其著名兇悍迭滋事端者，購緝偵辦，一面剴切出示嚴禁。拳匪見公設施一反毓賢之所為，謠言四起。又見公隊伍精整，知反抗亦無倖，於是黨魁皆赴津、保，「乾」字拳蔓延於深、冀。由淶水、定興以入京，「坎」字拳蔓延於滄州、靜海，黨魁張德成、曹海田皆為裕祿所崇奉。時親貴已迷信妖妄，公知力爭無益，乃我行我法，陽言勸誡而陰飭部吏嚴捕，故山東秩序安寧，得為東南之保障。

袁世凱在山東痛剿義和團，使山東省在「庚子拳亂」發生時得以保境安民，全省寧謐，這件事對於袁以後的宦途發展關係甚大。因為自「庚子拳亂」發生以後，直隸及山西二省迅即陷於極度混亂之中，拳匪藉尋殺洋人及「漢奸二毛子」為由，到處焚燒殺戮，無論城市、鄉閭，都被害甚慘。為供電報通信用的電桿、電線，亦都被拳匪指為妖物，任意斫毀，以致京、津各地的對外電訊亦告中斷。各省發往京、津的電報既然不通，最迅捷的辦法，只有將電報發往山東濟南，請山東巡撫袁世凱改用奏摺由驛差遞送。如此一來，山東撫署無形中成了各省與京師之間的聯絡中樞，地位頓形重要。加上袁世凱更能善用他的這一樞紐地位隨時與兩江總督劉坤一、兩廣總督李鴻章、湖廣總督張之洞等有地位的重要疆吏聯名發表一些關於國事方面的意見，例如保護外使、查辦縱拳釀釁的首禍之人，以及聲明東南互保等等，頓時就使袁世凱的聲名日起，與劉坤一、李鴻章、張之洞一樣地成為全國觀瞻所繫的中流砥柱人物了。但袁世凱之所以在此一時期內能有如此果敢明決的作為，其實應拜山東藩司張人駿之賜。《凌霄一士隨筆》有關於此事的記述，說：

袁世凱以戊戌告變受知西后，任山東巡撫，緝逐義和團，保護外僑，使山東超然於庚子禍亂之漩渦，勳業爛然，遂至大用。然當時定議，時決於藩司張人駿之言，袁獨擅其名耳。蓋袁氏懼忤西后之指，始猶有用拳眾意，遲回審顧，未能即決。張人駿動以利害，曰：「公試揣此類妖妄之徒，古來能有成大事者乎？如料其能成，自宜善遇之；若策其必敗，則亟須早決大計，毋為所牽率而獲重咎也。」袁大悟，稱善者再，遂一意以拒拳保僑為事矣。魯人恨教民欺凌，多同情拳眾之排外思想，見袁氏竭力壓迫之，皆大憤，而以漢奸二毛子詬袁氏，委巷間亦時有大書詈袁文句者，儼若今之貼標語、呼口號也。迨京、津禍變既成，眾始一變其論調，而歌頌袁撫臺不置，京津官紳避難者麕集濟南。咸有適彼樂土之感。濟南市面繁榮氣象，倍於平日。言及袁撫臺，莫不曰山東福星、中國偉人也。然非張人駿之片言定計，魯亦危矣。張氏不自表襮，故知其事者不多。厥後張氏歷官督撫，安靜而知大體，亦清末疆吏之賢者。

《凌霄一士隨筆》的執筆人徐一士作此說法，想必有其事實根據。果如所云，則袁世凱雖然是因人成事，而當初的輿論反應既然對他極為不利，他能持之以恆，堅定不移，其決心之堅毅，亦殊有可稱者。而據《義和團文獻彙編》所載有關義和團上諭所錄內容看來，當時朝臣中反對袁世凱在山東痛剿拳匪的人甚多，以致彈劾之奏迭上，袁世凱能夠不為所動，更不容易。《凌霄一士隨筆》論此云：

袁少年讀書從叔保恆京寓時，保恆嘗戒之曰：「汝思慮太多，防患太深，遇大事恐難立斷。」可謂知姪莫如叔矣。袁氏為人，有術而無學，重利害而輕是非，張氏以利害之說動之，宜其折服。至謀定以後，行以堅毅，故袁氏之所長耳。

據此云云，則袁世凱在義和團之亂時能有如此卓犖不凡的表現，亦可說是機緣湊泊，適逢其會，與他的學問及才識無關。而他既是一個重利害而輕是非的人，如果利害關係足以影響到他對於是非的抉擇時，那就不免會因過分重視利害得失，而致不惜背信負義的了。試看他在當選為民國大總統之後，居然會因想做皇帝之故而不惜食言背信，自毀誓言，就可知道《凌霄一士隨筆》的說法不無道理。不過，他的「謀定以後，行以堅毅」，實在也是袁世凱賴以成功的本錢，值得加以而重視。

十二

庚子拳亂之後，接著而來的是〈辛丑和約〉。李鴻章以老病之身，奉命以直隸總督兼北洋大臣的身份充任全權大臣，負責與八國聯軍談和。其後和議雖成，李鴻章卻因俄人占我東北不肯交還之故，憂急痛心，竟至病卒於北京賢良祠行館。直隸總督為全國疆臣之領袖，究竟應由何人繼任，也是很為人所注目的問題。很想不到的，此一疆臣領袖的重要職位，居然會被袁世凱所得，以他的資望與地位，未免出人意外。因此，後來很多人傳說，以為袁之所以能由山東巡撫陞授直隸總督，乃是出於李鴻章遺疏中的力保，慈禧太后為了眷念老臣盡瘁國事，所以才予勉強同意的。此一說法，徐一士在他所撰的〈榮祿與袁世凱〉一文中曾予辯駁。他舉出李鴻章的遺摺原文為證，證明李鴻章當時並未保薦任何人繼任直隸總督，袁世凱之所以能得直督，仍是得力於戊戌告變及榮祿為其奧援之功。徐一士說：

遺摺內容若是，並無保薦何人繼任等語，外傳種種，實不足信。世凱雖資格尚淺，而以戊戌告變，簾眷已隆，拳亂保障地方，聲譽亦著，兼有榮祿為奧援，其擢督畿輔，固不必有鴻章遺摺之保薦也。

慈禧對袁世凱深為倚信，除得力於榮祿之蔭庇外，袁世凱在很多地方也確實曾有特出的表現。最特出的一點，就是他接收外人交還天津的管理權後，在天津所推行的治安措施。根據〈辛丑和約〉的規定，八國聯軍交還天津以後，中國政府不得在距離天津租界二十里之內駐紮軍隊。這一條款無異剝奪了中國政府在本國領土內的駐兵權，雖所限只天津一隅，而天津租界的二十里範圍已將整個天津市區包括在內，中國軍隊如果不能在天津駐紮，則市區內的治安勢必無法維持，政府機關又如何能行使其統治權力呢？所以，〈辛丑和約〉中的這一條款，無異對天津方面的中國政府機關加上了一道束縛，究應如何解決，處理起來十分棘手。但因袁世凱之善於機變，這一個棘手的問題，終於也還是得到了巧妙的解決。

所謂巧妙解決的辦法是，袁世凱在定期接收聯軍當局交還天津之前，先從他的武衛右軍內選拔行將退伍的年老兵士三千人，略施短期的警察訓練，使之熟諳警察服務的規定，然後改換警察制服，稱之為警察，在接收期屆之時，由地方官率領進入天津，以一千五百名駐紮天津市區，一千五百名分布西沽、塘沽、山海關、秦皇島等地負責治安及警備事宜。由於這些「巡警」本來就是曾受新式訓練的軍隊，對於行軍作戰、警備地方等事均十分熟練，擔任治安維持及軍事戒備，自然十分順利；更因為這些人已由軍隊改稱警察，與租界二十里不准駐兵的條件亦不衝突，所以外國領事對此也無法提出反對。當〈辛丑和約〉簽訂，聯軍交還天津之時，河北省境內的拳匪餘孽潛伏尚多，隨時都有聚眾起事的可能。若無軍隊彈壓緝捕，地方治安大有可慮。倘若真因拳匪滋擾而致引起聯軍當局的干涉藉口，中國的主權勢必又要因此而遭受侵害了。所以，袁世凱的機變，終於使此一困擾的問題有了解決的辦法。張一麐《古紅梅閣筆記》論此云：

> 自庚子亂後，拳匪餘孽伏處天津，苟有舉發，俱付營務處審決，大都處死。幕府婁椒生先生謂項城，按法律宜從寬典。項城答之曰：「此輩如梟蟲，孳生不絕，惟有芟夷淨盡，以遏亂萌。」蓋取《周禮》「刑亂用重」之義，所謂水懦火猛也。不二年，津埠治安為各省冠，有六個月不見竊盜者，西人亦為嘆服。

清代末年，權勢最為顯赫的總督有三：湖廣總督張之洞、直隸總督袁世凱、兩廣總督岑春煊。據胡思敬《國聞備乘》的記述，此三人在當時各有為人所稱的特徵。張之洞用財如水，稱為「屠財」；岑春煊最好劾人，每次參劾屬吏，自監司大員至佐貳微員，動輒百餘，時稱「屠官」；而袁世凱則殺手甚重，自小站練兵以至在山東剿捕拳匪，在天津搜殺拳匪餘孽，殺人不計其數，時稱「屠民」。張之洞屠財與岑春煊屠官，不在本文的討論範圍之內。袁世凱好行殺戮，如果配合上他的揮金如土及不惜以名位爵祿羈縻人才的幾項特點來說，無疑已使他具備了奸雄行事的條件。因為，爵祿名位與財貨都是驅策人的工具，如今更濟之以心狠手辣的殺戮，就足以使那些因利祿而甘心為袁世凱奔走效命之人，畏威懷德，共效擁戴之誠，而不敢輕易萌生異志。奸雄行事，大都如此，然而這也正就是他們所藉以發展勢力的條件，歷觀前史，一一不爽。

袁世凱做了直隸總督以後的最大便利，便是他可以運用的財利更多了。有了錢，他自然更可以發揮他的銀彈攻勢來開拓他的政治事業。說到這裏，我們需要先看一則掌故，藉以瞭解直隸總督兼北洋大臣名下所管的「羡餘」經費，究有多少？《三水梁燕孫先生年譜》卷上，記有譜主梁士詒在光緒二十九年時所說的一段話，云：

> 予來天津，住於督署，有時亦住於道署。在督署與于晦若（式枚）同居一室，甚相得。每月北洋編書局總辦之夫馬費，俱由淮軍銀錢所送來。繼思淮軍裁撤已久，何尚有銀錢所名目？當時只將夫馬費照收，不便詳問。後於徐頌閣（郙）師席上晤仁和王夔石（文韶），談及李文忠（鴻章）公忠體國，廉介可風，舉其事曰：「甲午之後，李文忠赴日議約，離北洋大臣任，由我接替。列冊交代，有淮軍銀錢所存銀八百餘萬兩。此係文忠帶兵數十年，由截曠、扣建而積存者。如果我王某人帶兵，此款是否應該交出，尚費斟酌，然文忠淡然置之。及後繼列作公款，我離任後，由榮仲華而至袁慰亭，中經庚子之亂，此款獨能保存。今慰亭移作小站練兵之需，氣象雄闊，是受李文忠之蔭也。」予乃恍然於淮軍銀錢所送夫馬費之故，益以服李文忠之廉潔。當甲午乙未之毀，而文忠不一言，其度量亦逾越尋常矣。

按，梁士詒是光緒二十年甲午科的進士，曾點翰林。由於翰林生活清苦，所以於光緒二十九年應直督袁世凱之聘，到天津來充任北洋編書局的總辦。梁士詒在民國政府中曾充任總長、內閣總理，乃是交通系政客的巨頭，其發跡則由於袁世凱之提拔。上文所說到的「截曠」與「扣建」，俱是清代軍隊制度中的專門用語。清代行募兵制，入營當兵，稱為「頂名吃糧」。因為兵餉的預算是全年性的，而兵員之出缺與頂補，中間難免日期不相啣接，這不能啣接的兵餉需要按日扣除，謂之「截曠」。又，清代用陰曆，月餉以每月三十日額計，如遇小月二十九天，稱為「小建」，需要扣除一天，只按二十九天實發，其名謂之「扣建」。李鴻章統率淮軍二十餘年，此項截曠與扣建銀積至八百餘萬，並不繳之國庫，於是使袁世凱有了一項可以自由運用的貲財，其動支情形可以不受戶部之干涉。而袁世凱在受任直督之後，一再建議訓練新軍，以致北洋新軍由一鎮而增至四鎮。兵員愈多，不但訓練及開辦經費極為龐大，其截曠與扣建所存，為數自亦可觀。以這些巨額金錢用於政治賄賂，所產生的效果豈不十分驚人嗎？胡思敬撰《大盜竊國記》，就有關於這方面的記述，說：

> 是時創辦新軍，各省增派練兵經費凡千餘萬，皆匯歸北洋，順直善後捐餘存二百餘萬，又創辦永平七屬鹽捐，又奪盛宣懷京漢鐵路交唐紹儀，累歲無報銷，天津財幣山積，任意開支，司農不敢過問。奕劻初入政府，方窘乏不能自舒，世凱進賄動輒三四十萬。又與其子載振結盟為兄弟，傾資以媚宮闈，名曰進奉。閹宦宮妾，靡不各飽所欲，於是，譽言日進。孝欽饜聞左右之言，亦深信不疑。

袁世凱在光緒末年之所以大事擴張新軍，把持北洋軍權，最得力的棋子，就是以巨額金錢賄賂奕劻及進獻宮廷，以取得慈禧的信任。寫到這裏，本文中的另一位主角慶親王奕劻，亦就要上場了。

十三

奕劻是光緒末年最得慈禧倚信的領軍機親王，其見信的時間雖晚，其充任政府主要職位的時間則甚早。他之所以遲至光緒末年方能綰領中樞，乃是因為慈禧所最親信的權臣榮祿死了，領樞無人，所以慶親王奕劻方能以親王之尊坐上了領軍機大臣的寶座。奕劻上臺，袁世凱的勢力就更加得到迅速發展的機會。若是榮祿尚在，袁世凱就絕不敢如此肆無忌憚。關於這一點，清末以來的很多載籍，都有相似的記述。如胡思敬《國聞備乘》卷三，「榮祿權略」一條說：

> 袁世凱統武衛軍，歸榮祿節制，雖倔強不敢自恣。嘗遣人至京師覘榮祿動靜，得其一言而以為喜戚，如安祿山防李林甫然。

又，徐一士撰《榮祿與袁世凱》云：

> 榮祿簾眷最隆，而胸無城府，工策畫，富權謀，世凱對之猶心存畏憚。迨榮祿卒，慶王奕劻以樞垣領袖當國，貪婪外無所知，世凱遂玩之於股掌之上矣。

又，費行簡《近代名人小傳・榮祿傳》云：

> 其在樞府，權侔人主，務植財納貨，門傾如市，類似奕劻而少明敏。嘗告錫良：「袁世凱雖告密，其人雄鷙，未可信也。」是非劻所及也。

由此可知，榮祿雖亦如奕劻之貪貨賄，袁世凱卻不能藉賂遺以左右之，其原因便是由於榮祿深知袁世凱具有奸雄之資，需要加以防範，所以袁世凱才不得不對之敬畏有加。郭則澐撰《南屋述聞》，對此更有明白的記述，說：

先公在樞直，與瑤圃師同為榮文忠倚重，每有大事，文忠恆就諮焉。一日在軍機堂，文忠顧先公曰：「慰庭欲以直督兼領山東，君意如何？於昔亦有例乎？」先公悚然曰：「往昔鄂文端、年羹堯雖有類似之例，然皆以用兵暫資節制，非今所宜援。」文忠韙其言。既而嘆曰：「此人有大志，吾在尚可駕馭之，然異日終當出頭地。」又嘗於直廬中語及變法，文忠曰：「是事得失，關係甚鉅，行之不善，適足以召亂促亡。上既決行之，吾亦不敢諫阻，異日之變，或病軀不及見耳。」其言皆有前識。

《南屋述聞》是一本專記軍機處掌故的書，作者郭則澐的父親郭曾炘，當時以光祿寺卿的職銜充任軍機處的領班章京，與榮祿的關係很深，由榮祿與他談話中，可以知道榮祿對袁世凱時多提防裁抑之心。正由於榮祿對袁世凱存有提防裁抑之心，所以袁世凱更需要以小心謹畏的態度掩飾自己的野心，以免招來不測之禍。至於榮祿所說到的變法，就是袁世凱出任北洋大臣兼直隸總督之後，從增練北洋新軍開始，所奏請朝廷開辦的各項「新政」，如興學堂、廢科舉、辦實業、改官制等，這些「變法」措施對後來的政治變化，都有很大的影響。榮祿以為若「行之不善，適足以召亂促亡」，足證他的思慮甚為周密深遠，非奕劻之容易為袁所左右可比。凡此俱是榮祿與奕劻秉政時期的主要差異所在。由於榮死劻繼，袁世凱所處的情勢大異昔日，於是，袁的勢力沒有可以遏阻的力量，袁世凱的時代，就要出現了。

在沒有說到袁世凱如何利用奕劻以發展他的勢力之前，應先將奕劻的生平及其性格等提出一說，以便讀者對他能有大致的瞭解。

奕劻的祖父，是清高宗的第十七子慶僖親王永璘。據說當清高宗還沒有決定以哪一個皇子繼承皇位之前，皇二十五子顒琰，亦即是後來的清仁宗嘉慶帝，曾與他的這位哥哥閒聊，問他將來有何願望？永璘說，他也不希望能夠繼承皇位，只望分府以後，能夠得到和珅的府第，就很滿足了。和珅是清高宗乾隆皇帝的寵臣，當時的權勢炙手可熱，不但他家中的財寶堆積如山，他的那座住宅，更是富麗堂皇，華貴無比。永璘沒有與顒琰競爭皇位之心，在顒琰當然大為放心。後來嘉慶即位，因清算和珅而抄沒其全部家產，和珅的華麗住宅，也就真的賜給了永璘。不僅如此，嘉慶為了答謝永璘當年所表示的謙退，還特別降旨，准將永璘兒子所應襲的郡王爵位，恩予再襲一次。所以，永璘死後，其子綿慜承襲郡王，綿慜無子，以儀郡王綿志子奕綵為後，所襲的仍是郡王。道光二十二年，奕綵因服中娶妾得罪，下宗人府議處，永璘的第六子綿性覬覦襲爵，行賄鑽營，與奕綵同遭處罰——奕綵革爵，綿性則發往盛京安置。盛京，就是後來的瀋陽。奕綵死後，始以綿性子奕劻承嗣，初封輔國將軍，繼封貝子，咸豐十年加封貝勒。

據文廷式《聞塵偶記》所說，奕劻因為是綿性之子的緣故，本無襲爵之望。所以，他早年時先出繼於別房為子，然後再由別房轉繼為綿志之後，方能繼承慶僖親王的封爵，封為貝子，這裏面的關係，還真是十分曲折的。

費行簡撰《近代名人小傳》，說奕劻是「罪宗」之裔，「工書翰，習繪事，而貧甚，幾不能自存」。由於他住在方家園，與慈禧太后的母家為鄰，常為慈禧之弟照祥代筆寫信問候慈禧的起居，所以慈禧也漸漸知道奕劻頗通文墨。他後來之所以能漸見嚮用，一方面固然是由於這一淵源，另一方面也靠攀附恭王奕訢，為之汲引，所以逐漸出任要職，接近權力核心。文廷式《聞塵偶記》說：

> 其初由恭邸援引時，謬為清謹。光緒九年以後事權漸屬，遂事貪婪。後又與承恩公桂祥為兒女姻親，所以固寵者無所不至。召戎致寇，其罪浮於禮親王世鐸云。

桂祥也是慈禧的親弟。奕劻與桂祥結親，與慈禧的關係拉得更近了，所以他的爵位與官職也更加顯赫了。同治十一年，加郡王銜，授御前大臣。光緒十年，命管理總理各國事務衙門，接替「甲申朝變」恭王所空出的職位，並封為慶郡王。光緒二十年，進封親王。「庚子拳亂」後，奉旨與李鴻章同為全權大臣，議和。至〈辛丑和約〉簽訂，有旨以親王世襲罔替，其地位寖寖乎超出近支的一班親王之上了。費行簡說他以「非近支，無軍功」，而能循序封至親王世襲，「清室數人而已」。所以然之故，即是由於他深知結歡固寵之術，終慈禧之世寵信不衰，所以才能以罪人之子而陞至最高的顯秩。清代末年，奕劻最以貪庸著稱。其貪鄙之狀，費行簡《近代名人小傳》中曾有十分露骨而不堪的描寫，抄一段如下：

> 劻初入樞府，取搢紳，以硃筆識各缺優劣於上，遇外省來謁者必詳諮，故所考甚確。嘗備酒，對鹿傳霖論陝西牧令缺肥瘠，指別確當。傳霖兩任陝撫，凡幾十年，愧弗如也。又其接客，必曰：「子姑俟，行得膏腴地矣。」是即索賄隱語也。其所御案上，置簏纍纍，皆銀券、鈔票、金條之屬，亙十日則計某賄某人進、某人已放某缺，然後列簿而移券鈔等入內庫。

奕劻領樞，是光緒二十九年三月榮祿死後的事。在此以前，他雖然也是督辦軍務大臣，但因權位不尊，所以得賄的機會不多。等到他做了領軍機大臣之後，情勢頓時就轉變了。首先是袁世凱，即刻以當年趨承榮祿的態度來趨承他。劉厚生撰《張謇傳記》中曾說到這一點，云：

在光緒二十九年癸卯以前，袁世凱所最注意的，僅僅是一個榮祿。其時慶王為外務部領袖，亦居重要地位，而世凱之所饋贈，並不能滿慶王之欲。慶王曾對人發牢騷說：「袁慰亭只認得榮仲華，瞧不起咱們的。」但榮祿自辛丑回鑾之後，體弱多病，時常請假，照病勢推測，恐怕不能久於人世。於是慶王有入軍機的消息，為袁世凱所聞，即派楊士琦齎銀十萬兩送給慶王。慶王見了十萬兩銀子一張銀號的票子，初猶疑為眼花，仔細一看，可不是十萬兩嗎？就對楊士琦說：「慰亭太費事了，我怎能收他的？」楊士琦回答得很妙，他說：「袁宮保知道王爺不久必入軍機，在軍機處辦事的人，每天都得進宮伺候老佛爺，而老佛爺左右許多太監們，一定向王爺道喜討賞，這一筆費用，也就可觀。這些微數目，不過作為王爺到任時零用而已，以後還得特別報効。」慶王聽了，不再客氣。不多幾時，榮祿死了，慶王繼任。入軍機之後，楊士琦的說話，並不含糊，月有月規，節有節規，年有年規，遇有慶王及福晉的生日，唱戲、請客及一切費用，甚至慶王的兒子成婚、格格出嫁、慶王的孫子彌月、週歲，所需開支，都由世凱預先布置，不費王府一錢。那就完全仿照外省的首府、首縣伺候督撫的辦法，而又過之。

袁世凱仿外省首府、首縣伺候督撫而又過之的辦法伺候慶王，這在榮祿時代是否如此，不得而知。不過，慶王奕劻對於袁世凱這種態度的反應，與榮祿並不一樣，則可斷言。因為，榮祿並不因袁世凱之利誘而對之恩禮有加，反之，奕劻則因袁世凱的巨額賄賂而完全為袁的金錢所收買，凡百舉措，無不惟袁世凱之指授是聽。於是，奕劻雖居領軍機之任，事實上無異是在替袁世凱做傀儡而已。

劉厚生說：

> 弄到後來，慶王奕劻遇有重要事件，及簡放外省督撫藩臬，必就商於世凱，表面上說請他保舉人材，實際上就是銀子在那裏說話而已。

劉厚生的這種說法，看來頗涉誇張，其實很有根據。《凌霄一士隨筆》就曾記述袁世凱任直隸總督時，如何利用奕劻之關係發展北洋勢力，其言如下：

> 西后惟一寵臣榮祿死後，奕劻代為軍機領袖，權勢日盛。其人貪庸而好貨，袁世凱傾心結納，饋遺甚豐，並與其子載振結兄弟交，奕劻奉為謀主，甘居傀儡。慶、袁之交既固，世凱遂遙制朝政，為有清時代權力最偉之直隸總督焉。東三省實行省制，主之者世凱，意在擴張勢力，所謂大北洋主義也。丁未三年，徐世昌簡東三省總督，並授為欽差大臣，兼三省將軍，地位冠於各督。奉、吉、黑三巡撫則唐紹儀、朱家寶、段芝貴。四人皆出袁薦，東陲天府，悉為北洋附庸，固見世凱后眷之隆，而奕劻之為袁盡力，自亦非尠。段芝貴以直隸候補道驟加布政使銜署理黑龍江巡撫，其破格擢用，視同治元年李鴻章之撫蘇、沈葆楨之撫贛。而李、沈均曾簡實缺道員，且值軍務正亟之時，情事猶不侔，至勳名物望非其時之李、沈比，更不待論。命下之後，輿論譁然。先是，西后以東三省將行省制，命載振、徐世昌出關視察，蓋亦世凱所主張，而世昌之督東，慶、袁似有成議，西后似亦內定矣。過津，晤世凱，小做勾留。世昌居行轅，載振則居督署。段芝貴以父日陞與世凱稔交之關係，且事世凱甚謹，世凱甚賞之，屢任要差，

> 稱紅道，時充北段巡警總辦，以親昵，隨時出入督署，為司庶務，於載振供張伺應甚周至。會世凱在督署演戲款欽差，載振睹歌妓楊翠喜，驚為天人，讚嘆不絕。芝貴認為一絕好機會，欽差既行，即代購翠喜以待。有財尤有勢，事固易辦也。比載、徐差竣回津，復過津小駐，芝貴即以翠喜獻，載振大喜而納之。而世凱於此次會晤，即將三省督撫暨其餘要職商定，開一名單，交載振轉致奕劻，多世凱夾袋中人物。載得翠喜，自深感芝貴。惟謂芝貴以道員超領封疆，悉賴乎是，則尚非事實。蓋世凱為芝貴謀黑撫，為就東三省擴張北洋勢力大計畫中之一著，其政治上之意味，實重於區區載、段私人關係也。至相傳芝貴並以巨金賂奕劻，以奕劻本受北洋之奉養而供驅策，事之有無，不足深計矣。

上面這段話，把袁世凱如何利用財賄結納慶王奕劻的情形，說得十分詳盡。文中並以「奕劻本受北洋之奉養而供驅策」為言，則奕劻之成為袁世凱的傀儡，事實更十分明顯。前面已曾說過，李鴻章督直時代，積存於「淮軍銀錢所」的羨餘之銀，多至八百餘萬兩；其後袁世凱督直，又收鐵路餘利及賑捐餘銀併歸北洋，以致天津督署中的財貨山積。這些巨大的財利，若是換了像奕劻這樣志在營私自肥之人做總督，不過是設法侵吞入己而已。但袁世凱是胸懷大志的奸雄人物，他雖有發財機會，却並不以發財為職志，所以他要把這些巨款用來發展他的政治勢力，藉金錢收買之力來達到其結交權要之目的。其對象一為慈禧，一為奕劻；若奕劻之子載振，則紈袴乳臭之人，更不在袁世凱的眼中了。

繼袁世凱之後出任直督的陳夔龍，在他所撰的《夢蕉亭雜記》中，也曾說到袁世凱揮霍之鉅，云：

> 直隸為各省領袖，屏蔽京師，自五口通商，特設北洋大臣，以直督兼任，形勢較他行省為要，體制亦較他行省為肅。李文忠歷任二十餘年，歿後存款，不下千餘萬，繼任某制軍，藉以為練

兵之用，不三年支銷殆盡。復奏准由各省合籌練兵經費歲約數百萬，竭天下之膏脂，供一己之揮霍，而寶藏竭矣。

他所說的「繼任某制軍」，指的就是袁世凱。袁世凱任直隸總督，自光緒二十七年年底至三十三年六月，前後計五年有半。如照上文所說，則袁世凱在直督任內所耗費的金錢，何止三四千萬？這些錢，大部分用在編練北洋新軍，小部分用來灌輸權門，結納朝貴，及豢養幕僚賓客。所以，北洋的財利確實可以歆動天下，而袁世凱的聲名與權勢，自亦蒸蒸日上。說到這裏，我們可以談一則有關奕劻的小故事，以見奕劻在出任軍機領袖之後，如何因袁世凱之賄賂而變得突然富有的事實。

十四

陳恆慶撰《諫書稀庵筆記》，中有「姜侍御」一條，說：

姜侍御續娶為王氏，有嫁貲鉅萬，入門以來，用度浩繁，數年貲罄。王氏不能食貧，不免詬誶其夫，反目者日數次。侍御聞樞廷王爺有百萬之款存匯豐銀行，洋行司事與侍御相契，乃密商一計，令侍御奏參王爺貪婪，存儲洋行者數百萬。上命大臣率侍御往查，洋司事乃暗改帳簿，將款支出，入於私囊，王爺敢怒而不敢言。迨查無實據，侍御以誣參革職，洋司事分給侍御二十萬。驟得巨貲，乃市新房，設庖廚，以悅婦人。予見《閱微草堂筆記》有「家貧年荒，婦人自鬻其身以養其夫」，今侍御自鬻以養其妻，正作對此。都人贈一聯云：「辭卻柏臺，衣無獬豸。安居華屋，家有牝雞。」夜以洋色寫於磚壁，洗之不能去。

《淩霄一士隨筆》談到上面的這段記事，說：

> 按此為光緒季年奕劻事，蔣御史，非姜也。陳恆慶曾官臺諫，不應誤記其姓氏，殆以同官而諱之歟？

其說甚是。此蔣御史，實在是光緒末年的御史蔣式瑆。《慈禧傳信錄》中亦有關於此事的記述，於其內情較為詳盡而得肯綮，引述如下：

> 劻益無忌憚，取賄日富，皆以貯之外國銀行。有某銀行司事華人某，與載振飲妓寮，為振所辱，銜之，言於御史蔣式瑆：「劻某日新貯貲六十萬，可疏劾之。行察時，劻必託銷簿籍，則此款我二人朋分之，君可富；若劻不我託，我必以實告察辦者，則劻必罷樞要，君直聲且震天下，更必獲大用。」式瑆大喜，疏入，令大臣察覆。劻果託是司事注銷存據，遂以察無實據入奏。式瑆落職，竟分得三十萬。

蔣式瑆劾奕劻貪污而以巨款存於英商匯豐銀行，據《光緒東華錄》所記，乃是光緒三十年二月間的事，上距奕劻之入軍機，不過只有十一個月，奕劻由督辦政務大臣兼外務部總理大臣入領軍機的時間如此之短，能撈錢的機會不多（政務大臣與外務部都不是可以貪污的要職），即使他論職賣官，也不可能在不到一年之內積貲百萬之多。顯而易見地，此款中的大部分是出於袁世凱之進奉，而袁則取之於北洋的存積，藉公款為納賄之計而已。舉此一事，可知袁世凱以巨款收買奕劻，確為當時的事實。而奕劻既貪得袁世凱之鉅賄，自然也就樂受推戴，甘心做其傀儡而不疑了。奕劻之甘心供袁驅策，除了前述東三省新設督撫人選悉聽袁之安排外，其他內外要職，亦惟袁世凱之意向是從。胡思敬《國聞備乘》記此云：

光緒末年，小人階之以取富貴者，捷徑有二：一曰商部，載振主之；一曰北洋，袁世凱主之；皆內因奕劻，而藉二楊（指楊士琦、楊士驤）為交通樞紐。當袁世凱初蒞北洋，梁敦彥方任津海關道，凌福彭任天津府，楊士驤、趙秉鈞均以道員在直隸候補。不二三年，敦彥官至尚書，家寶、士驤均躋節鎮（朱家寶吉林巡撫、楊士驤山東巡撫），福彭陞藩司，秉鈞內召為巡警部侍郎。其非北洋官吏而攀附以起者，嚴修以編修在籍，辦天津學堂，遂擢學部侍郎；馮汝騤與世凱聯姻，遂擢江西巡撫；吳重熹為世凱府試受知師，遂擢河南巡撫；唐紹儀從世凱駐朝鮮，甲午之變，出死力護之以歸，故遇之加厚，既奪盛宣懷路政界之，郵傳部開，又用為侍郎，一手把持部務，案卷、合同，盡為所匿，尚書張百熙雖屬世凱姻婭，不能與之抗也。紹儀既得志，復引用其同鄉梁如浩、梁士詒、陳昭常等，皆列要位。士驤又引其弟士琦入商部。徐世昌久參世凱戎幕，鐵良亦嘗從之練兵，既入軍機，始稍稍攜貳。世凱不由科目出身，遇投帖稱門生者，大喜，必力援之。定成晚入其門，遂長大理院。方其盛時，端方、陳夔龍、陳璧、袁樹勳無不附之。

由上面這段話可以看出，當奕劻入為軍機領袖之後，由於他與袁世凱之互相結納，凡是袁世凱所意欲汲引之人，都可經由奕劻的薦舉，而得到慈禧太后的顯擢，上述諸人，即是其實例。試將上面所列舉的這些人名做一統計表，經由慶、袁二人之汲引而得居內外要職的袁黨人物，軍機大臣有徐世昌和鐵良二人，尚書有梁敦彥，侍郎有嚴修、唐紹儀與趙秉鈞，京卿有定成，丞參有楊士琦、梁士詒、梁如浩等，巡撫有朱家寶、楊士驤、馮汝騤、吳重熹，藩司有凌福彭。至於未曾列入上開名單之內的，尚有發表為黑龍江巡撫不久即被參降調的段芝貴。清代的制度，巡撫為一省最高的行政長官，尚書與侍郎位居卿貳，更是國家重要官職，至於軍機大臣，則更是天子的心膂重臣了。袁世凱以北洋大臣兼直隸總督的身份，官職雖尊，總不過只是一個外省的總督，有如當年的曾國藩、左宗棠與李鴻章。曾、左、李三人號稱「中興名臣」，門生、故吏遍布天下，但也從未像袁世凱那樣地竭力提拔親朋故舊以發展他的私人勢力。袁世凱之所以要這樣做，固然是恃有奕劻為其奧援，亦由於他本人具有強烈的政治欲望，要想藉培植黨羽的方式，來製造派系力量，以便把持朝政。而且不僅此也，除了上面這些政治界的勢力之外，袁世凱以其權力，左右訓練新軍方式所培植的軍事勢力，其實力尤足為政治勢力的後盾。北洋新軍由一鎮漸漸擴展而為四鎮，再擴充而為六鎮，六鎮新軍中的重要幹部，幾乎悉由小站練兵時代的校尉級軍官陞充而來。這些人以為他們的事業前途悉出於袁世凱之提拔，其效忠於袁世凱的感恩之情，尤其不是他人所能代替。這兩方面的力量總加起來，就使袁世凱儼然成為清末政壇的中心人物。相形之下，與他地位相埓的一些重要人物，如張之洞、岑春煊、瞿鴻禨等等，都只是月亮前的星星，看起來實在使人覺得十分黯然失色。

十五

自從李鴻章、劉坤一等一班宿望重臣相繼辭世之後，張之洞算是疆臣中的前輩人物了。但張之洞素來驕倨自大，目空一切，輕易亦不肯薦舉屬吏。所以，他後來雖然官至大學士，入參軍機，卻沒有一個得力的人可以作為臂助。比起袁世凱之多方推轂，廣通聲氣，明顯地可以看出他的力量絕非袁世凱之比。袁世凱之所以能在後來成為北洋軍閥的首領，這是極重要的一項因素。綜觀北津人物中的顯要，道德、人品可稱者極少，但是大部分人物都很有做事的能力。這些人之能夠被袁世凱收諸麾下，不能不說是出於袁世凱的賞識拔擢。可以舉得出來的實例，一是徐世昌，一是趙秉鈞，一是段芝貴。

民國七年至十一年曾任北京政府大總統的徐世昌，乃是河北省的天津縣人。早年在河南遊幕為生，因此得與袁世凱相識，兩人結為好友，交誼甚篤。袁世凱本人連秀才都不曾中過一個，徐世昌卻由秀才而舉人，而進士，而翰林，在科舉考試中一帆風順，一直做到翰林院的編修，出身至為清要而華貴。但翰林官的身份雖然清高，而漢人中的翰林，陞遷卻甚不容易。原因是翰林三年一選，教習及格者，按其進士殿試的甲第，狀元授為翰林院修撰，從六品；榜眼與探花授為編修，正七品。如果進士而不是鼎甲，則經由庶吉士教習散館的翰林，二甲進士授編修，正七品，三甲進士授翰林院檢討，從七品。而且不論是修撰、編修與檢討，這些翰林官在翰林院內都沒有正式的編制名額，往往前後數榜所積壓的修撰、編修和檢討多至二三百人，尚且沒有補缺的希望。所謂補缺，意思就是修撰、編修、檢討以外的翰林院實缺官員，或者是詹事府、國子監中的相當員缺，未占實缺的翰林，陞遷沒有希望，翰林出身的資格不能發揮作用。而徐世昌在翰林院，則因官運十分蹭蹬之故，實際上只是一名「黑翰林」，若非袁世凱大力援手，他很可能還會蹭蹬下去的。

徐世昌點翰林，是光緒十五年的事。那時，袁世凱以在朝鮮做商務委員，所帶的官銜是候補道員，秩四品，比翰林院編修大得多。光緒二十一年，袁世凱以實缺道員在小站練兵，徐世昌仍是七品的編修。翰林官的生活清苦，全靠放試差、點學政調劑。徐世昌因是黑翰林之故，試差、學政，從未輪到，因此生活甚為窘迫。袁世凱很想把他借調到營務處來幫忙，藉資調劑，將來敘報勞績，也可叨光優先陞補。但因翰林院規定，編檢補實，必須扣足實際在院服務年資六年，缺一日不可。徐世昌點翰林後，曾丁母憂回籍守制二十七個月，到此時尚不足六年，為恐影響他將來的陞遷，因此由袁世凱報請當時的直隸總督王文韶具疏轉奏，請求免扣他在小站幫辦練兵的年資。卻不料所奉到的旨意，乃是：

徐世昌准其在營効力，所請免扣資格之處，著無庸議。

年資既然不能免扣，勢將影響徐世昌以後的前途。因此，徐世昌只好仍回翰林院候缺，小站營務處只能算是掛名的虛銜，月支數百元車馬費而已。這樣一直到「庚子事變」及辛丑回鑾，徐世昌仍是翰林院的編修，不但未補一缺，也從未點過一次鄉試考差，從未派過一次外省的學政，甚至連比較容易有得差、得缺希望的「上書房」、「南書房」等差使，也不能得；究竟何年方有補缺之望，實在渺茫得很。王蜷翁《蘭隱齋筆記》中有一條關於徐世昌的記載說：

向來翰林遷轉，雖有六年資格，而每遇缺出，必以二十人引見，皆為首者得旨補授，餘十九人隨班而散，俗謂之抬轎。光緒壬寅之冬，國子監司業出缺，吾鄉朱延熙引見居首，以為可得矣，散朝後，普請成均官長於東華門外九和興酒樓。未終席，得報，司業已放徐世昌，遂匆匆一揖而散。徐之班次在十三，越級得之，異數也。朱不數日放湖南鹽道以去。

按，翰林陞轉雖以應陞者二十人開列引見，其位列第一者照例出於翰林院掌院大學士之安排，其得補亦照例必是此人，餘者陪榜而已。徐世昌在這次應陞的名單中列名十三，當然不過只是照例的陪榜，何嘗真有補缺之望？然而他居然能由第十三名的候補者越次而得，實在太使人覺得意外。其中原因，則係由於袁世凱在慈禧太后面前的竭力保薦。沃丘仲子所撰的〈徐世昌〉一文說：

> 迨回鑾，世凱迎駕，面奏世昌學兼文武，才清幹濟，特宣入對。孝欽見其體貌英挺，音吐優揚，大喜。諮以直魯軍防，條對明晰。翌日，后告榮祿曰：「徐世昌或足繼李鴻章後乎？」其期許若此。

就事實而言，徐世昌的風度、儀表、學問，與器識，都可算是政治人物中的上選，所以他能在袁世凱死後成為北洋軍閥所一致推戴的領袖，若非其為眾望所歸而才德足稱，又何能當此？袁世凱以多年的交誼，深知徐世昌可以成為他政治事業上的得力臂膀，所以竭力加以扶植。既補國子監司業，秩正六品。第二年，商部成立，袁世凱又在尚書載振之前竭力誇讚徐世昌的才能，於是載振又奏請以徐世昌補授商部右丞，秩正三品。光緒三十年，署兵部侍郎。三十一年，授兵部左侍郎，署尚書事。旋改巡警部尚書，補軍機大臣。距離他以翰林院編修補國子監司業時，不過只有四年。這四年之中，他由正七品的編修驟陞至從一品的尚書，遷擢之速，為有清一代漢大臣所未有。所以然之故，則因袁世凱之竭力扶植，與奕劻之從旁推轂也。自徐世昌入軍機，袁世凱在軍機中更多了一個有力的幫手，即使後來奕劻失勢，袁世凱也不致完全失去了照應之人。

說到趙秉鈞，其人可說是袁世凱所最親信的陰謀專家、特務頭目，而其人之出身極為卑微，其進用全出於袁世凱之賞識。劉成禺撰《洪憲紀事詩本事簿注》，有一條關於趙秉鈞的記載，說：

> 項城巡撫山東時，趙智庵秉鈞為院文巡捕。項城奇其才，謂有宰相才，易名趙秉鈞，清末特保授民政部尚書。項城常曰：「盤中有寶、有智囊，何事不成？」趙有智囊之目，實先杏城。項城組閣、議和、赦汪精衛、死良弼、刺吳祿貞、用梁啟超、賂小德張環泣於隆裕、激姜桂題迫

叫於宮門、派唐紹儀議和、遣袁克定渡江、段祺瑞領銜請退位、張勳勒兵讓固鎮、廢攝政當國、罷親貴領兵、梁士詒袖退位詔赴濤、洵所、劫參議院、承認約法、定南北統一，凡屬奇正謀略，咸經秉鈞手訂。詬者謂欺人孤兒寡婦，識者則稱其有功民國。唐紹儀罷閣，秉鈞攝之，先圖組閣，獲有政望，為後日總統張本。佯與宋教仁交善，日對煙床，縱談國是。教仁新進識淺，大發組閣之夢，侈談策畫，正觸趙忌，此車站遇刺之由來。宋案出，秉鈞退處直隸都督。當時南方要人來京者，沈秉堃、林述慶皆讌後暴死，獨王芝祥每公食自具杯筷，非他人先食絕不下箸，得免。蘄州黃季剛時為趙秘書長，趙宴客，季剛必在座。酒貯鴛鴦壺，一鴆一酒，秉鈞美為漢器。季剛曰：「予每宴心震，恐鴛鴦壺之錯酌誤傷也。」有姚玉芙者，現隨梅蘭芳管事，年幼時，美姿儀，善應對，曾侍趙智庵供燒煙之役。智庵一日在煙床，問玉芙曰：「汝視我對待各方如何？」玉芙曰：「大人與客說話，人人不同，此不可及也。」翌日即辭去玉芙，知玉芙識破本領，恐生內憂也。

由上所敘，則趙秉鈞的出身實在只是山東巡撫衙門中的一名巡捕。袁世凱能夠識英雄於未遇，並加以不次之拔擢，卒成為智囊中的重要人物，尤其可以知道袁世凱對於收羅人才之細大不捐，從無出身高低之成見預存於胸中。袁世凱之能夠成為偉大的領袖人物，與此有重要關係。

至於段芝貴，其人之出身略如趙秉鈞。胡思敬《國聞備乘》卷一：「袁世凱有妾與其僕通，事覺自殺，僕竊藏而逃，久之不獲。巡捕段芝貴為懸賞募得之以獻。世凱大喜，讚其才，令捐道員，密疏保薦甚力。」據此，則段芝貴雖因其父與袁世凱有舊之故，得以在袁世凱部下供職，其人固未嘗讀書，而且其最初的職務只是巡撫衙門中的一個「巡捕」，與趙秉鈞的情形一樣。清代制度，督撫衙門中的巡捕，照例由在省當差候補的佐雜班中派員充任，其本身的官職最高不過縣丞，秩居八品，最低則只是未入流品的巡檢與典史等官。所以，當段芝貴以歌伶楊翠喜獻於奕劻之子載振時，御史趙啟霖具疏參劾，劾疏中就說：

> 臣聞段芝貴人本猥賤，初在李經方處供使令之役，繼在袁世凱署中聽差，旋入武備學堂。為時未久，百計夤緣，不數年間，由佐雜以至道員。其人其才，本不為袁世凱所重，徒以善於迎合，無微不至，雖袁世凱亦不能不為所蒙。

清代末年，仕途冗雜，捐班出身的「貲郎」充斥內外。趙秉鈞與段芝貴能得袁世凱之信任，當然不難由佐雜微員援捐官之例捐為候補道。既然官至道員，就可以由督撫委派差使，然後經由明保、密保等等方式補授實缺，不數年間，就可以陳臬開藩，由兩司而至督撫。所謂：「朝裏有人好做官。」即此之謂。光緒末年，袁世凱的勢力炙手可熱，再加上奕劻為之奧援，趙秉鈞、段芝貴雖然都是未補實缺的捐官道臺，一樣可以內陞侍郎、外署巡撫，說來實在駭人聽聞。但由趙秉鈞與段芝貴的出身看來，袁世凱屬下的北洋人物，流品可謂龐雜。大概袁世凱的用人標準，不論出身，不論品德、學問，只要其人小有才能，即能量才任使，雖使貪、使詐不忌。這就好像曹操當年所頒的魏武三詔令，其用人的標準是「惟才是舉」，雖盜嫂、受金，負污辱之名、見笑之行，不仁不孝，而有治國用兵之術者，一無所拘。由於這個原因，所以袁世凱的屬下賢、不肖並進，龍蛇混雜，一時稱為人才薈萃。這就很像是自古帝王開基的規模，而尤其與魏晉以來篡弒相仍時的奸雄竊據、威權震主的情形相似。情勢如此，自難免使忠君愛國的志士為之憂心。於是，袁世凱的揮霍長才、雄圖大略，自亦難免遭遇打擊挫折。最顯著的事例，一是改訂新官制案所遭受的詬責與挫敗，一是因楊翠喜事件而引起的奕劻父子被參案。這兩件事情接踵發生，袁世凱在此時所受的打擊，是頗為嚴重的。

十六

說到袁世凱當年以直隸總督遙執北京朝政時的烜赫情勢，可以用蜀人高樹《金鑾瑣記》一書中的描寫，來形容其一斑。《金鑾瑣記》中，共有三詩描寫此事，其子各綴小注，讀之可知當時之實際情形為如何。第一首云：

衛士持槍似虎熊，桓溫入覲氣何雄。玻璃窗內頻探望，暗暗心憂兩相公。

其下注云：

項城在湖園入覲，衛士如虎如熊，有桓溫入覲之概。王、瞿兩相國在玻璃窗內覷之，覷後憑几而坐，默然不言者良久。

第二首云：

如雲騶從劍光寒，內監驚疑駐足看。裝飾猙獰誰不畏，滿身都畫虎皮斑。

其下注云：

項城荷槍衛士，以黃布裹頭至足，畫虎豹頭、虎皮斑文。王公大臣騾馬見之皆辟易，宮監亦卻立呆看。查東西洋無此軍服，惟中國戰場有之。項城入京城，以此示威，可謂妙想。

第三首云：

怒馬鋒車誰敢當？舍人奔避入朝房。偏言海外真天子，內監譋言亦太狂。

其下注云：

西苑當值下班，項城衛士驅逐行人，山人與徐博泉奔入朝房。行道者搖首曰：「太兇猛。」有一魁梧內監高聲嚷於道曰：「難道袁某非海外天子耶？」無人與辨。京中豈海外之比，況在宮門口，何得如此？此即清室禪位之影響，洪憲天子之先聲。

上引詩中所說的「湖園」，即頤和園；王、瞿兩相國，指當時的軍機大臣王文韶與瞿鴻禨；山人，則是《金鑾瑣記》作者高樹之自稱。這些詩以袁世凱與晉末的權臣桓溫相比，又稱之為海外天子，足以想見當時人對這位直隸總督兼北洋大臣的觀感如何。瞿鴻禨後來成為袁世凱之政敵，立意要把慶、袁二人的聯合勢力逐出政壇，未始不出於此。

改革新官制案發生於光緒三十二年，其事為清政府預備實行立憲之先聲。《清鑑綱目》卷十五，光緒三十一年七月記云：

自日俄戰爭後，日本以區區三島，戰勝強俄，一時公論多歸功於立憲，而專制不如立憲之說，遂騰布於萬國。甚者謂，是役也，匪直日、俄勝負所由分，實專制國與立憲國優劣之所由判。於是，俄國國民有實行立憲之要求，俄皇不得已，於一九〇六年下宣布立憲之詔。於是，中國人民亦紛然並起，向政府要求立憲。時孝欽太后當國，以專制暴戾聞於世，對於立憲問題本至鑿枘。顧自庚子以來，信用載漪，縱容拳匪，開釁列強，既犯天下之大不韙；而辛丑回京，大阿哥被黜，廢立之謀未遂，恐帝他日一旦親政，攘奪君權，不得已思採用立憲制，一以粉飾臣民之要求，一為他日限制攘奪君權之地步。至本年六月，因袁世凱等之奏請立憲，遂宣諭允之，而先派親貴分赴各國考察政治，以為改革之預備。是年六月，特簡載澤、戴鴻慈、徐世昌、端方等四人為出洋考察政治大臣，分赴東西洋考察一切。秋七月，續派紹英為考察政治大臣，與載澤等共五大臣，出洋考察政治。

此云慈禧之允行君主立憲，其目的一在敷衍國人之立憲願望，一在預防光緒之攘權，而由胡思敬所撰《大盜竊國記》見之，則謂其事全出於袁世凱之慫恿，其目的蓋因：「孝欽年逾七旬，衰病日增，有髦期倦勤之態，恐皇上親政後修戊戌前怨，日夕焦慮，遂倡議立憲，冀新內閣立，權歸總理，天子不得有為。私擬一奏，使載振上之，大旨言：『救亡非立憲不可，立憲非取法鄰邦不可。』朝廷不悟其奸，立派載澤、戴鴻慈、端方、尚其亨、李盛鐸分赴東西洋考察憲政。」據此云云，則慈禧之允行立憲，則又是採納袁世凱之建議兼為敷衍國人立憲願望而行之表面文章了。《張謇文集》中載有他在此時寫給袁世凱的一信，說：

自朝廷宣布立憲之詔流聞海內外，公之功烈，昭然如揭日月而行。吳武壯有知，必為凌雲一笑。而南壇、漢城之間，下走昔日之窺公，固不足盡公之量也。

觀此，更可知袁世凱的立憲建議，對於此事確有決定性的影響力量，蓋其意見不但能順應當時的時代潮流，兼能猜測慈禧之意向，所以才能使「朝廷不悟其奸」而墮其術中。到了光緒三十二年六月，五大臣由歐美考察回國。由於他們對於外國的君主立憲政治實在沒有認識，所以袁世凱就越俎代庖，以他自己的意見代撰〈考察意見報告書〉，交由五大臣回京呈遞，其主要內容即在改革官制。胡思敬所撰《大盜竊國記》記此云：

> 五大臣歸至天津，世凱勞以酒，曰：「此行勞苦，將何以報命？」皆愕然莫會其意。世凱出疏稿示之，曰：「我籌之久矣，此宜可用。」遂上之。孝欽自西巡後不敢堅持國事，見五大臣疏，躊躇莫決，急召世凱入商。世凱即日入京，奏言變法須先組織內閣，組織內閣須先從官制入手。孝欽許之。尚書張百熙新與世凱聯姻，即具疏密保奕劻為總理，世凱為副總理，疏稿蓋北洋幕客沈兆祉筆也。遂定議假外務部公所為釐定官制局，召二三儇薄好亂喜事之徒，若吳廷燮、汪榮寶、金邦平、陸宗輿、章宗祥、張一麐等分類起草，門外盛陳兵衛，譏察甚嚴。

以上所說，就是袁世凱奏請釐定官制以為實行憲政預備之由來。袁世凱所支持的新官制案中，議裁吏部、禮部、翰林院、都察院、宗人府，併工、商二部為農工商部，改戶部為度支部，刑部為法部，分兵部為陸軍、海軍二部，又增設資政院、審計院、交通部，舊有各部惟一沒有變動的只有學部。這些變革，所招來的誹議與不滿，可以分為三方面來說。

由於新官制案將很多舊機構都做了裁撤或合併的建議，原來在這些機構中供職的官員，難免會發生恐慌，深恐將來的前途會有不利的影響。例如，吏部向來握有全國官員任免及考核的大權，部中的書吏財利滾滾，主其事者也大有利潤。一旦將吏部裁撤，即刻就將失去大批財利，勢必要受到既得利益者的反對。又如翰林院，向為高級知識份子的「讀書養望」之地，缺分雖苦，因出身華要之故，將來的仕途極為貴顯。一旦裁撤，原來在翰林院中熬過數十星霜的大小翰林，都怕已有的「資望」會歸於無用。這是屬於第一方面的反對力量，由於人數眾多，未可忽視。

自古以來，專制皇帝無不視御史為朝廷的耳目。御史官職雖卑，但因職係「言官」之故，糾舉不法，彈劾失職，是其本分內事。正因為朝廷中有這些不怕事、不怕死的御史敢於仗義執言，所以即使是權傾百僚的大憝巨奸，亦因顧忌御史的劾奏而不敢顯然作惡。袁世凱勾結奕劻，把持朝政，這在當時已使很多人為之側目而視。現在他居然在新官制案內建議裁撤都察院，使皇帝所仗以制衡行政權力的監察權無可行使，因此不免更使人懷疑，袁世凱的這一建議，是否因懷有不臣之心而在此時預作安排？這番話如果傳入慈禧太后的耳中，慈禧太后能不為之動心嗎？這是第二方面的反對意見，雖言者不多，而力量遠為堅強。

至於來自第三方面的反對意見，就應該是當時的實際執政人物——軍機大臣了。清代自雍正時設立軍機處以來，內閣的政權就逐漸移歸軍機處。軍機大臣直接秉承皇帝的指示，撰擬諭旨，獻替謀議，薦舉重要官員。所以，軍機大臣實際上就是前朝的宰相，地位崇高而權任甚重。新官制建議實行責任內閣，內閣設總理大臣一人，協理大臣二人；總理大臣雖對皇帝負責，卻有直接任免官員的權力，無須事事徵得皇帝的同意。而且，內閣總理與協理共只三人，現有的軍機大臣卻有六人，即使新的內閣總理與協理都由現有軍機大臣中遴選充任，也勢必要有三個軍機大臣因此被迫交出政權。他們為了顧及自己的地位與權力，如果認為自己沒有出任新內閣的總理或協理之望，必然要反對新官制案的實施。持此一反對意見的人數較前一種更少，但也更有力量。如當時在軍機處擔任軍機大臣的瞿鴻禨，就是反對者之一。

瞿鴻禨入軍機處，是光緒二十七年四月間的事。那時，慈禧和光緒還在西安逃難。因為「庚子拳亂」之故，原來的幾個軍機大臣，載漪和剛毅、趙舒翹、啟秀等人，先後被革職問罪。軍機處只剩下榮祿和王文韶二人。二十六年冬，添了一個鹿傳霖，但人數還是不夠，因此在二十七年的四月再添了一個瞿鴻禨，當時他的本官是工部尚書兼督辦政務大臣，在軍機大臣上學習行走。六月以後，改為外務部尚書，「學習」二字也去掉了。光緒二十九年三月，榮祿病卒，奕劻代為軍機領袖。九月，榮慶入軍機。到光緒三十一年，王文韶以老病告退，徐世昌和鐵良先後入直。所以，到光緒三十二年草擬新官制案時，在職的軍機大臣共計六人：奕劻、鹿傳霖、瞿鴻禨、榮慶、鐵良，和徐世昌。奕劻是袁世凱的傀儡，榮慶、鐵良、徐世昌都是因袁世凱的關係而被奕劻引入軍機的。這樣一來，軍機六人中就有四人是袁黨，不是袁黨的只有鹿傳霖與瞿鴻禨。鹿傳霖老耄無能，惟一可以與袁世凱相對抗的，也只有瞿鴻禨。

前引高樹《金鑾瑣記》詩注中已曾說到：「項城在湖園入覲，衛士如虎如熊，有桓溫入覲之概。王、瞿兩相國在玻璃窗內觀之，觀後憑几而坐，默然不言者良久。」王文韶和瞿鴻禨此時的感覺，必定是覺得袁世凱的聲勢氣燄實在太囂張、太跋扈，此人的勢力如再繼續發展，必定不利於清朝的社稷。專制時代的臣下講究對皇室効忠，他們既然顧慮到袁世凱有不臣之心，當然就得設法防範裁抑。王文韶不久告退，反對袁世凱的只剩下一個瞿鴻禨。新官制案提出後，眼見擬議中的責任內閣，必定以奕劻為總理大臣，袁世凱為協理大臣，袁世凱也必定以協理大臣而實操總理大臣之柄。如此則不但瞿鴻禨的軍機大臣地位不保，將來的滿清政權，也必將落入袁世凱之手。曹操和司馬懿生加九錫，封爵、封王，到了他們的子孫手裏，就有了篡漢、篡魏的基業。袁世凱的勢力一旦發展到此，還不就與曹操、司馬懿的情形一樣？所謂「漸不可長」，正應在此時預先加以抑制。所以，翟鴻禨需要反對新官制案。

據劉厚生撰《張謇傳記》說，當慈禧太后以新官制案徵詢瞿鴻禨的意見時，瞿鴻禨指出：「責任內閣成立後，一切用人行政的大權，都由總理大臣召集各部大臣會商決定後請旨頒行，皇太后的用人權從此旁落，即使太后放心，臣愚卻不能放心，還請太后三思。」就是這樣幾句淡淡的話，提醒了慈禧太后防範新內閣覬覦政權的警覺心。再加上一、二方面的反對意見，更使慈禧太后覺得袁世凱所擬的新官制案窒礙難行。胡思敬撰《大盜竊國記》記此，云：

> 事寖播揚於外，朝論大譁，部院彈章蠭起。內閣學士文海直詆世凱指鹿為馬。孝欽為群言所動，必亦弗喜。官制草案上，詔孫家鼐、瞿鴻禨為總覈，召見世凱，盡以參摺示之。世凱言：「築室道謀，安能成事？請嚴懲一二人以息眾囂。」孝欽大怒，曰：「汝兵柄在手，何不執言者盡誅之？」世凱股栗不敢對，次日即請訓出京，盡辭兼差，知天威猶在，人口難防，蓄勢待時，不敢遽發。

後一段話，在張一麐所撰的《古紅梅閣筆記》中亦有類似的記述，說：

> 光緒末年，清廷倡言立憲，實無誠意。袁世凱上奏請先改革官制，以為預備立憲之張本。朝中洶湧，幾釀大變。袁世凱急急以欽派往閱彰德秋操為名出京，操畢即回天津。及名義上之新內閣成立，袁又將所練北洋六鎮奏請以四鎮還諸練兵處，僅留二、四兩鎮於北洋，以塞讒慝之口。其時之袁世凱，蓋亦岌岌可危也。

袁世凱此時之形勢岌岌，實在是因為當朝的慈禧太后尚有充分權力可以控制政局，袁世凱雖然兵柄在握，自揣尚不足以當慈禧之一怒，所以不得不知難而退，以待後時。試看一年以後慈禧身死，攝政王載灃當國，雖將袁世凱逐出政府，他卻一無所畏，施施然地回到河南安陽城北的洹上村去釣魚、吟詩，完全不怕載灃等人或有進一步的不利企圖。這就因為他深知當時只有慈禧才是能夠對他駕馭鈐束的人，餘皆庸駑之才，不足為慮也。果然，辛亥「武昌革命」事起，北洋軍兵將皆不用命，迫得載灃非再度敦請袁世凱出山不可。這就可以知道，當袁世凱的勢力發展到了光緒末年時，清朝中國只有慈禧太后一人對於袁世凱尚有駕馭之力，等到慈禧一死，就是袁世凱的世界了。

正因為在光緒三十三年時慈禧太后尚是大清帝國的實際統治者，袁世凱的勢力尚有制壓之人，所以，在新官制案的失敗打擊之後，還有人希望再進一步扳倒袁世凱的後臺老闆慶王奕劻，以便徹底清除袁世凱的勢力，這就是「丁未大參案」與「丁未政潮」的發生由來。

十七

所謂「丁未大參案」，參劾的對象就是慶王奕劻與他的兒子載振，參劾的事由則是段芝貴購獻歌伶楊翠喜予貝子載振，進一步論劾奕劻收受段芝貴的巨額賄賂，使之出任黑龍江巡撫一案，這一事情的大略緣起，前引《凌霄一士隨筆》記述袁世凱藉東三省改制以實行其大北洋計畫時，已經約略提及，但述而不詳，需要在這裏為之補充說明。

蔣瑞藻《小說考證續編》卷四，「楊白花」一則內引「菊影錢」所記，述楊翠喜與丁未參案之始末云：

以一女優，而於一代興亡史上居然占有位置，而牽動一時之政局者，當數楊翠喜矣。楊翠喜者，直隸通州人，幼以貧窶，鬻於陳姓，展轉之津門，遂墮樂籍，其假母曰楊李氏。翠喜善淫靡哀豔之曲，出其技，在侯家後協盛茶園演劇。嘗一至哈爾濱，繼反津，構香巢於河北，受大觀園、天香園之聘，聲價重一時，為富商王益孫、道員段芝貴所賞。會貝子載振奉節東省歸，道出津沽，置酒高會，一見翠喜，傾倒不置。段方有求於貝子，乃託王益孫名，以萬金購翠喜為使女，即車送之京，進之貝子，翠喜則年十九矣。無何，段芝貴以道員授為黑龍江巡撫。御史趙啟霖獨揭而劾之，段遂奪職。貝子懼，遣歸翠喜。上乃派醇親王載灃、大學士孫家鼐查辦，覈無實證，趙啟霖亦褫職也。此清光緒丁未年事。夫以翠喜一身，時而臺榭，時而宮府，時而姬，時而伶，時而妾，時而婢，極卻曲眯離之況。山陽曹麟角之〈楊花詩〉，亡友鄒亞雲之《楊白花傳奇》，均為翠喜作也。謂非宦海之佚聞，故京之豔史歟？

鄒亞雲所撰的《楊白花傳奇》雖然早已亡佚，段芝貴獻楊翠喜而得黑龍江巡撫的故事，卻永遠流傳下來了。其原因當然是因為這樣的故事太荒唐，不但足以反映清末官場之黑暗，亦可見清末吏治之敗壞。據《光緒東華錄》所記，趙啟霖劾疏中曾併劾奕劻，謂：

上年貝子載振往東三省，道天津，段芝貴夤緣充當隨員，所以逢迎載振者，無微不至。以一萬二千金於天津大觀園買歌妓楊翠喜獻之載振，其事為路人所知。復從天津商會王竹林措十萬金，以為慶親王奕劻壽禮。

但戴灃和孫家鼐奉旨前往查辦，覆奏中卻為奕劻與載振洗刷，以為並無其事。據《凌霄一士隨筆》所記，其經過情形如下：

> 西后派載灃、孫家鼐查，世凱等亟為釜底抽薪之計，即秘送翠喜回津，由張鎮芳（按係袁世凱之表弟）浼王益孫出面領去。益孫名錫鍈，天津鹽商綱總，鎮芳時以候補道充全省財政總匯處總辦，兼辦永七鹽務，二人關係素密也。及載灃、家鼐派恩志、潤昌二員至津訪查，而布置已定，錫鍈自承係參案前購為使女，翠喜言亦如之，並有人證、物證。家鼐、載灃不敢深究，雖又提傳至京面訊，亦官樣文章。既據以覆奏，遂以「誣衊親貴重臣名節」褫啟霖職，而西后實不能無疑。故於案結之前，即撤銷芝貴布政使銜，命無庸署理黑龍江巡撫。奕劻不自安，命載振之案結後自請開去農工商部尚書及各項差使，后許之。載振疏詞令頗工，有「不可為臣，不可為子」等語，其師唐文治所草也。

段芝貴獻楊翠喜以結歡載振，其事極似宋朝時錢塘知縣程松壽之買妾進獻於當時的權貴韓侂胄。《慶元黨禁》記其事云：

> 侂胄有愛妾小過被譴，錢塘令程松壽亟以八百千市之，舍之中堂，旦夕夫妻上食，事之甚謹，姬惶恐莫之所由。居數日，侂胄復召之，知為松壽所市，大怒。松壽聞之，亟上謁獻之曰：「頃有郡守辭闕者，將挾之去外郡，某忝為赤縣，故為王匿之舍內耳。」侂胄意猶未平。姬既入，具言松壽謹待以禮，侂胄大喜，即日躐除太府寺丞。踰年，進諫議大夫，猶怏怏不滿意，乃更市一美人獻之，名曰松壽。侂胄曰：「奈何與大諫同名？」答曰：「欲使賤名常達鈞聽耳。」侂胄憐之，即除同知樞密院事，」

惟其因為有此典故，所以後來有人將楊翠喜的照片送與趙啟霖，就以此為喻，題詩其上云：

> 將軍巧計奪勳封，松壽雙名強唉儂。乍出花叢香未散，裙邊袖底幾遊蜂。
>
> 啁啾翠羽戲朝暉，天上珠巢護碧衣。怪怯昨宵春夢惡，蒼鷹側翅擊空飛。

前一詩詠段芝貴之獻媚載振，後一詩則詠趙啟霖之彈擊，讀之頗為有趣。

趙啟霖參劾奕劻父子未成，反被指為「誣衊親貴重臣名節」，革職。表面上看來，反對慶、袁一派人物在這一參案上是落在下風了，而其實不然。因為，段芝貴藉獻楊翠喜得黑龍江巡撫，本是千真萬確的事實；而趙啟霖之敢於搏擊權貴，不計安危，更是人人共欽的英勇行為。如今只因為世凱、奕劻等人之巧於彌縫，載灃、孫家鼐之畏葸鄉愿，竟致是非顛倒，黑白不分，而直言敢諫之趙啟霖反因此而遭誣衊親貴之革職處分，這樣的處置，如何能不使旁觀者為趙啟霖表示不平？於是，在此案行將結束之時，另一位直言敢諫的御史江春霖也奏上一疏，就載灃及孫家鼐之查案疑竇及供詞之支離恍惚，指出其中有六點可疑，云：

> 買獻歌妓之說，起於天津報紙，而王錫鍈則天津富紳，楊翠喜又天津名妓，若果二月初即買為使女，報館近在咫尺，歷時既久，見聞必確，何至誤登？可疑者一。使女者，婢之別名。天律買婢，身價數十金，至五百金而止，無更昂者。以三千五百圓而買一婢，是比常價增二三十倍矣。王錫鍈即揮金如土，擲於虛牝，愚不至此，可疑者二。翠喜色藝，傾動一時，白居易〈琵琶行〉所謂「名在教坊第一」者，無過是矣。老大嫁作商婦，尚訴窮愁，豈有少年紅顏，甘充

使女，可疑者三。王錫鋑稱，在天津榮街買楊李氏養女，不言歌妓。而翠喜則稱，先在天仙茶園唱戲，經過付人梁二與身父母說允，又不言養於李氏。供詞互異，捏飾顯然，可疑者四。既為歌妓，脂粉不去手，羅綺不去身，其不能勝操作也明甚。謂在家內服役，不知所役何事？可疑者五。坐中有妓，心中無妓，古今惟程顥一人，下此雖十年浮海之胡銓，不免動情於黎倩矣。而曰買為使女，人可欺，天可欺乎？可疑者六。

以上各點，純就王錫鋑、楊翠喜二人之供詞矛盾及不合情理處逐一舉其可疑，袁世凱、段芝貴等人的彌縫雖周，至此卻破綻顯然。因此，江春霖在他的奏疏中續說：

臣以情理斷之，出名頂領之說即使子虛，買妓為妾之事更無疑義。伏查《大清律例・戶律》內載：「凡官吏娶樂人為妾者，杖六十，並離異。」等語；「樂人」，注「為妓者」。案經王大臣查無實據，本不敢倡為異說。惟是趙啟霖業經革職，載振亦復開缺，而兵部候補郎中王益孫名錫鋑，以職官而納歌妓，顧獨逍遙法外，未免落人物議。若非照娶樂人律科斷，不惟國法未申，實無以塞都人士之口。

這一段話，其重點雖然在請求將王錫鋑按職官娶妓之律依法處斷，其目的似乎有藉此而希望逼迫王錫鋑據實供出其中真情之意。究竟江春霖是否確有此意，固然難以推測，而此疏中所論王錫鋑不可能買楊翠喜為婢的觀點，卻十分清楚。慈禧太后老於政事，看了這樣的奏疏，豈有不了然於心的？何況她自己也有一批太監、侍衛等人作為耳目，心中對此若有所疑，吩咐這些耳目去細細採聽一番，事實真相，自然就可明白。因此她不久便知道趙啟霖所參確有其事，段芝貴得黑龍江巡撫，不但獻妓是實，即獻金奕劻之事亦屬實在。於是慈禧降諭令趙啟霖復職，奕劻事前並不預聞，甚為惶悚。這一事實顯示出了慈禧太后對奕劻之不滿。奕劻為求自保，勢必須有進一步之安排——設法排除朝中反對慶、袁勢力的首腦人物，以為拔本塞源之計。當時奕劻和袁世凱認為，朝中的反慶、袁人物以軍機大臣瞿鴻禨為其領袖，欲謀消除反對慶、袁勢力，須先除去瞿鴻禨。但瞿鴻禨在慈禧太后面前的「簾眷」甚隆，輕易不易搖撼，究應如何方能使瞿鴻禨倒臺？也還是很棘手的事。卻不料天假其便，瞿鴻禨自己出了毛病，奕劻和袁世凱乘機落井下石，終於使瞿鴻禨鎩羽而歸。關於此事的經過，《凌霄一士隨筆》中記述甚詳，可以參看。今為之引述如下：

瞿鴻禨以勤敏見賞於西后，軍機大臣中力能與奕劻抗者，惟鴻禨一人，而尤與世凱不洽。朝士之惡慶、袁者，隱戴為宗主。啟霖湘人，與鴻禨同鄉，其劾芝貴，說者謂實欲藉此牽動慶、袁。奕劻、世凱以為非去鴻禨不得安枕。加以岑春煊亦為后所喜，方留京為郵傳部尚書，每於后前痛論奕劻之罪。瞿、岑相劾，而慶、袁益懼。乃借廣東邊境不靖，由世凱於入對時謂：「非知兵有威望者督粵，不能鎮懾。」而擠春煊改外，以孤鴻禨之勢，而去之尚無善策也。會鴻禨獨對，后言及奕劻，謂：「他是我一手提拔起來的，這幾年我看他也足了，可以叫他休息休息吧！」蓋其時后實不慊於奕劻。鴻禨因對以：「太后聖明，如罷其政權，正所以保全其晚節。」后謂：「予自有辦法，汝姑待之。」鴻禨喜甚，退而以告汪康年，謂奕劻行即罷政矣（原注：康年為鴻禨門生，且有姻戚關係，時辦一京報為鴻禨機關，與袒慶之《北京日報》各張一幟，旗鼓相當）。康年轉告其友倫敦《泰晤士報》訪員高某，高遽發電報告。駐京美國公使接倫敦電，知其訊，囑其妻謁后探虛實（原注：后自辛丑回京後，以媚公使夫人為媚外之要訣。公使夫人隨時請見，均殷勤款接）。后愕然曰：「無之。」因詢：「此說何來？」答謂：

「倫敦《泰晤士報》所載之北京電也。」后仍謂：「此謠言，請勿信。」美使夫人既去，后思此惟對鴻機言之，必所洩漏，因怒甚，自語曰：「瞿鴻機混帳！」奕劻女隨侍宮中，聞其語密告奕劻。奕劻商之世凱，世凱謂后方怒鴻機，機不可失，宜亟圖之。於是翰林院侍讀學士惲毓鼎糾劾鴻機之疏上。劾瞿之疏，羅列交通報館、授意言官、陰結外援、分布黨羽等款，楊士琦所草也。后命孫家鼐、鐵良查，覆上，詔鴻機姑免深究，著開缺回籍。后本擬罷奕劻，乃一變而為逐鴻機，政情奇幻，殊有波詭雲譎之勢。奕劻雖快意，而以后意難測，不無惴悚，旋即自請退出軍機，藉為嘗試。后以曾對美使夫人辨謠，不便遽罷，故降諭慰留，而命載灃入軍機以分其勢。

瞿鴻機被斥，清代史上稱為光緒三十三年的「丁未政潮」。此一政變的始起，本為瞿鴻機謀逐慶王，不料因為他言詞不慎之故，洩漏了最重大的機密消息，致使慈禧發怒，反倒使他自己被摒出軍機。其結果實在大出意料之外。而瞿鴻機既斥，岑春煊又遠調廣東，慶、袁勢力再無敵手，似應可高枕無憂，而揆之事實，則又不然。其原因由於慈禧對奕劻的恩眷已衰，奕劻的地位已不復能如從前之穩固了。

十八

慈禧太后對奕劻的恩眷漸衰，可由光緒三十三年之謀逐奕劻一事中看得出來，據說其中原因在李蓮英之挑撥中傷。費行簡《慈禧傳信錄》記此云：

> 李蓮英以奕劻得賄多，分潤特其些微，漸不能平，頻為后言劻貪真，特朝臣附之，故屢察不得實。后深信之。設不死者，劻必罷矣。

奕劻貪庸瑣鄙，其惟一所恃以為固寵之計者，無非通賄宮闈，以博太后及李蓮英輩之歡心而已。如果慈禧太后及李蓮英等人以為奕劻自得太多而進獻太薄，奕劻的地位自然可危。更何況當時的朝中親貴人人都存有發財之心，目睹奕劻利權獨擅，妒嫉萬狀，奕劻因此而成眾矢之的，形勢當然更加可危。載灃之入軍機，不啻為奕劻被斥之先聲。不過，形勢之變化往往出人意外，奕劻在慈禧將死之前雖因寵眷遽衰而形勢岌岌，及至攝政王載灃繼慈禧而出膺大任之後，朝中的情勢卻大有變異了。其時載濤、載洵、載澤、溥倫等一班皇子皇孫盡出攬權，分類結黨，各專予奪之權。闒茸無恥之徒，趨之若鶩，朝政日益混亂。人謂奕劻在光緒末年招權納賄，罪固可惡，而載濤、載洵、載澤、溥倫、善耆諸王貝勒之張牙舞爪，擇肥而噬，其罪似又浮於奕劻，於是轉以恕詞加之，謂其受賄尚循資格，不若濤、洵輩之不擇手段也。因此之故，奕劻反能在宣統年間的黨爭夾縫中生存下去，到後來又再成為袁世凱東山再起的謀主，實在更是使人難以逆料。

小醇王載灃入軍機後，接著，袁世凱和張之洞也被派為軍機猜臣。據胡思敬《國聞備乘》所說，袁世凱入軍機，係出於奕劻之舉薦。而慈禧太后覺得袁世凱雄鷙猜狠，須另有人加以制衡，故令張之洞與袁世凱同入軍機。其思慮固極周密，但因此時的慈禧太后業已年老多病，精力日衰，對於內外政事不能一一詳察，所以奕劻和袁世凱也還是可以聯合起來對付張之洞。胡思敬《國聞備乘》說：

> 世凱入，陽以禮貌尊事之洞，推為老輩，凡朝廷不甚經意、視為迂闊可緩之事，如崇祀三先生、推行金幣等案，悉讓之洞主政，而各省疆吏、各部要臣，盡安置私人，內外聯為一氣。太

后年老多病，方以後事為憂，日漸廢弛，外事亦不能盡達也。

袁世凱入為軍機大臣之後，繼任直隸總督兼北洋大臣，是袁世凱所保薦的楊士驤。此人與其弟楊士琦同為袁世凱心腹，北洋系官僚的重要人物。所以，袁世凱雖然交卸直督，直隸總督衙門仍可供給他巨額的經費，以供袁世凱通路權門、收買黨羽之用。而通觀當時的內外大僚，屬於袁黨人物的，僅只卿貳、督撫方面，就有郵傳部尚書陳璧、外務部左侍郎梁敦彥、民政部右侍郎趙秉鈞、學部右侍郎嚴修、陸軍部右侍郎蔭昌、農工商部右侍郎楊士琦、郵傳部左侍郎吳重熹、直隸總督楊士驤、兩江總督端方、東三省總督徐世昌、山東巡撫孫寶琦、奉天巡撫唐紹儀、吉林巡撫朱家寶、浙江巡撫馮汝騤等十四人，其他三四品以下的各部丞、參及外省監司，更多。所以，此一時期的袁世凱，可說是因政爭獲勝的全盛時代。假如慈禧不死，這種情況大概還可以維持一段時間，不幸而慈禧、光緒先後於光緒三十四年的十月間崩逝，醇王載灃之子溥儀繼立為帝，載灃以攝政王的身份監國。載灃一上臺之後，立刻就向袁世凱開刀。此年十二月，以皇帝名義，命袁世凱開缺回籍養痾。旨云：

軍機大臣外務部尚書袁世凱，夙承先朝屢加擢用，朕御極復加懋賞，正以其才可用，俾効馳驅。不意世凱現患足疾，步履維艱，難勝職任。袁世凱著即開缺，回籍養痾，以示體恤之至意。

袁世凱無病而降旨令其回籍養痾，其意義就是將他逐出政府而令其返回原籍居住，不許在京逗留。昨為寵臣而今遭斥逐，這當然是很難堪的屈辱。據傳說，載灃的本意是要將袁世凱殺掉，幸賴張之洞力救，始得此從寬處分。《張文襄公年譜》記此云：「先是，監國攝政王承太后命，飭軍機擬旨，禍且不測。公反覆開陳，始命回籍養痾。」此皇太后，不是已死的慈禧，而是新因宣統嗣立而被尊為皇太后的光緒之后隆裕。隆裕為什麼要載灃殺掉袁世凱？據傳說，是因為光緒未死之前，恨透了袁世凱當年的告密賣主，在他所住的瀛臺寢宮內，寫了很多「袁世凱著即凌遲處死」之類的字條。及後載灃攝政，秉承隆裕旨意，欲為光緒復仇，於是乃有此項舉動，只因張之洞的竭力勸阻，方才從輕發落，僅將袁世凱放逐回里了事。這種說法，清末以來的野史中都有記載，且言之鑿鑿，一似確有其事者然。《凌霄一士隨筆》的作者徐一士論此，以為不然。他說：

> 光緒帝逝於曖昧，自身且不保，縱有殺袁之遺命，誰且聽之？袁之黜蓋不由是也。

其說甚是。王照《方家園雜詠紀事詩》論隆裕之不忠於光緒，亦嘗以嬉笑怒罵之文字出之，曰：

> 隆裕自甲午以前即不禮皇上，雖年節亦無虛文，十五六年中從未改行。上崩之數日前，隆裕忽以侍疾之名守寢宮，令瑾妃避去。上暴崩後，隆裕仍守床畔，頃刻不離，雖太后大漸亦不顧。直至奉移乾清宮大殮後，始離去。赴太后宮，太后已不能語，承嗣兼祧之事，問諸他人始知之。隆裕對於皇上，蓋如是之忠也。

隆裕對光緒之惡感甚深，至於甘心執行慈禧之命，置光緒於死地，然則還要說她能為光緒報仇，豈不是太離奇了嗎？至於載灃，雖為光緒之親弟，其人實庸懦無能，又且早受慈禧之收買，日頌慈禧之聖明。他本人既與光緒十分疏遠而全無兄弟之感情，自然也談不上為光緒報仇的話。凡此云云，無非是揣測附會之說而已。比較正確的可能性，還應該從載灃與袁世凱二人的關係中去探尋。

胡思敬《國聞備乘》卷一，「岑袁氣燄」一條說：

> 「戊戌政變」，袁世凱首發逆謀；「庚子避兵」，岑春煊沿途擁衛入關；由是皆有寵於太后。余觀二人舉動，亦各具恣睢叱咤之才，非盡恃寵也。張翼以小吏給事醇邸，不數年官至侍郎，寖寖大用。世凱參其私鬻開平礦產，解職，涉訟英廷二年，怏怏歸，遂一蹶不起。溥善以戶部侍郎兼左翼總兵，本近支宗親，兄弟子姪布朝列。奸人盜賣陵地，用左翼印押契，世凱復劾罷之，其鋒芒亦可畏矣。

張翼因盜賣開平礦產被袁世凱所劾罷，復以朝旨督責，迫其前往倫敦與英商開平礦務公司對質於英國法庭，由於盜賣有據，英國法庭判決英商開平礦務公司勝訴，袁世凱又再參張翼責令賠償，案懸多年不決，張翼因此而苦累不堪。由於張翼本是醇王府中的舊人，因此張翼乃挽請醇王載灃向袁世凱說項，求緩其事。這其間，張翼是否曾有獻賂於載灃。以求載灃出面為之關說的可能，當然無法知道。不過，載灃確曾為張翼請託袁世凱勿為過甚，則是事實。卻不料袁世凱竟然拒絕載灃的請託，而且一直為開平礦產之事追究到底，這一來，就使載灃十分難堪了。其後載灃與袁世凱同入軍機，袁世凱復自恃慈禧之寵眷與奕劻之支持，視載灃為少不更事，每不假以詞色，於是載灃對袁之蓄怨愈深。一旦慈禧病死，袁世凱失掉了靠山，而執掌國柄的監國攝政王就是與袁世凱素有不快的載灃，袁世凱如何還能安居朝中呢？袁世凱之被逐，這是一項重要原因。其另一項重要原因，則大概與當時的親貴爭權有關。

劉厚生撰《張謇傳記》，曾有一段話論及載灃罷斥袁世凱之事，說：

> 我研究載灃的罷斥世凱，並非個人的主張，亦非倉猝所決定。他早與親密信任的皇族經過長時期的討論，而後有此行為。一般人都知道，載灃是一個膽子很小、性情很懦而沒有主意的人。他之決然罷斥世凱，一定經過若干人之策動與鼓勵。據我推測，至少必有肅親王善耆、鎮國公載澤、貝勒載濤、載洵、毓朗五人在內。而他們罷斥世凱的目的，絕非僅僅報復戊戌之怨，而是打算收回世凱的兵權歸滿人統轄。

劉厚生所舉的皇族親貴五人之中，善耆後為民政部尚書，毓朗後為軍諮大臣，載濤掌軍諮府，載洵掌海軍，載澤掌度支，都是宣統朝皇族中最為顯赫有力的人物。其中載濤與載洵是載灃的親弟，載澤有隆裕太后為其靠山，在五人中又為實力最強者。看這五個人在排斥袁世凱之後有三人出掌兵權，可知劉厚生的分析不無道理。

袁世凱在清代末年以訓練新軍之法創建北洋新軍六鎮，其將校人事悉出自袁之拔擢安排，無形中已將六鎮新軍作為袁的私人武力，環顧海內，更沒有相似的力量足以相抗衡。鐵良最初與袁世凱同時練兵，受其提挈而陞至尚書。但因他是深具種族思想的滿人，目睹當時革命黨人排滿之說甚熾，深恐袁世凱以漢人而久握兵權，非滿清皇朝之福，所以他漸得慈禧倚信之後，就想逐漸收回袁的兵權。光緒三十三年改行新官制，廢練兵處，設陸軍部，鐵良為第一任陸軍部尚書，就以軍隊當歸陸軍部統轄為名，迫使袁世凱將六鎮新軍中的四鎮交出。但北洋四鎮雖改歸陸軍部直轄，陸軍部卻只能改換最高級的各鎮統制（師長）；標統（團長）以下的中級幹部，則仍然是袁世凱的小站舊部，其潛勢力依然不是藉改制之法所能排除的。為了進一步達成收回兵權之目的，惟一的辦法，只有除去袁世凱。所以，由宣統年間親貴典兵的事實看，排斥袁世凱以求收回兵權的說法，很有成立的可能。當然，其最後的目的，更在藉此而剷除袁世凱跋扈不臣、尾大不掉之勢，亦更是載灃以至皇族親貴們所一致想望的心願。

十九

由於以上這種種的因素，總而言之，袁世凱是被解除政權與兵權，逐歸故里，閉門養疴去了。政治人物難免會因政治環境變易而遭受難堪的打擊，袁世凱此時的遭遇，正是如此。不過，袁世凱此時不僅是失意而已，若非載灃、張之洞等人的庸懦畏葸，袁世凱此時，簡直有殺身之危。這只要看袁世凱遭斥之時，他的親信人物如楊士驤、楊士琦的反應態度，即可知其一斑。胡思敬《國聞備乘》卷四，「三楊」一條說：

> 楊士驤之兄士燮，使酒好罵，以御史出為嘉興知府，後陞浙江巡警道。弟曰士琦，工箏札，詭譎多智，由載振引謁奕劻，遂充慶府謀主。三楊惟士驤才最庸，官位最高，摴蒲、六博、彈唱狎遊、賭酒無所不好，不擇地而入，亦不擇人而交。袁世凱既內用，虧公帑過多，密保士驤繼北洋任，與之約，有過相護，有急難相援。士驤奉命惟謹，雖例行小事必請命而行。及世凱解職，微服至天津，招士驤密語，士驤匿不敢見。外議洶洶，皆云監國痛惡袁黨，楊氏兄弟且敗。士驤大懼，益縱酒近女色，百事盡弛。一夕，宴客於庭，酒半，命客操弦，引吭高聲大唱，曲未終，氣絕仆地，痰哽不能言，遂卒。如皋冒廣生有〈東閣詩〉一首，即紀其事。詩云：「東閣宵深罷送迎，重燒巨燭擘銀箏。田荒下濮歸無計，鐵聚神州鑄已成。尚有綺羅憐少婦，自將遊俠了生平。堂堂開府千秋事，唱到回簧是尾聲。」

這所說的，是楊士驤，另一段則記楊士琦。同書卷三，「北洋捷徑」一條說：

世凱己酉罷職，星夜奔天津，士驤匿不見。其子克定撰一疏，求士琦代奏，士琦有難色……

楊士驤、楊士琦是袁世凱的親信死黨，親信死黨在此時的反應如此，可以想見袁世凱此時處境之危。只是載灃畢竟是顧慮太多而決斷太少的無能之人，張之洞自己，更怕這些少年親貴的行事太辣而「行將及我」，所以在載灃面前竭力為袁緩頰，於是，袁世凱得以安然回到洹上村去「養晦待時」了。此時的袁世凱，其心情及行事如何？可以抄一段《袁世凱軼事》中的記事：

袁自歸田後，與朝貴往來不絕，而慶親王尤其所媚事者也。時王為軍機大臣首領，朝廷事無大小必咨之而後行。屢思為袁言於攝政王俾再起用，然攝政王知袁一出，必不利於皇室，隆裕太后尤惡之，故袁伏處河南彰德三年餘，絕無出山之望。而其雄心不死，常卑詞厚幣以結老慶，又令徐世昌、蔭昌等為之疏通。遇有達官貴人往來於京漢鐵道者。袁必令其長子克定至車站迎送，故官僚派中人多譽之。

袁克文撰《洹上私乘》，說袁世凱在斥歸之後，在洹上築養壽園，「種花移木，築石誅茅，觴詠其間，輒忘歲月」，由上文看來，所說顯然不是事實。《洹上私乘》書後附有袁世凱此時與沈祖憲、凌福彭、閔爾昌等人所作的〈圭塘唱和詩〉，時作耽意漁樵、忘情物我之想。但柴萼《梵天廬叢錄》中卻收有一首他的詩，對比而讀，亦殊有趣。袁詩云：

乍賦歸來句，林棲舊雨存。卅年醒塵夢，半畝闢荒園。
雖倦青雲路，魚浮綠水源。漳洹猶覺淺，何處向江村。

又一首云：

曾來此地作勞人，滿目林泉氣象新。牆外太行橫若障，門前洹水喜為鄰。
風煙萬里蒼茫繞，波浪千層激盪頻。寄語長安諸舊侶，素衣早浣帝京塵。

集中諸作，大都類此口吻。《梵天廬叢錄》所收詩，即是和答袁詩之第一首，仍用原韻，詩云：

漁父本非忘世客，幾時錯入武陵源？卅年未醒夢中夢，萬里猶留園外園。
百戰山河雄主去，一簑煙雨釣舟存。花開花落春如故，莫問當年舊水村。

此詩不知為何人所作，詩中意旨，不但語涉譏諷，而且寓有警告之意，足以想見當時人實在很少相信袁世凱真能甘心以林泉歸老。所以，袁的詩中雖然竭力描摹掩飾，聰明人卻絕不相信。袁世凱本是一個功名事業之心極重，而權力欲望極強之人，他在被斥放歸之後，不得已而故作淡漠之狀，以示與世無爭，這本來也是一般政治人物之常態。說穿了，這些詩也只是如此而已。真實的情形是，袁世凱此時雖然退隱彰德洹上，在京中仍有他的許多耳目，例如在光緒、宣統之間一直擔任民政部右侍郎的趙秉鈞，在宣統元年閏二月雖因袁黨身份而被迫休致，但此人長於情報與組織，經由他一手建立並訓練而成的警察系統，仍有他的勢力，運用此一勢力，便可充分刺探重要軍政人物的動態，以供袁世凱的瞭解研究。而袁世凱雖罷，他的另一個替身人物徐世昌卻於宣統二年七月再入軍機，在朝中充任他的耳目，於載灃及親貴人物的一舉一動，觀察得更為明白清楚。凡此，對於袁世凱的將來出處，自然可有充分籌畫計議的機會。何況北洋新軍係由袁世凱一手訓練而成，軍人的思想比較單純，他們平素視袁世凱為首領，即使袁世凱政壇失意，他們也不會像楊士驤兄弟那樣現實得但求自保身家，毫不顧及昔日的「故主」之情。袁世凱有這些政治本錢，也儘可以在洹上假作忘情世事，養晦待時，觀釁而動。何況攝政王載灃和那班少年親貴們見識寡陋，輕躁無謀，凡所舉措，在有意、無意之間往往為袁世凱製造再次出山的機會。如宣統二年二月之罷免鐵良，以蔭昌代為陸軍大臣一事，即是。

清代末年的滿人，才識明敏而思想開通的極少。鐵良不但是這少數幾個開明人物之一，而且曾留學德國，諳習軍事學識，在排除袁世凱之後，很可以作為繼統北洋新軍的首領。但是，當時出任軍諮大臣的載濤，卻以為鐵良的氣度褊狹，不能容人，由他來擔任陸軍大臣，很可能因排斥袁系人物過力之故，反而促成北洋新軍中袁世凱勢力之團結，實為無益有害之事。所以照載濤的想法，要使軍權集中於政府之手，必須採取雙管齊下的辦法，即一方面懷柔北洋新軍中的袁系人物，使他們能夠聽命中央，另一方面則多方延攬外國留學生，大事擴建新軍，使北洋軍不致成為惟一的軍事勢力。基於此一考慮因素，所以載濤不但在各省成立督練公所訓練新軍，也把鐵良從陸軍大臣的寶座上換下來，另外叫親袁的蔭昌去擔任。在他的想法，蔭昌與北洋新軍的關係比較好，稍假時日，當可收北洋的軍力為已用，到了那時，袁世凱就沒有翻身的機會了。殊不知道，這一計畫的立意雖好，其奈蔭昌非其人選何？

蔭昌是清末的留德軍事學生，與鐵良同為滿人。只是鐵良富有種族思想，念念不忘於排漢強滿，而蔭昌似乎沒有。清亡之後，袁世凱先作總統，繼為皇帝，背叛民國，成為國家民族的罪人，而蔭昌則因本為袁系人物之故，雖然因身為滿人而理應効忠清朝皇帝，卻在洪憲朝廷中做起高官顯要來了。劉禺生所撰的《洪憲紀事詩本事簿注》，有一段關於蔭昌在洪憲朝廷中的描寫，說：

帝制議起，項城在西苑成立警衛團，自為團長，副官、營連長皆以中、少將領之，為帝國軍隊模範先聲。初，項城尠著戎服，黎元洪則終日全身披掛。自警衛團組成，項城每週著大元帥服親臨訓練。一日，蒞該團行大閱兵禮，將校、士卒，均著軍禮服。校閱禮成，護送大元帥回居仁堂，行全團照像典儀。項城升帳，高踞寶座……座側立大禮官蔭昌，雄冠白羽，紅甲金緞，其威嚴猶兵部尚書時奉兩宮閱南苑火器營內操大典也。

這一段話的後面幾句，把蔭昌描寫得實在太不堪了些，但也十足寫出了蔭昌之貪戀權勢利祿而不識廉恥為何物的實際情形。蔭昌的品德如此，其人之貪生怕死而臨難苟免的情形又可想而知。何況他本人實在並無駕馭北洋新軍之能力。於是，當「武昌革命」事起，攝政王載灃命蔭昌率新軍二鎮南下「討伐」，而蔭昌卻無法完成使命時。袁世凱的出山機會就到了。白蕉撰《袁世凱竊國記》，對此事有一段頗為簡明扼要的敘述，說：

八月二十一日，清廷命陸軍大臣蔭昌督師南下，袁暗中發了一聲冷笑。不久，馮國璋過彰德請訓，袁授以「慢慢走，等等看」六字要訣，蔭乃深感尾大不掉之苦，遲遲不敢出發。慶親王乘機入奏，請起用袁世凱會同蔭昌調遣各軍，清廷乃於二十三日授為湖廣總督。袁以「足疾未痊，難肩重任」卻之。慶親王叫徐世昌於二十九日微服到彰德探詢袁的意思，袁說：「要我幹呢，未嘗不可；要我幹得好，須聽我的。」徐跑回北京，假裝一副不樂意的表情說：「不成不成。我們叫蔭督師快赴前線吧，沒有他不見得不能打仗。」他把袁的條件說出：要總攬兵權，要召開國會，要組織責任內閣，要寬容革命黨及武漢起事人物。袁的用意是：利用革命黨對付清朝，再留著清朝對付革命黨，造成「洹上釣徒」的第三者地位：「清朝一天不答應，我就一天不出山。」徐的用意是，叫蔭昌到前線碰碰釘子，不愁清朝不乖乖鑽入袁的天門陣。清廷已採取懷柔政策，但是袁的條件太苛，乃促蔭昌出馬一試。自八月下旬至九月初，蔭的號令不行，在孝感急得滿頭大汗，同時南方各省紛紛獨立，清廷慌了手腳，不得不接受袁的一劑苦藥，於九月初六日解除蔭昌督師職務，第一軍交馮國璋總統，第二軍交段祺瑞總統，命袁以欽差大臣節制水陸各軍。

上面所記的日期，都是陰曆。按，武昌新軍起義，在陽曆十月十日，陰曆則為八月十九日。自革命事起至袁世凱受命為欽差大臣，中間整整相隔十八天，亦就是蔭昌以陸軍大臣督率北洋新軍二鎮南下討伐而號令不行、停滯不進的時候。由於蔭昌之號令不行，南下的北洋軍頓兵不進，武漢方面的革命軍得到了充分的準備，而且各省紛紛響應，以致原本單純的情勢因此而變得十分複雜，攝政王載灃束手無策，自然只好接受袁世凱所提出的條件。所以，袁世凱在此時由湖廣總督一變而為欽差大臣督師，就是他對攝政王載灃實行報復的初步勝利。再下來的，就是迫使攝政王載灃以藩王身份歸邸，國政歸由他以責任內閣總理身份行使的事了。其實行的步驟與其中秘辛，則可以從陳夔龍《夢蕉亭雜記》所述見之。

辛亥八月武昌發難，總督出走，余適在病中。警報傳來，以鄂係舊治，深悉彼中情勢，密電樞垣，謂川督岑君春煊帶隊入蜀，計時已在鄂中，請旨褫鄂督職，責令收復省會。鄂垣兵變，僅一小部分，速電飭帶兵統領督率南湖一帶各軍，並漢口駐紮軍隊力圖規復。陸軍第二鎮第一協全部現駐保陽，即時下動員令，京漢快車兩日一夜可達漢口，直逼武昌，以壯岑軍聲勢。彼係烏合之眾，人心未定，收復不難。而樞府不報也，但責令陸軍部編一混成鎮，有此軍步隊參以彼鎮馬隊者，有彼營輜重參以此營馬匹者，混沌雜糅，故緩師期，卒致兵與兵不相習，將與將不相識。遲之又久，始報啟程。迨抵漢口時，鄂中叛黨布置完備，羽翼已成，公然誓師抗順，大局不可問矣。項城賦閒已久，乘機思動，其門生故舊遍於京師等處，不恤捐集巨款，輸之親貴，圖謀再起。監國惑之，未能一意堅持。項城一出，而清社遂屋矣。當其奉命督師也，徘徊於豫、楚之間，不能直入鄂境，卒以夤緣組閣，遄回京師，大權獨握，修前日之怨，力排監國去之，政由己出，東朝但司用璽而已。

這一段話，對於當時的「責任內閣」總理奕劻及協理大臣徐世昌二人甚有貶詞。果如所說，則當「武昌革命」事起時，奕劻與徐世昌之應付失當，誠然有故意為袁世凱製造機會之嫌。至於下一段文字中所暴露的袁世凱與英國公使朱爾典互相勾結，藉革命軍之聲勢自重身價，逼令載灃退位歸藩，尤為一般官書所不載，續為引述如下。

陳夔龍《夢蕉亭雜記》：

當項城之由鄂北上也，行使內閣權力，前方軍事責成馮國璋督辦。馮軍先占據漢陽赫山，拊龜山之背，漢城收復，指日間事。項城京寓電話處學生與津署電話學生本係素識，私電傳來，余喜甚，以正式電話詢之項城。詎覆電云：「未得鄂中確息。」其志不在恢復，可為駭異。遲之又久，始悉漢陽業已克復，余急電馮，請其率得勝之軍直搗武昌。馮覆電謂，漢口江岸缺少船隻，不能逕達省城，且奉京電，已有英國公使出任調和，北軍暫在漢陽駐紮，不得越雷池一步。余聞之憤甚，急電項城，略云：「所謂調和者，兩方居同等地位，始各有開議資格。現今革黨皆我臣民，作亂犯上，自取屠戮之戚。我軍已得漢陽，與武昌僅一江之隔，黨人已聞風喪膽，漢江沿岸，船隻何止千艘，頃刻即可飛渡。武昌若復，中外人心大定，沿江下游各行省亦得所屏蔽，不致望風而靡。即為應酬調人起見，何妨俟武昌收復後再行開議，聲勢既壯，折衝尊俎，尤易為功。」項城無從置喙，但云：「既經英使調處，不宜遽行用兵。」事機一失，連江若贛、若皖、若蘇、若寧、若滬紛紛獨立，遂致不可收拾。又以監國臨朝，不便為所欲為，賄通貴戚脅迫東朝勒令攝政王退位。以余現任北洋，凡事作梗，密遣使以甘言相餌，謂余坐鎮津地，於各省獨立之會，獨能捍衛疆土，最著勤勞，行將有宮銜黃褂之錫。但大勢群趨共和，一方豈能立異？謂余交誼最敦，近因政見稍歧，各行其是，不能相強。所慮津、沽一帶黨人密布，手槍、炸彈，防不勝防，竊代為憂之。余謂與項城比肩事主，現值國家多難之秋，正我輩竭忠受命之日。內閣關係全國，項城任之，北洋領袖各行省，余任之。項城謂與余政見不同，誠為知言，余始終惟知有國家，期不負三朝恩遇而已。項城雖日以暗殺為能，偵騎密布，卒亦無如余何也。

二十

當時的陳夔龍，乃是清朝的直隸總督兼北洋大臣，駐節天津。他雖然也是奕劻的黨羽，但還是抱著「食君之祿，忠君之事」的老觀念，覺得袁世凱不應該以滿清臣子而挾革命黨人以自重，所以對袁不免有所所責難與期望。殊不知道，此時的袁世凱，已經不是光緒三十四年被放逐歸里時的袁世凱了。光緒三十四年時，袁世凱雖有專權跋扈之跡，究竟尚無不臣之心，而此時則已顯然有此傾向，其中原因，《凌霄一士隨筆》中曾有記述，說：

> 嘗聞人言，袁氏入都組閣，日使某氏與袁有舊，首請見，密詢意志。袁氏力言靖亂報國，之死靡他，忠誠溢於言表。某氏辭出，遂以達之於其政府。英使朱爾典，與袁交最深，比來見，但敘契闊，初不及他。且云：「憶曩者政府以三寸紙逐公出，吾以為從此不獲相見矣，不圖今更相晤於此也！」袁為之變色，自是以計覆清。而日使某則恚袁見欺，交誼遂絕。民國成立後，袁猶數與通書，竟置不答云。斯亦足備治舊聞者之參考（原注：袁之入都，對往見者均自矢忠誠，義形於色，故說者或謂，初意猶非必欲覆清云）。

袁世凱在與革命黨的和談中，以促成清室之退位為條件，交換革命黨人之推袁為大總統。在與對清廷交涉時，又挾革命黨之聲勢為威脅利誘之資本。終於他在兩面取巧的情勢下，使滿清皇室與革命黨雙方面都覺得袁世凱是有功之人，於是他乃由清朝的內閣總理大臣，一變而為民國政府的大總統。由上引《凌霄一士隨筆》的記事看，似乎袁世凱之決定要利用革命情勢為自己謀取政治利益，便是由朱爾典的這番挑撥性談話促成。揆之事實，似乎又不盡然。劉厚生撰《張謇傳記》，曾經說到張謇在宣統三年五月由江蘇轉道漢口，乘京漢鐵路火車前往北京時，曾順道前往彰德訪袁，他在當時與袁世凱所作的談話，就對「辛亥革命」以後的袁世凱，發生了極大的啟發作用。這一段記事極為重要，關心袁世凱歷史者不可不知。下文摘敘《張謇傳記》中有關此事的記述，以便與其他資料互相研究比較。

《張謇傳記》中說，光緒末年，張謇已被選為江蘇省諮議局的議長，不但在地方上極負眾望，尤其是各省諮議局視為泰山北斗般的人物。江蘇諮議局中另有雷奮、楊廷棟二人，皆是留日學生中主張實行憲政政治的優秀份子，與張謇的交誼亦極為深厚。當時的各省議會，覺得清政府空言立憲，毫無誠意，自宣統二年起，數度向清廷請願，要來速開國會，實行憲政，措詞甚為激烈。清政府一方面斥為「危詞聳聽，居心叵測」，一方面實行徒具形式的新內閣，以換湯不換藥的把戲欺騙輿論，敷衍了事。這就是宣統三年四月所成立的奕劻內閣，其中成員，皇族親貴多至五人，以致人民普遍失望。直隸諮議局於這年六月呈請都察院代奏，謂皇族內閣不合君主立憲公例，要求另行組織，以重憲政，而固國本，尤足代表各省諮議局之公意。在此之前，有某省諮議局派代表二人至南通訪晤張謇，要求張謇親至北京一行，藉以觀察實際政治情況，交換意見，以決定各省諮議局對國是應取之態度。張謇同意了此一邀請，又約同雷奮、孟森、劉厚生等一同北上。由於劉厚生的建議，他們的北上行程取道漢口轉京漢鐵路，中間經過彰德，因此而有宣統三年五月的張謇、袁世凱之會。此時的袁世凱，尚蟄居彰德，而距辛亥革命之發生亦尚有三月之久。

劉厚生主張張謇此次北上時，應順道往彰德訪晤袁世凱，雷奮亦絕對贊同，這是基於什麼理由呢？據劉厚生所說，當時他和雷奮都深深地感到，由於時代潮流的演變，腐敗的滿清政府勢必將要傾覆。假如愛好和平的各省諮議局議員大家都不肯出頭管事，勢將造成天下大亂，人民塗炭，屆時的局面必定不可收拾。為了預先顧慮此一可能情勢的發生，因此他們認為，必須及早物色一個可以出當大任的政治人物，由全國民意機構給予充分的支持，要求他善用此一力量向滿清府爭取憲政之實現，庶可避免國家之陷於混亂，其於社會元氣之保存，功勞不小。張謇接受了劉厚生和雷奮的意見，當五月十四日下午七時車抵彰德時，袁世凱派了副官和轎子在車站迎接，直到翌日凌晨三時方才回到車中。就因為張謇和袁世凱曾有這一番晤談，使得袁世凱深深瞭解，假使他以實行共和、推翻滿清為目的，必可得到各省議會的普遍支持。下面抄錄《張謇傳記》中的原來文字，以見袁世凱此時的態度及後來反應如何。

《張謇傳記》第三章第五節：

讀我此傳記的人，或者會有疑心，張謇不過是一個書生，並沒有多大勢力，袁世凱是一個罷斥的官吏，亦無實在權柄，怎樣兩人一夕之談，竟能決定清廷之命運呢？事實是張謇本身並無勢力，而當時諮議局的議員，確是各省社會的優秀份子，確能有領導當時一般社會的能力，而張謇的聲望又足以領導各省諮議局。世凱雖身居彰德，其蓄養的政客甚多，豈有不知近情。至於世凱呢，自身有一手訓練的精兵十餘萬人，世凱雖在彰德，仍有猛虎在山之勢，亦為張謇所十分明瞭。當張謇初晤世凱時，世凱對謇的來意不明，談吐之間，一味閃避。後來完全明瞭謇的本心，不由得不把自己的意見略略吐露，說：「有朝一天，蒙皇上天恩，命世凱出山，我一切當遵從民意而行；也就是說，遵從您的意志而行。但我要求您，必須在各方面把我的誠意告訴他們，並要求您同我合作。」

這一番話在表面上看不出十分明顯的意義，那當然是因為雙方面都為自己的身份和立場所拘，不敢有公然「叛逆」的言論之故。事實上，則袁世凱在那時已明白了張謇所帶給他的民意支持，知道這是一項可以用來挾制清廷的政治資本，所以欣然表示接受。在張謇，或者以為袁世凱已經被他說服，願意為國家和社會貢獻他的力量了；殊不知道，此時的袁世凱，心中所想的並不與張謇一樣。所以，張謇所帶去的民意支持，後來恰好被他利用來拉攏革命黨人，要求他們擁戴他為民國大總統，有了這一保證，然後他又可以用各種手段去脅迫清室退位，以獲得他自己的政治利益。如此說來，他在接見日本公使時所表示的「力言報國，之死靡他」，完全只是他的做作，惟有英國公使朱爾典的話，恰恰刺中他的隱痛，所以不自覺地流露出他的切齒痛恨。若要說到他的立志覆清，便是因此事而決定，顯然不能完全符合事實。

以上所述，是袁世凱在「辛亥革命」發生前後，他的政治立場與態度。至於他如何利用雙方的關係以達到的他之政治目的，亦可以《張謇傳記》中的敘述來代作說明。張傳上述文字之後，續云：

> 由於世凱基於個人陰謀出發，所以對於張謇所允許之諾言，倒是表現得絲毫沒有反悔。一，他把漢口、漢陽攻破之後，若要攻取武昌，易如反掌，但他沒有這樣做。二，當張勳在南京受攻時，他若派清江、徐州的軍隊兩路過江援救張勳，至少可以守住南京，但也沒有這樣做。三，派唐紹儀到南方議和時，他很秘密地叮囑紹儀：「到上海後，必須想法先與張謇見面，你得告張謇，我必尊重他的意見行事。」唐紹儀先到漢口與黎元洪晤談一次，不得要領，遂到上海，另派蔣廷幹在漢口與元洪接洽。紹儀到上海時，首先訪問趙鳳昌，要求鳳昌密約張謇在鳳昌宅中見面。紹儀先述世凱誠意，但已吐露南方須舉世凱為總統之要求。後來黃興與中山先生先後到滬，亦即在鳳昌宅中會談，甚至革命軍方面全權代表伍廷芳亦每晚到趙宅晤面。至於雙方代表之公開會議，不過是一種形式而已。

以上文所說與前引陳夔龍《夢蕉亭雜記》相互對照，當可知道，袁世凱之所以按兵不動，正是因為他與張謇及革命軍方面都有了默契之故。在這種情況之下，袁世凱挾持了他的北洋軍作為實力後盾，以與革命軍討價還價，又以革命軍的聲勢向清廷多方要脅，自然可以予取予求，變清朝內閣總理為民國之總統。民國肇建，人稱袁世凱亦是大功臣，說穿了，只不過是他一貫的欺詐手法之運用而已。

二十一

袁世凱的一生，慣以權謀欺詐之術為自己陞官發財之用。試看他自朝鮮發跡以至民國總統，凡是他所經歷的大小事情，無不藉此手法以達到其結交權貴、欺世惑人之目的，結果乃使他的政治事業日見飛黃騰達，不但在最後由總統而變為皇帝，並且以一身而為北洋系人物的首領，影響民國政治者達十餘年之久。這樣一個重要人物，在近代史以至現代史上的關鍵性影響，當然很大。只是，敘述袁世凱在民國以前的歷史，即使極力以簡潔的方式敘述，亦已長達七萬餘字，看起來仍不免使人覺得累贅。因此之故，我想再在文末抄錄一通梁鼎芬參劾袁世凱的奏疏，以作為本文的綱要式說明。因為，梁鼎芬之目的雖在參劾袁世凱，其奏疏內容卻無異是袁世凱的生平簡介。梁鼎芬的奏疏上於光緒三十三年丁未，其時正是慶、袁勢力達於鼎盛之時，因此梁疏首請加慶王奕劻的養廉銀每月三萬兩，以便奕劻可以摒絕苞苴，專心政務。至於劾袁之奏，則語極鯁直，云：

> 直隸總督袁世凱，少不讀書，專好馳馬試劍，雄才大志，瞻矚不凡。以浙江溫處道鑽營得驟陞侍郎、巡撫。撫山東日，能辦事，安奠境內，有聲於時。我皇太后、皇上回鑾，迎駕有功，擢至今職。其人權謀邁眾，城府阻深，能諂人，又能用人，卒皆為其所賣。初投拜榮祿門下，榮祿歿後，慶親王奕劻在政府，三謁不得見，甚恐。得楊士驤引薦，或云，以重金數萬，又投拜奕劻門下，不知果有此事否？然自見奕劻後，交情日密，言無不從，袁世凱之權力，遂為我朝二百餘年滿漢疆臣所未有。奕劻本老實無能之人，當用途浩繁之日，袁世凱遂利用之。老實無能則侮之以智術，日用浩繁則濟之以金錢，於是前任山東學政榮慶、北洋練兵委員徐世昌，袁世凱皆以私交薦為軍機大臣矣。樞府要密，出自特簡，而袁世凱言之，奕劻行之。貪庸謬劣、

衣冠敗類之周馥，袁世凱之兒女姻親也；奢侈無度、聲名至劣之唐紹儀，市井小人、膽大無恥之楊士琦，卑下昏聵之吳重熹，亦皆袁世凱之私交也；使之為總督，為巡撫，為侍郎，而袁世凱言之，奕劻行之。尤可駭者，徐世昌無資望，無功績，忽為東三省總督，其權大於各省總督數倍；朱家寶一直隸知縣耳，不數年，署吉林巡撫；皆袁世凱為之也。袁世凱自握北洋大臣、直隸總督重權，又使其黨在奉天、吉林皆有兵權、財權，皇太后、皇上試思，自直隸而奉天，而吉林，皆袁世凱兵力所可到之地，能不寒心乎？幸段芝貴不到黑龍江耳！袁世凱揮金如土，交結朝官過客與出洋學生，有直隸賑款數百萬兩、鐵路餘款數百萬兩，供其揮霍，故人人稱之。臣嘗讀史，見漢、晉已事，往往流涕。如漢末曹操，一世之雄，當其為漢臣時，有大功於天下，不知篡漢者操也。晉末劉裕，才與操埒，當其北伐時，亦有大功於天下，不知篡晉者裕也。前者微臣來京賜對之時，親聞皇太后、皇上屢稱《資治通鑑》，其書甚好，時時閱看。今此兩朝事，治亂興亡之故，粲然具陳，開卷可得也。袁世凱之雄，不及操、裕，而就今日疆臣而論，其辦事之才，恐無有出其上者。如此之人，乃令狼抗朝列，虎步京師，臣實憂之。且聞其黨羽頗眾，時有探訪，故無敢聲言其罪者。今新內閣將成，時日無多，安危在目，臣不敢自愛其官職，並不自愛其性命，無所畏懼，謹披瀝密陳。

梁鼎芬在清亡以後過著標準的遺老生活，不做民國之官，惓惓不忘故主，雖愚忠可憫，其志節則頗有可稱。如袁世凱之先則計騙滿清江山於孤兒寡婦之手，繼則背叛民國，帝制自為，固不足論；即以清朝大官而後來又為洪憲朝廷的從龍之臣相比，梁鼎芬的操守高尚多了。他奏劾袁世凱的此疏，在現在看來，宛如在為袁世凱的前半生事蹟作一總評，而預見其將來必有不臣之心，在當時不啻是燭見機先，謇諤敢言。只是，當時的慈禧太后似已老朽糊塗，對於如此直率的讜論危言，竟然若罔聽聞，那就難怪慶、袁勢力之籠罩一世了。

袁世凱做了民國總統以後的事蹟，已屬於民國史的範圍，本文因為限於全書之體例，不再深談。剩下來所應予補述的，乃是奕劻方面的未完事蹟。

「辛亥革命」發生以後，攝政王載灃為了預防袁世凱對他的報復，本來不敢再起用袁世凱；只因奕劻的一力舉薦，並保證袁世凱忠誠不二，這才使載灃和隆裕解除戒心。卻不料袁世凱掌握政權以後的舉措，完全與奕劻的保證背道而馳。於是，奕劻在皇族中被視為出賣祖宗，自親貴以至宗室，無人不加詬罵。於是，奕劻趕緊到天津去買屋避居，以免日夕與皇族中人相見。由於他的宦囊甚豐，積貲千萬，因此一直可以在天津租界中過著富貴自如的寓公生活，與滿清皇室的休戚，互不相關。民國六年病死，遜帝宣統賜謚曰「密」。按謚法，「追補前過曰密」，於其人之功績無可稱，所以「密」字實在是謚法中的「下謚」，不但毫無褒美之意，而且只比惡謚稍勝而已。以奕劻一生貪庸瑣鄙的事蹟而言，不蒙惡謚，還算是宣統不念舊惡、皇恩浩蕩哩！至於他那個寶貝兒子載振，則因奕劻生前曾得「世襲罔替」的親王之封的緣故，宣統小朝廷在奕劻死後，也封了他一個「慶親王」。只是，這已是民國時所封的清朝爵位，雖好聽卻無尊榮可言。奕劻的遺產雖多，由於載振之浪費無度，及其子溥鍾、溥銳之不善經營，在費行簡撰寫《近代名人小傳》時，就據說「其貲已罄盡」了。悖入之財，類多悖出，奕劻一生貪財務得，其結果如斯，說起來豈不是也太沒有意義了嗎？

第五章

瞿鴻禨與岑春煊

岑春煊

在光緒末年，岑春煊以強項勇悍著稱於世，在當時的內外大臣中，只有他的聲望可以與袁世凱相匹敵。所以瞿鴻禨策動倒慶倒袁計畫時，要以岑春煊為重要的幫手。入民國後，還在廣東主持過反袁運動。

瞿鴻禨

以一介書生而敢於在慶、袁勢力滔天之時出來反抗慶、袁，瞿鴻禨的膽識與抱負，很值得後人欽佩。只可惜袁世凱手下的智囊太多，瞿敗袁勝，從此清末的政治便無可挽救了。

在沒有進入本題之前，筆者需要引敘康有為題在瞿鴻禨遺像上的三首詩，以作為本文的緣起。詩云：

清癯風骨過來人，巖電光芒爛有神。風度樓前頻仰望，長沙如見曲江春。

十年黃閣事艱關，去佞之難過拔山。若使劾袁功得就，豈看龍劫血斑斑。

三犯龍鱗敢舉仇，愛才愛國有深憂。頻陪綠野鬚眉白，遺像清高憾未酬。

康有為題這幾首詩的時候，是民國九年的二月，那時清朝早已亡了，袁世凱的洪憲帝制也已成為歷史名詞。由於袁世凱的狼子野心，不但使清朝因此而傾覆，即使是新建立的中華民國亦大受其害。撫今思昔，不由得使康有為在看到瞿鴻禨的遺像時，回想起他當年與岑春煊聯合起來希望扳倒慶、袁的那一段往事。「若使劾袁功得就」，滿清政權之覆亡與否固然是另一回事，至少，袁世凱因帝制自為而致為禍民國的那許多罪惡，就不大可能在民國史上搬演了。由於瞿鴻禨當年曾與岑春煊有過這一番計畫遠大的政治活動，其成敗與否，直接影響到清末歷史的演變趨向，所以，他們當時雖不是政壇上的第一號重要人物，他們的事蹟，仍然值得提出一說。又因為瞿、岑二人此時是聯合一起對抗慶、袁的戰友，所以即使他二人的出身、仕履、思想、事功都迥然不同，也還是需要把他們放到一起來寫，以免重複敘述之弊。至於康有為的第一首詩中所描寫的瞿鴻禨容貌，讀者仍可從書前所附的相片中見其形狀。第三首詩中提到瞿鴻禨在秉政以後，曾三次向慈禧太后保薦康有為，後來更是造成瞿鴻禨政爭失敗的第一重要因素。康有為雖然在這件事上對瞿深致欽佩，我們在談到瞿鴻禨倒袁失敗的往事時，對此更應特別注意。

說過了開場白之後，以下就要先敘瞿鴻禨的簡史，藉以說明他的家世、出身、仕蹟，以及進入政治中樞的大致情形。

瞿鴻禨，字子玖，號止盦，湖南善化人。清代的善化縣，與長沙縣同城，民國後併入長沙縣。說得具體一點，瞿鴻禨應該是湖南長沙人。長沙是湖南的省會所在地，文風最盛。所以，瞿家之選擇以「儒」為業，冀求在讀書應舉中謀得顯親揚名的榮身之路，正是十分普通的事。不過，瞿鴻禨的上代雖然世代讀書，其發達還是鴻禨父親一輩的事——鴻禨之父元霖，曾中咸豐元年辛亥科舉人，在此以前的瞿家先世，一般的科舉功名，不過只是生員（秀才）而已。到了瞿鴻禨時，由於父老督責極嚴，居然在十七歲就進了府學，二十一歲中舉人，翌年，更聯捷成進士，改庶吉士，入翰林，時為清穆宗的同治十年辛未，少年詞林，在瞿家來說，自是十分光榮得意之事。然而，瞿鴻禨之所以能致此，正復不易。朱啟鈐撰〈姨母瞿傅太夫人行述〉中有關於這方面的記述，說：

瞿氏先人之穆行，積德累仁，鬱而弗昌者，再世始光大於文慎之身，其來有自，而成之實艱也。魯青先生及見叔季兩子登賢書，叔子春陔先生即文慎贈公，懷才卓厲，屢上春官不第，入貲為刑部主事。值咸豐庚申淀園之變，百官星散，先生雖屬下僚，感憤不已，觸發肝炎，洊至失明，棄官歸田，一意以課子為務。文慎甫當舞勺之年，遍課群書，必以成誦為程，小不當意，嚴譴隨之。常以天曉為盥櫛伏案之候，既有目眚，往往誤以殘月為曙光，家人憚，弗敢進言也。

「文慎」，是瞿鴻禨後來的謚號，魯青先生則是瞿鴻禨的祖父岱博。瞿鴻禨的父親名元霖，即是文中所說的春陔先生；咸豐庚申淀園之變，則是指的英法聯軍焚燒圓明園之役。這一段話，說明瞿鴻禨的父親元霖在喪明之後，由於望子成名心切，督責極嚴，至以半夜之殘月為黎明破曉，以致瞿鴻禨早年時的讀書異常辛苦。雖然後來功名得就，這種異乎尋常的勞瘁，畢竟是難以忍受的。

瞿鴻禨在同治十年中二甲進士，庶吉士教習期滿後，散館考試及格，照例授職為翰林院編修。光緒元年大考翰詹，瞿鴻禨考列一等第二名，超擢翰林院侍講學士，充日講起居注官。這年，適逢清德宗的登極恩科，派充河南鄉試的正考官。翌年更授為河南學政。光緒五年，鴻禨之母，殷太夫人病故，循例丁憂。光緒七年服闋入都，仍補翰林院侍講學士。至第二年，父元霖亦卒，於是瞿鴻禨又丁父憂，直到光緒十年服滿起復，方才回京供職，仍補原官。光緒十一年五月，奉派為浙江學政。自此以後，到光緒二十六年，瞿鴻禨曾一充福建鄉試正考官，一任浙江學政，再任江蘇學政，他的官職，亦由四品的侍講學士漸陞至二品的禮部右侍郎。

清代的翰林，以點考差及派學政為最好的差使，一則宦囊豐盈，二則不礙陞轉。陳三立撰〈瞿鴻禨墓誌銘〉，說他在二十餘年之間，「奉使按試，及五行省，所至以研經籍，通時務，課士得才為盛。而黜供張，絕請謁，嚴止胥役索擾，尤以清德孤操稱天下」。由於他的清德卓著而學識優良，漸漸地使他具備公輔之望。光緒二十六年拳亂事起，兩宮西狩，隨扈的軍機大臣載漪、剛毅、啟秀、趙舒翹四人因袒拳助亂的罪名同時被罷黜，在軍機當值的只剩下榮祿和王文韶，樞務需人，因此瞿鴻禨遂因榮祿的推薦，由禮部右侍郎陞授都察院左都御史，改工部尚書，命之前往陝西行在供職。二十七年正月至西安，即命在軍機大臣上學習行走，正式入參樞務，這一年，瞿鴻禨五十二歲。

自光緒二十七年七月到光緒二十九年三月，當國的軍機大臣是榮祿。榮祿對於筆墨文翰並不擅長，所以，在軍機中實際擔任承旨撰敕的秉筆樞臣，是瞿鴻禨。其後雖然換了慶王奕劻「領樞」，軍機大臣又多了鹿傳霖與榮慶二人，但由於瞿鴻禨出身翰林，文筆甚好，慈禧太后又對他信任有加，所以瞿鴻禨也仍是軍機中的秉筆。此外，則因瞿鴻機以軍機大臣而兼外務部尚書之故，在「日俄戰爭」

結束後主持對日交涉，為中國爭回權利甚多，亦可以稱得上是識見明敏而頗有建樹的人物。不過，這些都不足以構成他在清末政壇上成為關鍵性人物的條件。他之成為清末政壇的關鍵性人物，是由於他在清末袁世凱的勢力炙手可熱之時，敢與岑春煊聯合起來與慶、袁二人為敵，事雖不成，而其影響所及，卻是清代末年的政局演變，具有關鍵性的重要因素。因此之故，在約略介紹瞿鴻禨的生平略歷之後，便要再來介紹岑春的出身與背景了，以便對他們二人的後來行動作合併敘述。

二

說到岑春煊，其人大有來歷。他雖然不像瞿鴻禨那樣地具有高尚的出身與清貴華要之仕履，但因他是「名父」之子的緣故，很早時便因他的鯁直有為而嶄露頭角。所以，他在早年雖有紈袴惡少之名，到後來卻儼然是一個「社稷之臣」的重要人物模樣。與瞿鴻禨相比，瞿穩重而岑魯莽，瞿長於文學而岑嫻於軍旅，瞿文弱而岑勇猛，瞿工於籌畫而岑行事粗率，在性格與行為上都是截然不同的兩種類型。若不是為了排斥袁世凱的相同目的，這兩個人無論如何都不可能成為意氣相投的同志。這一層，說起來倒是很有趣的。

所謂「名父」之子，意指岑春煊曾有一個聲名煊赫的父親。岑春煊的父親岑毓英，在同治、光緒之間是頗為有名的人物，而岑春煊自己的表現也很不差，父子繼美，遂使岑家的聲名更為鼎盛。但若以岑春煊的事功與他父親相比，則岑春煊的成就，看起來就好像是倚賴命運的照顧更多似的。就這一方面而說，岑春煊的實際表現，似乎要比他的父親差一些。

岑家的祖先是浙江餘姚人，北宋時隨狄青平蠻有功，分封為廣西的土司，因此就成了廣西的土著。岑春煊的上代，本是上林峒長官司的土官，世代相襲。到了清乾隆時，清政府實行「改土歸流」，上林峒長官司被取消，岑家成為廣西西林縣的普通老百姓。岑毓英是秀才出身，在咸豐六年時統率鄉勇赴雲南助剿回匪叛亂有功，逐漸由縣丞敘功晉陞至知府，自此發跡，建立了他此後的赫赫武功。

滇回作亂，肇因於漢人對回族的歧視，其時間則與當時的西北回亂相配合。平定西北回亂的功臣是左宗棠，平定雲南回亂的功臣則是岑毓英。左宗棠平回，有朝廷全力支持其軍械、糧餉，只要軍隊的士氣昂揚，戰力強勁，亂事必有可平之日。岑毓英平回則沒有這麼優越的先決條件。當時雲南全境糜爛，巡撫潘鐸被殺，總督張凱嵩不敢到任，滿清政府則因應付西征糧餉萬分竭蹷之故，沒有能力再支援雲南方面的軍事，所以亂事繼續了十多年，始終無法平定。叛回的首領杜文秀，至於在大理建號立國，儼然將雲南變為化外。歷任的總督、巡撫都因無兵無餉而無法平定亂事，最後調來的一個總督名叫劉嶽昭，他倚重統帶粵勇前來雲南打仗的岑毓英，以募練滇勇及附徵穀釐的辦法解快了兵、餉兩方面的困難，而岑毓英本人更十分勇悍善戰。這樣，終於使岑毓英能以雲南本省的人力和財力戡定亂事。自咸豐六年至同治十二年，岑毓英在雲南境內轉戰十八年之久，他的官職，由縣丞歷陞至雲貴總督，其一生功業，都在此奠定其基礎。至光緒十五年卒，贈太子太傅，賜謚「襄勤」。毓英有子五人，岑春煊居第三。由於他早在光緒五年就曾捐官主事，在工部當差，到光緒十一年又考中舉人，奉旨以郎中在部候補，一旦岑毓英病故，諸子例可邀恩獎敘之故，所以，岑春煊在光緒十八年服闋回京之後，就奉旨補授為光祿寺少卿，再遷太僕寺少卿，具備了四品京堂的身份。到這一段時間為止，岑春煊的官職，頗曾得其父毓英之餘蔭。這是因為清代末年的捐官制度甚為浮濫，捐貲候補的郎中、員外、主事等官，充斥各部，數十年難補一官。岑春煊若非叨其父之餘蔭，要希望由捐官中獲得出身，顯然十分困難。如今既以父死邀恩而得補授為京堂的實缺官，此後的陞遷就很快了。

光緒二十年甲午，中日戰爭爆發。不久，北洋軍海陸俱敗，日軍由朝鮮侵入關東，京畿形勢岌岌可危。兩江總督劉坤一奉旨授為欽差大臣，節制關內、關外各軍，而遲遲不肯出關。大學士兼軍機大臣李鴻藻以前方軍情瞬息萬變，僅恃文書奏報，苦難得其真相，欲派岑春煊出關視察，以寄耳目。岑春煊慷慨請行，在關外前線很吃了一些苦。其後煙臺、威海衛告急，岑春煊又帶兵前去布防，使山東半島未為日軍所侵。這兩件事使岑春煊在當政大臣的心目中留下頗為良好的印象，以為岑春煊雖然出身紈袴子弟，而遇事極有擔當，也很能負責，並沒有一般紈袴子弟的佻健浮薄惡習。這對於他日後的仕途發展，無疑會有極好的影響。按，湯用彤所撰的《新談往》一書曾說：「光緒中葉，京師有三惡少之稱。三惡少者，岑春煊、瑞澂、勞子喬也。」岑春煊早年被人稱為惡少，至此乃能盡改往行，足證他的慧根甚深，所以才不致沉迷不返。亦正因為他返正甚早，所以他才能很快地開拓他以後的事業。

中日戰爭結束以後，接著而來的是「戊戌變法」。岑春煊在光緒二十一年時因病奏請開缺回籍調養，至二十四年，因其弟春蓂中舉會試，由岑春煊陪同入京，循例至宮門遞摺請安，蒙德宗召見，垂詢時事。岑春煊在奏對時慷慨陳言，反覆申述國勢阽危，非發憤圖強不能圖存。而欲求自強，必先興學、練兵、講求吏治、信賞必罰，乃克有濟。退出之後，又以所言未盡，復上疏條陳時政。謂賞罰者朝廷之大權，賞罰不明，無以作士氣而振綱紀。舉例言之，如湖南巡撫吳大澂奉命出關禦敵，喪師敗績而不能死國，朝廷又不加以嚴譴。山東巡撫李秉衡力抗德國政府之袒庇教士，只因內無奧援，遂至罷斥不用。是非不明，賞罰失當，都是由於樞臣失職，蒙蔽聖聰之所致。奏語極為訐直觸忌。卻不料此時正值德宗親政，亟思拔用強直果敢之臣，以轉移政治風氣。所以，岑春煊不但未曾因此得罪，反被簡任為廣東布政使。陛辭時，皇帝更再三叮囑「須於到任後切實整頓吏治，肅清盜匪，如有其他意見，儘可以隨時陳奏，不必顧忌觸怒總督，凡事俱可有我與爾作主」云。岑春煊以一個未曾銷假補缺的在籍京卿，遽膺特簡為二品的布政使，在當時還真可以說是異常的恩遇。據說，岑春煊之所以能得此恩命，乃是因為他在入京以後參加了康有為的保國會，被皇帝認為有新思想的緣故，是否如此，已不可知。這在他的回憶錄中，也沒蹤跡可查。

三

布政使俗稱「藩臺」，主管一省的財賦與民政，與俗稱「臬臺」而主管司法的按察使，本是一省中的最高長官。明代中葉以後，各省添設巡撫，藩、臬二司變成了巡撫的屬員，而巡撫則成了一省的最高長官。到了清代，在巡撫之外又設總督，巡撫管一省而總督兼管二至三省，於是布政使的地位愈形低落。光緒二十四年「戊戌維新」，裁去與總督同在一省的巡撫，廣東巡撫亦在被裁之列，所以在岑春煊奉派為廣東布政使時，他的直轄長官，就是當時的兩廣總督譚鍾麟。此人籍隸湖南茶陵，翰林出身，在年輕時頗有勤能之稱。只是他在出任總督之時年已老耄，子弟用事而頗通財賄，加以廣東素有膏腴之稱，譚鍾麟在廣州做總督，天高皇帝遠，更多了許多見不得人的事。清代末年，督撫權重，藩、臬二司對巡撫猶且唯諾恭謹，更何況乎總督？所以，譚鍾麟根本沒有把這個出身紈袴膏粱的岑春煊看在眼裏。卻不料岑春煊自恃有皇帝為其奧援，對譚鍾麟並無忌憚。更何況岑春煊此時正感激皇帝的異常恩遇，立志要在到任之後好好為地方做一些有益的事。這樣一來，譚鍾麟與岑春煊就有了問題。岑春煊所撰的《樂齋漫筆》，乃是他晚年所寫的回憶錄，中有一段記述他在廣東與譚鍾麟相抗的情形說：

> 時廣東有道員王某，素為譚督所信任，頗多不法，商民無不受其魚肉，有因索詐而斃命者，懾其氣燄，皆噤不敢言。余到後，始有來控者。廉得其實，即詳請撤去該員各項要差，嚴行查辦。譚督不從，余乃先撤其補抽廠坐辦，翌日復邀集司道同寅，謁譚，請併撤其督署文案。議論牴觸，譚愧且怒，遽拍案詬詈，目鏡墮石桌立碎，勢張甚。余亦拍案曰：「藩司乃朝廷大員，所言乃公事，即有不可，總督不應無禮至此。既不相容，奏參可也。」擲冠案上，拂衣

而去。回署即請病假。譚亦自絀，即令臬、運兩司來衙，遜詞謝過。會未幾，余奉召入都陛見，譚得電旨，立委臬司署理藩篆。余以漏夜備交代。南、番兩縣商民聞之，不期而集者數千人，各負薪米油鹽至藩署大堂，堵塞不聽行，更欲分隊至督署為難。余亟出反覆勸導，至相對泣下，久之始漸散去。所留薪米之屬，為付善堂，乃得輕裝馳去。譚督知余錄王某控詞全案以行，知入覲日必面陳其事，亟輦金入都，阻余北上。果奉「調補甘藩，勿庸來京請訓」之諭，時余方行抵武漢也。遂自鄂入甘，到任後終以譚、王營私舞弊事具疏劾奏，有旨查辦，譚因罷歸，王亦革職。此案以藩司劾罷督臣，為有清僅見之事也。

譚鍾麟之罷粵督，據《凌霄一士隨筆》所記，乃是因為李鴻章在馬關議和回國後，各項實職盡被開去，只剩下一個文華殿大學士的空銜，失勢無聊，在都中又備受攻擊，亟欲謀一總督外放，故由榮祿為之設計，藉口廣東革命黨屢次滋事，譚鍾麟無力控馭，所以易譚為李，以資鎮懾。由此而言，則譚之罷督，主要原因實在由於榮祿之為李鴻章安排出路，而岑、譚相攻，恰好使人相信譚鍾麟官聲不佳，更有理由將他換下而已。岑春煊說，譚督之去全由於他的奏劾之力，未免誇大其詞。不過，岑春煊以一個藩司的身份而敢與總督相抗，亦足見他的不畏權勢，風骨崢稜。在清末政風委靡，上下習於容悅相安之時，他的這種作風，倒也真可以廉頑立懦，振奮人心。岑春煊服官地方不久，便能有此表現，即刻使他得到了骨鯁強直的清譽。岑春煊的一生，瑕譽互見，但其強直與清廉則最可取。上文已說到他的強直，下文再說他的清廉。

章士釗撰《孤桐雜記》，中間有一段關於岑春煊居官清廉、不貪財貨的記述，說：

唐韋宙除廣州節度使，陛辭，上為言曰：「番禺珠翠之地，貪泉足戒。」粵人好賂，自古已然。西林（按即指岑春煊）言，粵人之賂，均明白致之，號曰「公禮」。與人計事，以不收公禮為無誠意。彼開藩時，為米案接商人稟詞，中央票銀四十萬，駭而還之。繼詢知為公禮，與平常行賄有別。商人以是大戚，以藩臺無意助己也。而西林卒右商，與總督譚鍾麟互訐。清廷兩解之，彼得調往甘肅。米商遮之，不聽其行，自大堂以至東西轅門，皆為米包填咽，舉足不得。西林朝服出迎，長跪與眾商對話，稱朝命不可忤，重來有日，暫不必諑。商盡泣，知不收公禮而肯為民任事者，尚有人也。未數年，西林果督粵。

這段話雖由岑春煊的自述而來，但亦確有事實可證。高伯雨撰《聽雨樓隨筆》說，岑春煊由廣東藩司調甘肅，商民遠送者極多，「萬民傘」更是多到數不清。有一個商人作詩讚頌岑之德政云：

仇在寅僚德在民，阮林蔣後此名臣。開藩粵東僅三月，咸道西陲第一人。
嚴飭吏員疇有是，只看文告已無倫。使君安得今還我，著手渾生五嶺春。

詩雖不文，作詩人竟以岑春煊與清代廣東督撫中最有名的阮元、林則徐、蔣益澧相比，誠可謂讚美之甚了。

由於岑春煊強直而清廉的兩項特長為清末一般官吏所不及，所以他在得到慈禧太后的倚信後，不久便能聲譽鵲起，儼然成為清末疆臣中之重寄。至於他後來何以能得慈禧之信任，則在於「庚子拳亂」時的護駕有功。《樂齋漫筆》記此云：

在甘藩任半載，即有庚子拳匪之亂。八國聯兵，京師危急。余聞之，亟言於總督魏光燾，願率兵星夜勤王。魏意不欲余行，以餉絀兵單為詞。余曰：「本司庫中，除正項外，尚存外銷款一百三十餘萬。請以三十萬供兵餉，調馬隊十營，即日可行。若總督故靳其事，本司有權自能出奏，從此辭矣。」即起立欲行。魏見狀，知不可阻，遽離座遮留曰：「且共商行計。」余曰：「事勢至此，豈容安坐細商，以甘省距京遼遠如此，馬隊盡力奔馳，尚恐不及，步隊更不必論，本司之意，現在倉卒召集，又須選擇精騎，萬一十營之數猶不能足，惟有先率在省馬隊三旗同行，一面請公迅調大兵，隨後趲往。」……遂守候魏督立發電奏。時所調兩旗尚未齊集，因留將領隨後開拔，先率衛隊數十人，自蘭州省城取道草地北行，晝夜急馳，故得於二十八日即抵都門。入覲之日，兩宮獎諭備至。

光緒二十六年慈禧太后誤信載漪、剛毅等人之言，縱容拳匪，釀成八國聯軍的大禍時，慈禧雖曾降旨令各省派兵來京「勤王」，事實上並沒有哪一省的總督、巡撫遵旨派兵前來。岑春煊雖然只是一名布政使，在這件事上居然表現得如此忠心事主，慈禧太后當然要對他獎勉一番，以作為他人之表率。但岑春煊所帶的馬隊總共不過「兩旗」，而且因為取道沙漠邊緣的草地趲程前進，沿途無處可以補充給養，所以他事實上帶到北京來「勤王」的兵，不過只是他本人以及隨帶的衛隊數十人，其餘馬隊，尚在甘肅來京的路中。慈禧太后在問明此種情形之後，不免感覺到啼笑皆非。吳永所撰的《庚子西狩叢談》中提到此事，曾說：

岑本在甘藩任內，聞聯軍入都，自請帶兵勤王。甘督知其人躁妄喜事，意不謂然，而以其名義正大，不便阻遏。因撥步兵三營，每營約四百餘人，騎兵三旗，每旗二百餘人，合計不過二千餘人，並給以餉銀五萬兩。岑因先行就道，自草地經張家口馳騎入都。陛見時，太后問：「帶兵若干？」以如數對。太后覺事近兒戲，意殊不懌。問：「兵在何處？」曰：「尚在途中。」因有詔令其辦理察哈爾防堵事宜，著折回張家口迎候來兵，即於該處駐紮，備俄人侵入。蓋聊以藉此安頓也。

由這一段話，更可知道岑春煊的「勤王」，在最初時並未受到慈禧太后的重視。他後來之所以能藉此得邀殊寵，被慈禧目為患難中的救星，還是在慈禧出都以後的事，所以然之故，亦因為他所帶部隊的來路，恰好就在慈禧逃出北京的路上，機緣湊泊，十分合適，所以才能為岑春煊帶來此後數年中的異常好運。

光緒二十六年的八國聯軍之役，北京為聯軍所攻破，慈禧挈同光緒在城破之時倉皇出奔，情形甚為狼狽。其大致情形，可以蕭一山《清代通史》中的概括敘述顯示其一斑。下面先抄錄《清代通史》中的一段文字。

二十日城破，禁軍皆潰。董福祥走出彰義門，縱兵大掠而西，輜重相屬於道。是日，百官無人入朝者。二十一日，天未明，慈禧青衣徒步，泣而出，帝及后皆單袷從。至西華門外，乘騾車，從者載漪、溥儁、載勛、載瀾、剛毅等，妃主、宮人，皆委之以去。暮至貫市，馬玉崑以兵千餘人從，不食已一日矣。民或獻以麥豆，至以手掬食之，須臾而盡。時天漸寒，求臥具不得，村婦以布被進，濯猶未乾也。岑春煊為甘肅布政使，率兵來勤王，奉命往察哈爾防俄，一至於昌平，入謁，太后對之泣。太后倉皇出走，驚悸殊甚，得春煊，心稍安。春煊勤護從，一夕宿破廟，春煊環刀立廟外徹夜。太后夢中忽驚呼，春煊則朗聲應曰：「臣春煊在此保駕。」

春煊於危難之中竭誠扈從，以達西安，太后深感之，泣謂春煊曰：「若得復國，必無敢忘德也。」

慈禧一生中所感恩報德的人只有三個：一是後來官至四川總督而卒諡「清惠」的吳棠，因為他當慈禧父死還京，窮困不堪之時，曾經專程前來弔唁，又致贈厚賻，故而慈禧終生感念，雖其人碌碌，仍舊要把他擢陞為總督，且屢予美缺，以示報答。二是「庚子西狩」時途經懷來，懷來知縣吳永竭力辦差，使慈禧從此得脫困厄，因此感其忠悃，後來亦時時照拂，恩眷始終不衰。至於第三個，就是在西狩途中隨扈保駕的岑春煊了。與吳永相比，岑春煊在國家板蕩之時所表現的忠悃，並沒有什麼特別出色的地方，何以吳永在後來官不過四品的道臺，而岑春煊卻歷任總督、尚書等要職，位躋一品，權重一時，遠非吳永之能及呢？這其間的差別所在，說穿了並不稀奇，無非是吳永不善於把握機會，乘機建立他在慈禧太后心目中的地位，而岑春煊則長於此道而已。在君主專制時代，最接近統治人物的人，最容易得到權勢和地位。岑春煊懂得此一原則，在沒有機會時尚且要設法製造機會，在機會來臨時又豈肯讓機會輕易錯過？加上他天生具有粗疏豪邁而不畏艱難的勇悍性格，遇有困難，亦毫無瞻顧，直前不顧，於是便使慈禧太后覺得，岑春煊的忠而忘身確實是可以付託大事的可靠之人。相形之下，吳永秉持儒家忠恕思想所表現的謙退恭讓，便不免著著落後而相形不如了。這只要在西狩途中所經歷的兩件事中，便可見其差別：其一是派委糧臺督辦的事，其二是與宮中大總管李蓮英相結納的事。

四

據吳永《庚子西狩叢談》一書中所說，皇太后及皇帝一行在懷來縣息駕三日之後啟程往西，隨行的官員、隨從、夫馬等等已經為數不少，加上馬玉崑與岑春煊的扈從兵馬，人數共有數千。由懷來縣一路西行，勢必需要有人在大駕到達次一站之前，預先在前站備辦食宿供應，其名曰「辦理前路糧臺」。大駕啟行之前一晚，忽由宮內傳旨，軍機大臣奉上諭轉知，著吳永辦理前路糧臺。吳永奉旨，錯愕不知所出。其原因當然是由於此去一路向西，所經過的盡是一些偏僻貧窮的小縣，時當兵燹之後，人民流散，商賈歇業，遽然要在大駕到達之時備辦數千人食宿所需的柴蔬鹽糧，實在萬分困難。吳永自己，是以懷來知縣的身份辦過這種差使的，知道其中苦處。如今他本人既無兵馬，又無銀兩，如果前站地方以無法措辦為藉口，地方官本人頂多丟掉紗帽，吳永是奉旨辦理糧臺的人，到了臨時，又從何變出足夠數量的柴蔬鹽糧來供應幾千人的食用？第二天到達沙城巡檢司駐蹕，所面臨的果然便是此一情況。安頓大駕甫畢，即有「各王公府箭手，又諸色太監勒索車輛、馬匹。京官亦有陸續趕到者，皆紛索供應。正擾擾間，又有武衛左軍多人，直前圍逼，問予索糧餉、麩料，曰：『爾係糧臺，分當供給軍需，豈能任意推諉？』眾口喧呶，舉槍揚刃，其勢甚洶洶」。處此情況之下，吳永毫無辦法。最後，他雖然以一哭解圍，然而自念來日正長，何堪受此纏擾？幾經思維，覺得岑春煊現帶有餉銀五萬，又有步、騎兵隊可以彈壓，不如向慈禧太后保奏，請以岑春煊擔任督辦而自居會辦地位，當不致貽誤公事。此一想法，在慈禧自然樂於同意，可是岑春煊那方面的反應，卻全然出於吳永的想像之外。

「辦理前路糧臺」雖然只是一份臨時性的職務，但因所辦乃是包括太后、皇帝在內的供應差使，如果要假借太后與皇帝的聲勢，便儼然是欽差大員的身份，儘可以對地方官指揮呼叱，予取予求。吳永不懂得這正是一個巴結太后的大好機會，輕易就把督辦的名義讓給了岑春煊，在岑春煊自是求之不得。但即使如此，他卻不願意領吳永的情。原因是吳永不過只是一個小小知縣，官階太低，將來總不能讓人批評，說什麼：「岑春煊枉自做到二品藩司，他奉旨督辦前路糧臺，還是出自吳永的保薦！」

因此，他不但不肯感謝吳永之保薦，更在處處地方與吳永故為異同，藉以顯示他之高出吳永，不需要吳永之保薦。至於他受命督辦前路糧臺之後的表現，更與吳永大不相同。《庚子西狩叢談》記此云：

岑自得督辦名義後，沿途即大肆威福，對於地方供應官吏，往往非法凌虐，恣睢暴戾，氣焰至薰灼不可近。天鎮令聞駕至宣化，當即恭備一切。後以在宣化連駐蹕三日，食品皆臭腐，臨時趕辦不及，岑乃大加逼責，令無奈，至仰藥以殉。及至山陰，情節略同。岑復嚴責縣令，謂：「看爾有幾個腦袋？」山陰令惶急失措，見予即跪泣求救。予婉詞慰藉之，並為之向內監疏通，因勸岑稍從寬假，勿再演天鎮慘劇。岑乃大恚怒，謂予久任地方，所以袒護州縣。因此輒至相齟齬。

岑春煊與吳永相齟齬，他並沒有占到便宜。原因是吳永此刻尚隨侍大駕西行，慈禧對他的印象正好，岑春煊沒法說他的壞話。但即使如此，岑春煊卻能以沿途接近的便利，與慈禧所最寵信的大太監李蓮英建立了非常親密的關係，稱之為之「老叔」，並且幾次託他在慈禧太后跟前設法中傷吳永。吳永之所以會在後來被外放至廣東，無法再蒙慈禧之恩眷，原因便在這裡。由這些事情中可以看得出來，岑春煊與吳永雖然在這段時間中「比肩事主」，而由於岑春煊之處處力求表現，銳意進取，自然容易使慈禧覺得他是一個竭誠效力的「忠臣」。加上他的「保駕」行為又使慈禧得到安全的感覺，岑春煊在慈禧心目中的份量，自然一天天地加重了。在君主專制時代，皇帝與臣下的關係，同主人與奴才下人的關係很相像。親貴大臣的地位，很像是一個大家庭的得力幹僕或管家之類，地位雖然重要，其見信於皇帝或主人的程度，卻未必能及得上另一些地位極親的近臣或寵僕。岑春煊做到尚書、總督之後，本來已經是國家的大臣或重臣了；但因他早年曾因扈從保駕而深得慈禧的信任，在大臣之外，又兼具有近臣的性質，於是就使他的身份與一般的大臣不同，在君臣之外，更有家人一般的情誼。亦正因為如此，所以岑春煊才敢在外任督撫之後，以打破情面、不畏權勢的大膽作風從事各種興利除弊的革新，其後更與瞿鴻禨合作，力圖打倒慶王奕劻與袁世凱的聯合勢力，凡所作為，大有可稱。雖然他的進身未必全由正路，他在掌握權力以後所做的事，卻很可以使後人對他刮目相看。岑春煊與清末一班朝中大臣的不同之處，便在這裏。

五

慈禧及光緒逃難到達西安後，岑春煊護駕有功，名正言順地由甘肅藩司陞為陝西巡撫。不久，山西又發生教務糾紛，原任山西巡撫錫良應付失宜，在河北境內的八國聯軍有藉口入侵山西之勢。軍機大臣中本來有人與岑春煊不睦，此時便乘機以岑春煊長於治兵為名，奏准慈禧太后，將他調為山西巡撫。這樣做的目的很明顯：藉此將他排擠出外，以免他的政治行情繼續高漲。但因岑春煊的官運亨通，他的幕賓中有兩個極為傑出的人才，使得他在應付很多棘手的政治問題時都能從容應付，於是，每更調一處盤根錯節的多事之地，愈增加一分他善於應付繁難的聲望。這樣，終於使他在一調再調之後，很快地由巡撫陞為總督——先調四川總督，再調兩廣總督。

說起岑春煊的幕府人才，很容易使人想到張鳴歧。此人在「三二九」廣州革命之役時官居兩廣總督，黃克強先生指揮的廣州革命後來不幸失敗，主要原因便是革命黨人在攻入督署時捉不到張鳴歧，以致革命軍在清軍的四路包圍下陷入孤軍苦戰，終於全盤失敗。張鳴歧在清末雖然官至總督，他的出身，卻由岑春煊的幕僚得保而來。胡思敬《國聞備乘》說：

> 岑春煊入秦，擢陝西巡撫，寵任甚至。上方供用，日限三百金，內外整飭有法。凡所規畫，多採用幕客張鳴岐之謀。後調撫山西，移督四川、廣東，皆挈以俱行。至桂林，為捐雙月道員，上疏論薦甚力。旋放太平思順道，遂擢廣西藩司，陞巡撫，年甫三十，封圻中所僅見也。

張鳴岐成為岑春煊的得力幕賓，其建交之始，還是岑春煊在北京做紈袴惡少的時候。湯用彬撰《新談往》說：

> 春煊少年跅弛，自負門第才望，不可一世，黃金結客，車馬盈門，宴如也。以狎優之暇識何威鳳，間接識張鳴岐。鳴岐後來事業，俱發軔於韓潭之間，而世人不知也。

「韓潭」，即是北京的韓家潭，清末的有名戲班均聚集於此。岑春煊在韓家潭玩戲子的時候結識了張鳴岐，以後他外放為布政使，就把張鳴岐請了去做他的幕賓。張鳴岐後來脫離岑幕，由道臺而藩司，而巡撫，而總督，一帆風順。這固然與岑春煊的故事無關，而張鳴岐在岑春煊幕中的時候，卻曾為岑春煊策畫過一項空前謀議；直到現在，說起來仍可使人聽來極為震撼。其事見於王照所撰的《方家園雜詠紀事詩・第九》，詩云：

> 召亂人知是牝雞，來蘇我后正同徯。將軍手把黃金印，不許回鑾願向西。

此詩後所附的詮釋，是：

駐蹕太原多日，上仍求獨歸議和，太后及諸臣堅持不放。其實是時早歸，賠款之數可少，而外人所索保險之種種條件，皆可因倚賴聖明而無須提出，公論昭然，懷愍徽欽之禍，萬萬不容擬議，其理至顯。而諸人因識見腐陋，不知此者十之九，明知而佯為不知者十之一。此十之一，則為太后、榮、王、岑諸人也。時岑幕中有張鳴岐者，年少銳敏，力勸奉皇上回京，收此大功，岑詞窮而不語。蓋岑春煊奸人之雄，不論是非，專視多助者而助之，且素以夤緣太監得慈眷，至是因力主幸陝，得陞陝撫，與袁世凱寵遇不分上下。高觀、宇文泰分道揚鑣，非偶然也。

王照以保皇黨的身份痛詆親太后的岑春煊為「奸人之雄」，這是由於他的政治立場使然，無可厚非。不過，王照雖然罵岑春煊是奸人之雄，岑春煊卻不一定就是奸雄。《凌霄一士隨筆》，就有比較客觀的論評，說：

庚子之役，岑春煊以甘肅布政使率師勤王，護駕西行，遂邀西后特賞，遷任封疆。相傳其時春煊初擬助帝收回政權，或以孝治及利害之說動之，乃不敢發，而益自給於后。論者多病其不能見義勇為，然封疆重臣、統兵大將多戴后，帝則勢處孤危，舉事不慎，將有奇禍，春煊縱欲建非常之業，其力亦苦不足耳。

就事論事，張鳴岐所建的計策雖奇，究不免有太多的冒險成分；岑春煊自顧力量不足而未敢行險徼幸，亦不能說完全不對。只是，張鳴岐以少年幕僚而能為岑春煊畫此奇策，足見其見解十分高超，而岑春煊幕中能有張鳴歧這樣傑出的人才，亦可見岑春煊之善於用人。在張鳴歧之外，另一個傑出的幕賓人物，乃是岑熾。

黃濬所撰的《花隨人聖盦摭憶》，收錄有岑熾的傳記資料兩種，介紹岑熾的生平事蹟甚詳。據陳澹然所撰《岑熾軼事》說，岑熾與岑春煊同出餘姚岑氏，岑春煊籍廣西而岑熾世居餘姚。早年時，以捐職的縣丞服官陝西，曾居陝西藩司陶模及甘肅藩司曾鉌幕府，有聲於時。及岑春煊繼任甘肅藩司，仍聘岑熾居幕中。其後岑春煊帶兵勤王，陞巡撫、陞總督，及內調為郵傳部尚書，岑熾皆在春煊幕中，前後歷時幾有十年之久，舉凡岑春煊的一切重要行動，大都出自岑熾的策畫。其情形略如下述：

> 己亥，西林岑宮保春煊官隴藩，聞其狀，亟禮致幕中，佐岑幾十年，名益重而跡益奇。庚子，兩宮幸山西，岑公誓師入衛，先生極贊之。岑公乃以眷屬託先生，兩人揮淚而別。未幾，岑以衛駕功，擢秦撫，屢電乞佐之。先生覆書曰：「公能興禮樂，某當馳驅以報其意。」蓋以諷之也。岑公曰：「惟命。」先生乃入秦。辛丑，岑公移撫晉，而聯軍方入固關，晉危甚。先生為畫策卻之，敵乃退。壬寅，岑公督蜀，平巨亂。移督兩粵，平桂疆，輒任先生總文案。內則世家，外則印旗、文電咸屬焉，禮誼在師友間，情益篤。倚任之重，近世寡儔，顧未有因其參樞而一肆譏評者。清季大府幕賓，爭納饋，高者亦希薦擢，為進取階。張制府鳴歧，即以岑幕起。先生處大幕二十年，寮寀饋遺，未嘗一納，聞者怪之。久之，岑公重其奇節，勞苦功高，屢思薦舉，以為己副，先生輒峻卻之。客曰：「公參帥幕，獨卻薦，何也？」先生笑曰：「達官多驕慢，幕居賓禮，始克諫諍，薦則一屬僚耳，尚能行吾志哉？」曰：「公既不官，縣丞末吏，奈何不並去之哉？」先生復笑曰：「幕之為職，合則留，不合則去。縣丞雖末吏，五斗米尚足贍吾家。吾之不棄原官，猶農之不棄其產也，去此奚為？」其高潔如此。天性清直，見親

貴貪黷，常扼腕憤嘆，深懼國祚傾移。獨見岑公當重寄，嫉惡太嚴，則切戒以防其過。當岑公之移郵傳部尚書也，勢寖寖入樞府。先生嘆曰：「過剛則折，微特不克報國家，且恐為僉壬所中。」瀕行，諄諄以「疏不間親，相機而動」惕之。及岑公入覲，劾親貴，親貴嫉之，復出為粵督。先生嘆曰：「國事不可為，西林尚能赴粵耶？」急致書請退，岑公納之。既退，而先生亦返姚江，不復與人家國矣。

讀過《三國演義》的人都知道，劉備之所以能成就三分天下的局面，完全得力於諸葛亮與龐統贊襄謀議，在伐蜀之前的聯吳、拒曹，一切奇謀秘計，悉出此二人的籌畫，劉備不過拱手受成而已。其後，龐統死於伐蜀之役，當劉備決心大舉伐吳之時，諸葛亮力諫不從，被留在成都輔助世子留守，結果劉備就在伐吳之戰中大敗而回，終於病死在白帝城。演義的敘述與正史當然有距離，但《三國演義》所寫的劉備，倒很像是這裏所說的岑春煊，而岑熾就是岑春煊的諸葛亮。由上文所引的《岑熾軼事》可以知道，岑春煊生平所做的重大施為，凡是有岑熾在旁為之畫策定計，其最後的結果必定十分圓滿，反之就必無把握。尤其是在光緒「乙未政潮」未曾發生之前，岑春煊以調職四川中道突請入覲，於奏對時面劾慶王貪黷亂政，及奉旨調補為郵傳部尚書，又以未到任的尚書劾罷在職的郵傳部侍郎朱家寶，都是岑熾所曾頻頻勸誡，而為岑春煊所未曾接納的輕率舉動，其所產生的結果十分惡劣，亦早在岑熾預期之中，只因岑春煊不納其諫，方有後來的蹉跌。凡此俱可見岑熾其人在岑春煊政治事業中的重要性。說得更具體一點，我們很可以認定，岑春煊在調補山西巡撫及陞調四川、兩廣等地的總督之後，所以會有後來那些轟轟烈烈的功勳，大概都出於岑熾的策畫；而岑春煊入京之後所招致的失敗，亦正因為不肯接受岑熾的隨時匡正之故。由此而言，岑春煊的成功，大致不出於兩項因素：一是因為他的幕中有奇才岑熾、張鳴岐等人，而岑春煊又甚為倚信，所以凡事都能有良好的建樹；二是岑春煊的性格雖然粗率輕躁，在清朝末年，他總還算是一個肯做好官的人，而且又能知人善任，能有岑蟣、張鳴歧這樣的人才為之輔佐，終於也能做出一番事業來。明乎此，我們對於岑春煊之所以成功及所以失敗，亦就可以有一個大概的認識，不致因他前後行事之優劣迥異而感到訝異了。

六

岑春煊於光緒二十八年五月由山西巡撫調補廣東巡撫，尚未及入都陛見，即因四川各地會匪蠭起，而臨時受命署理四川總督，帶兵入蜀平亂。川事方定，廣西匪亂又熾，於是岑春煊又被調為兩廣總督，督辦兩廣軍務。岑毓英當年曾有獨力剿平雲南回亂的赫赫戰功，岑春煊既為「名父」之子，對於帶兵打仗自然很是專長。所以，他在四川總督與兩廣總督任內所建立的功績，都以治兵平盜著稱。此外，值得特別稱道的，則是他那種強直勇悍，立志要剷除貪污、澄清吏治，以至不惜與朝中權貴周旋到底的旺盛鬥志。岑春煊在清代末年之得享大名，並不在他的軍功，而在他這種清廉強直，為人津津樂道的特殊風格。

光緒二十四年，岑春煊初任廣東藩司，就曾因立意參劾總督譚鍾麟所包庇的大貪官王某，而與譚督拍桌互詬。雖然岑春煊因此而被調往甘肅，他在廣東百姓心目中所留下的良好印象，亦是永難磨滅。到了光緒二十九年，岑春煊奉旨調署兩廣總督，命下之日，廣東百姓歡聲雷動，以為朝廷果有知人之明，能夠讓岑春煊這樣的好官有出頭的機會，無不希望岑春煊到任以後，能夠痛懲貪污，與民更始，好讓久受貪官污吏迫害的窮苦小民出口怨氣。岑春煊到廣東之後，果然不曾在這方面辜負老百位的期望。在粵三年，除了大部分時間在廣西從事剿匪工作外，在廣東就曾做過兩件打老虎式的懲貪案，使人看了十分痛快。由於這兩件懲貪案中的一件牽涉到其幕後的包庇者，而此包庇者恰好又正是清末最有貪庸之名的慶王奕劻。這樣一來，岑春煊在廣東老百姓心中固然博得了好官之稱，他與奕劻間的仇隙，卻已到了難以化解的地步。這與後來的「丁未政潮」亦有因果關係，需要先提出來大致一說。

岑春煊在廣東所辦的兩大懲貪案，一件是南海縣知縣裴景福的貪污案，一件是粵海關書辦周榮曜侵蝕巨額稅款，並以之通賂慶王，充任出使比利時的欽差大臣，經岑春煊發其姦慝，查追贓銀數百萬兩，並削奪官職案。這兩大懲貪案中的主角，所貪贓銀各達數百萬兩之鉅，在當時可說是駭人聽聞之事。尤其是周榮曜，以一介書辦，居然能在貪得如許巨款之後，搖身一變而為出使外國的公使，清朝政府的政治腐敗情形，亦可說是事實昭彰了。關於裴景福案，岑春煊所撰的《樂齋漫筆》說：

> 余於戊戌歲開藩粵東，雖僅七十日而去，然於察吏安民、理財禁暴，份所當為之事，未嘗一刻去懷。粵省本多寶之鄉，官吏有求，俯拾即是，以故賄賂公行，毫不為異。其間最以貪名者，當推王某、裴某二人為巨擘，余在任時備知之。方欲依法嚴懲，以謝粵人，會匆匆交代，僅劾罷王，未遑治裴也。及癸卯再蒞兩廣，裴猶官南海縣知縣如故，而其惡益稔。顧心計獨深，工於舞弊，凡所受納，皆無跡可尋，狡獪殆尤有過於他人。余特疏劾其聲名狼藉，請革職看管，出示招告。裴平日能以小惠結民心，竟無人發其罪惡。乃自願罰鍰充餉，冀免久禁。繳款未足，輒伺隙逃入澳門，賄荷蘭人為之護符，抗不歸案。余以外人庇及刑事罪犯，侵我國權，斷難隱忍，乃派員乘兵艦至澳門守提，迭經據理力爭，幾至決裂，而卒獲引渡。遂治以應得之罪，奏請充發新疆，即日押解啟程。該犯至是無可逃免，始離粵以去。一時人心大快，即海外民黨報紙，亦同聲稱道，足徵此事為國人所共許。迄今粵人有言及王、裴者，猶深惡其為人也。

這一段文字中雖未指出此「裴某」是誰，而據《清德宗實錄》的記述，此裴某實即裴景福，進士出身，在廣東歷官陸豐、番禺、潮陽、南海等縣知縣，光緒三十年被岑春煊以貪污罪劾罷，發往新疆充當苦差，「永不釋回」。由於裴景福宦囊甚豐，鼎革之後，被他花錢運動了有關方面，竟然平安釋回。民國三年，且曾出任安徽省公署的秘書長，及政務廳廳長。由於岑春煊寫回憶錄時裴景福已成了民國政府的重要官員，不便顯斥其名，所以僅只稱之為「裴某」而不名。至於岑春煊奏劾其罪時所臚舉的貪贓事實，僅只收受盧華富等四案陋規而經廣東臬司查出的，即有銀元二十二萬四千二百餘元，其他無法查出者不詳。此事在當時並且被人編寫入有名的譴責小說《二十年目睹之怪現狀》第一百零三回中，裴景福之名被改成裴致祿，廣東南海知縣則被改成福建侯官知縣，其餘大致仍是實事。讀者如有興趣，不妨將書中所寫查出對看，必可得會心之一笑。至於周榮曜案的大致情形，《樂齋漫筆》中亦有記述，云：

> 粵海關監督向為膏腴之地，承平時恆為滿人所據，積弊日甚。部定額徵每年五百萬兩，歷任監督，均由內務府奏派，一年一更。旗員視為利藪，所派之員，每年解部額均在三百萬左右，無一人能解足。余奉命監督，即命奏調之馮嘉錫、朱祖印兩人充該關提調，認真整理，是年即徵得六百六十萬兩，奏明以五百八十萬兩解部，留八十萬兩充本省經費。奏入，即奉命裁除內務府派員，以後即歸總督監督。並查獲舞弊侵餉之庫書周榮曜，侵蝕公帑，積資數百萬，與官紳往還，儼然世祿。當譚鍾麟督粵時，王某倚勢相結，得其重賂，榮曜亦恃有護符，隱其蠹國病商之罪，益自驕縱。遂納賄京朝，廣通聲氣，得慶親王奕劻之援，簡任出使比國大臣，尚未出洋，余發其姦罪，奏請革職查抄，凡積年贓款，達數百萬之多。以一簿書小吏而擁貲至此，並得濫竊名器，貽笑友邦，果誰尸其咎歟？

按，清代的各處海關、稅關，素來是滿清政府用來調劑其奴才下人的肥缺，非內務府官員不能充當。但是，充當海關、稅關監督的內務府官員雖有巨額稅金可貪，卻不能全歸自己所得，自慈禧太后以至宮中掌權的太監處，都需要有所「報効」。王照所撰的《方家園雜詠紀事詩》中，就明白說到，海關與稅關都是慈禧所賣的各色差缺之一。既然得到此差需要花錢買缺，則得缺之後的乘機漁利，自是必然之事。只是，關稅能收至六百餘萬而報解只三百萬，則是一半以上的收入已進了私人的囊橐。而監督侵漁於上，書吏舞弊於下，以一名書吏而積資數百萬兩，悉出於歷年的侵吞舞弊所得，國家與商民的損失亦未免太大了。清代末年，米一石不過銀一、二兩而已。積貲銀數百萬兩，以米價折算今日的幣值，已將近美金五千萬元之譜。以如此蠹國病民的貪污書吏，竟然可以在通賂權門之後，派充為出使外國的欽差大臣，實在太駭人聽聞。在奕劻主持下的滿清政府，如此蔑視紀綱，罔顧法律，自難免使自詡清直而行事強悍的岑春煊極端痛恨。岑春煊後來之與瞿鴻禨互相結納，因倒慶而希望一併倒袁，其遠因已伏於此。

七

岑春煊作兩廣總督，自光緒二十九年至三十二年，前後歷時三年有餘。為了整肅貪污、除暴安良，他對於所轄文武官弁中的不肖份子大力斥革，於地方上的豪劣紳衿亦全不姑息，自此博得了「屠官」的惡諡，與張之洞、袁世凱同稱為督撫中的三大殺手——張之洞屠財，袁世凱屠人，而岑春煊屠官。斥革貪劣與裁抑豪強所招來的結果如何？可以先看看胡思敬《國聞備乘》中的一段記述。《國聞備乘》卷一，「袁岑氣燄」一條說：

> 「戊戌政變」，袁世凱首發逆謀。庚子避兵西巡，岑春煊沿途擁衛入關。由是皆有寵於太后。余觀二人舉動，亦各具恣睢叱咤之才，非盡恃寵也。張翼以小吏給事醇邸，不數年官至侍郎，寖寖乎大用。世凱劾其私鬻開平礦產，解職，涉訟英廷二年，怏怏歸，遂一蹶不起。溥善以吏部侍郎兼左翼總兵，本近支宗親，兄弟子姪布朝列。奸人盜賣陵地，用左翼印契，世凱復劾罷之，其鋒鋩亦可畏也。春煊氣力更出其上。粵紳有周榮曜者，初由關吏起家，積貲數百萬。春煊瞰其富，折簡招致署中，責報効。榮曜不應，私輦金入都，求通奕劻之門，遂簡四品京卿出使比利時。春煊怒曰：「奴子乃狡獪如是！」即日參其私蝕關稅，請削職監追。榮曜奔香港，盡籍其產入官，奕劻熟視，不敢出一詞救也。既而鐵路議起，春煊請派捐，粵人不允，請招股。春煊曰：「是把持也。」捕倡議道員黎國廉下之獄。全粵紳民皆憤，推前閩浙總督許應騤為首，聯名上訴。召周馥按問，亦莫能直也。春煊每至一省，必大肆糾彈，上下皆股栗失色。

岑春煊在清代末年所以有「屠官」之稱，乃是由於清末的吏治敗壞已至極點。官職既以賄買而來，既蒞官之後，自必多方搜括以求盈利，而賣官鬻爵的中心即是以奕劻為主的滿清政府。這種情形，看清末的譴責小說如《官場現形記》、《二十年目睹之怪現狀》等書即可瞭然。而這些書中所寫的論價買官，以及不顧廉恥、百計營求等官場黑幕，大致都有事實可按。既然官場中所充斥的都是這些寡廉鮮恥的闒茸無能之輩，為了振飭官常、澄清吏治，當然需要大刀闊斧地從事整頓斥革，不能姑息苟且。所以，岑春煊在當時雖有「屠官」之稱，如果所劾罷的都是卑劣無恥的貪庸之輩，則他的大舉澄汰便是正當之舉。所成問題的是，這些被岑春煊大批斥革的貪官污吏，也許正是從奕劻那裏花錢走了門路到外省來做官的人，一旦被岑春煊劾罷，自不免赴愬於他們的幕後支持者奕劻。何況岑春煊在劾罷周榮曜一案中，更曾彰明較著地使奕劻難堪，久而久之，如之何不使奕劻恨之刺骨？奕劻有袁世凱為之羽翼，而袁世凱又自有其擴張地盤的政治野心，兩人的目標相同，岑春煊自不免要遭受暗中排擠。關於這一層，又可以岑春煊自己所說的話來印證。《樂齋漫筆》云：

朝廷自經庚子之變，知內憂外患相迫日急，非僅塗飾耳目所能支此危局。故於西狩途中首以雪恥自強為詢，余曾力陳興教育、明賞罰諸大端。辛丑回鑾以後，即陸續舉辦各項新政。於時袁世凱新得北洋，方務內結親貴，外樹黨援，以遂彼竊國之謀。藉口於新政，於各省文武要職，無不遍布私人，為之羽翼。獨心忌兩廣隱為梗阻，久思排而去之，顧未能也。粵亂既平，兩宮稍釋南服之憂。適滇邊片馬交涉事起，乃得所藉口，移余總督雲貴。

岑春煊調雲貴總督，是光緒三十二年七月間的事。調職的理由，便是因為雲南方有邊患，非得幹練知兵如岑春煊者不能勝任，所以由奕劻以軍機領袖的身份向慈禧太后提出。慈禧太后為了顧念邊防安全，自然需要同意。於是，原任雲貴總督丁振鐸被調為閩浙總督，原任閩浙總督周馥調兩廣，而岑春煊則由兩廣調督雲貴。清代的各地總督，以直隸總督的地位最高，兩廣總督的缺份最肥，陝甘與雲貴則是總督中最苦的缺份。不僅如此，兩廣雖遠在南服，自從輪船與火車先後開通之後，與京師之間的幾千里路程已經不算遠，彼此間的消息傳遞，也很靈通；換了雲貴，就不同了。原因是雲貴至京師全恃驛路，最快也得走上三四十天，不但消息隔膜，來往一趟更不容易，把岑春煊從兩廣調往雲貴，從此可以將他與慈禧太后遠遠隔離，以免他借事與慶、袁為難。而周馥乃是袁世凱的兒女親家，兩廣總督給了周馥，又無異將兩廣收入了袁世凱的勢力範圍，一舉兩得，再好沒有。由岑春煊的立場看，這不過是袁世凱攘奪兩廣地盤的野心；但如從慶、袁勾結的情形看，將岑春煊貶往邊陲僻遠的貧瘠之地，恰好又遂了奕劻的報怨之心。所以，岑之由粵調滇，事實上應是慶、袁二人聯合排擠岑春煊的第一步。雖然《樂齋漫筆》中未曾說明，事實上仍可以很清楚地看得出來。

岑春煊奉旨調督雲貴後，第二日續有電寄上諭，大意說：「著周馥即赴兩廣新任。丁振鐸著俟岑春煊到滇後即行赴任，均著無庸來京請訓。」這一道電旨是個很大的敗筆，它使岑春煊和他的幕賓岑熾看出了其中的端倪——原來奕劻和袁世凱是要設法阻止他與慈禧太后見面，然則調滇之目的自顯然在藉此疏遠慈禧太后對他的眷注，這種動機太可惡。惟其因為有此念頭橫亙胸中，而岑春煊又不能顯違朝旨，惟一的對策就是藉口有病，在行抵上海時逗留不去，以進一步觀察慶、袁的動向。於是，他在交卸粵督之後便由輪船北上，到上海就藉病請假，名曰「就醫」，而且一醫就是半年，所恃的理由是連年在煙瘴之地帶兵打仗，久已有病在身，暫時不能長途跋涉，請俟稍微痊可後再行赴任。自光緒三十二年九月拖到翌年五月，雲南片馬方面的交涉事件已經不能再等，而岑春煊卻仍然沒有病癒銷假的模樣。奕劻看看不能再拖，只好另外請旨，將四川總督錫良就近改調雲貴，而以岑春煊填補錫良所空出來的四川總督。恰好，在這段時間中先後發生了很多重大的政治變化，政治氣候好像變得逐漸對慶、袁不利，於是，岑春煊的下一步計畫也要改變了。

由光緒三十二年秋間到三十三年春間，朝中所發生的重大政治事件有二：首先是傳說了很久的新官制案，終於核定公布了。但新經核定公布的官制案中，並未實現傳說已久的責任內閣制度，舊的內閣大學士依然存在，許多傳說將要裁撤的機構也依然未裁，而軍機大臣中卻有四位因改官制而變成專管一部的尚書，不再兼具軍機大臣的身份。這四人中有徐世昌，一般人都知道他是慶、袁一黨的重要人物。相反地，與慶、袁敵對的軍機大臣瞿鴻禨，卻仍以軍機大臣兼任外務部尚書，不受新官制的影響，也仍然與聞樞務。這顯然表示慶、袁所主持的修訂官制案被瞿鴻禨所扼，奕劻和袁世凱在和瞿鴻禨的暗鬥中落敗了。於是，袁世凱請求開去直督兼北洋大臣本職以外一應兼差的奏疏，也已見諸邸報，北京的政治氣候，好像對慶、袁頗為不利。這是第一件轟動中外的大事。至於第二件，則是東三省建立行省之說行將成為事實，新行省的一總督、三巡撫，據外間的傳說，也將為北洋系人物所一手包辦。這表示慶、袁派的勢力雖然在新官制案上受到了挫折，在東三省方面卻大有所獲。為了把握時機展開對慶、袁的打擊，軍機大臣瞿鴻禨寄來密信，希望岑春煊以奏請入覲為名，突然入京，以便與京中的反慶、袁力量配合，一舉攻倒奕劻，扭轉朝局。由於這一原因，岑春煊不再藉病逗留上海，表面是由上海取道長江水路前往四川履任，實際上是另有舉動。這樣，一場直接影響清末政局的「丁未政潮」，就逐漸展開了序幕。

八

丁未，就是光緒三十三年。在這一年中見諸表面的朝政動態，略如下述。

三月二十一日，岑春煊在陛見後奉旨補授郵傳部尚書，留京供職。

三月二十五日，御史趙啟霖參奏新任黑龍江巡撫段芝貴夤緣無恥，先則以購獻歌妓楊翠喜迎合貝子載振，繼從天津商會王竹林處措銀十萬兩饋獻慶王奕劻，因此得授為黑龍江巡撫。得旨，段芝貴著撤去布政使銜，無庸署理黑龍江巡撫；所參事件，交由醇親王載灃及大學士孫家鼐查覆。旋據奏稱，所參並不實在。趙啟霖因此被革職，載振亦引嫌辭去御前大臣、領侍衛內大臣、農工商部尚書等各項差使。

四月十七日，有旨命兩廣總督周馥開缺，調郵傳部尚書岑春煊為兩廣總督。岑春煊奏稱病尚未痊，請求收回成命，不准，仍飭迅赴新任，所請賞假之處，亦毋庸議。

同日，以度支部右侍郎陳璧為郵傳部尚書，以軍機大臣候補侍郎林紹年為度支部右侍郎。林紹年奏請開去軍機大臣兼差，奉旨毋庸前往度支部到任，仍任軍機大臣。

五月初七日，因翰林院侍讀學士惲毓鼎奏參軍機大臣兼外務部尚書瞿鴻禨懷私挾詐等罪，請予罷斥，奉旨：「瞿鴻禨著開缺回籍，以示薄懲，所參事件，交孫家鼐、鐵良查覆。」旋據奏請毋庸置議，以示體恤。

七月初四日，有旨，兩廣總督岑春煊久病未痊，員缺未便久懸，岑春煊著開缺安心調理，以示體恤。

同日，調軍臨大臣林紹年為河南巡撫。

按，「丁未政潮」的政爭雙方主要人物，自然是奕劻、袁世凱，與瞿鴻禨及岑春煊之間的對抗。而載振乃是奕劻之子，陳璧是袁世凱的黨羽，林紹年則是受瞿鴻禨所支持的。由上面所列舉的這些朝政動態看來，自三月二十一日岑春煊補授郵傳部尚書開始，瞿鴻禨和岑春煊所發動的倒慶計畫似乎頗見成功；但不過只隔了二十多天，情勢就頓起變化。先是岑春煊被擯出外，繼則瞿鴻禨被參奪職，再過了兩個月，岑春煊的兩廣總督也被拿掉了，被視為袁黨的軍機大臣林紹年也被逐出樞廷。在這三個月來的升沉變化之中，慶、袁的地位鞏固如故，站在瞿、岑一方面倒慶、倒袁的人物，則或斥，或革，或調外，或放廢，清除殆盡。這種事實當然可以使人看得很明白，朝廷中反對慶、袁的運動已經完全失敗，慶、袁的勢力從此成為支配滿清政府的惟一力量。這究竟是什麼原因使然？岑春煊和瞿鴻禨所聯合策動的倒慶計畫，何以會從初時的勝利一變而為後來的慘敗？這正是我們現在所要探討的問題。

《凌霄一士隨筆》論「丁未政潮」事云：

慶親王奕劻自繼榮祿而為軍機領袖，直隸總督袁世凱深與結納，為其謀主，於是北洋遙執朝政，其權力之偉，更遠過於李鴻章時。瞿鴻機以才敏受知，且有清望，簾眷亦隆，與奕劻同直

> 樞垣，遇事每有爭持，對北洋則時主裁抑，由是奕劻與之積不相能，世凱尤憾之。而清議以奕劻貪庸，世凱跋扈，多右鴻機，此為「丁未政潮」之張本。

此云袁世凱「尤憾之」，若由其他史料見之，則是由於袁世凱本欲以籠絡奕劻之法籠絡瞿鴻機，而瞿鴻機拒不接受之故。光緒三十三年時曾任翰林院檢討的林步隨，對此曾有記述，說：

> 袁督初求媚於文慎（按即瞿鴻機），無所不至。嘗自言當修門生之敬，文慎拒之。繼又請為昆弟交，亦不納。是時，京師親貴家有婚喪，輒由北洋公所供應帳飲之費，已成事例。乙巳，文慎次子授室，援例以請，復進賀儀八百金，皆謝卻之。袁既絕意於結納，不得不謀排擠矣。

瞿鴻機不願做奕劻第二，又要主張裁抑北洋的勢力，這在袁世凱自然無法忍受。拉攏既然無效，另一個可用的辦法就是排而去之。在瞿鴻機，亦正有類似的想法——慶、袁結黨擅權，朝政日非，若不能將此二人的聯合勢力逐出政壇，滿清政權必亡於慶、袁之手。但是，瞿鴻機一個人的力量絕對扳不倒奕劻與袁世凱，要達成此一目的，他需要借助外來力量的援助，而此時惟一可與袁世凱相抗衡的有力人士，只有岑春煊。因此他替岑春煊設計，在由上海坐輪船赴川督新任，經過漢口時，發一電報請求入覲，然後不俟批覆，逕在漢口乘京漢鐵路火東北上，兩日夜即可到北京。岑春煊在慈禧太后面前的簾眷甚隆，只要慈禧太后在岑春煊宮門請安之時准予召對，必可乘造膝密陳的時機面陳奕劻的貪黷無能，再輔以其他方面的攻擊力量，奕劻之倒臺，正大有可能。此所以岑春煊在途經漢口時要突然電請入覲，以措手不及之法使慶、袁無法阻撓岑春煊之北上，其初步所得之效果，果然很好。據岑春煊自己所說的情形，是這樣的，《樂齋漫筆》：

余居滬上，續假自冬迄春。丁未正月十九日，奉旨：「調補四川總督，毋庸來京請訓。」知仍出慶、袁之意。念巴蜀道遠，此後覲見無日，不於此際設法入都，造膝詳陳種種危迫情形，機會一失，追悔無窮，當以權宜行之，縱獲罪朝廷，亦期不負兩宮眷倚之意。乃於啟程赴任，舟次漢口時，電請順道入覲，不俟俞旨，逕乘京漢車北上。抵京之日，即奉兩宮召見，溫諭有加，並詳詢年來病況，命在京休息，以備續有召對。此行蓋出彼黨意料之外，故無由預為阻格也。

這一段話說明了岑春煊以突然發動的辦法忽然到了北京，達到了「面聖」之目的；由於事出突兀，慶、袁無法阻擋，所以岑春煊的戰略是成功了。在這一段話中，岑春煊雖未承認這一計畫是否出於瞿鴻禨的指授，而袁世凱在這年四月寫給兩江總督端方的一封密信中，卻曾透露其事實出瞿之安排。袁信云：

大謀此來，有某樞暗許引進，預為布置臺諫。大謀發端，群伏響應，大老被困，情形甚險。

此信中的「大謀」，指春煊；「大老」，指慶王奕劻；「某樞」，即隱指瞿鴻禨而不名。由此可知，岑春煊之藉口「入覲」，突然來京，及在面對時即痛斥奕劻之貪庸誤國，都是瞿鴻禨所一手策畫，與後來之趙啟霖參段芝貴同屬有計畫之行動。至於實際上的經過情形如何，仍可由岑春煊的《樂齋漫筆》見之，再抄一段如下：

自是入對凡四次。太后語及時局日非，不覺淚下。余因奏言：「近年親貴專權，賄賂公行，以致中外效尤，紀綱掃地，皆由慶親王奕劻貪庸誤國，引用非人。若不力圖刷新政治，重整紀綱，臣恐人心離散之日，雖欲勉強維持，亦將挽回無術矣。」太后初聞此言，頗有怒容，云：「何致人心離散？汝有何證據，可詳細奏明。」余對曰：「天下事人同此心，事同此理。假如此間有兩御案，一好一壞，太后要好的還是要壞的？」太后言：「當然要好的。」余對曰：「此即是人之心理。臣請問：今日中國政治是好是壞？」太后言：「因不好才改良。」余曰：「改良是真的還是假的？」太后又現怒容，曰：「改良還有假的？此是何說？」余對曰：「太后固然真心改良政治，但以臣觀察，奉行之人，實有蒙蔽朝廷，不能認真改良之據。請問太后記得在岔道行宮時，蒙垂詢：『此仇如何能報？』臣當時曾奏云：『報仇必須人才，培植人才全在學校。』旋蒙簡授張百熙為管學大臣，足見太后求才之切。惟此刻距回鑾已將七載，學校課本尚未審定齊全，其他更不必問。又前奉上諭，命各省均辦警察、練新軍，詔旨一下，疆臣無不爭先舉辦。但創行新政，先須籌款，今日加稅，明日加釐，小民苦於搜括，怨聲載道。倘果真刷新政治，得財用於公家，百姓出錢，尚可原諒一二。現在不惟不刷新，反較從前更加腐敗。從前賣官鬻缺，尚是小的；現在內而侍郎，外而督撫，皆可用錢買得，醜聲四播，政以賄成，此臣所以說改良是假的。且太后亦知出洋學生有若干否？」太后言：「我聽說到東洋學生已有七八千，西洋尚未知悉，想必亦有幾千。」余對曰：「以臣所聞，亦是如此。古人以士為四民之首，因士心所向，民皆從之也。此去不過數年，伊等皆畢業返國，回國後眼見政治腐敗如此，彼輩必聲言改革。一倡百和，處處與政府為難，斯即人心離散之時。到此地步，臣愚實不敢言矣。」不覺失聲痛哭。太后亦哭，言：「我久不聞汝言，政事竟敗壞至此。汝問皇上，現在召見臣工，不論大小，即知縣亦常召見，均勖以激發天良，認真辦事，萬不料全無感動。」

在上面所引的這段召見對話中，岑春煊以「政府官員名為革新政治，實則蒙蔽朝廷，並無改良實意；且以推行新政為名，增派各種苛捐雜稅，以致小民苦不堪言，而官員則反得藉機漁利；政治腐敗，達於極點，一旦民心離散，時局實在不堪設想」為言，簡單扼要地說明了以奕劻為首的中央政府，大有把清朝中國帶上絕路之情勢。其最後所達到的結論，當然也就非常明白：欲圖挽回，必須亟圖革新，欲求革新，必先去既貪且庸的慶王奕劻。但岑春煊的這番話雖能使慈禧太后悚然動容，而奕劻所恃以結歡固寵的關係畢竟十份深厚，絕非岑春煊的三言兩語所能動搖。所以，慈禧太后與岑春煊之間，接下來就還有一段艱辛的辯難。仍引《樂齋漫筆》記述此事的原文如下：

太后云：「汝說奕劻貪，有何憑證？」余對曰：「納賄之事，惟恐不密，一予一受，豈肯以憑據示人？但曾記得臣在兩廣總督兼粵海關任內，查得新簡出使比國大臣周榮曜，係粵海關庫書，侵蝕洋藥項下公款二百餘萬，奏參革職拿辦。斯時奕劻方管外務部，周犯係伊所保，非得賄而何？」太后言：「奕劻太老實，是上人的當。」余對：「當國之人何等重要，豈可以上人之當自解？此人不去，紀綱何由整飭？」太后言：「懿親中多係少不更事，尚有何人能勝此任，汝可保奏。」余對：「此乃皇太后、皇上特簡之員，臣何敢妄保？此次蒙皇太后、皇上垂詢時政，是以披肝瀝膽，不敢一毫隱瞞。惟啟程之時，因應奏之事極多，而牽涉奕劻關係重大，不得不入京面陳，故特冒昧前來。……」

岑春煊對奕劻的攻擊雖然並未能使奕劻倒臺，但也顯然使慈禧對奕劻的信心發生了動搖。也許，瞿鴻機設計使岑春煊入京面對所希望達到的初步目標，亦只是如此。因為，奕劻畢竟是一株根深柢固的大樹，輕易不能拔去，必須先加搖撼鬆動，然後方能漸漸拔起。岑春煊的初步工作既有成成效，接著便可另換他人前來接力。袁世凱致端方信中所說的：「大謀發端，群伏響應，大老被困，情形甚險。」即是如此。這另外換上來接力的，即是在當時臺諫中素有敢言之稱的御史趙啟霖，所用作彈劾理由的，便是從光緒三十二年十一月間已轟動一時的，段芝貴通賄奕劻父子而得黑龍江巡撫案。

趙啟霖奏參黑龍江巡撫段芝貴以購獻歌妓楊翠喜結好貝子載振，及從天津商會王竹林處措銀十萬兩饋獻奕劻，故能以一候補道而超遷巡撫，其事本屬實在，只因奕劻、袁世凱之巧於彌縫，而奉旨查覆之醇王載灃、大學士孫家鼐二人又復顢頇瞻顧，苟且了事，所以趙啟霖最後反得到一個「誣衊親藩」的罪名，被革掉御史。關於這一段史實，筆者已曾在〈袁世凱與慶親王〉一文中詳細敘述，這裏不須再贅。但趙啟霖雖然革職，他出京回籍時的送行場面卻十分風光，原因是輿論對他的勇敢行為都十分欽佩，自認有氣節的士大夫更相率餞別，既為趙啟霖增添行色，也為自己增加聲光。餞別的地點在南城外的龍樹寺，贈別之詩盈篋，其中最令人注目的一首，作者是蔣式瑆。此人原任監察御史，光緒三十年十二月因奏參奕劻以當國親王而私存巨款於英商匯豐銀行一案革職，斥回原衙門行走。蔣詩云：

三年一樣青青柳，又到江亭送遠行。我亦懷歸歸未得，天涯今見子成名。

言下之意，似對趙啟霖之因劾奕劻而得享大名，十分歆羨。其實，則蔣式瑆在三年前也而曾因劾奕劻而得過大名，只是他所得的大名是人人知道他分得了奕劻的三十萬存款，以一個御史頭銜而換得偌大一筆財富，十分划算，與趙啟霖之真的成名並不一樣而已。趙啟霖成了名，相形之下，自然是奕劻的聲名更加掃地。這其中的事實真相，慈禧太后後來終於也逐漸知道，奕劻的地位，這時才真正有了危險。林步隨跋袁世凱致端方密函，有一段說到此事，云：

西林之入都也，面劾慶王貪黷，詞甚激切。臺官江春霖、趙啟霖又先後抗章彈其父子，而汪舍人康年主京報，譏詆尤力，士論譁然和之，上亦頗為之動。一日，慶王以疾請假，文慎承旨，太后慨然謂：「奕劻年老，說遂不起，爾試思誰可繼其任者？」文慎請依故事用近支宗親，因舉醇王，太后頷焉。此事為慶王及袁督所聞。袁、慶素相結，朝士趨炎以圖自貴者，京、津之間，交午無虛日，聞之大恐。

情勢發展到了此一地步，奕劻的地位真的動搖了。所謂「大老被困，情形甚險」，應即指此。奕劻貪庸，這樣的人物當然應該教他滾蛋。但是，倒慶即是倒袁，奕劻一倒，袁世凱沒了後臺，也是非倒不可。以袁世凱之善於搞陰謀，玩詐騙，逢到這種危險場面，總也會有辦法應付。至於如何應付，那就要看袁世凱的本領了。

袁世凱以「戊戌政變」時背叛光緒皇帝而得慈禧之寵信，他當然知道慈禧太后最恨的就是康有為、梁啟超等一班維新派人物。他決定用來反擊瞿鴻禨和岑春煊的辦法，就是從這一方面入手。

「丁未政潮」，由岑春煊之突然由漢口入覲，突然對奕劻發難攻擊開始。瞿鴻禨拉攏他，是因為他在慈禧太后面前的寵信程度，不下於袁世凱。所以，倒慶、倒袁計畫的第一步，是要先設法能夠讓岑春煊入京「面聖」。「面聖」之時，不但要公開指摘奕劻之貪庸不法，並且要能爭取到留京供職，以便進一步相機而動。這一層，在岑春煊入京之初的幾次召見以後，便得到了成功。《樂齋漫筆》記述岑春煊此時對慈禧所奏的話，說：

今在京數日，尚覺所懷未盡，又須遠赴川省。臣不勝犬馬戀主之情，意欲留在都中，為皇太后、皇上做一看家惡犬，未知上意如何？」太后即云：「汝言過重。我母子西巡時，若不得汝照料，恐將餓死，焉有今日？我久已將汝當親人看待。近年汝在外間所辦之事，他人辦不了，故未能叫汝來京，汝當知我此意。」余對曰：「臣豈不知受恩深重，內外本無分別。惟譬如種樹，臣在外，係修剪枝葉，樹之根本，卻在政府。倘根本之土被人挖鬆，枝葉縱然修好，大風一起，根本推翻，樹倒枝存，有何益處？故臣謂根本重要之地，不可不留意也。」太后云：「汝所言極是。好在外邊現已安靖，我亦望你在京辦事，明日即可下旨，汝先下去。」明日，遂有補授郵傳部尚書之命。

岑春煊對慈禧太后表示，他願意留在京裏，為皇太后與皇帝做一隻看家的惡犬，那意思當然很明白，他要為慈禧和光緒趕走一切貪污不法的腐敗份子，好使朝廷根本之地，有去腐生新的機會。果然，他在發表為郵傳部尚書的第一天，就表現了這隻看家犬的本領，一口咬斷了袁世凱的一段尾巴。《樂齋漫筆》記此云：

余既奉旨，尚未謝恩，先請見太后，面劾本部侍郎朱寶奎，以：「市井駔儈，工於鑽營，得辦滬寧鐵路，勾結外人，吞沒巨款，因納賄樞府，得任今職。若該員在部，臣實羞與為伍。」太后曰：「朱某既然不肖，可即予罷斥。但據何罪狀以降諭旨？」余對曰：「可言係臣面參。」太后首肯，始謝恩退下。是日特旨褫寶奎職，都人士群相驚告，詫為異事。

當時都中人士之所以會「群相驚告，詫為異事」，是因為兩種原因：第一，按清代官制，尚書與侍郎同為一部的「堂官」，侍郎並非尚書的屬吏，而且也從未聽說過同一部中的尚書參劾侍郎的事情。第二，劾罷朝中的高官大僚，必須有實際罪狀。侍郎官居正二品，品秩甚高，今只因岑春煊之空言劾奏而遽予罷斥，未免駭人聽聞。而稽之當時的朝旨，朱寶奎之罷斥，全不須有罪名，看來更不免使人詫為異事。《清德宗實錄》中所記載的朝旨原文如下：

> 諭內閣：據岑春煊面奏，郵傳部左侍郎朱寶奎聲名狼籍，操守平常，朱寶奎著革職。

官居二品的侍郎，竟可因「聲名狼籍，操守平常」的兩句話而革職，此一案件所給予人的第三種感覺，便是岑春煊的氣燄實在太可怕，比之袁世凱，似乎更有過之。岑春煊為什麼要奏劾朱寶奎？因為朱寶奎是袁黨；朱寶奎怎麼會是袁黨？可以看胡思敬《國聞備乘》一書中的記述。《國聞備乘》卷三：

> 常州朱寶奎遊學西洋歸，夤緣入盛宣懷門。宣懷以鄉誼，處以鐵路局小差。人頗機警，漸被親任，不數年由同知捐陞道員，遂充上海電報局總辦，凡各局弊竇，無不知之。窺宣懷有婢絕美，求為簉室，宣懷不許，由是離交。私發路局積弊，並抄錄累年洋商交涉案，叛歸袁世凱。世凱久涎鐵路、招商、電報三局之利，而不詳其底蘊，至是得所藉手。遂參宣懷，盡撤其差，以鐵路局交唐紹儀，招商局交楊士琦，電報局交吳重憙，而保朱寶奎為郵傳部侍郎，後為岑春煊劾罷。

朱寶奎以所欲不遂而叛盛歸袁，又盡發盛宣懷之私而使袁世凱可以對盛宣懷下手，這樣的行為，當然是十足的反覆小人。岑春煊劾之罷職，一方面固然是要打擊袁世凱，另一方面也是要為盛宣懷報仇。但是，岑春煊的此一著棋，看起來固然大快人心，實際則犯了輕躁妄動之大病。因為，這一來更加暴露了他對慶、袁的敵視態度，非迫使袁世凱更加依附奕劻以求自保不可。於是袁世凱的陰謀更加積極，岑春煊不久就吃了大虧。袁世凱致端方密札中有關於此事的珍貴秘辛，云：

> 大謀發端，群伏響應，大老被困，情形甚險。幸大老平時厚道，頗得多助，得出此內外夾攻之厄，伯軒、菊人甚出力，上怒乃解，而聯合防堵，果泉亦有力焉。十六日，大老獨對，始定議遣出。上先擬遣，次日即發表。大謀不肯去，十六日亦曾議及，當有對待之術繼之。伊眷漸輕，勢大衰，無能為矣，不如不來為愈也。舉武進、鄭、張，上均不以為然，人得藉口謂其推翻大老，排斥北洋，為歸政計，因而大中傷。武進供給，亦有人言及，恐從此黃鶴一去矣。

袁世凱致端方的此一密札，信尾所署的時間是四月十九日，恰是岑春煊由郵傳部尚書奉旨外調兩廣總督的第三天。由信中所說，可知岑之外調，完全由四月十六日那天奕劻之「獨對」而起。按，所謂「獨對」，乃是領軍機大臣的特權，即在軍機全班叫起之後，獨自一人留下來單獨奏對之意。軍機全班進見，所談論的事有全體軍機大臣同時聽聞，若是獨對，就無法知道所談何事了。且依常例而言，獨對所奏，必係絕對機密之事。奕劻在一番獨對之後就決定了岑春煊之外調，可知此番獨對中的談話內容對當時政局有決定性之影響力量。此影響力量從何而來？是即上引袁世凱致端方密札中的後一段話。

要瞭解前引密札中的後一段話，需要先對信中的若干人名做一注釋。袁信中所說的「伯軒」，乃滿入世續，時官東閣大學士兼軍機大臣；「菊人」即徐世昌，時為東三省總督；「果泉」為滿人成勳，時官吉林副都統；「武進」即盛宣懷，「鄭」即鄭孝胥，「張」則張謇，當時均有新黨之稱。奕劻被攻危急，賴世續、徐世昌等人為之陳說而得解，其事並不值得注意。值得注意的，乃是其中所透露，袁世凱用來中傷瞿鴻禨和岑春煊的方法。

胡思敬《國聞備乘》卷一，「岑雲階粗莽」一條說：「岑春煊性極粗莽，戊戌服闋入京，結交新貴，入保國會。」又，同書卷三，「袁世凱謀傾岑雲階」一條說：「袁世凱、岑雲階俱有寵於太后。世凱之寵由戊戌告變，春煊之寵由庚子護駕，皆從患難中奮翅而起，雖有外言，莫能間也。世凱惡春煊權勢與己相埒，與奕劻比而讒之。朱寶奎黜，仇恨至探，密奏春煊曾入保國會，為康、梁死黨，不可信。」又，康有為題瞿鴻禨遺像詩：「三犯龍鱗敢舉仇，愛才愛國有深憂。」詩後有跋，云：「西狩間，公三舉鄙人。后怒公舉其仇，幾不測。」將這幾條資料合起來看，可以知道，岑春煊和瞿鴻禨都有過和康、梁接近舉薦康梁的紀錄，而慈禧則因「戊戌政變」之故，恨透了康、梁的。

朱啟鈐撰，〈姨母瞿傅太夫人行述〉中說：

> 戊戌前後，啟鈐往來吳會，頗與其邦賢士大夫遊，益憤切，喜改革之說。文慎雖持重，而蘇學所主持，在當時號為新激，與陳右銘、江建霞二公在湘，有桴鼓之應。戊戌事敗，法網嚴苛，啟鈐在湘，猶與張劭希，楊篤生、章行嚴諸君私購禁書，交相傳習，意氣未稍衰。故啟鈐在文慎門下，深知文慎所以卒遭親貴之忌者，由來非一朝夕也。

又說：

> 就中文慎最為僉邪所惡者，惟主持輿論一事。汪君康年之在滬辦中外日報也，遠在庚子以前；汪君，文慎門下士之夙邀賞拔者也。不惟汪君，其時吳越兩省名流以言論繫時望者，類皆著弟

子籍，有知遇感也。文慎柄政，上海輿論於政府措施抨擊曾無假借，而文慎訪問得失，未嘗不虛懷以聽焉。京師初無報館，江南人士來者漸多，頗開清議之門。甲辰、乙巳之間，京師文字之禍興，朝貴銜報館切齒，必欲得而甘心。啟鈐方長警廳，知其事甚悉，嘗屢以去就爭。朝貴既無如何，遂以怒報館者怒文慎。加以朝官奔競鑽營之風，素為文慎所深惡，言官舉其醜穢，攻彈不已，又以怒言官者怒文慎。

上面的這些記述，不但說明瞿鴻禨自「戊戌政變」以來，一直傾向新學而同情新學，並且對於清議及輿論亦極為左袒，以致引起權貴人士及卑劣朝士之切齒。其中所謂「甲辰乙巳之間」的文字獄，大概指奕劻父子的醜聞被報紙宣傳騰播中外之事而言。甲辰是光緒三十年，乙巳則三十一年。光緒三十年冬，御史蔣式瑆因參奏奕劻存款於匯豐銀行一案而被開去御史職務，但報紙之報導批評卻對奕劻甚為不利。翌年，奕劻之子載搜又有挾妓宴飲於京市桐花莊之事，酒酣耳熱之餘，載搜自登戲臺演劇，所挾妓名謝珊珊者為之敷粉，致為御史張元奇露章彈劾。時值日、俄戰於東北，人為刀俎而我為魚肉，天潢貴胄，居然全無心肝至此，這事當然成了極好的諷刺材料。報紙乘機渲染，更使奕劻父子的顏面掃地以盡。奕劻和載搜奈何不了報館，只好記恨辦報的汪康年，而汪康年又恰好是瞿鴻禨的得意門生，於是瞿鴻禨的罪名又多了一筆。凡此種種，在平時也許還不致如何，但若到了算總帳的時候，當然會一起都加上去的。

袁世凱在寫給端方的密札中說，岑春煊曾向慈禧推薦盛宣懷、鄭孝胥、張謇而未被接納，所以，「人得藉口謂其推翻大老，排斥北洋，為歸政計，因而大中傷」。這些話不啻是袁世凱的夫子自道，說出了奕劻在獨對時向慈禧密奏的岑、瞿罪狀，原來便是指證他們的所作所為在企圖引進維新派人物，陰謀篡奪慈禧政權，好為「戊戌政變」的舊事翻案，而這些話正是慈禧所最驚心動魄的。所以，即使奕劻所說的只是一些虛構誣衊的莫須有之言，在慈禧卻不敢相信其必無。於是，獨對的定議是先將岑春煊調出，即使岑不肯去，亦別有「對待之術」。至於瞿鴻禨，雖然暫無嚴譴，但慈禧對他已無好感。看袁世凱信中另有所謂「大老絕不能動，同班中或不甚穩」云云，分明已預示瞿鴻禨亦將被逐出軍機，只是留作第二步的行動而已。林步隨說：「此事本由密謀，外間雖能揣知其情，初無佐證。及見此函，和盤托出，遂成千古信讞矣。」可謂信然。

九

奕劻在一番獨對中，以虛構的謊言中傷岑、瞿，既挽回了他自己的劣勢地位，也徹底排除了他的政敵，一舉兩得，可謂大獲全勝。此一毒計的進行情形，在岑、瞿二人自然無法像像得到，所以他們也未曾預防及此。這一層，只要看瞿鴻禨對於奕劻獨對一事的反應態度即可知道。林步隨說：

> 光緒壬寅以後，兩宮歲常以春夏園居。三十三年丁未，西林入都，授郵傳部尚書，余時方以詞曹兼部屬。一日，西林幕客同里高君嘯桐走告曰：「聞昨日召見軍機之後，慶王單起，此何事也？故事，樞廷獨對，必有非常處分，君常在瞿相邸中，寧有所聞邪？」余愕然無以對。高君謂：「此事關繫至鉅，宜急往淀園面叩其詳。」余諾之。次晨馳往，文慎方退食，余如高言以叩。文慎喟然曰：「為贊帥耳。」蓋林文直在樞廷，以方鯁取厭同列非一日，上意亦不悅，慶王獨對，即為承旨擯文直出軍機也。旨下，授文直度支部右侍郎。故事，軍機大臣本秩已躋二品，出授卿貳，顯為左降，大駭視聽。文直以邊省巡撫驟入政地，實文慎左右之。及是，文慎為之力請，乃收回退出軍機之命，更降旨令不必到部。不知者以為文直危而獲安，為文慎得君

未替之證，而不知非也。

按，林紹年字贊虞，卒諡「文直」，上文所說到的「贊帥」與「文直」，都是指林紹年而言。由林步隨的這段話中可以知道，在奕劻獨對之後，岑春煊由郵傳部尚書外調為兩廣總督，林紹年由軍機大臣左遷為度支部侍郎。瞿鴻禨並不知道這都是奕劻獨對所造成的結果，還以為獨對的目的只是在商量擯林紹年出軍機。然則，林紹年之事，不過慈禧與奕劻所用的障眼法，其作用在轉移瞿鴻禨的注意力，使不知岑春煊之外調更有重大的意義而已。瞿鴻禨既不能察覺奕劻獨對時的真正內容，岑春煊粗率無謀，自然更難察覺。所以，他在行至上海之後，依然使用以前的老辦法：藉口有病就醫，在上海逗留不去，以覬後命。殊不知道此時的慈禧，對岑春煊的觀感已發生了一百八十度的轉變，不但「眷漸輕，勢大衰」，而且還真的「不如不來為愈」哩！就在岑春煊逗留上海的期間，對瞿鴻禨的攻擊亦已開始。這次出面攻擊的，令人非常意想不到，竟是與慶、袁毫不相干，而平素頗矜氣節的翰林學士惲毓鼎。

趙炳麟撰《柏巖感舊詩話》說，御史趙啟霖因奏劾奕劻父子而遭革職，出都之日，士大夫餞別於城南之龍樹寺，至者數百人，贈詩盈篋，發起者即是翰林院侍讀學士惲毓鼎。「未一月，薇孫（按即惲毓鼎字）受奕劻指，以『授意言官』劾退瞿相國鴻禨，時論難之。」惲毓鼎上疏奏劾瞿鴻禨，據說疏稿出於袁黨人物楊士琦之手。最初欲賄買一御史上之，因懼得罪清議之故，無人敢應募，而惲毓鼎貪其重賄，竟悍然不顧，出面具奏。由於這本是慈禧與奕劻早已商定的決策，所以惲毓鼎之劾疏奏上之後，並不須明白查究所劾是否真實，便即降旨瞿鴻禨開去本兼各職，罷斥不用。《清德宗實錄》中記載此時所降的諭旨如下：

> 光緒三十三年五月丁酉，諭內閣：惲毓鼎參奏〈樞臣懷私挾詐，請予罷斥〉一摺，據稱「協辦大學士外務部尚書軍機大臣瞿鴻禨，暗通報館，授意言官，陰結外援，分布黨羽。余肇康於刑律案未嫻習，因案降調未久，與該大學士兒女親家，託法部保授丞參」等語。瞿鴻禨久任樞垣，應如何竭忠報稱。頻年屢被參劾，朝廷曲予寬容，猶復不知戒慎。所稱竊權結黨、保守祿位各節，姑免深究。余肇康前在江西按察使任內因獲咎，為時未久，雖經法部保授丞參，該大學士身任樞臣，並未據實奏陳，顯係有心迴護，實屬徇私溺職。法部左參議余肇康著即行革職，瞿鴻禨著開缺回籍，以示薄懲。

看了這一道上諭，再將奕劻屢次被御史參奏所奉的歷次上諭相比，覺得慈禧處分惲毓鼎奏參瞿鴻禨一事，與她之屢次包庇奕劻而重懲言官的情形，簡直有霄壤之別。彈劾之奏章如果未經查實，只可說是莫須有之事。奕劻屢被彈劾，而且所劾的罪名甚重，從未有不經交查而逕予處分的前例。而且即使交查，在查覆者朦朧奏覆而得悉所查不實時，受處分的仍是原參之人，而與奕劻毫無關係。以此相比，慈禧待奕劻何其寬厚，待瞿鴻禨何其刻薄？所以然之故，則奕劻無非貪庸誤國，不致背叛慈禧，瞿鴻禨則被奕劻指為意圖篡奪政權，為慈禧所深惡痛絕，故竟因自私而致失去理智，不知不覺之間墮入了奕劻與袁世凱所設計的圈套。瞿鴻禨個人的榮辱得失固不足惜，袁世凱對近代中國的影響力，則從此有如附骨之疽一般地不能拔去，所造成的禍害，就太大了。這其中的影響關鍵，全在慈禧的一念之間，說起來實在深可慨嘆。

瞿鴻禨被罷斥之後，對於惲毓鼎所參各節，慈禧太后只有形式上的一番交查，其實則對瞿之去留無關。因為，即使查無事實，瞿鴻禨也早已開缺回籍，絕不可能召回復用了。其後，奉旨查辦的大學士孫家鼐、陸軍部尚書鐵良二人所上覆疏，果然不能為惲毓鼎證實瞿鴻禨的罪名。此一覆疏對於「丁末政潮」的幕後秘辛頗有關聯，值得一讀。原疏不見於《清實錄》，卻在趙炳麟所撰的《柏巖集・附錄》中看到，抄錄其主要內容如下：

> 臣等伏思，暗通報館、授意言官，必須問明何處報館、言官何人，方能據實查核。因令原奏官惲毓鼎開具節略。旋據開呈，「汪康年為瞿鴻機密黨、曾廣銓為鄉里私交」等語，授意言官，則指出已革御史趙啟霖奏王夫之從祀一案。臣等竊謂原奏官一面之詞，恐或有所偏重，因復博訪周諮，詳慎考究。如曾廣銓乃原任大學士曾國藩之孫，與瞿鴻機同鄉而有世交，難禁其不相熟識。汪康年係浙江人，曾經中式進士，與瞿鴻機有文字之交，往來亦所難免。開張報館，曾廣銓入有股份，汪康年為之主筆，人言多係如此。臣等反覆推求，惲毓鼎所奏雖出有因，尚未能遽定此案虛實。開張報館，未有不欲售報之多，則假一有勢力之人以張其消息靈通之效，報館積習，大抵如此。謂曾廣銓、汪康年藉瞿鴻機之勢力在外鋪張，恐所不免；瞿鴻機擇交不慎，防閑未能周密，或亦有之；若云用人行政大端，敢於預為洩漏，恐瞿鴻機斷不致糊塗至此。如以平時偶有往來，即指為暗通消息，似尚未為允協。瞿鴻機業經奉旨開缺回籍，可否免其置議之處，恭候聖裁。至言官趙啟霖平素以能言自命，未必肯受人指使。且王夫之從祀一節，事屬因公，亦無所用其指使，並請一併無庸置議。

瞿鴻機被斥逐放廢，表面上的理由是被人參劾有懷私挾詐及暗通報館等等情節，實際情形是慈禧太后中了奕劻與袁世凱的離間計，以致慈禧把瞿鴻機和岑春煊當成了仇人。但因骨子裏的真正原因不能公開示人，所以在孫家鼐和鐵良的奏疏上陳之後，表面上的理由也已站不住腳，奕劻和袁世凱只好另編一套說詞來向社會輿論做交代。那就是筆者在〈袁世凱和慶親王〉一文已曾引用到的，《凌霄一士隨筆》所說，慈禧有意罷黜奕劻，而瞿鴻禨不慎洩漏消息，以致慈禧震怒，奕劻乘機令惲毓鼎奏劾，故而瞿鴻禨旋即罷斥云云的「幕後秘辛」了。關於此一說法，林步隨亦曾指出其中之虛偽不實。他說：

說者多謂汪舍人洩漏文慎奏對之語以致禍，其實當丁未春夏之交，慶王眷已稍衰，覩西林之留京、戴振之開缺，朝士已微知之，無待於洩漏。此蓋若輩中傷之計已售，特假某詞臣一疏，摭暗通報館一事，以為發難之端耳。文慎忠謹素著，得君最專，豈有倚信七年之久，忽因漏一言而獲罪？況文慎之與慶王不協，上意亦非不知之耶？

這段話再度強調說明，瞿鴻禨並無可以罷斥的罪名。他之所以不免罷斥，即是由於奕劻與袁世凱所進行的密謀，其事不足為外人道。所以，在孫家鼐、鐵良查覆惲毓鼎所參各節並不實在之後，慈禧對此並無表示。所批「依議」，亦只是依其「可否免其置議」之議。柄國大臣之罷黜不以其罪，可知其中別有隱情。瞿鴻禨此時有詩誌感，云：

臣罪邱山負至尊，捫心豈獨畏人言？愚忠未效青蒲益，曲貸猶深羽扇恩。
十駕蹇蹏羞峻坂，九關孤夢隔重閽。偶遊轂外初衣遂，息盡塵機老灌園。

「青蒲」乃是皇后寢宮專用的地蓆，「羽扇」則指侍從之臣。這一聯用來借喻他樞密近臣的身份；「蹇蹏」意指病足之馬；「羞峻坂」則是自謙他在職時對國家政治並無裨益。這雖然也可以說是他對太后和皇帝自覺負有重若邱山之罪，然而，「捫心豈獨畏人言」云云，豈不便是他自問並無可為人攻訐之陰私嗎？瞿鴻禨的感慨如此，對於罷黜上諭中所加於他的那些罪狀，自然更可知道那只是外表形式，與真正的事實無關。說來說去，瞿鴻禨和岑春煊，實在都不過是光緒三十三年政治鬥爭中因失敗而被犧牲的不幸者而已。

最有趣的是，罷黜瞿鴻禨的上諭中，指責他雖然屢次經朝廷曲貸其過，而最後仍是「猶復不知戒慎」。孫家鼐、鐵良的覆疏，亦說瞿鴻禨之為汪康年所利用，是由於他之「擇交不慎」。然則，「不慎」二字，顯然已是瞿鴻禨生平之最大缺點。但在經過了十年之後，瞿鴻禨以清室遺臣的身份病死上海，宣統小朝廷卻對他十分軫悼，恤贈之外，更賜謚曰「文慎」。瞿鴻禨出身翰林，依照清代謚法，上一字依例可以得「文」。至於下面一字，則所選擇的往往最足以表示其人一生言行事功之特徵。瞿鴻禨生前屢被斥為「不慎」，而此時竟得「慎」字，豈不表示瞿鴻禨一生即是以慎密小心得慈禧之信任的嗎？準此而言，宣統謚瞿鴻禨為「文慎」，看來還真像是特意為他當年的罷黜案雪冤洗謗，藉以彰顯奕劻、袁世凱之陰謀陷害。瞿鴻禨死後有知，真應該感謝宣統對他的這番知遇。

十

瞿鴻禨被罷黜的消息傳布之後，在上海逗留觀望的岑春煊大感震驚。政局的變化突兀如此，他意識到已不可能再繼續從事倒慶、倒袁的政爭了。然而，究竟是就此自甘屈服，老老實實地到兩廣去做他的總督，還是再在上海觀望一時呢？就在他躊躇未定的時候，新的變化又發生了。原因是奕劻與袁世凱感覺到瞿鴻禨雖已擯出國門，岑春煊在慈禧心目中究竟還有若干份量，斬草如不除根，將來仍是難測之患。因此他們又進行了一個新的陰謀，其辦法比上一次所造的謠言更為毒辣。劉成禺撰《洪憲紀事詩本事簿注》，卷二中有一條說：

陳少白先生曰：岑春煊督粵，捕巨紳黎季裴、楊西巖等二十餘人，有籍其家者。粵人懸賞十萬金，謀能逐岑者酬之。少白手揭紅標。知春煊與項城有隙，西后西幸，寵岑在袁上也。乃由粵人蔡乃煌謀於袁。又知西后痛恨康、梁，乃賂照相師，將岑春煊、康有為、梁啟超、麥孟華四像合製一片，廣售京、津，由蔡輦鉅金謁袁，轉李蓮英，密上西后。西后閱之大怒，遂有調岑離粵之命。乃煌得上海道。少白獲鉅酬，以金辦港省輪船公司，珠江碼頭劃歸陳有，其家今尚食之。出此奇計，少白得有陳平之目。

又，胡思敬《國聞備乘》卷三，「袁世凱謀傾岑春煊」一條中亦有類似的記載，說：

粵人蔡乃煌失志歸天津，偵得其情，思媚袁以求進。因入照像館覓得春煊及康有為影像各一，點景合成一片，若兩人聚首密有所商者，獻於世凱。世凱大喜，交奕劻密呈太后，證為交通亂黨，春煊之寵遂衰。未幾遷粵督，未及履任，中途罷歸。乃煌以此擢上海道。

比較上面的兩條紀錄，胡思敬的記述得之於傳聞，而劉成禺的記述得於當事人陳少白所說，自當以劉記較為可靠，而胡記亦足以證明其事為實有。若以時間而論，岑春煊初次由郵傳部尚書外調為兩廣總督，逗留上海，藉病不去，而慈禧太后對岑並無嚴旨督促，反而准岑一再續假，足證此時岑春煊在慈禧太后面前的「眷」雖漸輕，勢雖大衰，而尚未到屏絕斥逐的地步。但到了光緒三十三年的七月初四日。亦即是岑春煊奉調粵督的兩個半月之後，情勢忽然劇變。這天所頒的上諭，說：

> 岑春煊前因患病奏請開缺，疊經賞假。現在假期已滿，尚未奏報啟程，自係該督病尚未痊。兩廣地方緊要，員缺未便久懸，岑春煊著開缺安心調理，以示體恤。

在岑春煊屢次稱病奏請開缺時，慈禧並不准許，反而屢次給假，溫諭勸勉；現在岑春煊並未奏請開缺，慈禧忽以「員缺未便久懸」為詞，主動將他解除了粵督之職，名義上雖說是可以使他安心養病，「以示體恤」，其實當然不是那麼一回事。所給予他人的感覺是，岑春煊這次真的栽了，不但失官，而且丟臉，從此以後，滿清政府中恐怕再無岑春煊的位置。既然事實的真相如此，促成慈禧太后斷然下此決定的，必然有極為重大的原因。推測起來，應當即是袁世凱在這時送上了這張要命的照片，然後才會使慈禧太后在急怒攻心之餘，毅然決定，從此將岑春煊斥逐不用。否則的話，以慈禧自己所曾說過，岑春煊對慈禧當年曾有大恩，又何致在此時有此決絕的措施呢？

另有一說，謂袁世凱所奏上的此一照片，係出於袁黨人物端方所媒孽。費行簡撰《慈禧傳信錄》敘此云：

> 春煊方居滬上，聯絡報館，攻擊慶、袁無虛日。方乃以密札達樞廷，稱春煊近方與梁啟超接晤，有所規畫，以二人合拍影相附之。后覽相片無譌，默對至時許，嘆曰：「春煊亦通黨負我，天下事真不可逆料矣！雖然，彼負我，我不負彼，可准其退休。」於是傳旨准春煊開缺調養。而相片實方以二人片合攝之，以誣春煊，后不及知也。

此云，袁世凱所呈上的照片係端方所偽造，由於我們已從陳少白的自述中得知此事的經過，以及其經手送達袁世凱的情形，當然可以知道費行簡之說不確。不過，費行簡所述，慈禧太后在見到此一照片的反應及談話，與她對岑春煊的態度頗為一致，因此亦可以使我們知道費行簡在這一方面的記述頗能接近事實，引述如上，以補前說之不足。

說到這裏，仍須一述岑春煊與李蓮英的關係。李蓮英是慈禧太后所最親信的大太監，在清末政治上的影響力極大。當年岑春煊隨扈太后及皇帝西幸，與李蓮英的關係極好，吳永所撰《庚子西狩叢談》一書中曾有極多的記述，何以在袁世凱呈進此一重要照片時，李蓮英竟不為岑春煊設法迴護呢？這一層，我們可以看看江庸所撰《趨庭隨筆》中的記述：

> 岑雲階當庚子之變扈從行在，與閹黨李蓮英結交甚密，其受知孝欽，即由於此。迨入為郵傳部尚書，自以為歷任封疆，聲名已著，且方面奏慶親王奕劻貪黷不職，故饋李酒食亦拒絕之。李因大恚。其不久遽外出，雖奕劻擠之，李亦與有力焉。

據此云云，則李蓮英當年雖與岑春煊結交甚密，此時卻已因岑春煊之自矜身份而致交惡。於是，李蓮英雖然還不是岑春煊的政敵，卻也不再是岑的朋友。既不再是朋友，當然也就不會在緊要關頭時自動給予助力。由此可知，一個人的立身處世，開始時絕不能走錯一步，否則便有無法回頭之苦。如岑春煊當年之結交閹宦，其目的自然是為固寵之計。在他聲名已著之後，覺得這種關係是為自己的盛名之累，很想從此改弦易轍，勉為正人。然而，李蓮英卻不能諒解他的苦衷，終於也使他無法實現其願望，說來是很可惜的。

岑春煊失職之後，仍在上海僑居，頗以遊讌徵逐自遣。宣統即位後，袁世凱被放歸里，奕劻亦告失勢，朝局變革，岑春煊又有了出山的機會。因此當宣統三年四川爭路風潮發生之後，由於載澤及盛宣懷的薦舉，攝政王載灃決定起用他。這年七月，就降旨命岑春煊即刻自上海由水路入川，會同署理四川總督趙爾豐，辦理剿撫事宜。這時的岑春煊，雖然只是以「開缺兩廣總督」的名義入川、襄辦剿撫，然而若以同時一般督撫的聲望而言，署理四川總督趙爾豐與督辦四川鐵路大臣端方，無論誰都不足以望岑春煊之項背。所以這兩人一聽到岑春煊將要到四川來會辦剿撫，就深恐自己的位置會被岑春煊所取代，百計設法阻撓。這年八月，岑春煊到達武漢，湖廣總督瑞澂就幫著端方和趙爾豐阻撓他。正爭議間，武昌新軍起義了，岑春煊在戰亂中匆忙逃回上海，後來雖然奉到調補四川總督的旨意，亦已無法到任。清廷遜位後，岑春煊還在上海。

按，岑春煊在光緒三十三年七月被開去兩廣總督職務，乃是出於慈禧太后的意思，其原因是岑春煊已與保皇黨的康、梁相勾結，不能再用了。慈禧死後朝局雖變，而柄政的隆裕皇太后與攝政王載灃乃是承受慈禧政權的舊派人物，如何可能拋棄前嫌，再度起用岑春煊為封疆大吏呢？這裏面另有一段故實，不可不述。劉成禺《洪憲紀事詩本事簿注》卷二，在記述陳少白偽造岑春煊與康有為等人的合攝相片之後，續云：

> 春煊知為相片所給，自輦鉅金求計於蓮英。蓮英又以西后扮觀音，自扮韋陀，同坐立一龕，上像片於西后曰：「老佛爺何嘗命奴才同照此像？足見民間偽造，藉覦朝綱。從前岑春煊、康有為等照片，想亦類此。」西后對岑意解。

李蓮英所設計的辯論法十分巧妙，雖然慈禧不懂照片攝製技巧，亦必能窺破其間的秘奧。亦正因為慈禧不久之後便已對岑「意解」，所以岑春煊在光緒一朝雖無起復機會，到後來卻仍然大有後望。只可惜大清帝國的壽命到此已經終結，時不我與，岑春煊即使仍有効忠故君之心，亦已失掉機會。岑、袁相爭，最後的勝利終歸於袁，這真是無可奈何的事。

入民國後，岑春煊一度接受民國大總統袁世凱的委派，先任福建巡按使，繼任粵漢鐵路督辦，屈身事仇，宛若前嫌業已盡釋。及袁世凱稱帝，岑春煊被南方推為討袁軍的都司令，又與袁世凱站在敵對的地位。 國父在廣州組織軍政府，岑春煊起初與 國父同為總裁，其後卻又與政學系合作，反對 國父。似此朝秦暮楚，反覆無常，真使人懷疑他當年何以能與袁世凱同享大名，號為清末督撫中之翹楚？是否岑春煊當年有張鳴歧、岑熾二人為其靈魂，所以才能處處顯出他的才氣與魄力，而如今則已不然？至此，我們需要再來看看，當年的幕府奇才岑熾，此刻是否仍能為岑春煊之臂助？

前面已曾說過，岑春煊官甘肅布政使時，已將岑熾羅致幕中。自此以後，岑春煊之勤王、護駕、撫晉、督蜀、平盜，舉凡一切建功立業之事，幾乎都出於岑熾之畫策。而自岑春煊由郵傳部尚書出為粵督以後，岑熾知事不可為，即致書乞退，不再參與岑幕之謀議。至於岑春煊入民國以後之諸般作為是否與岑熾有關，則可以參看陳灨一所撰的《岑熾傳》：

> 熾於煊之舉措，適於情、合於理無不贊成，反是，面諍不少恕。煊平日於諸人之言，言之當否，皆不屈，獨視熾為良師益友，言聽計從。糾彈奕劻等疏，俱出熾之手。辛亥鼎沸，煊再起為蜀督，電召熾往，不赴。固請，乃渡輪之漢皋，語煊曰：「天下將大亂，是不過微露其苗耳。進退出處，公自決，吾老矣，不能相從。」遂歸。歸後易裝為道士，徜徉山林泉石間，吟詩高歌為樂。年七十有幾而卒。

據此云云，則岑熾在岑春煊罷斥後便已離開岑之幕府，民國以後岑之反覆無常，都只是岑春煊個人行動，與岑熾無涉。亦正因為岑春煊失掉這一個惟一可共大事的智囊而兼諍友，所以岑春煊此後的行為才會變得如此錯謬顛倒，乖戾可笑。由此更可知道，岑春煊前半生事業之所以能卓然有樹立，也都是出於岑熾之大力襄贊。

說完了岑春煊的故事之後，應再將瞿鴻禨的後來事蹟作一交代，以為全文之結束。

瞿鴻禨卒於民國七年，壽七十歲，他沒有像岑春煊那樣再入民國政局，而且甘以遺老自居，不再過問實際政事。他的詩集有詩甚多，大都是罷政家居以後所作，而且有半數以上是和同時遺老們組織詩社時的酬唱之作，雖則念念不忘故君，也只是舊式士大夫的封建思想形式使然，不足厚非。綜其一生，瞿鴻禨可說是清末高官大僚中的獨立特行之人。他本人的風節峻厲，操守廉潔，完全不與當時的腐敗政風同流合污。柄政之日，更希望竭盡所能，改造政治環境，為國家開創新的機運，雖然所願未遂，而其志向極可欽佩。假如「丁未政潮」的結果不是後來那樣，也許近數十年的中國歷史竟會完全改觀。所以，縱使瞿鴻禨和岑春煊在實際政治上的建樹並不十分輝煌而特出，即此一事而言，他們所做的努力，在歷史上的影響力便可能更大。讀史論世，不能以成敗論人。所以，瞿鴻禨和岑春煊在當年的一番努力，也還是值得稱道的。

第六章

盛宣懷

盛宣懷

在清代末年，以官員身份從事各項新式交通事業的興建，因緣時會乘機營私聚斂，終於使他成為全國首屈一指的大富豪。其生平事業之較有可稱者，只有辦理慈善事業及興建新式教育兩項。最後在郵傳部大臣任內推行鐵路國有政策，不但因此而點燃了革命之火，也斷送了他的政治生命。

一

《中國近代史上的關鍵人物》這一系列的專題寫作，到現在已經首尾三年。選入這一專題範圍內的清末人物，不外是一些帝后王公、宰執大臣，以及若干功業彪炳、其事蹟足以垂諸後世的著名將帥。三年中所寫的總人數雖然不過二十餘人，而自太平天國以來的清末歷史，差不多都已包舉在這些人的生平事蹟之中。由於這一緣故，再要從「關鍵人物」的標準上選取合格的對象，已經很不容易了。例如本文所要寫的盛宣懷，看起來就難免予人以斤兩不稱的感覺。因為，盛宣懷在清代官不過尚書，除了多財善賈與長袖善舞之外，似乎別無所能。論名位，論事業，高過盛宣懷的清末人物何止百數？例如張蔭桓與劉坤一的生平，就要遠較盛宣懷來得熠耀有光。然而，筆者之所以選取盛宣懷作為關鍵人物之一，亦自有說。

筆者選入此一專題系列的人物對象，大致由下列各項條件著眼：第一類對象當然是最高的統治人物，因為只有他們的意向才是決定國家大政的最高力量，不明瞭他們的性格行事，很多事情都無從談起。第二類對象是在國家民族面臨危機時，具有中流砥柱之列的將帥名臣，如曾、左、胡、李等；表彰他們的生平事功，等於就是在為歷史做解釋。劉銘傳雖然不大夠格，但因他在臺灣歷史上的影響很大，而臺灣現為民族復興的基地，所以也從寬列入。第三類對象，則是在某一些時間內足以對當時的實際政治發生頗大之支配影響的。如恭王之翊贊「同光中興」，醇王之導引清末政治走向下坡，慶王與袁世凱之操縱光緒末年的政局……等。第四類對象，則是某些特出事件中的策動人物，如翁同龢之於「甲午戰爭」，載漪、剛毅之於「庚子拳亂」，瞿鴻禨、岑春煊之於「丁未政潮」……等。掌握了這些人物的當時動態，對整個事件的來龍去脈也就有了具體的瞭解。依據此一構想，張蔭桓與劉坤一的事功雖可稱，卻不能寫入這本《中國近代史上的關鍵人物》之中。

張蔭桓在光緒二十四年以前，任職於總理各國事務衙門（即後來之外務部），在對德外交及對俄外交上都有很大的影響力量。但因這些外交事務亦與同在總理衙門的翁同龢有重要關聯，並且亦已在〈翁同龢〉一文中提到，如果另為張蔭桓寫一傳記，在這些方面勢必要與翁傳重複，殊非適宜。劉坤一為晚清的重要疆臣，與張之洞同享大名；其生平事蹟之可稱者有二：一是反對慈禧之廢立陰謀，足稱社稷大臣；二是在「庚子拳亂」時實行「東南互保」，為國家保存元氣不少。但因前一事已經在光緒的傳記中提到，後一事實由趙鳳昌、何嗣焜所發起，盛宣懷所出面倡導，劉坤一雖有主持之功，究竟不能將主要功績歸之於劉。由於這些緣故，劉坤一反而變成無特殊事蹟可寫之人，為之專撰一文，看起來也就覺得無此必要了。但是，盛宣懷又能以何種資格，入選為「中國近代史上的關鍵人物」呢？

論到盛宣懷的政治地位，在辛亥革命的前一年（宣統二年）方才做到郵傳部尚書及郵傳大臣，有如今日的交通部長。交通部長所管的不過是交通行政，論理應不致影響及於全盤政局。但因他在郵傳大臣任內推行鐵路國有政策，引起四川爭路風潮，於「辛亥革命」發生甚有影響，因之他這個郵傳大臣的身份也就很不尋常。這是他的第一項特點，因為舉足輕重之故，足以入選為「中國近代史上的關鍵人物」。其次，則他在清代末年以官員身份從事實業建設，舉凡鐵路、電報、輪船、礦冶等項事業，都有他的關係介入其中。到了後來，由於積貲千萬，而被人稱為豪門資本，這也是他人所無法比擬的一項特點，足可使他傲視儕輩。以此而言，張蔭桓與劉坤一，看起來就不免相形失色。所以，盛宣懷的政治地位雖然只是一個「二等」人物，他的重要性卻非其他二等政治人物所能比擬。所以他的事蹟值得提出來一說。

在沒有提到盛宣懷的生平事蹟以前，我需要先將盛宣懷在當時最為人所攻擊的特點指出來加以說明——那就是關於他的財產問題。

盛宣懷的出身，不過是中人之產的官宦家庭，世居江蘇武進，而從未以財富聞名於鄉里。但是在盛宣懷做到郵傳部尚書以後，關於他的財產傳說，便已十分駭人聽聞。據說，他的全部財產，值銀數千萬兩。清代末年，銀子還很值錢，白米一石不過值銀一兩多而已。數千萬兩的財富，在當時沒有第二個人能夠與之相頡頏，譬之為富可敵國，並不過分。也許當時曾有人懷疑這是不可能的事，但在盛宣懷死後，由於剖析遺產，其實際情形便逐漸透露出來了。

盛宣懷共有八子五女，但當他在民國五年去世時，活著的兒子只有五個。盛宣懷在臨死之前，曾將他的遺產四六分析，規定以十分之四設立愚齋義莊，專辦慈善救濟事業，其餘十分之六，則分為六股，五個兒子各得一股，另一股留作其妻莊氏養老之用。根據盛家傳出的盛宣懷遺產總數，計有武進縣城內周線巷住宅一所，共計房屋二百四十餘間；愚齋義莊田產三千餘畝，另外則尚有蘇州、杭州等地的地產，嘉定、常熟等地的數十家當鋪。現金及有價證券方面，計盛妻莊夫人的「頤養費」銀七十萬兩，財政部捲煙庫券銀七十萬兩。輪船招商局老股一萬一千股，折合新股二萬二千股，每股票面值二百兩，共計值銀四百四十萬兩。漢冶萍公司股份二萬零二百六十七股，每股票面值銀元五十元，共計價值銀元一百萬零一千餘元。另有積餘公司的股份一萬七千股，仁濟和股份四千八百股，每股價值若干，未見宣布。此外，盛宣懷在上海租界地區內所擁有的房地產，亦有很多。租界內的房地產都很值錢，估計不下銀一千餘萬兩。以這幾項約略估計，其全部財產的總值，已超過銀二千萬兩。何況招商局及漢冶萍公司的股票都只按票面值計算，以當時時值而言，尚不止此。而盛家所藏的珠寶珍玩、藏書樓中的珍貴圖書，以及妻妾、諸子的私蓄等，均未計算在內。只以二千萬兩銀子來說，當時的「豪富」，要推盛宣懷為第一了。

當年李鴻章逝世時，據說其全部遺產約值銀一千萬兩。這一數目，已可稱舉世無匹，想不到後來盛宣懷的財產還一倍於此而不止！盛宣懷的官位遠不及李鴻章，他居然能藉興辦實業的機會，積聚到如此巨大的財產，足見他的手腕實在高明之至！既然他的巨額財產都是由做官辦實業而來，他的陞官發財與政治恩怨，便一定會在實際政治上發生大大小小的影響。只此一點，他便有研究討論的價值。因此，我們需要專寫一文來瞭解他。

二

盛宣懷，字杏蓀，號愚齋，晚年又號止叟，江蘇常州府武進縣人。祖父盛隆，舉人出身，曾官浙江海寧州知州。父盛康，道光二十四年甲辰科進士出身，官至湖北鹽法道。按，李鴻章亦是道光二十四年甲辰鄉試恩科的舉人，而盛宣懷也是在這一年出生的，由於這些淵源，盛宣懷之父盛康雖是李鴻章的科舉前輩，後來卻與李鴻章結成金蘭之交。因此，盛宣懷在後來也成了李鴻章的世姪。盛康官不過道臺，對盛宣懷沒有太大的幫助；但因有李鴻章的照拂，盛宣懷後來就能在北洋得到了發跡的機會。

說到盛宣懷的出身資格，其實卑不足道——他雖然也曾讀書應科舉，卻只能中一名秀才，想考一名舉人，也連應三次鄉試不第，在最後一次參加鄉試時，他已因參與李鴻章的幕府得有勞績，被累次保舉至加銜布政使的候補道了。道員四品，布政使則二品，帶布政使銜的候補道，已經算是「大員」了，如果再參加鄉試考舉人，給那些年輕秀才們看了實在笑話。為了這一緣故，他終於只好放棄科舉之路，專心從事以官員身份而辦理工商的實際利益。據野史傳聞，盛宣懷曾拜李鴻章為義父，所以李鴻章才對盛宣懷倚信有加。這一傳說是否屬實，固然很難得知，但如以盛宣懷所得自李鴻章的特別照顧而言，也未始沒有這種可能。

盛宣懷入李鴻章之幕，是同治九年二月的事；這一年，盛宣懷二十七歲，已經具有秀才身份。同治初年，太平天國及捻亂相繼平定，全國治安逐漸恢復，惟一成為禍患的，只是西北的回亂。同治九年，李鴻章奉命帶兵由直隸入陝，協助左宗棠討伐回逆，原在李鴻章幕中的楊宗濂函招盛宣懷前來相助，被李鴻章派充行營文案兼會辦營務處，由此得有功名，從候補知縣逐漸保陞至道員，並賞加二品頂戴。李鴻章入陝剿回的時間很短，不久便因天津發生教案，中、法兩國間的外交關係緊張，而仍調回直隸；所以，盛宣懷在李幕中立功得官，都在這以後的一段時間內。同治十二年，李鴻章以直隸總督兼北洋大臣的身份，札委唐廷樞與徐潤二人創設輪船招商局於上海，唐充總辦而徐充會辦。過了不久，李鴻章又添派了另一個人來充任會辦，這個人就是盛宣懷。唐廷樞和徐潤都是上海洋人的買辦出身，熟悉航運業務，由他們擔任總辦與會辦，當然十分適合；但是，盛宣懷卻並非這樣的人才，他之充任會辦，看起來便好像是以李鴻章的親信而隱具監督的責任了。由於此一淵源，終於使盛宣懷插足於上海的工商界，成了一個具有官僚身份的實業界人物。

在清朝的同治、光緒年間，李鴻章是主持「自強維新」運動的要角。經由他所創辦起來的「洋務」事業，大至耗費數千萬兩的新式海陸軍，小至培植翻譯人才的「廣方言館」，項目極多；屬於通信及運輸方面的鐵路、輪船，與電報，亦是其中的一部分。我們不能懷疑李鴻章之創辦這些新興事業有什麼不正當的意圖，但是，他和他手下的一大批人曾因創辦這些新興事業而大得其利，無論如何，總是不爭的事實。例如向外國造船廠訂購新式的鐵甲兵艦，每艘動輒費銀數十萬兩，洋槍、大砲等等新式軍械的費用也很貴。照外國商家的規矩，訂立合約購買這些船艦、槍砲，經手人都有一定的佣金可拿，英文稱為「康密新」。李鴻章耗資數千萬兩建立北洋的新式海陸軍，即使他不想賺取回佣，外國人也一定照規矩致送「康密新」，這筆收入，就十分可觀了。盛宣懷受李鴻章之命會辦招商局，經手購買輪船的銀錢往來，其後又以「官督商辦」的名義糾集商股創辦電報，及與外國資本家訂立合約，借貸大批款項建造鐵路，其中亦同樣有一定的酬勞可得。盛宣懷以這些地方的巨額收入，分出一部分來結交權貴，賂遺當道，而將大部分納入自己的私囊，不但很容易博得上級長官的垂青，他自己的私囊，也很快地充實起來。此真是所謂「既得銀子，又紅頂子」，天下最便宜的事情，莫過於此。

李鴻章的財產能夠達到千萬之數，盛宣懷也有很大的貢獻。亦因為有李鴻章的大力支持，盛宣懷的事業，也就蒸蒸日上了。綜其一生所辦的交通、礦冶事業，可說以招商局起家，以鐵路致富，以辦電報而得享大名，以投資礦冶事業而得以交結權要。如此這般地交相為用，多財善賈而長袖善舞，終於使他由一名不第秀才而逐漸陞為主管全國交通、行政的郵傳大臣，他的財富，也遠超於李鴻章之上。

招商局的創辦動機，起於海運漕糧。同治初年，浙江地方當局派候補知府朱其昂為海運委員，負責將浙江省應運的漕糧在上海雇覓輪船，自海道直運天津，試行數年，不但安全迅速，而且比河運節省運費很多。事情非常湊巧，盛宣懷也恰好在這段時間內，在上海結識怡昌洋行的買辦唐廷樞、寶順洋行的買辦徐潤，知道經營輪船運輸有大利可圖，共同合夥買船兩艘，從事沿海航線的客貨攬載。此時見浙江漕糧亦用輪船海運，便以為不妨將運載漕糧的範圍擴大，而由民間專門組織一個輪船公司來承運，不但可以抵敵外國勢力的侵入，並可乘機發展國人自營的航業。他將此一構想向李鴻章提出，李鴻章大為贊成。因為，香港方面的英、美兩國船公司，如怡和、太古、旗昌等洋行，此時正在大舉開拓中國的沿海及內河航線，業務日益發達。李鴻章目睹中國的航利被奪，中國商民從事帆船航業的生計日見窘迫，正苦於無策應付，聽到盛宣懷的建議之後，便覺得此正是發展中國航業以抵敵外國航業的大好時機，便以北洋通商大臣的名義正式札委唐廷樞為總辦，徐潤為會辦，命他們招集商股，成立航運公司，以開拓航運業務。這樣，中國歷史上的第一家民營輪船公司，便誕生了。

招商局成立之初，名為「輪船招商公司」，預定招集商股銀一百萬兩。但最初的成績並不理想，一年中所招到的商股，只有四十七萬六千兩，尚不足半數，所擁有的輪船，也只有「伊敦」、「永清」、「福星」、「利運」四艘，不但資本不足，運輸能力也很有限。但這家公司有兩項條件是洋公司所不能及的：第一，是清政府規定，政府官物的運輸必須交由這家公司優先運載，洋公司不得有所異議。由江、浙運往北京的漕米，每年有四百多萬石，即使分配海運的漕額只有十分之四五，亦可得運費銀三十餘萬兩，乃是一筆極大的生意。由於漕米亦是政府官物之故，由招商局承運，這一筆運費就是招商局的穩定收入，足以使招商局在一開始就立於不敗之地。第二，是當時的外國船公司所經營的沿海航運，對中國乘客的待遇極為惡劣，中國人花費了很多錢買票坐船，還得受外國人的氣。自從招商局成立之後，很多人都因為對外國人的敵視態度而自動搭乘招商局的船，因此使招商局增強了對外國船公司的競爭力量。由於這兩項有利的條件，僅有四條船的招商局經營一年結算盈虧，居然賺了很多錢。這一來，使外國船公司大為眼紅，嫉恨之餘，便使出跌減運價的殺手鐧來與招商局競爭，希望把立足未穩的招商局一舉擠垮，好讓他們繼續把持中國的航運利益。卻不料招商品有漕米的運費收入為主要財源，即使跌減運價吃了虧，仍然支持得住，倒是美商旗昌輪船公司在這場劇烈的競爭中大受其害，該公司旗下的大小輪船共有十六艘，經常開支極大，因跌減運價而致收入劇減，加上攬載生意亦大不如前之故，竟致無法支持，不得不減價出讓。招商局在兩江總督沈葆禎的大力支持之下，一舉籌撥公款銀一百萬兩，作為政府借貸的「官本」。有了這一筆新增的巨額資本，招商局竟然有勇氣以分期付款的方式，出資二百二十二萬，將旗昌公司轄下的全部輪船及碼頭、棧房等一起接買下來。這樣一來，招商局即刻由四條船的小公司變成二十條船的大公司，不但根基穩固，與洋公司競爭的力量也增強了不少。論其時間，則不過是招商局成立五年以後的事。

招商局買受旗昌輪船公司轄下的輪船十六艘，以及該公司設在上海、天津、寧波與長江沿岸各埠的碼頭、棧房，耗資二百二十餘萬，這筆數目不能說不大，經手交涉及過付銀錢的，就是盛宣懷。據當時傳說，盛宣懷在這項交易中頗曾得到一些好處——即是外國人習慣中的回佣。盛宣懷以政府官員的身份出任招商局會辦，竟然在輪船買賣中收受回佣，自然是有玷官箴之事，物議沸騰的結果，便是御史上章彈劾，及奉旨交與兩江總督劉坤一及直隸總督李鴻章查覆。李鴻章雖然為盛宣懷開脫罪名，劉坤一卻不肯代人受過。由於李、劉二人的覆疏內容互不一致，再有諭旨查詢，劉坤一便直截了當地上疏劾奏盛宣懷了。光緒七年三月二十六日，劉坤一在〈覆李捷峰〉的信中提到此事，說：

> 招商局一案，合肥力庇盛道，迨弟再疏劾之，始奉旨交譯署查議，看來無非含糊了結。似此遷就姑息，天下將無是非之公。弟之第二篇實為紀綱起見，非斷斷求勝也。

又在同年四月三十日的〈覆李勉林〉信中說：

> 招商局一案，昨經譯署主稿，僅將盛杏蓀交北洋察看，仍令弟與合肥調取卷宗帳簿，查明有無私得洋人中金。不知此等中飽之資，絕無自留字據在局之理；即有，亦誰肯交出？弟第二摺業將此層聲明，譯署無非藉此敷衍了事，不值一笑也。

「譯署」，是「總理各國事務衙門」的簡稱；「合肥」，則指「合肥相國」李鴻章。李鴻章一力為盛宣懷護航，總理衙門又受到李鴻章的關說囑託，其結果當然可以使一天大事化為烏有。但是，事實總是事實，即使李鴻章有辦法可以一手遮天，也總無法禁止人們之口語流傳。其中的實情，大致可以在劉坤一寫給李鴻章的信中見其梗概。信云：

> 招商局之事，治晚先經請示左右，旋奉覆令各自覆奏，以杜人言。敝疏所敘該局員私得中金一層，係據芝田諸君稟揭，並非別有搜求，發摺後即經鈔呈冰案，可見治晚初無成見。現經尊處

查出，行用即芝田諸君所謂中金，此六七萬巨款，保無染指分肥。此係取自洋人，於我何損？治晚絕不再效豐干饒舌。

據此云云，則旗昌輪船公司之出讓，洋人在這次交易中共曾交付銀六七萬兩的回佣，此款究係盛宣懷獨得，還是尚有他人共同分肥，已經是一個不容易瞭解的問題，而且事實上也不需要再做深一層的推敲研究。因為，我們從此一事件中，已經可以很清楚地看出，盛宣懷不但工於心計，善於趨附逢迎，而且深知發財要訣。舊時的官僚，專門以貪贓枉法的行為黷貨營私，這種行為不但容易招致民怨，而且也很容易敗露。清代法律，對於貪贓枉法案件的懲罰極重，殺頭、充軍，都是極尋常的事，對於所貪污的贓銀，如果追賠不足，更須抄沒家產抵償。但自「洋務」勃興之後，向外國購買的船艦、槍砲及器材、物料，動輒價值銀數十百萬兩，照外國規矩坐享回佣，不但得來極易，而且不能被指為貪贓枉法，真可說是最新穎也最安全的發財捷徑。在當時，懂得這一發財門徑的人極少，除了那些在外國洋行中充任買辦的華人之外，再就是在外國銀行中做職員的中國人，就中又以久居香港，慣與外國人交易的為多。盛宣懷在上海結識了洋行買辦唐廷樞、徐潤等人，又和他們合夥買輪船經營航業，漸漸地也熟悉了其中的巧妙。於是，他便可以用他肆應官場的本領，到工商活動中大展身手。旗昌輪船公司的回佣事件，只是一連串同類活動中的一例，以後的同類事件正多，只要我們細心鑽研探討，便可以發現很多的證據。

三

上文說到盛宣懷出任招商局會辦之後不久，便因收受旗昌輪船公司的巨額回佣而致引起告訐彈劾，雖然因李鴻章之大力支持而得告無事，畢竟足以影響盛宣懷的名譽。但若以盛宣懷長期涉足於招商局所得的全部利益而言，這區區五六萬兩銀子，即使全歸盛宣懷所得，為數亦甚為有限。試看他後來的財產中擁有招商局股票一萬一千股，占該局的全部股份二分之一強，總值銀四百四十萬兩，便可知道他在招商局所發的財有多少。這些股票，有很多是他以不正當的方法巧取豪奪而得。股票以外，他在上海租界內所擁有的很多地產，有許多亦是以類似的方法得來。這在徐潤所撰的年譜中，有很明白的事實可查。至於他所以能夠取得這些機會，則與他之握有招商局的大權有關。

招商局創立之初，原派唐廷樞為總辦，徐潤為會辦。盛宣懷後來雖然也成為會辦，他的主要工作，只是辦理漕糧運輸，無權干預局內的主要行政業務。其後盛宣懷被參，交由北洋察看，唐廷樞又受李鴻章之命前往天津照料開平煤礦的業務，招商局中的行政大權，便由徐潤一人執掌。徐潤以會辦總管招商局的行政業務，其時間直至光緒九年底；接下來繼續掌權的，就是督辦盛宣懷了。徐潤之離開招商局，是因為他在招商局會辦之外，自己同時經營很多房地產及股票、茶莊等生意，投資數目較大。光緒九年，中國因越南問題與法國交惡，戰爭大有一觸即發之勢。上海商場的感覺靈敏，一遇到這種情形，信用收縮，頭寸調度不靈，徐潤經營的商業，便有瀕臨破產的危險。盛宣懷在這時候乘機向南、北洋通商大臣各上一稟，強調徐潤的生意失敗，勢將牽動招商局。於是兼任北洋通商大臣的直隸總督李鴻章就據此詳文撤換徐潤，而以盛宣懷繼其事。李鴻章札飭招商局的原文如次：

為札飭事。照得上海輪船招商總局規模日擴，事務益繁，前經飭派唐道廷樞、徐道潤總理局務，並委張道鴻祿、鄭道觀應幫同籌辦運漕，攬載各事。茲查唐道既須往來津、滬，現又遠赴西洋，徐道駐局總理銀錢，未能慎重調度，以致挪欠過多。茲須從新整頓，收緊局面，議立經久規條，責成各員妥慎經理。除已於盛道等會議局務稟內分條明晰批示外，該局員等務當恪遵謹守，必信必果，以期持久，而圖自強。查鄭道篤實正派，向在太古公司專辦輪船，熟悉利弊，應飭於攬載之外，會同唐、徐二道總辦局務，實事求是，務使眾商悅服，船務起色。其提綱挈領，調度銀錢大事，暫令盛道宣懷會同鄭、徐二道認真秉公商辦，俟唐道回滬後，隨時察酌飭遵。除分行外，合行札飭。

創辦於清代末年的招商局，其組織體系非常奇特。它雖然是一個招集商股而成的民營事業，由於其中有甚多的官撥銀兩供其周轉之故，所以其名義謂之「官督商辦」。意思是說，此公司的股份雖由商民湊集，主事者卻是政府所派的官員；如上文所提到的唐廷樞、徐潤、鄭觀應、張鴻祿等，都是捐納而來的「候補道」，雖主管招商局之事，卻又須接受北洋通商大臣的監督指揮。北洋大臣為什麼會有監督指揮招商局之權？則又因為此局係由北洋大臣札派唐廷樞等人出面招集商股而設立，在理論上屬於北洋體系之故。當時的北洋大臣就是直隸總督李鴻章。李鴻章與盛宣懷有特殊淵源，早年雖因參劾事件而被迫不能過問招商局之事，此時時機來到，正可假此名義，為盛宣懷安排復出之機。這其中的關係，在徐潤自撰的年譜中，有極明白的記載，說：

按，癸未上海法、越之變，市面閉塞，寶源祥公司卻有不可收拾之勢，於招商局根柢深厚，固無恙也。盛杏翁借端發難，個人具稟南、北洋大臣，以該局本根不固，弊竇滋生，幾難收拾。查潤既挾孤直之行，素無奧密之援，致奉參革，兼以泰山壓卵，誰敢異言？致潤有屈莫伸。查商局歷屆帳略，自同治十二年癸酉至光緒九年癸未六月止為十屆，統共除支外，實餘銀一百零四萬二千四百五十一兩九錢五分三釐，則該局之穩固實情，可大白於天下，不知杏翁當日何所見而云然？其居心尤不可解。偏聽獨任，痛心千古，付之一嘆而已。

上文所說的「奧密之援」與「偏聽獨任」等等的話，大概都指李鴻章倚信盛宣懷之事而言；所謂「泰山壓卵」，亦就是指李鴻章以北洋大臣的身份干涉招商局事務，而使盛宣懷繼徐潤總理招商局全部「銀錢大事」的事了。不過，盛宣懷雖然挾李鴻章的勢力攘奪徐潤的總理大權，在徐潤總理局務之下的招商局業務措施，確實也不無可議之處。鄭觀應所撰的《盛世危言》後編，載有他在此時上呈李鴻章指出招商局的「利弊管見」十條，其中兩條說到，招商局過去所購新船，並未按照公開招標的辦法登報公告，以致價格吃虧，而經手人得以浮開價格，從中漁利。修理船隻的情形亦復如此，以致各種油漆、鐵工、木工等皆被人把持，任意虛報價格，不無徇情之弊。另外幾條提到購料之糜費、客票之走漏、添煤之以少報多、煤棧之偷賣虛報，都是屬於財務方面的漏巵。至於管理方面的疏忽，如各船、各棧的司事人員官場習氣太重，事不躬親監督，以致船上的茶房、水手攜帶私貨太多，而客商交運各物反因錯淆混亂而屢次須由公司賠償，無形中亦增加了公司的損失。這些事實頗足以使李鴻章相信，徐潤總理招商局局務，似不無因外騖太多之故，以致不能將全部精神投注於局務之管理整頓，再加上挪用招商局銀錢的可能嫌疑，當然需要另換他人接管了。但如李鴻章所換的不是盛宣懷，我們便不能說他在這件事情上有間接幫助盛宣懷之嫌；如今所換的接替人竟是盛宣懷，由於他與李鴻章的關係密切，而他的操守又十分可議，我們便不能不認為有此嫌疑了。

鄭觀應《盛世危言》後編〈覆張君弼士書〉云：「迨至癸未年，徐會辦因買地欠莊巨款擱淺，牽動招商局，李傅相札委觀應與盛君杏蓀總辦。甲申中、法之役，馬眉叔將局全售旗昌洋行。中、法事平，李傅相札委盛君為督辦，向旗昌贖回。」據此云云，可知招商局的管理大權，在光緒十年的「中法戰爭」結束之後，就由盛宣懷獨掌了。盛宣懷繼徐潤之後管理招商局，對於徐潤總理時代的招商局弊竇有無改進？由馬相伯在光緒十一年調查招商局業務情形所上的調查報告看來，似乎並未有所改善。而馬相伯在當時更曾指出招商局的一項重大缺點，便是對於船隻的增添擴充漫無計畫，以致招商局所負擔的成本太重，相對地減少了應有的盈利。他在報告書中說：

> 總局之弊，失之太浮，舉措無當，全憑私臆。有如南洋輪船方苦虧耗，忽造「致遠」、「拱北」、「圖南」、「普濟」四艘，銀五十一萬兩，更無望餘利矣。又添造「廣利」、「富順」鋼身快船兩隻，銀四十餘萬兩，不知是何用意。長江輪船本足敷用，又添造「江裕」一船，銀二十四萬兩，吃本如此巨大……

馬相伯報告書中所提到的招商局新建各船，都是徐潤總理招商局時代所建造的，雖然耗資甚鉅，並且徐潤亦因此而大遭謗議，但在徐潤手中所大力擴充的招商局資產，在後來卻變成了盛宣懷藉以獲利的憑藉。綜計在徐潤離開招商局的時候，招商局所有的船隻是江輪八艘、海輪十八艘，合共江海輪二十六艘。盛宣懷接掌招商局，一直到光緒二十九年，這時的直隸總督兼北洋大臣已換了袁世凱，袁世凱知道盛宣懷在輪船、電報、鐵路各項交通事業中得利太多，決心要將他撤換。除電報與鐵路另由他人接管外，招商局的總辦一職，袁世凱找了他的親信人物候補道楊士琦來接充；由於楊士琦本身須在京中供職，上海招商局的局務勢難兼顧，因此又由袁世凱委派盛宣懷的敵對人物徐潤充為會辦，代理總辦職務。根據徐潤在光緒三十二年報陳北洋大臣的招商局簡明帳略看來，招商局所有的江海輪船，自光緒十年至二十九年為止，共只添造兩條新船。他在光緒二十三年，也曾為招商局的舊事上呈合肥相國李鴻章為自己分辯，其中說：

光緒十七年，職道蒙李傅相札委，會辦開平等處礦務，迄於今日，久不問招商局之事。習聞該局獲利富厚，成效昭彰，固皆後來諸公調度經營之力，然回念疇昔，苟非將旗昌輪船公司併入，以及自保船險，與金利源碼頭各口岸碼頭房產立基於前，豈能收效於後若此！所謂見功於成事之後，必先致功於創事之日者也。

照徐潤的說法，招商局在後來十數年中之獲利富厚，是由於他在總理招商局的期間已將一切根基做好，盛宣懷接掌以後，才能因緣時會，坐享成功。如果說得更明白一點，則盛宣懷擔任督辦時代的招商局，以不添新船的方式從事經營，即使積弊不除，也理應包賺不賠。因為，任何一家輪船公司的經營慣例來說，要希望開拓業務，必須從減低成本及增加收入兩方面入手。減低成本的方法之一，是逐年提撥一定的盈餘收入，用來建造航行快速而節省燃料的新船，相對地減少舊船的消耗；增加收入的方法之一，則是以舒適而安全快速的新船來招徠主顧，以增加本身的競爭力量。所以，無論從減低成本及增加收入兩方面而言，營運所得的盈利，必須以一部分用再投資的方式從事汰舊換新，必不可以將盈利全部分配於股東，而使船公司喪失競爭的力量。徐潤造船太多，其步驟也許操之太急；但是，盛宣懷執掌招商局十九年之久而只添新船二艘，坐視船隻老舊而年年盡分盈餘的做法，也未免太短視、太現實了。招商局的全部股額只有兩萬股，盛宣懷一人持有一萬一千股，乃是招商局的最大股東，逐年盈餘完全分配，最大的得利者便是盛宣懷自己。他的這種做法，一方面固然可以迎合大多數股東的願望，一方面也不無圖利一己之嫌。雖然我們不能知道，盛宣懷的這種做法，究竟為自己賺了多少，但若從他後來為了圖謀興建平漢鐵路的督辦一職，竟至不惜投資數百萬接辦張之洞所建的漢陽鐵廠一事看來，便可知道，他在招商局所賺的錢實在太多。至少，那幾百萬兩銀子便是他在招商局督辦任內所得的利益。至於招商局的全部股額不過只有兩萬股，創辦人如唐廷樞、徐潤、朱其昂等都握有相當多的股份，盛宣懷如何能在後來獨有一萬一千股之多，那就是不可知的謎了。

四

盛宣懷初任招商局會辦，因經手買受旗昌輪船公司的棧、埠、船隻而涉嫌收受回佣，致被參劾一案，發生在光緒六年。自此以後，直到光緒九年，他有三年多的時間不曾過問招商局的內部事務。但是，他雖然在招商局方面暫時失意，由於李鴻章的支持，他在另一方面又有了新的創獲，那就是他一生中所辦實業工作的第二項——電報。此正是所謂失之東隅而收之桑榆，在盛宣懷來說，正大可欣慰。

中國之設立電報，亦像輪船、火車一樣，都是先由外國傳入，又幾經爭議，等到完全瞭解其價值之後，方才急起直追，汲汲然惟恐不及的。招商局創辦於同治十二年。為時最早；鐵路之興建，遲至光緒二十餘年方才開始，為時最遲；至於電報則介於二者之間，開始於光緒六年，其後決定仿照招商局的辦法「官督商辦」，則已是盛宣懷暫時脫離招商局以後的光緒八年。時間上的配合如此湊巧，我們如果要說，中國的電報是由於盛宣懷的創辦而得推廣，固然不錯；如果要說是李鴻章為了要替盛宣懷安排新的出路之故，而特地在這一時間內指派盛宣懷擔任此一職務，以致他適逢其會地在此時獲得了此一美譽，似乎也並無不可。不過，無論怎麼說，在中國的交通史上，盛宣懷創辦電報的美譽，總是要永久流傳下去的了。

蕭一山《清代通史》記述外國電信技術傳入中國的情形說：

中國電信之開創，始於大北（丹麥）、大東（英國）兩公司海底電線之架設，然尚為國際性質。光緒八年，英使阿禮國欲由陸路修電線，總署嚴詞峻拒。次年，英使威妥瑪請修海底電線，由香港循廣州達天津，線端在船內安放，不牽引上岸。許之，是為中國境內有一完全電報線路之始。陸線方面，則丹麥商人開始架設淞滬線，英國亦於同治九年架陸線達九龍。光緒五年，李鴻章於大沽北塘海口砲臺設電線達天津，始為中國自設陸線之始。

由英國公使阿禮國請修陸路電報線被拒，到李鴻章自設大沽北塘海口砲臺至天津的陸路電線，中間相隔的時間整整十年。為什麼中國政府最初不准洋人架設電報線路，到後來卻又自己架設起來了呢？其中的原因，一是不願意外國人藉通信便利而肆其侵略之陰謀，二是當時還有很多人基於迷信的思想，認為電線不可架設。如光緒元年九月，工科給事中陳彝奏請中止架設電報線的疏片中說：

銅線之害不可枚舉，臣僅就其最大者言之。夫華、洋風俗不同，天為之也。洋人之有天主、耶穌，不知有祖先，故凡入其教者，必先自毀其家木主。中國事死如事生，千萬年未之有改，而體魄所藏為尤重。電信之設，深入地底，橫衝直貫，四通八達。地脈既絕，風侵水灌，勢所必至，為子孫者心何以安，傳曰：「求忠臣必於孝子之門。」藉使中國之民肯不顧祖宗邱墓，聽其設立銅線，尚安望尊君親上乎？

這種迷信荒誕的理論，在現在看起來固然十分可笑，在當時卻有絕大的阻擾力量。例如光緒元年福州英國領事未得中國政府之許可，擅自架設電線，不久即被當地百姓拆毀，便是明白的證據。電報通信的真正價值，只有少數具有新式知識的軍政要員，才能由軍事學的觀點加以體認。亦因為有他們的呼籲，政府當局方才知道電報的重要性而亟亟謀求推廣。光緒六年八月，直隸總督李鴻章奏請開辦電報，在他所上的奏片中就曾極力強調電報在軍事方面的實用價值，說：

用兵之道，必以神速為貴。是以泰西各國於講求槍砲之外，水路則有快輪船，陸路則有火輪車，以此用兵，飛行絕跡。而數萬里海洋，欲通軍信，則又有電報之法。於是和則以玉帛相親，戰則以兵戎相見，海國如戶庭焉。近來俄羅斯、日本均效而行之，故由各國以至上海，莫不設立電報，瞬息之間，可以互相問答。獨中國文書尚恃驛遞，雖日行六百里加緊，亦已遲速懸殊。查俄國海線可達上海，旱線可達恰克圖，其消息靈捷極矣。即如曾紀澤由俄國電報到上海祇須一日，由上海至京師現須輪船附寄，尚須六七日到京，如遇海道不通，由驛必以十日為期。是上海至京僅二千數百里，較之俄國至上海數萬里，消息反遲十倍。倘遇用兵之際，彼等外國軍信速於中國，利害已判若逕庭；且其鐵甲等項兵船在海洋日行千里，勢必聲東擊西，莫可測度，全賴軍報神速，相機調度。是電報實為防務必需之物。現自北洋以至南洋，調兵、饋餉，在在俱關緊要，亟宜設立電報，以通氣脈。如安置海線，經費過多，且易蝕壞。如由天津循運河陸路以至江北，越長江，由鎮江達上海安置旱線，即與外國通中國之電線相接，需費不過十數萬兩，一年半可以告成。約計正線、支線橫亙，須有三千餘里，沿路分設局棧，長年用費頗繁。擬由臣先於軍餉內酌墊籌辦，俟辦成後，仿照輪船招商章程，擇公正商董招股集資，俾令分年繳還本銀，嗣後即由官督商辦，聽其自取信資，以充經費。

李鴻章是清朝同治、光緒年間推行「自強維新」運動的領袖人物，他以軍事必需的理由建議創辦電報，雖然執持迷信思想的頑固派依舊要反對，可是當國的慈禧太后和恭王卻不能不贊成他。何況他所提出來的辦法，也同招商局一樣地是由「官督商辦」，政府雖然暫時墊下資本，日後仍可由商人集資繳還，則是不須支用公帑而仍能收到使用電報之目的，政府當局自然更不能反對他了。這個「官督商辦」的好主意，由盛宣懷傳記資料中看來，也是出於盛宣懷的設計。盛用頤撰〈顯考杏蓀府君行述〉云：

> 時文忠督直久，內政修舉，海內犕安，恆思效法歐西，為自強大計。知府君夙以開通風氣自任，輒垂問商榷。府君以為，欲謀富強，莫先於兩大端，兩者為何？鐵路、電報是已。路事體大，宜稍遼緩，電則非急起圖功不可。文忠慨然曰：「是吾志也，子盍為我成之。」府君唯唯，是為辦理電報之始。當同治之季，日本窺臺灣，沈文肅諸公即屢言電報之利，奉廷諭飭辦而不果行。往歲文忠始招丹麥人設線於大沽北塘砲臺，傳令通信，莫不稱便。其時英國海線已由香港至廣州，循通商各口以達天津者十年矣，至是復援前案引線達上海，且先在香港對岸設陸線至新安縣屬九龍地方，丹國水線亦由吳淞上岸，設陸線抵上海，勢將延入內地。庚辰秋，府君亟請於文忠，照輪船辦法招集商股，奏設津、滬陸線，通南北兩洋之郵，遏洋線潛侵之患。並請即設電報學堂，育人才，備任使。

庚辰，就是光緒五年。盛宣懷於光緒五年秋間建議李鴻章仿照招商輪船公司的辦法開辦電報，李鴻章也就在這年八月奏請由北洋先行墊款架設津、滬陸線，然後招商設立電報局，由商人分期繳還所墊資本，以後即由商人投資經營。自盛宣懷的傳記資料中看來，這一整套辦法，完全出於盛宣懷的設計，而由李鴻章付之實施。「官督商辦」的原則一經清政府批准，由商人集資開設的電報局亦旋即成立，主持此一電報局的「總辦」，當然更是非盛宣懷莫屬了。盛宣懷善於利用李鴻章的關係創辦實業，又利用「官督商辦」名義取得所辦實業的領導地位，所用的方法大抵如此。

在上引盛用頤所撰的〈盛宣懷行述〉中，有一點很值得我們注意，即是他與李鴻章所談到的開辦鐵路、電報兩大建設項目，其時間究在何時？假如盛宣懷在同治十二年以前就已看到這一需要，那麼，他的高瞻遠矚，確實值得後人欽佩；假如他的此一構想，在同治十二年以後方才成立，那時他已奉李鴻章之派遣，在招商局充任會辦了，他在那時方始有此想法，便與招商局的創辦成功大有關係。由於招商局的成功，使他體認到交通建設是有大利可圖的新興事業，由於當時國內尚缺乏這些新興的交通工具，而上海得風氣之先，早有外國人為之宣傳媒介，自不難有目光敏銳而頭腦靈活如盛宣懷之亦官亦商者流，憬然了悟到此正是大力推廣的有利事業。於是，他在往來南北洋之便，向李鴻章提出了他的構想。由於盛宣懷不是最先接受西洋教育之人，我們不能想像他在全國風氣未開之先，就能預先看到現代化交通建設對於中國社會的需要。所以，我們很可以這樣猜想，他對於鐵路與電報的認識，大概也還是在上海擔任招商局會辦工作之後所逐漸建立起來的。其後，適逢他在招商局初次嘗到失意的滋味，於是，轉而嘗試另一項新的事業。更因電報局的官督商辦制度亦由模仿招商局的辦法而來，這一推想也就更有成立的可能。

清代末年的各項新式交通事業，在開辦之初，都有很大的利潤。這是因為中國過去的舊式交通工具極為落伍，行旅往來惟有帆船、車馬，通信則專恃驛遞，不但曠時費日，旅費昂貴，而且時虞劫盜，生命、財物皆無保障。一旦有快速而安全的交通工具出現，無不群趨而往。掌有這些交通工具的機構乘機抬高價格，自然可以利市百倍。《徐潤年譜》中有一段話，說到咸豐十一年上海寶順洋行經營長江輪運獲利情形如次：

當時有長江輪船四隻：一「總督」，二「飛似海馬」，三「氣拉度」，四「哥多索摩禮」，另申港輪船二隻，小夾板船二隻。各船之中，以「總督」一隻獲利最厚，蓋成本輕，載貨多。該船在香港多時，無人過問。適漢口開埠，寶順行主聞該輪價甚便宜，因即置買修飾，來申放漢，往返一次所收水腳，足敷成本。緣彼時客位每客價銀七十五兩，每噸貨價銀二十五兩，往來一律。加以下水時拖帶本地釣鉤船四艘，或帶鎮江，或交上海，每艘裝貨五六百噸，每噸水腳銀十五兩，故獲利最厚。

清代末年的白銀購買力高，一兩可以值到現在的美金三十元左右。由漢口搭乘寶順洋行的長江輪至漢口，每一乘客的票價高至白銀七十五兩，折合現在的幣值約為美金二千二百元，足夠買飛機票到美國去了。就事實而論，當時的輪船客運成本，何嘗需要這麼多錢，無非是船公司老闆基於供求關係不能平均而乘機高抬價格而已。招商局成立以後，即使外國公司因競爭而削價，仍是有「大利存焉」。至於盛宣懷後來所設立的電報局，因為國內並無外商所設的電報局可以競爭之故，更無異具有獨占性質，所以利潤也是很高的。盛宣懷奏疏內，有一件〈查電報局收支數目〉摺，開列由光緒八年至二十四年的歷年收支數目，所收電報費，自第一年的銀元六萬餘元逐年遞增，到光緒二十四年，一年所收已增至銀元一百一十四萬六千餘元，十七年間所增加的倍數是十九點八倍。雖說他已將逐年盈餘中的極大數目都用到開闢新線的用途上去了，但到光緒二十四年以後，新增的路線已年少一年，逐年所得盈餘就是純利潤了。何況新路線增加則收入亦相對遞增，其利潤之穩固可靠，並不遜於輪船與鐵路。盛宣懷以大股東而兼為督辦大臣，當然更可以握定利權，充盈囊橐了。

盛宣懷自創辦電報之時開始，即被李鴻章派委為「官督商辦」的督辦大臣。自此直到光緒二十九年袁世凱繼任直隸總督兼北洋大臣，盛宣懷所掌握的交通事業逐一為袁世凱所奪，督辦大臣的寶座亦讓予袁黨人物吳重熹為止，前後擔任電報局督辦大臣凡二十之年之久。在這一段長時間內，他藉經營電報而賺大錢，雖然十分令人嫉視，但卻也曾憑藉電報通信之便利，在國家面臨空前危難的時候，發揮他居中聯絡的力量，達成一項救國救民的偉大功績，在歷史上頗曾留下美譽。這就是「庚子拳亂」時由盛宣懷所策動，而由劉坤一、張之洞等人聯合主持的「東南互保」事。

五

發生於光緒二十六年的「庚子拳亂」，直接引起八國聯軍的武裝入侵。當京、津各地區慘遭戰禍之時，上海方面的英國軍艦，亦曾以保護長江沿岸的英國商民為藉口，企圖駛入長江，進占沿岸商埠。這種情勢所可能產生的後果將會非常惡劣——入侵的英國海軍將會與中國軍民彼此敵視，北方的戰禍很可能在長江沿岸各省蔓延開來，屆時不但地方慘遭荼毒，人民慘遭殺戮，而在全國情勢普遍混亂的局面之下，後來的〈辛丑和約〉也就很難在短時間內簽訂，中國的元氣斲傷更劇，此後的國步，也就更加艱難困苦了。在這十分重要的關鍵性時間裏，忽然有人出來策動長江各省的督撫與各國駐滬領事談判，適時地阻止了這一情勢的出現。此人對於國家社會的貢獻為何，也就不言而喻。盛用頤所撰的〈盛宣懷行述〉，記述此事的經過情形說：

庚子五月，拳匪事起。府君在鄂途次飛電榮相裕督：「拳民已毀路戕官，當以匪論，請痛剿，勿養癰遺患。」抵滬未旬日，詔令沿江、沿海各省招拳民禦外侮。府君心知其矯偽，以所關至重大，飛飭各電局但密呈督撫，勿聲張，又電告各疆帥勿轉行，不則釀巨變。粵、江、鄂、閩四督帥皆贊成，李文忠自粵來電，亦有「亂命不可從」之語。時各國紛調兵艦，江海各口，人心惶惶。府君首倡東南互保之議，密電各帥，既得同意，遂昌言於各領事曰：「各國公使現在圍城，各總領事應從權主持辦事。各督撫已奉詔自保疆土。今與諸君約，長江及蘇、杭內地外國人生命、財產，由各督撫保護之，上海租界中外商民生命、財產，由各國公同保護之，此疆爾界，各不相擾。」越日，即偕滬道余揞珊中丞聯沅，暨江鄂代表道員沈藹滄中丞瑜慶、陶榘林京卿森甲，與駐滬領事商討辦法九條，即世所稱東南保護約款也。

盛用頤的這段記述，文字內容不免稍涉誇誕，尤以前半段為甚。其實在情形，應該參看另外一些當事人的敘述，庶幾可以窺見當時的事實真相。趙鳳昌所撰的《惜陰堂筆記》記敘東南互保事，則云：

庚子拳匪之禍，當日中外報章、事後官私奏記，亦已詳盡，惟東南互保之議如何發生，則無人能言之。予既為發議之人，更從事其間，迄於事平，應撮其大要記之。自五月初良鄉車站拳匪發難，京、津響應，各省人心浮動，或信以為義民，或迷其有神術。上海遠隔重洋，忽傳城內已有拳匪千人，飛渡而至，旅滬巨室紛紛遷避內地，有剛首途而被劫者。其時南北消息頓阻，各省之紛亂已日甚，各國兵艦連檣浦江，即分駛沿江海各口岸保護僑商。英水師提督西摩擬入長江，倘外艦到後與各地方一有衝突，大局瓦解，立召瓜分之禍。憂思至再，即訪何梅生老友商之云：「事已至此，若為身家計，亦無地可避。吾輩不能不為較明白之人，豈可一籌莫展，亦坐聽糜爛？」其時各省無一建言者，予意欲與西摩商，各國兵艦勿入長江內地，在各省、各埠之僑商、教士，由各省督撫聯合立約，負責保護。上海租界保護，外人任之，華界保護，華官任之，總以租界內無一華兵，租界外無一外兵，力杜衝突，雖

> 各擔責任而仍互相保護，東南各省一律合訂中外互保之約。梅生極許可，惟須有任樞紐之人，盛杏生地位最宜，謂即往言之。並云此公必須有外人先與言，更易取信，當約一美國人同去。旋杏生約予往晤，尚慮端、剛用事，已無中樞，今特與外人定此約，何以為繼？予謂此層亦有辦法，可由各省督撫派候補道員來滬，隨滬道逕與各國駐滬領事訂約簽字，公不過暫為樞紐，非負責之人，身已凌空，後來自免關係。即定議由其分電沿江海各督撫，最要在劉、張兩督。劉電去未覆，予為約沈愛滄赴寧，再為陳說。旋得各省覆電派員來滬，盛即擬約八條，予為酌改，並為加漢口租界及各口岸兩條，共成十條，並迅定中外會議簽約之日，其會議之所，即在新建會審公廨。盛既不在簽約之列，對外即不便發言。又慮滬道余聯沅向拙於應付，即為定中外會議座次——外人以領袖領事在前，以次各領事；中則以滬道在前，盛以太常寺卿為紳士，居次，與余道坐近，再次各省派來道員。先與余約：倘領事有問，難於置答者，即自與盛商後再答之，庶有轉圜之地。議時，領袖係美國古納總領事，果因五月二十五日上諭飭全國與外人啟釁，開口即云：「今日各督撫派員與各國定互保之約，倘貴國大皇帝又有旨來殺洋人，遵辦否？」此語頗難答，遵辦則此約不須訂，不遵辦即係逆命，逆命即無外交，焉能訂約？余道即轉向盛踟躇，盛告余：「即答以今日定約係奏明辦理。」此四字本公牘恆言，古領向亦解之，意謂已獲俞允，即諾諾，而兩方簽約散會。盛回來，甚服予之先見，預與余道有約，幸渡危境。予亦極稱其迅答四字之圓妙。自此互保簽約後，西摩及各外艦停止入江，內地免生外釁，不致全國糜爛，難於收拾，亦云幸矣。

趙鳳昌出身張之洞的幕府，與張之洞的關係甚為密切；沈愛滄即沈瑜慶，〈盛宣懷行述〉中寫作沈藹滄，當時方以候補道身份在劉坤一幕府。由於趙鳳昌與沈瑜慶之穿針引線，〈東南互保條約〉的計畫方能得到張之洞與劉坤一的贊同。當時，張之洞是湖廣總督，劉坤一是兩江總督，其轄屬正是長江中下游的湘、鄂、贛、皖、蘇五省。既有劉、張二人主持在先，其他各省督撫自然聞風響應。所以，〈東南互保條約〉自設計以至訂約，始終以趙鳳昌、何嗣焜（即上文所說之何梅生）、沈瑜慶諸人出力最多。趙鳳昌、何嗣焜之所以要邀請盛宣懷出為樞紐之人，乃是因為他身為全國電報局的督辦大臣，適宜於居中聯絡之任，如此而已。看趙鳳昌的記述，盛宣懷在最初尚因身為政府官員，不敢故違中樞決策為疑，頗有畏縮趑趄之狀，賴有趙鳳昌、何嗣焜之解釋：方敢暫為擔當。然則，〈盛宣懷行述〉中所說的「首倡東南互保之議」云云，未免亦有掠美之嫌了。不過，話又得說回來，當此之時，也幸虧盛宣懷已經辦好了許多電報局與有線電報，所以才能在危機一髮的重要時刻，藉電報聯絡的便利徵得各省的同意。若是中國在當時還沒有如此便利的電報網，趙鳳昌、何嗣焜即使有東南互保的構想，亦無法使之實現。就此一事而言，盛宣懷所辦的電報專業，還真是保全東南半壁的大功臣哩！

庚子東南互保，為國家保全元氣不少，所以慈禧太后在第二年回鑾北京以後，也很覺得當年幸虧有此一保，否則將更不知增加多少縱拳庇匪的罪孽。為了有此覺悟，所以對當時的一班立功之人，都有加銜宮保的賞賜。當時蒙此榮褒的共有三人——保全山東的袁世凱、扈從西幸有功的岑春煊與倡議東南互保的盛宣懷，一律賜予太子少保的宮銜。袁世凱、岑春煊都是二品實職的巡撫，加銜太子少保，與他們的本官都能相稱；盛宣懷此時的本官只是三品的宗人府府丞，看起來便覺得他的恩命更不尋常。事實也確實如此，庚子東南互保，使盛宣懷的聲名一時顯赫起來，很多人都以為他本來只是李鴻章的得力幹部，想不到他居然頗有政治家的擔當與識力，當然要使慈禧太后以下的權要們都得刮目相看。我們現在當然已經知道，盛宣懷的此一儻來富貴，無非是因緣時會，因人成事而已。不過，他既然有此一份好運，未來的前途當然更會充滿著美好的遠景。所以，他在〈辛丑和約〉簽訂以後，一再得到逾越尋常的超遷，幾年之後，並且攀陞到了主管全國交通行政的郵傳部尚書，達到他一生事業的頂點。關於這一方面，我們且留待後文再詳；現在還需要補述的，是他在輪船、電報以外的另一項交通建設——鐵路。

六

在盛宣懷所從事的各項交通事業中，招致謗議最多的，便是鐵路。其原因由於鐵路建設所耗費的資金最多，而當時的清朝中國在屢次戰敗之後，民窮財盡，無法籌集大量資金來建設鐵路，不得已只好出之以借貸外債的方法。而盛宣懷奉派為鐵路總公司的督辦大臣時，又正值中日「甲午戰爭」之後，中國的國力衰微已極，外國資本家深恐鐵路借款無法收回，在談判借款條件時總是多方要索，誅求無厭。為了達到借款築路之目的，盛宣懷不能堅持應有的立場，以致損失權利太多；他自己又在其中得到太多的好處，終於使他的辛苦經營成績亦被叢積的謗言所埋沒，功不抵過，說來誠然深可慨嘆。淩鴻勳先生所撰的〈盛宣懷與中國鐵路〉一文，對於盛宣懷建造鐵路的成績頗致推崇，以為盛宣懷在光緒二十二年至三十二年擔任鐵路總公司督辦大臣期間，共計造成鐵路二千一百餘公里，其長度超過民國成立以至民國二十年所造成的鐵路里數，其成績甚有可稱。但我們若從另一個角度來觀察，便不難發現，盛宣懷之熱心造路，其真正動機並不純正——不在福國利民，但求營私自肥。這裏面的關係，可以從他謀求鐵路總公司督辦大臣所使用的手法看出其中之端倪。

要知道盛宣懷用何種手法謀得鐵路總公司的督辦一職，可以先看胡思敬《國聞備乘》一書中的記述。《國聞備乘》卷一，「盛杏蓀辦洋務」一條說：

盛宣懷辦洋務二十餘年，電報、輪船、礦利、銀行皆歸掌握，攬東南利權，奔走効用者遍天下，官至尚書，貲產過千萬，亦可謂長袖善舞矣。其始起推挽，由李鴻章。鴻章內召，王文韶繼為北洋大臣，倚之如左右手。北洋京畿左輔，為洋務總匯之地，湖廣總督張之洞忌之。是時蘆漢鐵路議成，南端由之洞主政，北端由文韶。文韶欲保用宣懷，恐之洞不從，遣宣懷詣武昌探其意旨。之洞辦武昌鐵政，虧空過百萬，方窘迫莫知為計。宣懷至，許為接辦，任彌補。之洞大喜，遂與文韶合疏保薦宣懷為督辦蘆漢鐵路大臣。

盛宣懷為謀求獲得鐵路督辦大臣而付出的代價，是答應替張之洞設法彌補漢陽鐵廠的虧空，並且接下他的爛攤子。如果我們不作進一步觀察，還不能夠知道：盛宣懷答應接辦漢陽鐵廠這個爛攤子，所需投下去的資本是多少？所需要冒的風險有多大？關於這一點，盛宣懷在光緒三十四年二月奏上〈漢冶萍煤鐵礦現籌合併擴充辦法〉一疏中曾有說明，可以窺見其經過情形之概略。疏云：

竊維湖北漢陽鐵廠前因官費難籌，經前督臣張之洞於光緒二十二年五月遵奉諭旨招商承辦，奏明飭將湖北鐵廠歸盛宣懷招集商股經理。臣謬膺艱巨，勸集商股。當時煤礦未成，化鐵甚少，外狀顛危，人情觀望。尚賴輪、電兩局各華商，及通商銀行、紡織公司各華商力顧大局，陸續湊入股份銀二百萬兩，以立根本。臣不自量力，一身肩任，初謂籌款數百萬即足辦理，實不知需本之鉅，有如今日之深入重地者。蓋東亞創局，素未經見，而由煤煉焦，由焦鍊鐵，由鐵鍊鋼，機鑪名目繁多，工夫層累曲折，如人覓針，茫無頭緒。及至事已入手，欲罷不能，惟有躬冒奇險，精思銳進，艱危困苦，絕不瞻顧，期於必成。於是重息借貸，百計騰挪，開闢萍鄉煤礦，以濟冶鐵之需，添造新式機鑪以精鍊鋼之法，鐵路、輪船，碼頭、棧駁，處處鉤連，無一可缺，借貸利息，愈久愈增。查自光緒二十二年五月奉飭招商接辦起，截至三十三年八月為止，鐵廠已用商本銀一千二十萬餘兩，煤礦輪駁已用商本銀七百四十餘萬兩。

即使說，盛宣懷對於漢陽鐵廠在後來需要投下如此巨大的資金，是他當初所未曾料到的事；但他在奏疏中既說，接收之初就已準備「籌款數百萬」，來為湖北鐵廠作起死回生之計，而且該廠在當時顯已呈現「外狀顛危，人情觀望」的情形，則盛宣懷願對此廠投資數百萬兩，顯然也是極大的冒險行為了。為了希望獲得張之洞的支持，以求得到鐵路督辦大臣的位子，竟至願冒虛擲數百萬兩的危險，當然意味鐵路督辦大臣所能得到的利益，遠勝於此了。就我們現在所能看到的情況來說，盛宣懷的動機，確實有可能是這樣的。

據凌鴻勳先生所撰的《中國鐵路志》說，盛宣懷出任鐵路總公司的督辦大臣以後，先後與比、英、美等國簽訂條約，以借款築路之法築成蘆漢、滬寧、汴洛、正太、道清等五條鐵路，借款條約大致都包括如下各點：

一、按借款總額的九折交付現款，即是回扣一成。

二、築路所需材料，必須向借款國家購買。

三、借款係分為二十年或三十年償還，在未償清債務之前，鐵路的行車管理之權由借款的銀公司管理，並每年分取百分之二十的盈餘。

四、鐵路的總工程師及總會計均由借款銀公司推薦外籍人員充任，以致全路的用人行政之權，亦操於洋人之手。

上面所舉的三、四兩點，也許只是路權損失的問題，盛宣懷於此，並無好處；但若以一、二兩點而言，其中的可能花樣，就多了。凌鴻勳先生所撰的〈盛宣懷與中國鐵路〉一文中曾經說到，滬寧鐵路於光緒三十一年完成蘇州、上海段之後不久，盛宣懷的督辦大臣一職便被袁世凱所奪去，由唐紹儀繼任其事。該路原訂合同借英款三百二十五萬鎊，至此，因原預算超出，由唐紹儀與英國公司商定，續借六十五萬英鎊，合計總工程費為三百九十萬鎊。但是，唐紹儀與英國公司商定的借款條款，與盛宣懷時代稍有不同，除二、三、四款仍照舊規外，第一款所定的借款回扣，卻由原來所定的九折實付，提高為九點五五折實付。亦就是說，由於唐紹儀的交涉，中國方面所能實際收到的借款，比原來的條件增多了百分之五點五。洋人辦事，例有回佣，改為九點五五折實付後，回扣的數目只剩下百分之四點五了。在這剩下的百分之四點五當中，唐紹儀與經手的外國人仍有利益可得，並不至於吃虧，所減去的百分之五點五，很明顯地即是盛宣懷為自己所扣的虛頭。滬寧鐵路的借款情形如此，其他四路的情形當然相同，基於此一標準，試為盛宣懷算一算他在這些借款中所額外多得的利益究有多少，便可知道盛宣懷之所以亟亟謀求鐵路督辦大臣，究是為了何種企圖。

盛宣懷擔任鐵路督辦大臣九年，經造鐵路五條，悉以借款築路的方法築造。總計這五條鐵路的全部借款總額，約為英金一千零六十五萬鎊。以百分之五點五計，盛宣懷在應得回佣之外所增加的虛頭，共計英金五十八萬五千七百五十鎊。以當時的鎊價計算，英金一鎊約值中國的白銀七兩五錢至八兩，以此換算中國的貨幣，全部價值約為銀四百四十萬兩。這只是額外多取的回扣部分，除此之外，尚有購買材料方面的花樣，與督辦大臣的巨額薪酬。

民國初年，在北洋政府中有「財神」之稱的梁士詒，曾經在盛宣懷離開督辦大臣一職後做過「五路提調」，所管的便是盛宣懷築造的五條鐵路。據《梁士詒年譜》所說，這五條鐵路的借款合同內都有規定，鐵路督辦大臣月支薪水公費銀一二千至三四千兩不等，照例在總工程費內開支。五路合計，督辦大臣的月支薪水公費，在銀二萬兩以上。月銀二萬，在盛宣懷來說，也許是戔戔小數，但若以當時一般官吏之薪額而言，就是駭人聽聞的大數目了。至於材料購買方面的花樣，雖無具體資料可指，但若以他的親信幹部朱寶奎在後來與他反目成仇一事而言，其中的弊竇，顯然也是十分嚴重的。

胡思敬《國聞備乘》卷三，「朱寶奎叛盛歸袁」一條說：

> 常州朱寶奎遊學西洋歸，夤緣入盛宣懷門。宣懷以鄉誼，處以鐵路局小差。人頗機警，漸被親任，不數年，由同知捐陞道員，遂充上海電報局總辦，凡各局弊竇，無不知之。窺宣懷有婢絕美，求為簉室，宣懷不許，由是離交。私發路局積弊，並抄錄累年洋商交涉案，叛歸袁世凱。世凱久涎鐵路、招商、電報三局之利，而不詳其底蘊，至是得所藉手。遂參宣懷，盡撤其差，以鐵路局交唐紹儀，招商局交楊士琦，電報局交吳重熹，而保朱寶奎為郵傳部侍郎，後為岑春煊劾罷。

《國聞備乘》的這一段紀錄，大致正確，但亦不免稍有錯誤；例如朱寶奎在充任盛宣懷的親信時期，不只做到上海電報局總辦為止，否則他又何能知悉鐵路局中的積弊？由盛用頤所編的盛宣懷奏疏電稿《愚齋存稿》卷七中見之，在光緒二十八年九月，盛宣懷奏報〈淞滬鐵路工竣造銷〉一摺，其中曾有朱寶奎的名字，當時他的職銜，乃是鐵路公司的「購料處道員」。可知朱寶奎在做過上海電報局的總辦以後，又曾擔任過鐵路購料處的美差。當時的鐵路材料，都從外國買來，其中的浮報價格及收取回扣，弊竇百出。朱寶奎以盛宣懷的親信而膺此要職，在總工程費八千餘萬兩中經手購買材料，其作用何在，不問可知。亦正因為朱寶奎在深悉電報局的弊竇之外，又知道借款中的回扣之弊及鐵路購料之弊，所以才能以這些有用的材料，作為叛盛歸袁的進身之階。如其不然，袁世凱縱能知悉電報局之弊，亦絕不能同時知道鐵路方面之弊，其事理殊為明白。至於《國聞備乘》所說，袁世凱在知悉盛宣懷的營私舞弊內情之後，「遂參宣懷，盡撤其差」，亦不無錯謬。因為袁世凱的《養壽園奏議輯要》中並未見有參盛之疏，《光緒東華錄》中亦沒有這樣的紀錄。由《光緒東華錄》、《愚齋存稿》，及《梁士詒年譜》等有關史料中看來，袁世凱之奪取招商局、輪船及電報、鐵路諸利權，乃是逐步實現的行動，並非在短時間之內所一舉完成的。

七

《愚齋存稿》卷前附有〈盛宣懷行述〉，其光緒二十八年之記事云：

九月，大父棄養，府君哀痛太過，疾又劇作，隨即電請開去各差缺，俾安心守制。旋奉諭旨：「蘆漢、粵漢鐵路總公司及淞滬鐵路籌款、購地、買料、修工事宜，仍著盛宣懷一手經理。」欽此。文襄復力陳鐵路不可易人，府君三辭不獲。十一月，直督袁公蒞滬臨弔。府君為言：「電報宜歸官有，輪局純係商業，可易督辦，不可歸官。某本不願利權久操，為世指目。」袁公入都謀之榮相，即另簡電政大臣，但改官辦而不還商本。輪局亦由北洋派員接替。

盛宣懷於光緒二十八年九月丁父憂，袁世凱亦適於此時請假回河南原籍葬親，事畢之後，即由河南取道武昌乘兵艦沿長江而下，到盛宣懷的武進老家來弔祭盛宣懷之父喪，時間上的湊合如此巧妙，真是不可思議之事。《光緒東華錄》卷一百七十六，光緒二十八年九月甲戌條記云：

諭：朕奉慈禧端佑康頤昭豫莊誠壽恭欽獻崇熙皇太后懿旨，袁世凱著賞假四十日回籍葬親。該督之母劉氏，著加恩賜祭一壇，著河南巡撫派員前往致祭。

袁世凱在此時請假回籍葬親，然後紆道前往南京、上海一帶，很可能是一種有用意的安排。是不是朱寶奎的叛盛歸袁，便是在袁世凱出京以前發生的事？是不是袁世凱之來到上海，便是因為尋覓機會而圖乘此對盛下手？由許多事情之發生時間來看，似乎正有此種可能。因為，袁世凱此時的身份是直隸總督兼北洋大臣，輪船招商局及電報局都歸他所指揮監督，借盛宣懷丁憂守制之名而撤調他的招商局督辦之職，當然是袁世凱權力範圍之內的事。至於電報局之收回官辦，並非同時發生之事。《光緒東華錄》卷一百七十七，光緒二十八年十一月己巳條記云：

諭：各國電務，多歸官辦，凡遇軍國要政，傳遞消息，最稱密捷。中國創自商辦，諸多窒礙，亟應收回，以昭鄭重，著袁世凱、張之洞迅將中國所有電線核實估計，奏請籌撥款項發還商股，即將各電局悉數收回，聽候遴派大員認真經理，以專責成，而維政體。

這段諭旨中的「聽候遴派大員認真經理」一句，最堪注意，其中的用意，分明在說，盛宣懷以「官督商辦」方式所辦的電報，經理殊多不善，雖未說其中多弊，意思亦很明顯的了。所以，接下來的諭旨，便是：

前因電務為軍國要政，應歸官辦，已諭令袁世凱、張之洞籌還商股，將各電局悉數收回，候派大員經理。著即派袁世凱為督辦大臣。直隸布政使吳重熹，著開缺以侍郎候補，派為駐滬會辦大臣。該局改歸官辦之後，其原有商股不願領回者，均准照舊合股，朝廷於維持政體之中，仍寓體恤商情之意。該大臣等務當統籌全局，認真辦理，將從前積弊，一律剔除，以期上下交益。

由這段諭旨的內容看，其指責盛宣懷管理下的電報局積弊甚多的意思，更是明顯地形諸文字了。盛宣懷管理之下的電報局積弊甚多，袁世凱並未明白參劾，只是藉改商辦為官辦的方式，將電報局的管理權從盛宣懷手中收回，顯然還是顧慮盛宣懷在慈禧太后跟前的「簾眷」尚隆，慈禧太后也許還念著盛宣懷當年藉電報局的樞紐地位倡導東南互保，甚有功績，袁世凱不敢冒昧從事，所以才需要出以這種迂迴曲折的手法吧！這種情形，在盛宣懷的傳記資料中也可明顯地看出來。〈盛宣懷行述〉：

癸卯二月，兩宮謁陵，道經所管鐵路。袁公約北上襄辦大差，因在制不入覲。或勸從權易吉，府君執不可。旋奉旨，准素服冠頂，在保定迎駕請安。三月初十日召見，先垂詢病狀，後述蒙塵情形，且謂：「非汝等力保東南，恐無今日。」命賞福字疋頭、餑餑肉食。並奉懿旨，以承辦大差一切周妥，交部優敘。恩意稠渥，猶前日也。

但是，這種情形並不能維持得很久，原因是蘆漢鐵路在光緒二十四年開工建造之後，到光緒三十年便已分段通車營業，三十年一年中所得的淨利是銀二百三十七萬五千餘兩，三十一年一年所得的淨利是銀元三百五十三萬四千餘元。按照盛宣懷與借款公司所立合約，借款建造的比國公司可以在借款未曾還清以前，逐年分取鐵路盈利的百分之二十。在訂約之時，一般人都不相信此路造成之後能有盈餘可得。現在路尚未成，一年所得淨利即達銀元三百萬以上，而比國公司根據合約分享盈餘，每年可得銀元六十萬之多。加上借款回扣與逐年所需負擔的利息，以及比國公司把持路政等等的不合理現象，許多人都覺得，盛宣懷與比國公司所訂的借款築路合約的損失利權太多，不無出賣國家權益而圖利個人之嫌。與此同時發生的，還有滬寧鐵路的用途浮濫、借款太多的問題。於是，不但輿論之指責繁興，各地士紳更紛紛上書抨擊，一時之間，盛宣懷竟成了萬矢群集的攻擊對象。為了平息謗言起見，他在光緒三十一年八月奏上一摺，以「五路以次奉准訂約，各處分別開工，深恐顧此失彼」為言，請求添派會辦大臣，一駐京會辦蘆漢鐵路，一駐滬會辦滬寧鐵路，並保薦李鴻章之子李經方堪以充任。奏上之後，奉旨交與商部會同直督兼北洋大臣袁世凱議奏。袁世凱乘機提出建議，蘆漢、滬寧二鐵路即派唐紹儀以會辦大臣的名義接辦。由於唐紹儀的介入，鐵路方面的內部底蘊完全暴露了出來，於是，盛宣懷的鐵路總公司和督辦大臣名義，都保不住了。〈盛宣懷行述〉記其事云：

> 乙巳（光緒三十一年）十月，遵旨自滬赴滎澤，會同唐公紹儀驗收橋工，並舉行全路落成典禮。未及覆命，因觸發咯血舊疾，奏明回滬就醫。比歲以來，維新志士本其愛國熱誠，視借款造路如鴆毒蛇蠍，不加研求，一唱百和，至有路成地亡之說。寧滬、蘇杭甬皆踵粵漢而起，爭議收回自辦，風潮勃興。府君既重視輿論，又以路約、借約悉根於朝旨部令，未嘗絲毫自尊，然不能盡人而喻之，殊覺進退維谷。幸唐公奉命接替，遂奏請裁撤總公司，併歸辦理，以一事權。報銷既竣，如釋重負。

粵漢與蘇杭甬鐵路，亦是盛宣懷主持鐵路總公司時，所擬議借款興造的未成鐵路。由於五路的既成事實在前，人們深恐他所簽訂的合約一如蘆漢、滬寧，所以不但反對借款興建，並且要求收回自辦。在這種情形下，盛宣懷的借款造路辦法勢必要改弦易轍，他的鐵路總公司當然也非撤銷不可。這是他自辦實業以來所栽的最大跟斗。而且不僅此也，由於唐紹儀的介入鐵路，而唐紹儀又將精於綜核鉤稽的梁士詒請到鐵路督辦公署來做總文案，無形中等於又培植了另一個鐵路專家出來。梁士詒出身翰林而曾居袁世凱的幕府，與北洋的關係極深。袁世凱自從有了梁士詒這一鐵路專家，便更可以放心大膽地與盛宣懷作對，盛宣懷的利益，到此時便更加岌岌可危了。《三水梁燕孫年譜》說到此事，云：

吾國鐵路，創始於李鴻章、劉銘傳，主其事者，則以唐景星（廷樞）、伍廷芳為先進。盛為後起，逢迎李意，掠美擅權，坐擁厚貲。自設立鐵路總公司，內容尤深秘不可言。先生佐唐鈞稽清釐，欲掃除蕩滌一切。舊日有關係人聞之，大懼。先生之與盛結怨，亦自此始。

梁士詒後來在光緒三十三年十一月被郵傳部奏派為新成立的鐵路總局局長。三十四年三月，朝中有旨，命中外大臣保舉人才以備任使，袁世凱上疏薦舉梁士詒，疏中對他的評語是：「心精力果，學術兼優，經郵傳部奏充鐵路總局局長，將歷年與各國所訂借款造路合同，鉤稽得失，於事權利益，挽回不少。」唐紹儀與梁士詒竭力清釐鐵路公司的積弊，固然為國家挽回不少利權，而其真正目的亦並不在此。劉成禺所撰的《世載堂雜憶》，有一條說：

袁世凱既為北洋大臣，勢寖寖盛，欲練兵，辦新政，而苦經費不足。袁之智囊楊士琦乃獻策，盡收盛宣懷所辦事業，以給用度。楊遂以候選道而為候補四品京堂，督理招商局及電報局矣。厥後入商部，為左丞，皆由於此。

劉成禺說楊士琦曾接管盛宣懷的電報局，當然不對；但他指出袁世凱收奪盛宣懷所辦的各項交通事業，是為了覬覦這些事業的獲利優厚，希望藉此增多利源，以充實北洋的勢力，則是很能道破袁世凱之政治野心。由於這一緣故，盛宣懷與袁世凱成了政敵。所以，不但袁世凱要利用唐紹儀與梁士詒來清查盛宣懷的鐵路積弊，盛宣懷也要在瞿鴻禨與岑春煊計畫倒袁時，在幕後出力支持。袁世凱在「丁未政潮」時所寫給端方的密札中，曾說：「舉武進、鄭、張，上均不以為然，人得藉口謂其推翻大老，排斥北洋，為歸政計，因而大中傷。武進供給，亦有人言及，恐從此黃鶴一去矣。」信中所說的「鄭、張」，指鄭孝胥與張謇，「武進」，就是盛宣懷的代名。所謂「武進供給」，意思是說，瞿、岑二人所密謀的倒袁計畫，金錢方面的來源，是由盛宣懷負責供給的。由此可知，袁世凱攘奪盛宣懷的輪船、路、電利益，到後來已發展成為政治上的恩怨鬥爭了。這種關係繼續發展下去，無疑會對實際政治發生影響。後來的事實演變，亦正是如此。

八

袁世凱在光緒二十八年被任為直隸總督兼北洋大臣，其時榮祿還是領軍機大臣。到光緒二十九年三月榮祿病死，慶王奕劻入領軍機。自從這時間開始，直到光緒三十四年十二月慈禧和光緒相繼病卒，袁世凱被逐出軍機，放歸洹上為止，前後六年之間，正是袁世凱勢力的全盛時代。盛宣懷既然成了袁世凱的敵人，在袁世凱當權的時候，當然不會有他的出頭機會。何況輪船、電報、鐵路的幾個「督辦」大權盡為他人所奪，盛宣懷即使於心不甘，亦只好隱忍待時。好在政治人物的升沉榮辱往往隨時而變，袁世凱的時代不一定能永遠繼續下去，盛宣懷的翻身機會，總是有的。

盛宣懷前此所辦的輪船、電報，都是「官督商辦」性質，鐵路總公司的督辦大臣亦出自政府所派。如以當時的政治制度來說，都是屬於官員的「差使」，與本人的官位是兩回事。譬如說，盛宣懷在開始參加輪船招商局時，他的官職是候補道，由北洋大臣札委為招商局的會辦。候補道是「官」，招商局會辦是「差」。後由招商局會辦變為電報局總辦，仍只是差使的變更，候補道的官員身份如舊。由於他是北洋大臣李鴻章的親信，在光緒十年時，又由李鴻章奏署天津海關道，攝篆四月，這就不是「委差使」而是做官了。清末官場的習慣，凡是督撫大吏的紅人，在本官之外兼上許多個差使，乃是常有的事。所以，盛宣懷在光緒十二年簡授山東登萊青兵備道後，雖然說已由候補道變為實缺官，他所擔任的招商局督辦與電報局督辦二差，一樣可以兼領遙攝。至光緒十八年調補天津海關道兼津海關監督後，官運愈見走紅，地位也愈見重要。光緒二十二年，王文韶、張之洞合疏奏保盛宣懷督辦鐵路，於是清政府便降旨，將盛宣懷開去津關道實缺，作為「四品京堂候補」，充任鐵路總公司的督辦大臣。這是因為清政府認為鐵路督辦的工作重要，盛宣懷無法以天津海關道遙領，所以開去實缺而改為候補，俾能專心從事；此時的鐵路督辦大臣，也仍是差使。由於鐵路及電報方面的勞績，北洋大臣王文韶一再奏保，盛宣懷的「四品京堂候補」，不久便補到太常寺少卿的實官。京官到了「京堂」的地位，陞遷就很容易。何況他在「庚子拳亂」時，還有「倡議東南互保」的特殊功績。所以，在光緒二十七年兩宮回鑾以後，宗人府府丞出缺，慈禧便以盛宣懷指名補授。按照慣例，宗人府府丞正三品，由正四品的通政司副使或大理寺少卿循序陞轉，向來不需要另外請旨補授。盛宣懷由太常寺少卿越次得此，顯然是慈禧太后對他的「殊恩」。京官中的正三品，宗人府府丞的序列最高，再上陞，就是二品的侍郎或副都御史，有資格被稱為「卿貳」大僚了。盛宣懷之由宗人府府丞陞工部左侍郎，也不過只是隔了一年多的事情。宗人府府丞和工部左侍郎也都是實官。雖然無礙於他所兼領的輪船、電報、鐵路諸差，但袁世凱在此時業已漸露頭角，盛宣懷的好運不久便要遭遇挫折。及至諸差先後被袁所奪，工部左侍郎的本官又因父喪丁憂之故而被開去，孑然一身，百無聊賴，其境況之落寞，看來也頗為可憐。不過，由於盛宣懷此時業已具備二品大僚的身份，此時雖不幸頓挫，遇到時機來臨時，就不愁沒有翻身的本錢。因為，侍郎去尚書不過一階，只要朝裏有人，何愁不能陞官？一旦官位到手，大權在握，到時候還怕不能揚眉吐氣嗎？

胡思敬《國聞備乘》說，盛宣懷「服闋還朝，遍交朝貴，皆不得其歡心，臥病僧舍幾不起。後數年，度支部辦預算表，梁士詒與唐紹儀把持郵政，皆粵黨也，澤公謀欲去之，莫能窺其底蘊。盛宣懷乘機進賄，遂起用為郵傳部尚書」。按，盛宣懷之陞任為郵傳部尚書，已是宣統二年十二月間的事。其時，袁世凱早已被逐歸里，朝局早已變革，而盛宣懷卻並無進用的機會。其原因由於此時正是親貴用事的時候，袁世凱倒臺之後，政治大權落入載濤、載洵，與鎮國公載澤等一班少年親貴之手，非攀附這些人的關係不能進用。而袁世凱雖然暫時垮臺，他與慶王奕劻所結合的勢力，仍在當時的政府中具有很大的影響力，所以唐紹儀與梁士詒也仍然可以把持交通事業，使得度支部尚書載澤對之無可措手。盛宣懷後來之能夠復出，一方面固然由於載澤之立意要整頓交通事業方面的收入，盛宣懷能夠投合其需要，另一方面也還是金錢運動的力量。《凌霄一士隨筆》記述此事，另有更為詳盡的探討，云：

唐紹儀之議印藏條約，梁士詒為隨員之長，甚見倚任，比歸，督辦鐵路，所轄鐵路凡五，以士詒充提調。旋設郵傳部，紹儀為侍郎，復引士詒入部，授參議，後遷右丞，主鐵路局。仕朧權重，謗亦隨之，馴有「五路財神」之號，其受攻擊始此，後之大著財神之名，亦以此為權輿焉。載澤長度支部時，在政府中獨樹一幟，以集中財權為務，猶載濤之集中軍權也。盛宣懷希進用，厚結載澤，志在郵部。載澤以郵部為富有收入之機關，為擴張勢力計，遂言於載澧，召用宣懷，授郵部侍郎。宣懷受事，即以裁抑鐵路局為第一著。沈雲沛以農工商部右丞署郵部侍郎，且晉署尚書，與宣懷旗鼓相當。蓋雲沛以奕劻為奧援，而宣懷則挾載澤之勢以敵雲沛，其勝負之判，決於尚書之誰屬。與雲沛之進退有密切關係者，首為士詒。士詒為雲沛謀真除尚書，即所以自救，而尚書一席，卒為宣懷所得。

> 自載澧監國後，北府（原注：俗稱醇王府為北府）聲勢驟隆。太福晉（原注：載澧生母）頗暗中干政。宣懷謀擢尚書，介府中管事人某通殷勤。士詒為雲沛畫策，亦留意斯途，且欲為特別設法。而宣懷捷足先登，兼有載澤之助，雲沛僅恃奕劻，遂相形見絀。宣懷擢尚書，雲沛乃授吏部侍郎。吏部昔稱六曹之長，而此時已成閒署，且行將裁撤矣。雲沛由絢爛而平淡，覺雞肋之寡味，未幾即乞休。宣懷如願以償，意氣發抒，遂貫徹其主張。以侍郎李經方接收鐵路局，並徹查士詒歷年經手之五路款目，風行雷厲，不稍寬假。迨袁世凱入京組閣，士詒始恢復已失之勢力，且以葉恭綽承其衣缽，交通系之名詞，乃漸成立焉。

如上云云，則盛宣懷之由起復而至陞任郵傳部尚書，中間還著實費了許多氣力。胡思敬說，盛宣懷因進賄載澤而得用為郵傳部尚書；《凌霄一士隨筆》亦說，盛宣懷之進用，由厚結載澤及交通醇府太福晉而來；然則盛宣懷為了達此目的，所花費的代價一定不少。胡思敬的《國聞備乘》卷四，另有一條記此，云：

> 盛宣懷既失鐵路之利，鬱鬱不伸者累年。已而袁世凱黜，載澤與粵黨爭權，窺其有隙可乘，遂賄載澤六十萬金，起用為郵傳部尚書。

如果胡思敬所說的確有其事，則盛宣懷所用於通賄載澤的，便已有六十萬金之鉅，再加上醇王太福晉方面的費用，合起來便更有可觀了。盛宣懷多財善賈，百十萬兩銀子，在他並不算是大數目・只是，他之亟亟謀求得此一官，究竟是為了恩怨報復還是另有目的？這倒也是很值得研究的問題。

九

盛宣懷於宣統二年十二月陞任郵傳部尚書，翌年四月，清政府實行「責任內閣」制度，奕劻為第一屆的內閣總理大臣，盛宣懷亦由郵傳部尚書改為郵傳部大臣。再過了四個多月，「辛亥革命」就因武昌起義而爆發了。袁世凱再度出山，繼奕劻組閣，盛宣懷則在奕劻下臺之前就已被革職，從此退隱不仕。綜計他以郵傳部尚書及郵傳部大臣身份綰領全國交通行政的時間，不過只有九個月而已。〈盛宣懷行述〉記敘他在這段時間的具體政績說：

> 計自受事數月若收回郵政，接管驛站，規畫官建各路，展拓川藏電線，釐訂全國規制，靡不燦然畢舉，逐件施行，又加以幣制改革，細極毫芒，振需追求，急於星火。餘若度支部四國銀行借款、川粵漢鐵路借款，商訂合同，尤為繁重。府君向以勇猛精進任事，當百端填委，一一應之以整暇，雖不遑寢處，而未嘗言勞。

盛宣懷出生於清道光二十四年甲辰，也就是他父親盛康中進士那一年；到了宣統三年辛亥，他已經六十八歲了。以一個望七之年的衰耄老翁，而且素患痰喘咯血之病，這時為了做官，竟不惜以衰暮之餘年孜孜兀兀，不遑寢處，究竟所為何來？據《梁士詒年譜》所說，盛宣懷在此時之所以要再度出山，其處心積慮之目的，就是要報復當年的政治仇怨。抄錄一段年譜中的記載如下，以供研究比較之用。《三水梁燕孫年譜》宣統三年正月二十四日記：

郵傳部尚書盛宣懷奏撤先生鐵路總局局長職，並請派員調集該局歷年帳冊及收支憑證，逐一查核其中有無弊端。在先生交卸局長之後，將經手帳目送交清查款項處，竟數十人日夜鉤稽冊籍，凡三閱月，無絲毫出入，事遂白。在盛宣懷未長郵傳部以前，已有給事中及各道御史七人奏參先生「把持路政，任用私人，虛糜公款」等詞。及盛到任，參揭益厲，發蹤指示，固昭然若揭也。

又宣統三年四月記云：

自先生被革去鐵路總局長後，盛宣懷得發舒其意，與載澤、鄭孝胥等相結欲大有作為，而先從鐵路收歸國有入手。時清廷當積弱之後，威信久失，革命運動潛滋暗長，將一觸即發。盛氏懵焉不察，欲倚以有成，結果反成亡清之導火線，實亦盛氏之所不及料也。然盛之所以堅持鐵路國有主張，其意不過在復前此所綰鐵路被奪於唐紹儀之仇，且藉以恢復勢力，固無所謂政策也。特畫策者為之緣飾推衍，勾結以成其事耳。三月中，給事中石長信奏，鐵路亟應明定幹路國有、枝路民有，俾維大局，奉旨交郵傳部議奏。盛覆奏稱：「該給事中所言，係國計、民生兼顧，所有明定統一之法，似不可再事因循，應請明降諭旨，曉事天下。」至是，遂有所謂鐵路國有政策之宣布，其中布置，固早定之豫也。

梁士詒既然也是盛宣懷的政敵，他的話就是「仇口之言」，不可以完全相信。不過，《梁士詒年譜》所說，鐵路國有政策乃是載澤、盛宣懷、鄭孝胥諸人所籌之已熟的「大計」，石長信的奏摺不過是互相呼應的發動信號，這話大概不錯。《凌霄一士隨筆》亦有相似的說法，云：

> 澤、盛分據財政、交通，高掌遠蹠，實奕劻之勁敵。慶內閣成立，載澤輩即謀倒閣。其時諳於政情者多謂，繼奕劻為總理大臣者，必載澤無疑。載澤既思組閣，則延攬當時有名流之目者以厚聲勢。如張謇、鄭孝胥等，載澤皆竭力羅致，預儲為新閣大臣之選。謇、鄭孝胥以在野之身，均特蒙召對，載澤力也。張系健將孟昭常，在京辦一《憲報》，攻擊慶內閣失政最力，其言論頗見重一時。嗣以贊成鐵路國有政策，為清議所不滿。及川、鄂事起，宣懷罷斥，《憲報》亦停刊。

這一段話與《梁士詒年譜》所說的內容頗相符合，可知當時的事實大概即是如此。照此說來，盛宣懷以郵傳部大臣的身份提出鐵路國有政策，並能得到內閣及攝政王載灃的贊同，與載澤之全力支持大有關係。盛宣懷縱或有假借此事以報復於唐紹儀、梁士詒的用心，亦是因事勢順利而乘機做順水推舟的助力，論到此事的主要策動力量，固不在盛宣懷個人也。

按，清代末年的政治腐敗，朝綱混亂，自從老醇王轉奕譞在光緒十年柄政之後，便已有如石走坡之勢，歷經「戊戌政變」及「庚子拳亂」，到慶王奕劻入主軍機的時代而達於極點。當時亦有很多憂國之士希望能夠加以挽救改革，如康有為、梁啟超輩所領導的「維新運動」，瞿鴻禨、岑春煊等人所策畫的倒袁計畫，都是此類；雖則他們所希望達到之最後目的並不一樣，其出發點都在謀求改革不良政治，則是一樣的。宣統年間攝政王柄政而親貴攬權，其中亦不乏識見明敏的有為之才，如綰領財政的度支部尚書載澤，即是。他在此時計畫推翻慶內閣而自為之代，其目的未嘗不希望在取得政權之後，能一展其救國救民之抱負。這是因為載澤幕下頗多才智之士，目睹國勢阽危而民心思變，很希望能以改良政治的方法爭取人心之向附，從而消弭政治革命之出現，其識見亦殊為正確而遠到。他們所提出的鐵路國有政策，縱使在當時甚為人所詬病，論其方針，固甚正確。於此，我們應該順便在這裏談一談載澤之為人。

載澤乃是清仁宗嘉慶帝第五子惠端親王綿愉之後，降襲鎮國公。因為他的妻子乃是光緒皇后隆裕之胞妹，隆裕在宣統朝成了皇太后，所以載澤在宣統年間也甚有權勢。關於他在宣統朝出掌財政大權以後的具體政績，在楊壽枬所撰的《覺花寮雜記》中頗有介紹，摘引兩條如下。其一條云：

> 戶部之權以北檔房為最重，司員中才望卓著者，始派此差，光緒末年，改為丞參廳，設左右丞二，左右參議二，各司公牘，先送廳核定准駁，丞參畫諾，然後呈堂。宣統中，澤公以貴胄為尚書，威權最重。其人剛毅廉正，不受請託，親貴如洵、濤，樞臣如慶、那，亦懾其威稜。度支部奏請之事，內外官奉行惟謹。故清理財政、實行預算、提陋規、剔中飽，嚴核浮濫，雷厲風行，節省至一萬萬元以上，雖部臣疆吏不便其所為，未有敢公然抗令者。鼎革以後，整理內外財政，猶以宣四預算為藍本。袁項城置諸案頭，手自批注。嘗語余曰：「前清預備立憲，惟度支部最有成績，餘皆敷衍耳。」時部中司員以兼清理處差事為榮，公牘皆自辦，不假手胥吏，故非才不得入選。民國以來，居財政要職者，半為清理處舊僚也。

又一條云：

> 余任度支部參議時，尚書為鎮國公載澤，左右侍郎紹公英、陳公邦端。澤公剛嚴而能斷，紹、陳二公明練吏事，余既任清理財政處總辦，預定程序，期以六年竣事。第一年調查全國財政，令各省造送財政說明書。第二年試辦各省預算，令財政統一於藩司。第三年試辦全國預算，畫

分國家稅、地方稅。第四年實行預算，辦理決算。第五年施行會計法、金庫制度。第六年各省設立財政司。自此事權統一，法制嚴明，使全國財政如輻在轂，如網在綱，度支部通盤籌畫，調劑盈虛，而清理之事畢矣。試辦三年，僅成立預算，畫分兩稅。鼎革後，所定計畫盡付東流。今則財政雜糅，徵斂繁重，政府恣其掊克，計吏肆其侵漁，余所抱政策與時枘鑿，不敢復談財政矣。

楊壽枬在前清度支部任職時，受載澤之命清理全國財政，正是載澤所推行的財政改革計畫之一。如果清理財政的計畫能如楊壽枬所說，在六年之內分期完成，不僅全國財政可納入統收、統支的預算規制，各項政治革新亦可視財力之所及逐步實施。蓋財政為庶政之母，惟有在財政走上軌道之後，各項興革措施方有實施之可能。立憲維新，改良政治，此實為首要之圖。由袁世凱對載澤整理財政措施之推挹，可知載澤對於革新財政，不但有計畫，而且有貫徹執行之決心與毅力。清理財政方面的工作成績既有可稱，假如鐵路國有政策不因遭遇意外的糾紛而致挫折，相信亦可以在載澤的堅強毅力與決心之下產生良好的結果。至此，我們應該回過頭來觀察一下，載澤與盛宣懷所計畫推動的鐵路國有政策，其本身是否有可議之處？

十

全漢昇撰〈鐵路國有與辛亥革命〉一文，在檢討了清代末年商辦鐵路歷久無成的情形之後，認為鐵路國有的政策並無錯誤。文中說：

清政府於光緒二十一年設立鐵路總公司，派盛宣懷為督辦鐵路大臣。因為，當日國內資本缺乏，故建築鐵路所需巨額資本，不得不倚賴外債來應付。自光緒二十一年至二十九年，蘆漢、正太、滬寧、汴洛、粵漢、津浦、道清等鐵路的借款合同，以及蘇杭甬、浦信、廣九各路的借款草約，都由盛宣懷以鐵路總公司督辦的資格，來與外人訂立。盛氏大借外債的結果，路權喪失，自然要引起國人強烈的反感。因此，自光緒二十六年至宣統二年，全國各省都普遍發生拒借外債、廢棄成約，而把鐵路收回自辦的運動。在當日收回自辦的鐵路中，以自美國合興公司贖回自辦的粵漢鐵路最為重要。此外，當日由國人集資商辦，有川漢、贛路、閩路、粵路、浙路、西潼、新寧、豫路、桂路、騰越、同浦等組織。可是，這些由國人集資商辦的鐵路，由於股本籌集的困難、管理效率的低下，和組織的不健全，建築的效率非常之慢，或甚至長期不能開工。例如光緒三十四年上諭說：「鐵路為交通大政，紳商集股請設公司，奏辦有年，多無起色，坐失大利，尤礙交通。」又如汪康年在宣統三年五月初一《芻言報》發表〈論鐵路國有與民有〉一文中說：「夫所謂民有者，謂其招股商辦也。今各省皆於未招股之前，舉紳士為總協理，而學界中人為之羽翼，後即召集巨股，而前之總協理盤據如故也，雖有股東會不能伸其意見也，是於『商辦』二字不合矣。……況各省籌款難，不能動工者，其總協理以下，坐耗薪水如故也。籌款易者，則爭角劇烈，糜費尤甚。於是，七八年之久，集款一二千萬，僅成路一二百里者有之；集款數百萬，僅成路數十里者有之；而用人之冗濫、採辦之侵蝕，與官辦無異。夫如是，吾安能主持民有之說乎？」又，宣統三年八月，御史史履晉說：「夫各省商辦鐵路為世詬病，授人以口實者，約居多半。或款不足而先事鋪張，竭小民之脂膏，供個人之揮霍。或款已集而互爭權利，因私家之水火，誤公事之進行。而所舉總理，部中一奏之後，遂諉卸責任，絕不督催監察，認真整頓。」商辦鐵路成績的惡劣，促使滿清政府改變他的鐵路政

> 策，即由商辦改為國有。而在當日鐵路政策改變的過程中，粵漢及川漢鐵路商辦情況的不能令人滿意，尤其是最重要的關鍵。

粵漢及川漢兩鐵路的情況如何不能令人滿意？這在盛宣懷的《愚齋存稿》中亦有具體紀錄可查。引敘兩段簡單的文字，就可以大致概括。一是宣統三年五月，盛宣懷奏上〈遵籌川粵漢鐵路收回辦法〉摺內所說到的粵漢路商辦情形，云：

> 鄂、湘商股，固甚微薄。瑞澂電稱，鄂路並無尺土寸料，湘路雖有米捐、鹽捐、田租、房租，然路線甚長，民計甚窘，竭力搜索，告成無期。

川路方面，則宣統三年五月初五日，盛宣懷在寫給護理四川巡撫王人文的信中，引敘四川京官甘大璋等人的話說：

> 現開工二百餘里，九年方能完功，全路工竣，需數十年。後路未修，前路已壞，永無成期。前款不敷逐年工用，後款不敷股東付息，款盡路絕，民窮財困。

商辦鐵路的成績惡劣如此，為了希望能把攸關國家經濟發展的交通命脈——鐵路——從速建成，除了把商辦鐵路收回官辦以外，似乎沒有更好的辦法；而收鐵路為官辦，即是改商辦為國有的政策改變問題了。但這裏面所牽涉的問題甚多。第一，改商辦為官辦之後，勢必要使已集的商股遭受損失。如果退還商股的辦法被認為不公平，受損失的商民勢將群起而與政府為難。第二，是當初之所以要將商借外債的鐵路收回自造，原為防止路權落入外國資本家之手。如果在收回官辦之後，政府仍因無法籌集資金而借貸外債，無疑又將引起輿論之責難。清政府在宣布鐵路國有政策之後所引起的種種糾紛，事實上也就是因此而起。

清政府的鐵路國有政策，宣布於宣統三年四月十一日。這一天所頒布的上諭，說：

中國幅員廣闊，邊疆遼遠……必得有縱橫四境諸大幹路，方足以資行政而握中央之樞紐。從前規畫未善，並無一定辦法，以致全國路政錯亂紛歧，不分枝幹，不量民力，一紙呈請，輒行批准商辦。乃數年以來，粵則收股及半，造路無多，川則倒帳甚鉅，參追無著，湘、鄂則開局多年，徒資坐耗。竭萬民之脂膏，或以虛糜，或以侵蝕，恐曠時愈久，民累愈深，上下交受其害，貽誤何堪設想！用特明白曉諭，昭示天下，幹路均歸國有，定為政策。所有宣統三年以前，各省集股商辦之幹路，延誤已久，應即由國家收回，趕緊興築。除枝路仍准商民量力而行外，其從前批准幹路各案，一律取銷。至應如何收回之詳細辦法，著度支部、郵傳部懍遵此旨，悉心籌畫，迅速請旨辦理，該管大臣毋得依違瞻顧，一誤再誤。如有不顧大局，故意擾亂路政，煽惑抵抗，即照違制論。將此通諭知之！

這一道上諭頒布之後不久，郵傳部大臣盛宣懷便即與英、法、德、美四國的銀行代表簽訂合同借款英金六百萬鎊，約合銀四千七百萬兩，以供興建粵漢、川漢二路之用。清政府為什麼要在宣布鐵路國有政策之後不久，便立即商借外債興建粵漢、川漢二路？其中原因，自然因粵漢路籌議已有基礎，著手較易，川漢路的問題最多，必須早日為之解決，而粵漢為南北之幹線，川漢為入藏的重要通路，清政府此時正在亟亟經營康、藏一帶，此路的軍事價值極大，更必須提早完成。與宣布鐵路國有政策及大借外債同時見諸行動的，則是郵傳部所訂定的退還粵漢、川漢二路商股的辦法。這在粵漢路方面，還不致引起太多的困擾；在川漢路方面所引起的麻煩，就太大了。

粵漢鐵路的籌款，主要得力於廣東華僑的僑匯。兼以廣東的富庶情形亦比川漢路所經過的四川、湖北二省為優，所以不但股本籌集的情形較有可觀，退還商股，也不致引起太多的麻煩，川漢路的情形就大不相同。一方面，由於民間缺乏寬裕銀錢之故，自由認購根本不可能，於是乃不得不出以隨租穀派購的強迫性質。這些「商股」，一旦要退還，計算起來就很困難。造路須買材料，這些千辛萬苦地籌措起來的資本，有三百五十萬兩銀子存放在上海銀行生息，不料卻被經手的保管員施閏章私自用來投資營商，以期獲得利潤。結果這筆存款被錢莊倒帳，損失將近三百萬兩。郵傳部所訂的退還商股辦法，因租穀難以分還而意欲以填給股票的方式換發舊股，而不肯償還現金，對於被施閏章所倒的三百萬兩巨款則不願由公家給予補償。四川紳民認為，郵傳部的這種作法，是「倒款固永不歸還，路本亦必折扣」，老百姓吃虧太大，不能承認。正在爭持不下，盛宣懷與四國銀行團簽約借款英金六百萬鎊的消息亦傳播出來了，四川各地的紳民團體一時大譁。鐵路公司召開臨時大會，到會者有數千人之多，都以為：「收路國有，川人可從；收路為他國所有，川人死不能從！」可知盛宣懷以借貸外債築路的辦法所引起的激憤，達到何種程度！四川的鐵路風潮後來愈鬧愈兇，政府堅持原有主張，不肯讓步，護理四川總督趙爾豐素有「屠戶」之名，更專用軍警的力量從事殘酷的鎮壓。於是，由「爭路」演變到「起義」，四川境內騷動頻傳，清政府在不得已的情況之下，調派端方為督辦粵漢、川漢鐵路大臣，在湖北省選派新軍入川「平亂」。湖北的防務空虛，四川又禍亂方興，正是革命黨圖謀起事的大好機緣。於是，霹靂一聲，武昌的起義行動發生了。其時間是辛亥的陰曆八月十九日，亦正是端方帶了湖北新軍入川之後不久的事。

辛亥革命發端於湖北新軍的武昌起義，此事所引起的廣大反應，恰如銅山西崩而洛鐘東應，醞釀已久的全國革命行動，即刻在長江中下游各省得到普遍的影響。不過只有一個多月的時間，已有十五個省份先後宣布起義獨立。所以，武昌起義的晴天霹靂，好像是滿清皇朝的喪鐘，愛新覺羅氏的氣運，從此走到了他的終點。到了戰亂愈見擴大、局面愈形不可收拾的時候，朝中群臣檢討革命運動之所以勃發，都以為盛宣懷實在是罪魁禍首。例如御史王寶田的奏疏中說：

此時鄂事決裂，實由川民之變。其致變之由，由於收回鐵路國有之政策。而主持此事者，則郵傳部尚書盛宣懷也。

又，御史史履晉的奏疏中說：

竊自鐵路國有政策宣布以來，全國譁然，民心盡失，以致四川糜爛，湖北遂乘機起事。趙爾豐之激變，瑞澂之潛逃，固罪無可逭，而罪魁禍首，則為盛宣懷。夫幹路國有，未嘗不持之有故，言之成理。借款造路，亦未可厚非，然其中須有手段，非徒恃強權即可冒昧從事也。乃盛宣懷昧於眾怒難犯、專欲難成之理，欲快其獨攬利權、調劑私人之計，一旦發難，未經閣議，遽先將先朝諭旨一概取消。所定接收給票之法，又不一律，以致人心激憤，大起風潮。而猶不悔悟，迨事變猝起，復主持嚴辦。壓力愈大，反動力亦愈大，革黨土匪遂乘隙煽惑，釀成大亂。盛宣懷之肉，豈足食乎？

這兩道奏摺，將武昌起義的釀變遠因歸咎於盛宣懷，雖然也曾指斥他意在獨攬利權，尚未明白說明其獨攬利權的具體事實。至如下面的奏疏，就說得更明白，也更不客氣了。宣統三年九月五日，御史范之杰疏云：

> 臣以為亂之作也，不作於作之日，則必有所由生。就川、鄂變亂既生而言，督臣誠不能無罪。然便一己之私圖，激萬民之公憤，敢為禍首，不恤人言，神奸巨蠹，橫絕今古，推厥罪魁，蓋莫如郵傳部尚書盛宣懷者。盛宣懷負國務大臣重任，主張鐵道國有，事前既無準備之方，臨事又無應變之術，禍延至今，大局岌岌，所謂政策，固如是乎？……況川、粵同是國民，待遇應無歧視。乃盛宣懷於發還路股，故為區別，不予一律。其原因實由鐵路國有命下之日，即遣心腹赴粵，以賤價收買股票，凡得十之三四。發還六成，所贏已鉅，今更以十成給付，獲利實屬不貲。若川漢之股，盛宣懷向未收得，遂不惜種種剝削之計畫，偪勒川民，以致釀成巨患。此實盛宣懷階之厲也。

果如此說，則盛宣懷之藉實行鐵路國有政策而乘機自營其私，不但有失國務大臣之風格，更應對四川鐵路風潮之發生負其責任。因此之故，即使鐵路收歸國有的政策在當時確有其必要，但因盛宣懷挾私徇利之故而使事理之措施不得其平，則盛宣懷之推行鐵路國有政策，便不能辭卸處置不當的咎愆。清末推行各項新政，往往因主事者不得其人之故，而使良法美意成為虐民的暴政，盛宣懷之於鐵路國有政策，大概也屬於這一類的情形。亦正因為有這種情形存在的緣故，即使鐵路收歸國有是很正當的政策，亦難以得到正當的體認了。

十一

盛宣懷因推行鐵路國有政策不當，而致點燃了辛亥大革命的導火線，頓時使他成了眾矢之的，所有言路上的彈劾，一起集中於他一人之身。在這種情形之下，他的郵傳大臣一職，當然無法保持。宣統三年九月五日，攝政王面奉隆裕皇太后諭旨：「資政院奏，〈部臣違法侵權，激生變亂，據實糾參〉一摺，據稱：『禍亂之源，皆郵傳部大臣盛宣懷欺矇朝廷，違法斂怨，有以致之。』此川亂之起，大半原因，即以該部奏定，『僅給實用工款以國家保利股票，不能與粵路商本一律，照本發還，又將施閏章等所倒數百萬棄置不顧，怨苦鬱結，上下爭持。川亂既作，人心浮動，革黨叛軍乘機竊發，該大臣實為誤國首惡』等語。盛宣懷受國厚恩，竟敢違法行私，貽誤大局，實屬辜恩溺職。盛宣懷著即革職，永不敘用。」這一道上諭斷送了盛宣懷的政治生命，代替其職位者又是袁黨人物唐紹儀。又過了六月，慶內閣總辭，袁世凱受命組織內閣，盛宣懷乃狼狽出京，由青島避往大連，最後轉往日本。但是，後來所流傳的一種說法，竟有人相信，袁世凱之再度出山，還是出自盛宣懷的大力推轂哩！這一種說法，可以江庸所撰的《趨庭隨筆》為代表，引述如下：

> 醇親王攝政季年，凡分三派：載洵、載濤兩貝勒分領海軍部、軍諮府為一派，載澤管度支為一派，慶親王奕劻、那桐、徐世昌任總協理為一派。武昌兵起，洵、濤以張紹曾首倡十九信條，亟欲拉之，而慶、那、徐皆意在袁世凱，屢言於朝，攝政不從。郵傳部侍郎楊士琦乃屬該部參議林炳章惠亭，浼其婦翁弘德殿授讀陳寶琛伯潛，於攝政前推舉項城。伯潛素不悅袁，弗為動。惠亭遂就本部尚書盛宣懷謀之，力言：「時局阽危，非袁不足以救國。軍樞意並如此，而攝政弗聽。公若能忘舊怨，得澤公一言，必可轉圜。」盛謂：「果於國有益，何有私憾？」於

是由盛說載澤，由載澤說攝政，而項城起用矣。

這一種說法究有幾分可靠性？很難知道。若由袁、盛積怨多年的情形來說，盛宣懷於袁世凱之圖謀再起，方憂懼之不遑，又何致從旁為之推挽？何況載澤亦深知慶、袁勾結之深，載澤既反對奕劻，當然也就沒有替奕劻援助袁世凱的道理。所以，這種說法，殊不合於當時之實際政情。黃濬撰《花隨人聖盦摭憶》，就曾力闢此說之錯誤。他說：

一昨從友人假得一卷書，題為《三十年來燕京瑣錄》，署為「習庵漫筆」。習庵，不知誰某，所言有異於嚮壁構造者。雖間有隨俗雌黃，而採輯略備，聊為之考訂數事。……其言袁世凱再出，盛宣懷主之甚力，則大誤。力主召袁者，載洵也，盛與載澤，皆不以為然。及聞旨將下，盛謁載濤於軍諮府。盛年已七十餘，平日喘息甚劇，須兩人夾持之。是日，盛馬車至府門下，猶兩僕掖之。及上樓，揮肱去僕，危梯健步，見載濤，屈膝乞賜放歸。濤允為言，宣懷始頓首謝。下樓時，顏盡赤。蓋袁入京，而盛先數日南行。識者謂盛不行，必及於禍。兩人久相阨，斷無主之甚力之說也。

在〈袁世凱與慶親王〉一文中，筆者曾經指出，袁世凱雖然通路權門而揮金如土，然而他本人卻不是一個惟利是圖的瑣鄙之人。他之所以要攘奪盛宣懷的輪船、電報、鐵路等交通事業，主要原因是由於這些事業的利潤極為巨大，盛宣懷窟穴其中，為袁世凱所不能甘心。他以收歸官辦的理由，一一攘奪入己掌握，一方面可以多闢利源以實現他的政治野心，一方面則可藉整飭貪污而建立他自己的政治聲譽，一舉兩得，再好沒有。我們知道，袁世凱的狼子野心，固然在清朝末年就已經逐漸為有識人士所看破，但是一般人士對他的看法，總認為他是一個有擔當、有作為，而不事聚斂的幹練政治家。像盛宣懷這樣但知聚斂搜括、處心積慮用一切手段營私自肥的人，在袁世凱眼中看來，只不過是一個貪得無饜的瑣鄙小人而已。當他在辛亥九月受命繼奕劻組織內閣之時，如果盛宣懷還在京中，他很可能基於振奮士氣人心的理由，要求殺盛宣懷以謝天下之人。所謂奸雄手段，本來異於常人，盛宣懷深知其中厲害，豈有不及早見機而作之理？他之不可能為袁世凱再出之事從旁推轂，從這一方面來看，也是十分明白的。

十二

「辛亥革命」成功，民國肇建之後，盛宣懷因被革命政府視為侵漁國家利益的豪門巨閥之故，他在武進縣老家及蘇、杭各地的巨額地產及當鋪等，都曾被當地的革命政府沒收。這使得盛宣懷因不敢回原籍而寄居日本，一面又紛函各地的親朋好友設法為他隱匿財產。這在北京大學整理出版的一本《盛宣懷未刊信稿》中，可以看到很多具體的事實。他的財產之多，在這裡也可以看出一些端倪。在這本信稿中，有很多信函是實在無法向人公開的。例如，他在光緒三十四年三月五日寫給大學士兼軍機大臣張之洞的信中說：

> 前所面奏「內府公股」一節，力籌以公濟私之款，居然得有一百二十六萬兩。姪擬將自己創始股份湊入報効，計可得二百萬元。所有經手零星之款，一概和盤托出。前蒙中堂首贊其成，謹擬書稿呈鑑，未及面陳。明日邸堂處所留一份，諒可邀核。邸意先行代奏，如慈意許可，再令其具摺。尚乞中堂玉成之為禱。

這一封信所透露的內容，是他要以報効內府公股的辦法向慈禧太后呈獻漢冶萍公司的股份二百萬元，以為取悅求寵的手段，而當時在軍機的張之洞和奕劻（即信中所說的「邸堂」）居然都贊成其事而為之代奏。舉此一事，可知盛宣懷通賂權門的手段如何高明。然則，他之能夠久掌輪船、電報、鐵路之利，當必也是以類似的手法取得當政人物之容隱的了。又如他在寫給大學士陸潤庠、貝子溥倫、直隸總督陳夔龍、兩廣總督袁樹勳、郵傳部侍郎吳郁生等人的信中，也是以報告漢冶萍公司如何得利、優先股所有無多的語氣向人示惠，一方面招攬股份，一方面藉此結為黨援。在如此這般的情形之下，漢冶萍的利益，無形中也就成了權要親貴們的共同利益，盛宣懷所推行的各種業務，也就得到很多的助力。《民國經世文編》載有葉景葵所撰的〈漢冶萍國有策〉一文，主張漢冶萍公司不應作為私營的企業。他所列舉的理由中，有一條說：

> 漢廠創自張（之洞）氏，而冶礦係盛氏所贈，萍礦則廠呈而始發見。盛氏之得冶礦，在有意、無意間，其初不過一小部分耳。自歸漢廠後，乃以官力圈購左右諸山，又旁及鄂、贛沿岸。萍礦之闢，及萍醴路工之敷設，亦非官力不辦。

由此可知，盛宣懷挾持官方力量以發展漢冶萍公司，實為漢冶萍公司在最初得到成功的重要因素之一，而這些官方助力之來，則又與盛宣懷之結納權要甚或致送乾股等事大有關係。至於盛宣懷在漢冶萍公司的發展過程中乘機培植勢力，把持業務，則又與他之「督辦」輪船、電報、鐵路等等交通事業所用的方式大同而小異。民國以來，許多人談起盛宣懷其人，莫不視為藉官辦實業而侵漁發財的腐敗官僚。由上文所舉的種種事實看來，這種批評，似乎並不苛刻。惟一對此曾表異議的，是吳相湘先生所撰的〈清末建設與盛宣懷〉一文。他說：

盛宣懷在清末政治上地位之重要，不下於李鴻章、張之洞、袁世凱，而所從事建設各端，對於國家關係之大，尤遠非李、張輩所能及。世徒以其鐵道國有政策為引起革命導火線，乃並其一生業績而忘之。又以其身後頗為富有，甚至以之與今日毫無建樹而但有貪污之腐敗官僚相提並論，似欠平允。余因次其一生事蹟之有關建設者，以實吾隨筆，俾今日談建設者有所借鏡，而使一班大言炎炎其實毫無事業可稽者得稍知愧怍，或於挽回風氣一點，不無若干裨益也。

吳先生的話，也許是有所感而發。因為，盛宣懷雖然貪了很多錢，對於輪船、電報、鐵路、礦冶等事業，確實也做了一些創辦建設之功，其勞績亦不可一筆抹煞。但若以他所貪得的巨額財富（請注意，此與「頗為富有」四字大有差別）與他所辦的實業而言，便不免使人覺得，他所做的太少而所取的太多。然則，吳先生對他所做的恕詞，未免還是過分溢美了一點。假若他身後所遺留的財產確實只是「頗為富有」，而並非銀數千萬兩之鉅，我們對於吳先生的恕詞，應該是有理由可以接受的。如今我們所見到的事實既是如此，則盛宣懷之一生，總難以洗盡他惟利是圖而長袖善舞之惡名了。

綜觀盛宣懷之一生，惟一可以稱道的地方似乎只有兩點：第一，是他一生之中所辦的慈善事業頗多。每逢國有災歉，他總能創捐巨款，為救濟災黎之用。陳夔龍為盛宣懷撰神道碑，有一段話說：

天性仁厚，勇於為善，前後所籌大小賑務，至不可勝計，捐私帑無慮百數十萬。最後被朝旨為紅十字會長，專以慈善為職志，其規橅概皆公所手定者者也。

又，陳三立所撰〈盛宣懷墓誌銘〉亦曾強調此點，云：

> 生平既盡瘁國事矣，於賑災愈引為己責，層累募金，出私財赴之如不及，遂成故事，為萬方饑黎所託命。至今無復尸大力號召繼規如公者，世乃益慕思公矣。

富而好施，有人饑己饑、人溺己溺之心，這是很難得的德行。至於第二點，則是他在辦理交通建設事業之時，捐貲倡辦北洋大學及南洋公學，培養人才，振起教育之事。北洋大學在民國以來始終辦理不輟，南洋公學在後來改組成為交通大學，所培養的交通專業人才最多。教育不但是百年樹人的大計，新式教育所培養的人才尤為推動國家進步的原動力。盛宣懷雖然因長袖善舞而為清末以來全國首屈一指的大富豪，若論到他在這兩方面的功績，倒是對國家社會頗有實際貢獻的。

參考書目

甲、專書

清德宗實錄
清史稿　趙爾巽等撰
光緒東華錄　朱壽彭撰
清史記事本末　黃鴻壽撰
清代通史　蕭一山撰
中國近代史　陳恭祿撰
清朝野史大觀　小橫香室主人編
滿清野史　不著人編
國朝掌故輯錄　林熙春編
清稗類鈔　徐珂編
十朝詩乘　郭則澐撰
崇陵傳信錄　惲毓鼎撰
通鑑輯覽
文獻叢編第七至十八輯　故宮博物院編
近代名人小傳　費行簡撰
近世人物志　金梁編
十葉野聞　許指嚴撰
洋務運動文獻彙編　鼎文書局編印
中法戰爭文獻彙編　鼎文書局編印
中日戰爭文獻彙編　鼎文書局編印
義和團文獻彙編　鼎文書局編印
湘鄉曾氏文獻　臺灣學生書局編印
曾文正公全集　曾國藩撰
胡文忠公遺集　胡林翼撰
左文襄公全集　左宗棠撰
李文忠公全集　李鴻章撰
張文襄公全集　張之洞撰
愚齋存稿　盛宣懷撰
瞿文慎公文集　瞿鴻禨撰
翁文恭公日記　翁同龢撰

瓶廬叢稿　翁同龢撰
越縵堂日記　李慈銘撰
曾國藩評傳　何貽焜撰
曾文正公大事記　王定安撰
曾文正公年譜　黎庶昌撰
胡林翼年譜　嚴樹森撰
胡林翼年譜　梅英杰撰
張文襄公年譜　許同莘撰
抱冰堂弟子記　張之洞撰
容庵弟子記　沈祖憲等撰
石遺先生年譜　陳聲暨編
石遺先生文集　陳衍撰
張惠肅公年譜　許濟棻等編
中興將帥別傳　朱孔彰撰
湘軍志　王闓運撰
桐城吳先生日記　吳汝倫撰
崇德老人八十自訂年譜　曾紀芬撰
曾胡談薈　徐一士撰
四朝佚聞　金梁撰
方家園雜詠紀事詩　王照撰
意園文略　盛昱撰
庸庵文集　薛福成撰
庸庵筆記　薛福成撰
大潛山房詩草　劉銘傳撰
劉壯肅公奏議　劉銘傳撰
樂道堂全集　恭王奕訢撰
萃錦唫　恭王奕訢撰
樂齋漫筆　岑春煊撰
盛宣懷未刊信稿　盛宣懷撰
六十年來中國與日本　王芸生編
道光二十四年甲辰恩科直省同年錄　學生書局影印
李鴻章傳　梁啟超撰
中國海軍史　包遵彭撰
海軍大事記　池仲祐撰
郎潛紀聞　陳康祺撰
庚子西狩叢談　吳永撰
枕經堂文集　方朔撰
蜷廬隨筆　王伯恭撰
掌故零拾　王嵩儒撰
金鑾瑣記　高樹撰

荷香館瑣言　丁國鈞撰
茹經堂文集　唐文治撰
退廬全集　胡思敬撰
歸廬談往錄　徐宗亮撰
柏堂師友言行記　方宗城撰
夢蕉亭雜記　陳夔龍撰
拳禍記　李杕編
祺祥故事　王闓運撰
惜陰堂筆記　趙鳳昌撰
凌霄一士隨筆　徐一士、徐凌霄同撰
一士談薈　徐一士撰
一士隨筆　徐一士撰
可言　徐珂撰
花隨人聖盦摭憶　黃濬撰
萇楚齋隨筆　劉聲木撰
淡墨錄　李調元撰
瞑庵雜識　朱克敬撰
夢園雜說　方濬頤撰
梵天廬叢錄　柴萼編
人物風俗制度叢談　瞿宣穎撰
漢冶萍公司史略　全漢昇撰
左宗棠故事新編　李少陵撰
晚清宮廷實紀　吳相湘撰
適可齋紀言紀行　馬建忠撰
張謇傳記附年譜　劉厚生撰
袁世凱與朝鮮　林明德撰
項城袁氏家集　清芬閣編印
洹上私乘　袁克文撰
中法越南關係始末　邵循正撰
清季十年之聯俄政策　劉熊祥撰
張季子文錄　張謇撰
袁世凱軼事　佚名撰
澗于集　張佩綸撰
太平洋會議前後中國外交內幕及其與梁士詒之關係　葉恭綽撰
三水梁燕孫先生年譜　鳳岡及門弟子編
新建陸軍兵略餘存　袁世凱撰
訓練操法詳析圖說　袁世凱撰
古紅梅閣筆記　張一麐撰
南屋述聞　郭則澐撰

聞塵偶記　文廷式撰
諫書稀庵筆記　陳恆慶撰
洪憲紀事詩本事簿注　劉成禺撰
小說考證續編　蔣瑞藻撰
西巡回鑾始末記　日本吉田良太郎撰
景善日記　[題]景善撰
趨庭日記　江庸撰
聽雨樓隨筆　高伯雨撰
孤桐雜記　章士釗撰
趙柏巖集　趙炳麟撰
中國鐵路志　凌鴻勳撰
覺花寮雜記　楊壽枏撰
蠖園文存　朱啟鈐撰

乙、論文

甲午中國海軍戰績考　張蔭麟撰
清宮瑣記　谷虛撰
診治光緒皇帝秘記　屈桂庭撰
袁世凱戊戌日記考訂　劉鳳翰撰
盛宣懷與中國鐵路　凌鴻勳撰
鐵路國有問題與辛亥革命　全漢昇撰
清末建設與盛宣懷　吳相湘

《中國近代史上的關鍵人物》再版後記

拙作《中國近代史上的關鍵人物》上、中、下三冊，於民國六十七、八兩年由台北四季出版公司先後以繁體字排印出版，迄今已逾三十餘年。由於四季公司早已停歇，此書遂改由天津百花文藝出版社以簡體字重排印行，在彼岸銷行頗廣。秀威資訊科技公司有鑑於簡體字不便臺灣讀者之閱讀，有意在臺重印繁體字本，以資服務臺灣地區的廣大讀者，其盛意至為可感。當茲重印再版之際，敬泐數行，以誌謝忱。

蘇同炳謹誌

二〇一三年元月

要人物03　PC0344

要有光
FIAT LUX

中國近代史上的關鍵人物（下）《新校本》

作　　者　蘇同炳
責任編輯　陳佳怡
圖文排版　詹凱倫
封面設計　秦禎翊

出版策劃　要有光
製作發行　秀威資訊科技股份有限公司
114 台北市內湖區瑞光路76巷65號1樓
電話：+886-2-2796-3638　傳真：+886-2-2796-1377
服務信箱：service@showwe.com.tw
http://www.showwe.com.tw
郵政劃撥　19563868　戶名：秀威資訊科技股份有限公司
展售門市　國家書店【松江門市】
104 台北市中山區松江路209號1樓
電話：+886-2-2518-0207　傳真：+886-2-2518-0778
網路訂購　秀威網路書店：http://www.bodbooks.com.tw
國家網路書店：http://www.govbooks.com.tw
法律顧問　毛國樑　律師
總 經 銷　易可數位行銷股份有限公司
地址：231新北市新店區寶橋路235巷6弄3號5樓
電話：+886-2-8911-0825　傳真：+886-2-8911-0801
e-mail：book-info@ecorebooks.com
易可部落格：http://ecorebooks.pixnet.net/blog

出版日期　2013年12月　BOD一版
定　　價　510元

國家圖書館出版品預行編目

中國近代史上的關鍵人物 / 蘇同炳著. -- 一版. -- 臺北
市 : 要有光, 2013.12
冊； 公分
BOD版
ISBN 978-986-89954-0-6 (上冊 ; 平裝). --
ISBN 978-986-89954-1-3 (下冊 ; 平裝)

1. 傳記 2. 清代 3. 中國

782.17 102018374

讀者回函卡

感謝您購買本書，為提升服務品質，請填妥以下資料，將讀者回函卡直接寄回或傳真本公司，收到您的寶貴意見後，我們會收藏記錄及檢討，謝謝！

如您需要了解本公司最新出版書目、購書優惠或企劃活動，歡迎您上網查詢或下載相關資料：http:// www.showwe.com.tw

您購買的書名：____

出生日期：________年________月________日

學歷：□高中（含）以下　□大專　□研究所（含）以上

職業：□製造業　□金融業　□資訊業　□軍警　□傳播業　□自由業

□服務業　□公務員　□教職　□學生　□家管　□其它_____

購書地點：□網路書店　□實體書店　□書展　□郵購　□贈閱　□其他

您從何得知本書的消息？

□網路書店　□實體書店　□網路搜尋　□電子報　□書訊　□雜誌

□傳播媒體　□親友推薦　□網站推薦　□部落格　□其他__________

您對本書的評價：（請填代號　1.非常滿意　2.滿意　3.尚可　4.再改進）

封面設計____　版面編排____　內容____　文／譯筆____　價格____

讀完書後您覺得：

□很有收穫　□有收穫　□收穫不多　□沒收穫

對我們的建議：____

____

____

____

請貼
郵票

11466
台北市內湖區瑞光路 76 巷 65 號 1 樓
秀威資訊科技股份有限公司 收
BOD 數位出版事業部

（請沿線對折寄回，謝謝！）

姓　　名：＿＿＿＿＿＿＿＿　年齡：＿＿＿＿　性別：□女　□男

郵遞區號：□□□□□

地　　址：＿＿＿＿＿＿＿＿＿＿＿＿＿＿＿＿

聯絡電話：(日)＿＿＿＿＿＿＿＿　(夜)＿＿＿＿＿＿＿＿

E-mail：＿＿＿＿＿＿＿＿＿＿＿＿＿＿＿＿